Testtrainer
Studierfähigkeitstest / Deltaprüfung

Kurt Guth
Marcus Mery

Testtrainer Studierfähigkeitstest / Deltaprüfung

Fit für den Eignungstest im Auswahlverfahren

AUSBILDUNGS Park

Kurt Guth • Marcus Mery
Testtrainer Studierfähigkeitstest / Deltaprüfung: Fit für den Eignungstest im Auswahlverfahren | Wissen, Logik, Sprache, Mathe, Konzentration und mehr | Über 1.000 Aufgaben mit allen Lösungswegen

Ausgabe 2019

1. Auflage

Herausgeber: Ausbildungspark Verlag, Gültekin & Mery GbR, Offenbach, 2019.

Gestaltung: bitpublishing / s.b. design
Lektorat: Andreas Mohr

Bildnachweis:
Archiv des Verlages
Umschlagfoto: © Tyler Olson – shutterstock.com
S. 15 (Bulle und Bär): https://commons.wikimedia.org/wiki/File:Bulle_und_B%C3%A4r_Frankfurt.jpg; Eva K.; CC BY-SA 2.5 (https://creativecommons.org/licenses/by-sa/2.5/legalcode); Original entfärbt, beschnitten
S. 24 (Bertolt Brecht): https://commons.wikimedia.org/wiki/File:Bertolt-Brecht.jpg; Bundesarchiv, Bild 183-W0409-300 / Kolbe, Jörg; CC-BY-SA 3.0; (https://creativecommons.org/licenses/by-sa/3.0/de/legalcode); Original beschnitten

Gedruckt auf chlorfrei gebleichtem Papier

Bettinastraße 69, 63067 Offenbach am Main
Printed in Germany

Satz: bitpublishing, Schwalbach
Druck: Druckerei Sulzmann, Obertshausen

ISBN 978-3-95624-110-9

1620 – AP TST – 9e22

Bibliografische Information der Deutschen Nationalbibliothek –
Die Deutsche Nationalbibliothek verzeichnet diese Publikation in der Deutschen Nationalbibliografie; detaillierte bibliografische Daten sind im Internet über http://dnb.dnb.de abrufbar.

S. 27 (Facettenauge): https://commons.wikimedia.org/wiki/File:Volucella_pellucens_head_complete_Richard_Bartz.jpg; Richard Bartz; CC BY-SA 2.5; (https://creativecommons.org/licenses/by-sa/2.5/legalcode); Original entfärbt, beschnitten
S. 68 (Justitia): https://commons.wikimedia.org/wiki/File:1660_blk_19329_zoom.png; Deval Kulshrestha; CC BY-SA 3.0 (https://creativecommons.org/licenses/by-sa/3.0/legalcode); Original entfärbt, beschnitten

Inhaltsverzeichnis

Vorwort

Nach dem Abitur einfach das Wunschstudium starten? So unkompliziert ist es oft nicht: Ein Großteil der Studienplätze an den hiesigen Unis und Fachhochschulen wird heute über hochschuleigene Auswahlverwahren vergeben. Vor allem in populären Bereichen wie Medizin, Wirtschafts- und Sozialwissenschaften gehören dazu auch spezielle Studieneignungs- oder Studierfähigkeitstests.

Eine Besonderheit ist die Deltaprüfung in Baden-Württemberg: Sie ermöglicht es Kandidaten mit fachgebundener Hochschul- oder Fachhochschulreife, ein Bachelor-Studium an staatlichen oder Pädagogischen Hochschulen aufzunehmen. Abgesehen von solchen „harten" Auswahltests gibt es noch eine ganze Reihe allgemeiner Interessen- oder Orientierungstests, die zur Selbsteinschätzung der Studienbewerber dienen.

Was bringt Ihnen dieses Buch?

Mit diesem Buch haben Sie alles zur Hand, was Sie brauchen, um sich auf computergesteuerte und schriftliche Studierfähigkeitstests vorzubereiten. Sie lernen klassische und ungewöhnliche Aufgabentypen kennen, erfahren die besten Lösungsstrategien und machen sich mit der Prüfungssituation vertraut.

Auf den folgenden Seiten finden Sie eine Fülle typischer Aufgaben aus allen wichtigen Testbereichen: Allgemeinbildung, fachbezogenes Wissen, Sprachbeherrschung, Mathematik, Logik, visuelles Denkvermögen, Konzentration und Merkfähigkeit. Der Lösungsteil am Schluss jedes Kapitels liefert nicht nur die richtigen Antworten, sondern erklärt auch die Lösungswege kompakt und verständlich. Dazu erhalten Sie Tipps und Tricks, um knifflige Aufgaben geschickt zu „knacken".

Eine grobe Richtschnur zur Einordnung Ihrer Ergebnisse: 50–60 % richtig gelöste Aufgaben können als ausreichend gelten, 60–70 % als befriedigend, 70–85 % als gut und höhere Werte als hervorragend – erfahrungsgemäß schafft das allerdings kaum jemand.

Wir wünschen Ihnen viel Erfolg!

Ihr Ausbildungspark-Team

Kontakt

Ausbildungspark Verlag
Kundenbetreuung
Bettinastraße 69
63067 Offenbach am Main

Telefon +49 (69) 40 56 49 73
Telefax +49 (69) 43 05 86 02
kontakt@ausbildungspark.com
www.ausbildungspark.com

10 Tipps für den Testerfolg

▶ **1. Gut vorbereiten.**
Beginnen Sie rechtzeitig mit der Vorbereitung, portionieren Sie den Lernstoff in kleine Einheiten, planen Sie Pausenzeiten ein. Wer sich in den letzten Tagen vor dem Test zu viel zumutet, läuft Gefahr, das Gelernte weder zu verstehen noch zu behalten.

▶ **2. Informieren.**
Fragen Sie frühzeitig nach: Welche Hilfsmittel (z. B. Taschenrechner) dürfen Sie benutzen? Welche Materialien (z. B. Stift, Papier, Lineal) müssen Sie mitbringen, welche werden Ihnen gestellt?

▶ **3. Entspannungshilfen finden.**
Eignen Sie sich Entspannungstechniken an, zum Beispiel Atemübungen oder autogenes Training. Am Prüfungstag lassen sich Denkblockaden damit leichter überwinden.

▶ **4. Aufgeräumt ankommen.**
Erscheinen Sie ausgeschlafen und pünktlich, achten Sie auf Ihren äußeren Eindruck – die Prüfer tun es auch. Und vergessen Sie das Frühstück nicht: Wer mit nüchternem Magen in die Prüfung startet, baut schneller ab und ist weniger leistungsfähig.

▶ **5. Lieber einmal mehr fragen.**
Nutzen Sie die Möglichkeit, den Testleitern Fragen zu stellen, um Unklarheiten auszuräumen.

▶ **6. Aufgabenstellungen aufmerksam lesen.**
Studieren Sie die Fragen und Bearbeitungshinweise sorgfältig. Manchmal sind kleine Finten eingebaut, die den unkonzentrierten Teilnehmer entlarven.

▶ **7. Zügig arbeiten.**
Behalten Sie die Uhr im Auge und teilen Sie sich Ihre Zeit gut ein. Oft steigt das Schwierigkeitsniveau innerhalb einer Aufgabenkategorie zum Ende hin an. Eventuell hilft es, zuerst in jeder Kategorie die einfachen

Aufgaben zu lösen. Planen Sie etwas Zeit ein, um Ihre Antworten auf Flüchtigkeitsfehler und andere kleine Patzer zu kontrollieren.

- **8. Nicht verrückt machen lassen.**
Der Test ist in der vorgegebenen Zeit beim besten Willen nicht zu schaffen? Dieser Eindruck kann völlig richtig sein. Viele Prüfungen sind so konzipiert, dass kaum jemand im vorgegebenen Zeitrahmen alle Aufgaben korrekt lösen kann. So wird zugleich das Arbeitsverhalten unter Druck getestet.

- **9. Nicht festbeißen.**
Anstatt minutenlang an einer Aufgabe zu verzweifeln, gehen Sie lieber zur nächsten über. Mit den übersprungenen Fragen können Sie sich – angefangen bei der leichtesten – später noch beschäftigen. So manch kniffliger Fall entpuppt sich als leichte Übung, wenn die erste Anspannung überwunden ist.

- **10. Zur Not einfach raten.**
Die schlechteste Antwort ist meistens keine Antwort: Falsche Lösungen werden nur selten mit Punktabzügen bestraft. Bei Multiple-Choice-Aufgaben mit mehreren Antwortvorschlägen lässt sich das richtige Ergebnis einkreisen, indem man die falschen Lösungen eine nach der anderen aussortiert.

Die Deltaprüfung: Ablauf und Vorbereitung

In der Deltaprüfung müssen 110 Aufgaben in 185 Minuten bearbeitet werden – 22 Aufgaben je Kategorie: Matrizen, Quantitatives Problemlösen, Sprachgefühl, Schlussfolgerungen sowie Auswertung von Diagrammen und Tabellen.

Folgende Übersicht zeigt, wie die Prüfung aufgebaut ist und welche Abschnitte im vorliegenden Buch sich besonders zur Vorbereitung eignen.

Kategorie	Aufgaben	Dauer	In diesem Buch
Matrizen	22	30 Min.	Figurenmatrizen (S. 314)
Quantitatives Problemlösen	22	45 Min.	Gemischte Textaufgaben (S. 182), Quantitative und formale Probleme (S. 202)
Sprachgefühl	22	20 Min.	Sätze vervollständigen (S. 30), Sätze umformulieren (S. 122)
Schlussfolgerungen	22	30 Min.	Schlussfolgerungen (S. 250)
Auswerten v. Diagrammen + Tabellen	22	60 Min.	Tabellen analysieren (S. 191), Diagramm-Aufgaben (S. 195), Schaubilder verstehen (S. 275)
Gesamt:	**110**	**185 Min.**	

Allgemeinwissen

Staat und Politik

Bearbeitungszeit 7½ Minuten

Beantworten Sie bitte die folgenden Aufgaben, indem Sie jeweils den richtigen Lösungsbuchstaben markieren.

1) Welches politische System hat die Bundesrepublik Deutschland?

A. Parlamentarische Demokratie
B. Parlamentarische Monarchie
C. Militärdiktatur
D. Sozialismus
E. Keine Antwort ist richtig.

2) Wie oft wird der Bundestag neu gewählt?

A. Alle 3 Jahre
B. Alle 4 Jahre
C. Alle 5 Jahre
D. Alle 6 Jahre
E. Keine Antwort ist richtig.

3) Was versteht man unter „Gewaltenteilung"?

A. Die Unabhängigkeit von Legislative, Exekutive und Judikative
B. Die Bundeshoheit des Militärs
C. Die Trennung von Politik und Kirche
D. Die Trennung von Demokraten und Republikanern
E. Keine Antwort ist richtig.

4) Was bedeutet „Fraktion" in der Politik?

A. Zusammenschluss von Abgeordneten
B. Dasselbe wie „Regierung"
C. Dasselbe wie „Opposition"
D. Die Mehrheit im Bundestag
E. Keine Antwort ist richtig.

5) Wo residiert der französische Staatspräsident?

A. Montparnasse
B. Louvre
C. Bastille
D. Élysée-Palast
E. Keine Antwort ist richtig.

6) Welcher (Teil-)Staat gehört nicht zum Vereinigten Königreich?

A. England
B. Schottland
C. Wales
D. Irland
E. Keine Antwort ist richtig.

7) Was sind die „Primaries" im politischen System der USA?

A. Briefwahlen
B. Vorwahlen
C. Wahlmänner
D. Wahlprognosen
E. Keine Antwort ist richtig.

8) In welcher Stadt befindet sich das Europäische Parlament?

A. Straßburg
B. Brüssel
C. Kopenhagen
D. Luxemburg
E. Keine Antwort ist richtig.

9) Wann erhält eine Partei bei der Bundestagswahl Überhangmandate?

A. Wenn sie viele Zweit-, aber kaum Erststimmen erhält
B. Wenn sie mehr Direktmandate erhält als ihr nach Zweitstimmenanteil zustünden
C. Wenn sie in einem Wahlkreis mehr als 90 Prozent der Zweitstimmen gewinnt
D. Wenn sie insgesamt mehr als 50 Prozent der Zweitstimmen gewinnt
E. Keine Antwort ist richtig.

10) Wer debattiert und verabschiedet den Bundeshaushalt in Deutschland?

A. Bundesversammlung
B. Bundestag
C. Bundesrat
D. Bundesminister
E. Keine Antwort ist richtig.

11) Welcher Staat ist kein ständiges Mitglied des UN-Sicherheitsrats?

A. Frankreich
B. Russland
C. Vereinigtes Königreich
D. Deutschland
E. Keine Antwort ist richtig.

12) Welche Aussage stimmt nicht? Bei Europawahlen …

A. wählt man die gewohnten nationalen Parteien.
B. können EU-Staatsbürger auch im EU-Ausland für eine Partei kandidieren.
C. stimmt man über die Zusammensetzung des europäischen Parlaments ab.
D. kann man als EU-Bürger auch an seinem Wohnort im EU-Ausland wählen gehen.
E. sind alle EU-Bürger ab 16 Jahren stimmberechtigt.

13) Was besagt das Subsidiaritätsprinzip in Bezug auf den Staat?

A. Aufgaben werden auf möglichst niedriger Ebene (Stadt, Gemeinde) umgesetzt.

B. Aufgaben werden auf möglichst viele Institutionen verteilt.

C. Aufgaben werden auf möglichst hoher Ebene (Bundesland, Staat) umgesetzt.

D. Aufgaben werden stets im Verbund von Staat, Kommune, Stadt und Gemeinde bewältigt.

E. Keine Antwort ist richtig.

14) Wie ist die Bundesversammlung zusammengesetzt?

A. Ausschließlich aus Mitgliedern des Bundestages

B. Ausschließlich aus Vertretern der Länder

C. Aus Mitgliedern des Bundestages und Vertretern der Länder

D. Ausschließlich aus Politikern

E. Keine Antwort ist richtig.

15) Die Kreise 1–5 symbolisieren Hierarchieebenen: je größer der Kreis, desto größer der Verantwortungsbereich. Bitte ordnen Sie jede Institution in die Hierarchie ein, indem Sie die richtige Zahl eintragen.

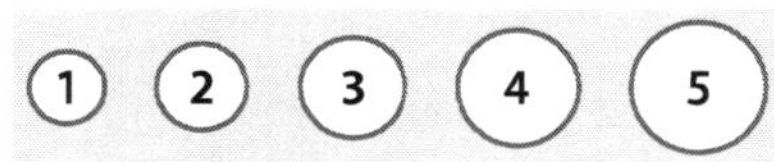

A. Bundestag ______

B. Kreistag ______

C. Landtag ______

D. Bezirkstag ______

E. Gemeinderat ______

Wirtschaft und Gesellschaft *Bearbeitungszeit 7½ Minuten*

Beantworten Sie bitte die folgenden Aufgaben, indem Sie jeweils den richtigen Lösungsbuchstaben markieren.

16) Welche Wirtschaftsordnung hat die Bundesrepublik Deutschland?

A. Zentralverwaltungswirtschaft
B. Zentralplanwirtschaft
C. Freie Marktwirtschaft
D. Soziale Marktwirtschaft
E. Keine Antwort ist richtig.

17) Welcher der genannten Punkte gehört nicht zu den wirtschaftspolitischen Zielen der Bundesrepublik Deutschland?

A. Preisniveaustabilität
B. Hoher Beschäftigungsstand
C. Außenwirtschaftliches Gleichgewicht
D. Verstaatlichung privater Unternehmen
E. Keine Antwort ist richtig.

18) Wo hat die Deutsche Bundesbank ihren Sitz?

A. Karlsruhe
B. Berlin
C. Frankfurt
D. Düsseldorf
E. Keine Antwort ist richtig.

19) Das Foto zeigt tierische Symbole für die Börsenbegriffe …?

A. „Hausse" und „Baisse".
B. „Soll" und „Haben".
C. „Kaufen" und „Verkaufen".
D. „Future" und „Call-Option".
E. Keine Antwort ist richtig.

20) Welche gehört nicht zu den Aufgaben der Europäischen Zentralbank?

A. Versorgung der Volkswirtschaft mit Geld
B. Festlegung des Goldpreises
C. Verwaltung der offiziellen Währungsreserven
D. Devisengeschäfte
E. Keine Antwort ist richtig.

21) Was ist das Bruttonationaleinkommen?

A. Der Wert aller Endprodukte und Dienstleistungen, die in einer bestimmten Periode durch Produktionsfaktoren produziert werden, die sich im Eigentum von Inländern befinden

B. Der Wert aller Endprodukte, die eine Volkswirtschaft aus dem Ausland importiert

C. Die Summe aller Güter und Dienstleistungen, die die Welt in einem Jahr zur letzten Verwendung erbringt

D. Die Summe aller Güter und Dienstleistungen, die eine Volkswirtschaft pro Jahr zum Endverbrauch erbringt

E. Keine Antwort ist richtig.

22) In welcher Schweizer Gemeinde findet das alljährliche Weltwirtschaftsforum mit den wichtigsten Politikern und Wirtschaftsführern der Welt statt?

A. Bern

B. Zürich

C. Genf

D. Davos

E. Keine Antwort ist richtig.

23) Welche Aussage zu den Zollkontrollen beim EU-Grenzverkehr ist richtig?

A. Zollkontrollen sind an allen EU-Binnengrenzen obligatorisch.

B. Zollkontrollen finden an den meisten EU-Binnengrenzen nicht mehr statt.

C. Beim Grenzverkehr innerhalb der EU gibt es keine Zollkontrollen mehr.

D. Nur 8 EU-Mitgliedsstaaten haben die Zollkontrollen abgeschafft.

E. Nur 5 EU-Mitgliedsstaaten haben die Zollkontrollen abgeschafft.

24) Wie heißt ein Dachverband der deutschen Gewerkschaften?

A. Ver.di

B. IGM

C. IG BAU

D. DGB

E. Keine Antwort ist richtig.

25) Welche zählt zu den indirekten Steuern?

A. Die Einkommenssteuer

B. Die Vermögenssteuer

C. Die Lohnsteuer

D. Die Umsatzsteuer

E. Keine Antwort ist richtig.

26) Welche Aussage zu Angebot und Nachfrage in einer Marktwirtschaft ist falsch?

A. Verkaufspreise werden in der Marktwirtschaft durch den Mechanismus von Angebot und Nachfrage bestimmt.
B. Bei einem Angebotsüberhang ist das Angebot größer als die Nachfrage.
C. Bei einem Nachfrageüberhang ist die Nachfrage kleiner als das Angebot.
D. Bei einem Nachfrageüberhang ist die Nachfrage größer als das Angebot.

27) Zwischen welchen beiden Parteien wird in Deutschland ein Tarifvertrag abgeschlossen?

A. Zwischen Betriebsrat und Arbeitgeber
B. Zwischen den Mitgliedern der einzelnen Gewerkschaften
C. Zwischen der Politik und den Gewerkschaften
D. Zwischen den Arbeitgeberverbänden und den Gewerkschaften
E. Keine Antwort ist richtig.

28) Der „Ifo-Index“ bewertet ...?

A. das hiesige Geschäftsklima.
B. den Börsenwert von Unternehmen.
C. die Entwicklung der Inflationsrate.
D. die Staatsverschuldung.
E. Keine Antwort ist richtig.

29) Wie bezeichnet man in einer Volkswirtschaft das Auf und Ab der wirtschaftlichen Aktivitäten?

A. Rezession
B. Stagnation
C. Inflation
D. Konjunktur
E. Keine Antwort ist richtig.

30) Was ist das Hauptziel des Kyoto-Protokolls?

A. Reduzierung der Emission von Treibhausgasen
B. Einführung energiesparender Glühbirnen
C. Förderung des Bahnverkehrs
D. Aufforstung der Regenwälder
E. Keine Antwort ist richtig.

Geschichte

Bearbeitungszeit 7½ Minuten

Beantworten Sie bitte die folgenden Aufgaben, indem Sie jeweils den richtigen Lösungsbuchstaben markieren.

31) Wie heißt der Superkontinent, der einst sämtliche Landmassen der Erde umfasste?

A. Patagonien
B. Pangäa
C. Holozän
D. Tundra
E. Keine Antwort ist richtig.

32) Welcher Lösungsvorschlag ordnet die Perioden der menschlichen Urgeschichte zeitlich richtig?

A. Bronzezeit, Eisenzeit, Steinzeit
B. Eisenzeit, Bronzezeit, Steinzeit
C. Steinzeit, Eisenzeit, Bronzezeit
D. Steinzeit, Bronzezeit, Eisenzeit
E. Keine Antwort ist richtig.

33) Welche Großmacht der Antike wurde von Rom in den drei Punischen Kriegen zerschlagen?

A. Sparta
B. Ägypten
C. Karthago
D. Russland
E. Keine Antwort ist richtig.

34) Wann ungefähr begann das Mittelalter?

A. Im 18. Jahrhundert
B. Im 12. Jahrhundert
C. Nach den Kreuzzügen
D. Mit der Völkerwanderung
E. Keine Antwort ist richtig.

35) Wobei wurden die Machtverhältnisse in Europa nach dem Ende der Herrschaft Napoleons neu geordnet?

A. Wiener Kongress
B. Warschauer Pakt
C. Haager Konferenz
D. Westminster-Konvention
E. Keine Antwort ist richtig.

36) Wer eroberte 1453 die Stadt Konstantinopel?

A. Die Kreuzritter
B. Die Vandalen
C. Die Spanier
D. Die Osmanen
E. Keine Antwort ist richtig.

37) In welchem Jahrhundert fand die Reformation statt?

A. 15. Jahrhundert
B. 16. Jahrhundert
C. 17. Jahrhundert
D. 18. Jahrhundert
E. Keine Antwort ist richtig.

38) In welchem Jahr brach der Dreißigjährige Krieg aus?

A. 1597
B. 1618
C. 1789
D. 1848
E. Keine Antwort ist richtig.

39) Wann begann die Französische Revolution?

A. 1689
B. 1778
C. 1789
D. 1812
E. Keine Antwort ist richtig.

40) Die Zeit zwischen dem Wiener Kongress 1815 und der Märzrevolution 1848 nennt man hierzulande auch …?

A. Barock.
B. Gegenreformation.
C. Expressionismus.
D. Biedermeier.
E. Keine Antwort ist richtig.

41) Wann fand der Erste Weltkrieg statt?

A. 1913–1919
B. 1914–1918
C. 1939–1945
D. 1940–1945
E. Keine Antwort ist richtig.

42) Die Zarenherrschaft in Russland endete mit der …?

A. Aprilrevolution.
B. Septemberrevolution.
C. Dezemberrevolution.
D. Februarrevolution.
E. Keine Antwort ist richtig.

43) Der Begriff „Eiserner Vorhang" steht für …?

A. die Industrialisierung der ehemaligen Sowjetunion.
B. die politische und gesellschaftliche Isolation Nordkoreas.
C. die deutsche Wiederaufrüstung nach dem Ersten Weltkrieg.
D. die Teilung Europas nach dem Zweiten Weltkrieg.
E. Keine Antwort ist richtig.

44) Von der „Banalität des Bösen" sprach die Publizistin Hannah Arendt anlässlich ...?

A. der Nürnberger Prozesse.
B. des Dessauer Schauprozesses.
C. der Auschwitzprozesse.
D. des Eichmann-Prozesses.
E. Keine Antwort ist richtig.

45) Welches Datum steht für den Fall der Berliner Mauer?

A. 9. November 1989
B. 9. November 1990
C. 9. Oktober 1989
D. 9. Oktober 1990
E. Keine Antwort ist richtig.

Geografie

Bearbeitungszeit 7½ Minuten

Beantworten Sie bitte die folgenden Aufgaben, indem Sie jeweils den richtigen Lösungsbuchstaben markieren.

46) In welchem Bundesland liegt der Großteil des Taunus?

A. Bayern
B. Nordrhein-Westfalen
C. Hessen
D. Baden-Württemberg
E. Keine Antwort ist richtig.

47) Die dunkelgraue Fläche ist das Staatsgebiet …?

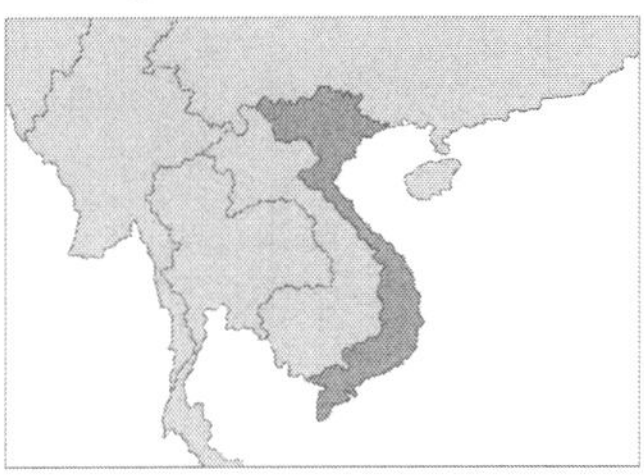

A. von Laos.
B. Kambodschas.
C. Vietnams.
D. Thailands.
E. Keine Antwort ist richtig.

48) Durch welches Bundesland fließt der Rhein?

A. Sachsen
B. Mecklenburg-Vorpommern
C. Nordrhein-Westfalen
D. Thüringen
E. Keine Antwort ist richtig.

49) Wie heißt die Landeshauptstadt von Brandenburg?

A. Potsdam
B. Cottbus
C. Frankfurt (Oder)
D. Eisenhüttenstadt
E. Keine Antwort ist richtig.

50) Welches Land grenzt nicht ans Schwarze Meer?

A. Rumänien
B. Griechenland
C. Bulgarien
D. Türkei
E. Keine Antwort ist richtig.

51) Welchem Staat ist die falsche Hauptstadt zugeordnet?

A. Belgien – Brüssel
B. Tschechische Republik – Prag
C. Polen – Warschau
D. Schweden – Helsinki
E. Keine Antwort ist richtig.

52) Ein Passat ist …?

A. eine Hitzewelle.
B. ein Windsystem.
C. eine Vegetationszone.
D. eine Meeresströmung.
E. Keine Antwort ist richtig.

53) Wo befindet sich das Rote Meer?

A. Südafrika
B. Indien
C. Zwischen Afrika und Asien
D. Südamerika
E. Keine Antwort ist richtig.

54) Welcher Anteil der Erdoberfläche ist ungefähr mit Wasser bedeckt?

A. 30 %
B. 50 %
C. 70 %
D. 90 %
E. Keine Antwort ist richtig.

55) Welche Staaten zählen zum Baltikum?

A. Belgien, Niederlande, Luxemburg
B. Estland, Lettland, Litauen
C. Österreich, Schweiz, Liechtenstein
D. Spanien, Italien, Griechenland
E. Keine Antwort ist richtig.

Der Globus

Sie sehen eine Skizze der Erdkugel, der leider die Bezeichnungen fehlen.

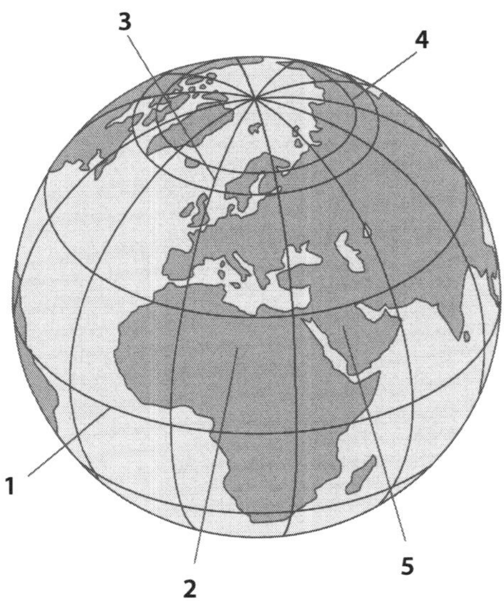

Bitte ordnen Sie jeder Markierung von 1–5 den richtigen Begriff aus folgender Auswahl zu (jeder Begriff darf nur einmal verwendet werden):

Äquator | Grönland | Subtropen | Kanarische Inseln | Kalahari | Sahara
Tropen | Nullmeridian | Gemäßigte Breiten | 50. Breitengrad | Pazifik
Nördlicher Wendekreis | Nördlicher Polarkreis

Welche Beschriftung gehört zu …?

56) Markierung 1:

____

57) Markierung 2:

____

58) Markierung 3:

____

59) Markierung 4:

____

60) Markierung 5:

____

Kunst und Kultur

Bearbeitungszeit 7½ Minuten

Beantworten Sie bitte die folgenden Aufgaben, indem Sie jeweils den richtigen Lösungsbuchstaben markieren.

61) Die Kunstepoche des Barock wird charakterisiert durch …?

A. schlichte Ruhe.
B. üppige Pracht.
C. rohe Kraft.
D. nüchterne Einfachheit.
E. Keine Antwort ist richtig.

62) Wie heißt ein Festtag sexueller Minderheiten?

A. Memorial Day
B. St. Patricks Day
C. Christopher Street Day
D. Boxing Day
E. Keine Antwort ist richtig.

63) Welche tragische Figur der griechischen Mythologie tötet seinen Vater und heiratet seine Mutter?

A. Herakles
B. Zeus
C. Homer
D. Ödipus
E. Keine Antwort ist richtig.

64) Welche Töne ergeben den C-Dur-Akkord?

A. c-f-g
B. c-f-a
C. c-e-g
D. c-e-a
E. Keine Antwort ist richtig.

65) Wie heißt dieser Dramatiker?

A. Oscar Wilde
B. Bertolt Brecht
C. Patrick Süskind
D. Georg Büchner
E. Keine Antwort ist richtig.

66) Aus dem antiken Griechenland stammt ...?
A. die Bergpredigt.
B. das Höhlengleichnis.
C. der kategorische Imperativ.
D. die Ringparabel.
E. Keine Antwort ist richtig.

67) Wie heißen die vier Evangelisten des Neuen Testaments?
A. Lukas, Johannes, Matthäus und Petrus
B. Judas, Johannes, Matthäus und Petrus
C. Martin, Johannes, Matthäus und Markus
D. Lukas, Johannes, Matthäus und Markus
E. Keine Antwort ist richtig.

68) Worin klingt die 9. Sinfonie Ludwig van Beethovens an?
A. Im Glockenspiel des Kölner Doms
B. In der Europahymne
C. In der Hymne des britischen Königshauses
D. Im Beatles-Hit „Yesterday"
E. Keine Antwort ist richtig.

69) Das Ziel eines Buddhisten ist der Austritt aus dem ewigen Kreislauf von Leid und Wiedergeburt und der Eintritt ...?
A. ins Nirwana.
B. ins Sanskrit.
C. in den Himalaya.
D. nach Gondwana.
E. Keine Antwort ist richtig.

70) Für welche gestalterische Stilrichtung stehen die Namen Walter Gropius, Ludwig Mies van der Rohe, Wassily Kandinsky und Lyonel Feininger?
A. Historismus
B. Postmoderne
C. Rokoko
D. Klassische Moderne
E. Keine Antwort ist richtig.

71) Woyzeck, Danton, Leonce und Lena sind Hauptfiguren in Dramen welches Autors?
A. Friedrich Dürrenmatt
B. Georg Büchner
C. Molière
D. Heinrich von Kleist
E. Keine Antwort ist richtig.

72) Was enthält die Tora?

A. Verhaltensregeln für Diplomaten

B. Wichtige religiöse Texte des Judentums

C. Völkerrechtliche Verträge

D. Verfassungstexte von UNO-Staaten

E. Keine Antwort ist richtig.

73) Wie werden die Bilder des Malers Renoir stilistisch eingeordnet?

A. Symbolismus

B. Impressionismus

C. Kubismus

D. Surrealismus

E. Keine Antwort ist richtig.

74) Ai Weiwei ist ein bekannter chinesischer ...?

A. Künstler und Aktivist.

B. Filmemacher und Literat.

C. Musiker und Tänzer.

D. Koch und Modeschöpfer.

E. Keine Antwort ist richtig.

75) Welches eigene Genre bilden die Produkte der indischen Filmindustrie?

A. Delhi-Drama

B. Bollywood-Film

C. Bombay Movie

D. Cinema Eastern

E. Keine Antwort ist richtig.

Physik, Chemie, Biologie

Bearbeitungszeit 7½ Minuten

Beantworten Sie bitte die folgenden Aufgaben, indem Sie jeweils den richtigen Lösungsbuchstaben markieren.

76) Welche elektrische Größe wird in Volt angegeben?

A. Elektrischer Widerstand
B. Elektrische Spannung
C. Elektrische Stromstärke
D. Grundeinheit des elektrischen Stroms
E. Keine Antwort ist richtig.

77) Wie lautet die chemische Summenformel des Wassermoleküls?

A. H_2O
B. H_2O_2
C. H_3O
D. H_2O_3
E. Keine Antwort ist richtig.

78) Welche Formel zum ohmschen Gesetz ist richtig?

A. $\frac{R}{U} = I$
B. $U \times R = I$
C. $\frac{U}{R} = I$
D. $U \times I = R$
E. Keine Antwort ist richtig.

79) Wie heißt dieser Augentyp, der unter anderem bei Mücken und anderen Insekten vorkommt?

A. Facettenauge
B. Spektralauge
C. Fokusauge
D. Wabenauge
E. Keine Antwort ist richtig.

80) Welche Aussage über Edelgase trifft zu?

A. Edelgase sind sehr reaktionsfreudig.
B. Edelgase sind farb- und geruchlos.
C. Edelgase sind grundsätzlich instabil.
D. Edelgase lösen sich leicht in Wasser.
E. Keine Antwort ist richtig.

81) Welche Geschwindigkeit hat das Licht?

A. 300.000 km/h
B. 300.000 km/s
C. 300.000 m/h
D. 300.000 m/s
E. Keine Antwort ist richtig.

82) Wie wird in der Physik die Arbeit (W) definiert?

A. Kraft (F) mal Weg (s)
B. Kraft (F) mal Widerstand (R)
C. Weg (s) mal Zeit (t)
D. Geschwindigkeit (v) mal Weg (s)
E. Keine Antwort ist richtig.

83) Wie viele Elemente kennt die Chemie?

A. Etwa 80
B. Etwa 90
C. Über 100
D. Unzählige
E. Keine Antwort ist richtig.

84) Worauf beziehen sich die Kepler-Gesetze?

A. Fallverhalten von Festkörpern
B. Lichtbrechung in Flüssigkeiten
C. Erhitzung bodennaher Luftschichten
D. Bewegungen idealer Himmelskörper
E. Keine Antwort ist richtig.

85) Welcher Teil der Zelle schützt sie vor ihrer Umgebung?

A. Mitochondrien
B. Zellmembran
C. Ribosomen
D. Zellkern
E. Keine Antwort ist richtig.

86) Was ist eine Emulsion?

A. Eine besonders kratzfeste Beschichtung
B. Ein ätzendes Reinigungsmittel
C. Ein Gemisch zweier Flüssigkeiten
D. Eine explosive Lösung
E. Keine Antwort ist richtig.

87) Welcher Farbstoff färbt Pflanzenblätter grün?

A. Chlorozyt
B. Chloroform
C. Chitin
D. Chlorophyll
E. Keine Antwort ist richtig.

88) Welches Element steht im Zentrum der organischen Chemie?

A. Sauerstoff
B. Magnesium
C. Calcium
D. Kohlenstoff
E. Keine Antwort ist richtig.

89) Mithilfe des Sonnenlichts wird bei der Fotosynthese ...?

A. Wasser in Sauerstoff und Kohlendioxid umgewandelt.

B. Wasser und Kohlendioxid in Stickstoff und Glucose umgewandelt.

C. Wasser und Kohlendioxid in Sauerstoff und Glucose umgewandelt.

D. Kohlendioxid in Wasser umgewandelt.

E. Keine Antwort ist richtig.

90) Womit kann man den pH-Wert eines Stoffes ermitteln?

A. Mit einem Intrigator

B. Mit einem Filtrator

C. Mit einem Indignator

D. Mit einem Indikator

E. Keine Antwort ist richtig.

Sätze vervollständigen *Bearbeitungszeit 5 Minuten*

Finden Sie heraus, welche Wörter aus der angegebenen Liste den Lückentext sinnvoll ergänzen. Für jede (nummerierte) Leerstelle stehen drei Möglichkeiten zur Auswahl.

Wörterliste:

91) Bundesrepublik Deutschland | Sowjetunion | Deutschen Demokratischen Republik

92) Jugoslawienkriegs | Kalten Kriegs | Kosovokriegs

93) Maastricht-Verträge | 2+4-Verträge | NATO-Beitrittsabkommen

94) die Europäische Zentralbank | der Europäische Binnenmarkt | das Europäische Parlament

95) Mautgebühren | Zollkontrollen | Transitverträge

96) Vertrags von Rotterdam | Schengener Abkommens | Pariser Pakts

97) Polen und Ungarn | die Ukraine und Georgien | Serbien und Tschechien

98) das Gemeinschaftsrecht | das Völkerrecht | die Menschenrechtskonvention

99) Außengrenzen | Binnengrenzen | Gewerbegebiete

100) der Schwarzarbeit | der Umweltverschmutzung | der Börsenspekulation

Lückentext:

Die politischen Veränderungen der Wendezeit wirkten sich auch auf das Zollsystem aus – 1990 übernahm die Bundeszollverwaltung die zollbehördliche Verantwortung für das Gebiet der untergegangenen

91) ______________________________. Nach dem Ende des

92) ____________________ wurden auch die europäischen Harmonisierungspläne weiter vorangetrieben: Als Meilenstein der europäischen Annäherung gilt die Gründung der Europäischen Union (EU) mit Inkrafttreten der **93)** ______________________ 1993. Das wirtschaftliche Fundament der EU sollte und soll **94)** ______________________ sein. So wurden nun beim Warenverkehr zwischen den EU-Mitgliedsländern die **95)** ______________ abgeschafft, die wenig später dank des **96)** ______________________ auch für den Personenverkehr entfielen. Die im Jahr 2003 beschlossene EU-Erweiterung um unter anderem **97)** ______________________ schuf in Europa sogar den größten gemeinsamen Wirtschaftsraum der Welt: Die Beitrittsstaaten übernahmen **98)** ______________________ der EU und traten somit dem gemeinschaftlichen Zollgebiet bei.

Aufgrund der Öffnung der europäischen **99)** ______________ haben sich die Aufgabenschwerpunkte des deutschen Zolls verschoben – standen früher die Grenzkontrollen im Mittelpunkt, sind es heute vermehrt Aufgaben im Inland, beispielsweise bei der Bekämpfung **100)** ______________________.

Lösungen: Allgemeinwissen

1) A	31) B	61) B
2) B	32) D	62) C
3) A	33) C	63) D
4) A	34) D	64) C
5) D	35) A	65) B
6) D	36) D	66) B
7) B	37) B	67) D
8) A	38) B	68) B
9) B	39) C	69) A
10) B	40) D	70) D
11) D	41) B	71) B
12) E	42) D	72) B
13) A	43) D	73) B
14) C	44) D	74) A
15) A5, B2, C4, D3, E1	45) A	75) B
16) D	46) C	76) B
17) D	47) C	77) A
18) C	48) C	78) C
19) A	49) A	79) A
20) B	50) B	80) B
21) A	51) D	81) B
22) D	52) B	82) A
23) C	53) C	83) C
24) D	54) C	84) D
25) D	55) B	85) B
26) C	56) Äquator	86) C
27) D	57) Sahara	87) D
28) A	58) Nullmeridian	88) D
29) D	59) Nördlicher Polarkreis	89) C
30) A	60) Subtropen	90) D

91) Deutschen Demokratischen Republik	**94)** der Europäische Binnenmarkt	**97)** Polen und Ungarn
		98) das Gemeinschaftsrecht
92) Kalten Kriegs	**95)** Zollkontrollen	
93) Maastricht-Verträge	**96)** Schengener Abkommens	**99)** Binnengrenzen
		100) der Schwarzarbeit

Staat und Politik (Aufgaben 1–15)

Zu 1) A. Parlamentarische Demokratie

In einer parlamentarischen Demokratie werden die wichtigsten politischen Entscheidungen von einem Parlament getroffen, das aus einer freien Volkswahl hervorgegangen ist und daraus seine Legitimation ableitet. Die parlamentarische Demokratie ist eine repräsentative Demokratie: Die gewählten Abgeordneten sollen das Volk vertreten, von dem als Souverän die Staatsgewalt ausgeht.

Zu 2) B. Alle 4 Jahre

Alle vier Jahre wird ein neuer Bundestag gewählt. Der Bundestag wählt nach der Bundestagswahl den Bundeskanzler.

Zu 3) A. Die Unabhängigkeit von Legislative, Exekutive und Judikative

„Gewaltenteilung" bezeichnet das Prinzip, die Staatsgewalt auf mehrere Staatsorgane zu verteilen, um ihre Macht zu begrenzen und dadurch Freiheit und Gerechtigkeit zu sichern. Man unterscheidet drei Gewalten: die Gesetzgebung (Legislative), die ausführende Gewalt (Exekutive) und die Rechtsprechung (Judikative).

Zu 4) A. Zusammenschluss von Abgeordneten

„Fraktion" nennt man einen freiwilligen Zusammenschluss von Abgeordneten zur Durchsetzung ihrer politischen Interessen und Ziele in einem Parlament. In der Regel bildet jede Partei eine Fraktion.

Zu 5) D. Élysée-Palast

Der Amtssitz des französischen Staatspräsidenten ist der Élysée-Palast in Paris. Er wurde 1718 bis 1722 erbaut und befindet sich unweit der Champs-Élysées.

Zu 6) D. Irland

Der Langname des Vereinigten Königreichs lautet „Vereinigtes Königreich Großbritannien und Nordirland" („United Kingdom of Great Britain and Northern Ireland"). Dazu zählen alle Teile der britischen Insel – Schottland, Wales, England – und Nordirland, jedoch nicht Irland.

Zu 7) B. Vorwahlen

Die „primary elections" oder kurz „Primaries" sind Vorwahlen. Dabei ermitteln die großen Parteien ihre Kandidaten für das Amt des Präsidenten (oder für andere öffentliche Ämter). „Primaries" werden auf Ebene der Bundesstaaten abgehalten. In manchen Staaten findet stattdessen eine Parteikonferenz statt, ein sogenannter „Caucus".

Zu 8) A. Straßburg

Das Europäische Parlament ist das Parlament der Europäischen Union mit Sitz in Straßburg. Seit 1979 wird es alle fünf Jahre in allgemeinen, freien und geheimen Wahlen gewählt. Als weltweit einzige direkt gewählte supranationale Institution repräsentiert das Parlament rund 500 Millionen EU-Staatsbürger und wird auch als „Bürgerkammer der EU" bezeichnet. Seit der Parlamentsgründung 1952 wurden seine Kompetenzen mehrmals stark ausgeweitet, insbesondere durch die Verträge von Maastricht (1992) und Nizza (2001). Im Vergleich mit den nationalen Parlamenten hat es allerdings noch immer relativ wenige Rechte.

Zu 9) B. Wenn sie mehr Direktmandate erhält als ihr nach Zweitstimmenanteil zustünden

Überhangmandate erhält eine Partei bei Bundestagswahlen, wenn sie mehr Direktmandate erhält als ihr nach dem Prozentanteil abgegebener Zweitstimmen zustünden. Hat eine Partei beispielsweise einen Zweitstimmenanteil von 30 Prozent, gewinnt aber gleichzeitig in 40 Prozent der Wahlkreise ein Direktmandat (durch Mehrheit der Erststimmen), so ziehen alle direkt gewählten Vertreter in den Bundestag ein.

Zu 10) B. Bundestag

Der Finanzminister legt jährlich einen Haushaltsentwurf vor, der vom Bundestag ohne Zustimmung des Bundesrates beschlossen wird. Die Debatte über den Haushalt ist traditionell eine Generaldebatte über die Politik der Bundesregierung. Die Opposition nutzt diese Gelegenheit, der Bundesregierung Mängel und Fehler vorzuwerfen und der Öffentlichkeit aufzuzeigen; die Regierung verteidigt sich ihrerseits mit Angriffen auf die Opposition.

Zu 11) D. Deutschland

Der Sicherheitsrat ist das mächtigste Gremium der Vereinten Nationen. Er besteht aus fünf ständigen Mitgliedern, die bei der Verabschiedung von Resolutionen ein erweitertes Vetorecht besitzen, und zehn nichtständigen Mitgliedern, die im Zwei-Jahres-Turnus neu gewählt werden. Ständige Mitglieder sind Frankreich, die USA, das Vereinigte Königreich, Russland und China.

Zu 12) E. sind alle EU-Bürger ab 16 Jahren stimmberechtigt.

Bei Europawahlen entscheiden die EU-Bürger über die Sitzverteilung im Straßburger Europaparlament. Man stimmt dabei wie gewohnt für die nationalen Parteien ab, die sich auf europäischer Ebene – je nach ihrer politischen Ausrichtung – zu Fraktionsgemeinschaften zusammenschließen: Stimmt man beispielsweise für die SPD, profitiert davon die Fraktionsgemeinschaft SPE (Sozialdemokratische Partei Europas). Als EU-Bürger darf man sowohl an einem Wohnort im EU-Ausland wählen gehen als auch für eine ausländische Partei kandidieren. Über das Wahlalter entscheidet jedes Land für sich: Nur in Österreich lag es bei den letzten Europawahlen bei 16 Jahren, in Deutschland und den übrigen EU-Staaten durften die Menschen erst ab 18 wählen.

Zu 13) A. Aufgaben werden auf möglichst niedriger Ebene (Stadt, Gemeinde) umgesetzt.

Nach dem Subsidiaritätsprinzip sollen staatliche Aufgaben auf möglichst niedriger Ebene umgesetzt werden, beispielsweise von Kommunen (Städte, Gemeinden), solange die jeweiligen Stellen dazu in der Lage sind. Das Subsidiaritätsprinzip ist ein wichtiges Konzept für die Europäische Union und auch die Bundesrepublik Deutschland.

Zu 14) C. Aus Mitgliedern des Bundestages und Vertretern der Länder

Die Bundesversammlung besteht aus den Mitgliedern des Bundestages und Abgesandten der Landesparlamente. Sie wird vom Bundestagspräsidenten einberufen und ihre einzige Aufgabe besteht in der Wahl des Bundespräsidenten.

Zu 15) A5, B2, C4, D3, E1

Die angegebenen Institutionen sind Volksvertretungen. Den kleinsten Wirkungsradius hat der Gemeinderat **(E.)**, der die Bürger einer Gemeinde vertritt. Mehrere Gemeinden sind zu einem Landkreis verbunden, dessen Volksvertretung der Kreistag **(B.)** ist. Bezirkstage **(D.)** sind Volksvertretungen der Bezirke, die in manchen Bundesländern eine zusätzliche Verwaltungsebene zwischen Landkreis und Bundesland bilden. Die Parlamente der Bundesländer – abgesehen von den Stadtstaaten Berlin, Bremen und Hamburg – heißen Landtag (**C.**). An der Spitze der Hierarchie steht schließlich der Bundestag (**A.**) als höchstes deutsches Parlament; seine Abgeordneten werden von allen Staatsbürgern für vier Jahre gewählt. Aus dem Bundestag geht die Bundesregierung hervor.

Wirtschaft und Gesellschaft (Aufgaben 16–30)

Zu 16) D. Soziale Marktwirtschaft

In der Sozialen Marktwirtschaft fällt dem Staat die Rolle zu, auf sozialen Ausgleich hinzuwirken. Die Soziale Marktwirtschaft gilt heute als Grundlage der deutschen Wirtschafts- und Sozialordnung. Das Modell wurde von Ludwig Erhard entworfen und baut auf Elementen der freien Marktwirtschaft auf, wird jedoch durch wettbewerbspolitische und regulierende Maßnahmen des Staats ergänzt.

Zu 17) D. Verstaatlichung privater Unternehmen

Von zentraler Bedeutung für das wirtschaftspolitische System der Bundesrepublik Deutschland ist das „Gesetz zur Förderung der Stabilität und des Wachstums der Wirtschaft" von 1967, kurz auch „Stabilitätsgesetz". Die darin enthaltenen Ziele werden in ihrer Gesamtheit als „Magisches Viereck" bezeichnet: bestimmt durch die Eckpunkte Preisniveaustabilität, hoher Beschäftigungsstand, außenwirtschaftliches Gleichgewicht sowie angemessenes und stetiges Wirtschaftswachstum.

Zu 18) C. Frankfurt

Die Deutsche Bundesbank ist die Zentralbank der Bundesrepublik. Sie hat ihren Sitz in Frankfurt am Main und ist Teil des europäischen Systems der Zentralbanken. Nachdem 1999 die Währungshoheit auf die Europäische Zentralbank überging, haben sich ihre Aufgabenbereiche wesentlich verkleinert.

Zu 19) A. „Hausse" und „Baisse".

Das Foto zeigt die Bronzeskulpturen von Bulle und Bär vor der Frankfurter Wertpapierbörse. Der kämpferische Bulle mit den aufragenden Hörnern steht für anhaltend steigende Kurse – man spricht auch von „Bullenmarkt" oder „Hausse" (franz. für „Anstieg"). Im Gegensatz dazu symbolisiert der geduckte, schwermütige Bär ein Börsentief, eine „Baisse" (franz. für „Rückgang").

Zu 20) B. Festlegung des Goldpreises

Die grundlegenden Aufgaben der Europäischen Zentralbank bestehen in der Festlegung und Durchführung der Geldpolitik, der Durchführung von Devisengeschäften, der Verwaltung der offiziellen Währungsreserven der Mitgliedsstaaten sowie der Versorgung der Volkswirtschaft mit Geld zur Gewährung eines reibungslosen Zahlungsverkehrs. Der Goldpreis entsteht im Zusammenspiel von Angebot und Nachfrage.

Zu 21) A. Der Wert aller Endprodukte und Dienstleistungen, die in einer bestimmten Periode durch Produktionsfaktoren produziert werden, die sich im Eigentum von Inländern befinden

Das Bruttonationaleinkommen (früher „Bruttosozialprodukt") ist der Wert der Endprodukte und Dienstleistungen, die in einer bestimmten Periode durch Produktionsfaktoren produziert werden, die sich im Eigentum von Inländern befinden – unabhängig davon, ob die Produktion im In- oder Ausland stattfindet.

Zu 22) D. Davos

Das Weltwirtschaftsforum (WEF) hat zwar seinen Sitz in Cologny bei Genf, seine jährlichen Treffen finden jedoch seit 1971 im Wintersportort Davos statt – zuerst unter dem Namen „European Management Symposium", seit 1987 als „Weltwirtschaftsforum". Dort versammeln sich international führende Wirtschaftsexperten, Politiker, Wissenschaftler, Vertreter von Nichtregierungsorganisationen und Journalisten, um dringliche weltpolitische Fragen zu diskutieren.

Zu 23) C. Beim Grenzverkehr innerhalb der EU gibt es keine Zollkontrollen mehr.

Die EU-Mitgliedsstaaten bilden seit 1993 eine Zollunion, das heißt eine Freihandelszone, in der beim Grenzverkehr zwischen den Mitgliedsländern keine Binnenzölle mehr erhoben werden. Dadurch entfielen die Zollkontrollen.

Zu 24) D. DGB

Der Deutsche Gewerkschaftsbund (DGB) ist der größte gewerkschaftliche Dachverband in Deutschland. Zu seinen Mitgliedsgewerkschaften gehören u. a. die Vereinte Dienstleistungsgewerkschaft (Ver.di), die Industriegewerkschaft Metall (IGM) und die Industriegewerkschaft Bauen-Agrar-Umwelt (IG BAU). Insgesamt vertritt der DGB die Interessen von rund sechs Millionen gewerkschaftlich organisierten Arbeitnehmern.

Zu 25) D. Die Umsatzsteuer

Indirekte Steuern werden nicht von der effektiv belasteten Person, sondern von einem stellvertretenden Dritten an den Fiskus abgeführt. Zu den indirekten Steuern zählen unter anderem die Umsatzsteuer oder Verbrauchsteuern wie die Tabak-, die Mineralöl- und die Alkopopsteuer. Im Gegensatz dazu stehen direkte Steuern, die auf das Einkommen und das Vermögen erhoben werden, wie zum Beispiel die Einkommensteuer, der Solidaritätszuschlag, die Kfz-Steuer oder Hundesteuer: Sie werden unmittelbar beim Steuerschuldner festgesetzt und erhoben, Steuerschuldner und Steuerträger sind also identisch.

Zu 26) C. Bei einem Nachfrageüberhang ist die Nachfrage kleiner als das Angebot.

Bei einem Nachfrageüberhang gibt es auf einem Markt mehr Käufer als Verkäufer. Umgekehrt spricht man von einem Angebotsüberhang, wenn es mehr Verkäufer als Käufer gibt. Als „Nachfrage" bezeichnet man die Gütermenge, die die Nachfragenden (die Konsumenten) zu einem bestimmten Preis erwerben wollen. Faktoren wie veränderte Lebensumstände, höhere Einkommen oder neue Moden können ein Nachfragewachstum auslösen – somit wird das Angebot (die Waren) knapper und letztlich teurer. Angeregt durch die höheren Preise, werden nun weitere Anbieter in den Markt eintreten oder bestehende Anbieter ihr Angebot ausweiten. In diesem freien Spiel des Marktes bildet sich schließlich ein neues Gleichgewicht mit anderen Preisen und Umsätzen.

Zu 27) D. Zwischen den Arbeitgeberverbänden und den Gewerkschaften

Tarifverträge werden zwischen den Tarifpartnern – Arbeitgeberverbänden und Gewerkschaften – ausgehandelt und sind für die Mitglieder der vertragsschließenden Parteien verbindlich. Es gibt verschiedene Vertragstypen, z. B. Mantel- und Rahmentarifverträge: Rahmentarifverträge regeln die konkrete Vergütungshöhe und die Eingruppierung der Beschäftigten in Lohn- oder Gehaltsklassen, Manteltarifverträge treffen längerfristige allgemeine Vereinbarungen: u. a. über Einstellungs- und Kündigungsbedingungen, Urlaubsdauer, Arbeitszeiten, Krankheit, Krankmeldung und Lohnfortzahlung, Mehr-, Nacht- und Schichtarbeitszuschläge, Vermögenswirksame Leistungen, Rationalisierungsschutz und Qualifizierung.

Zu 28) A. das hiesige Geschäftsklima.

Der „Ifo-Index" – vollständig „Ifo-Geschäftsklimaindex" – ist ein Indikator für die wirtschaftliche Entwicklung in Deutschland. Er wird erstellt vom Ifo-Institut – Leibniz-Institut für Wirtschaftsforschung an der Universität München, das dazu jeden Monat mehrere tausend Unternehmen befragt, u. a. zur aktuellen Geschäftslage, zu den Zukunftsaussichten und zur Zahl der Beschäftigten.

Zu 29) D. Konjunktur

Das Auf und Ab der wirtschaftlichen Aktivität, das sich in einer Volkswirtschaft über mehrere Jahre als wiederkehrendes Grundmuster abzeichnet, nennt man „Konjunktur". Den Gesamtverlauf unterteilt man in die Konjunkturzyklen Expansion (Aufschwung), Boom (Hochkonjunktur), Rezession (Abschwung) und Depression (Tiefphase).

Zu 30) A. Reduzierung der Emission von Treibhausgasen

Das Kyoto-Protokoll wurde 1997 auf der Klimaschutz-Konferenz im japanischen Kyoto verabschiedet, trat 2005 in Kraft und läuft bis 2020. Es legte zum ersten Mal überhaupt völkerrechtlich verbindliche Emissionsziele fest, die bestimmen, wie hoch der Ausstoß der Treibhausgase in den Industrieländern jeweils sein darf.

Geschichte (Aufgaben 31–45)

Zu 31) B. Pangäa

Der Superkontinent Pangäa (auch „Pangaea") vereinte vor etwa 300 bis 150 Millionen Jahren die irdischen Landmassen auf einer Fläche von rund 138 Millionen Quadratkilometern. Vor ungefähr 230 Millionen Jahren begann Pangäa aufgrund plattentektonischer Verschiebungen auseinanderzubrechen – zunächst in einen Nord- und Südteil, dann in die einzelnen Kontinente.

Zu 32) D. Steinzeit, Bronzezeit, Eisenzeit

Die menschliche Urgeschichte lässt sich grob in drei große Perioden gliedern: in die Steinzeit, die vor ca. 2,6 Millionen Jahren begann, in die Bronzezeit (in Europa ab ca. 2200 v. Chr.) und in die Eisenzeit (in Europa ab ca. 1000 v. Chr.). Diese Einteilung orientiert sich am jeweils vorherrschenden Material zur Werkzeugherstellung, wobei es je nach Kulturkreis große zeitliche Unterschiede gibt. Im Mittelmeerraum mündete die Eisenzeit in die Antike.

Zu 33) C. Karthago

Karthago war eine nordafrikanische Großstadt nahe der heutigen tunesischen Hauptstadt Tunis. Die etablierte See- und Handelsmacht kontrollierte das westliche Mittelmeer und war dem aufstrebenden Rom ein Dorn im Auge. Im Ersten Punischen Krieg (264–241 v. Chr.) kämpften Römer und Karthager (auch „Punier" genannt) vorwiegend mit Seestreitkräften und auf Sizilien, am Ende verlor Karthago die Inseln Sizilien, Korsika und Sardinien. Der Zweite Punische Krieg (218–201 v. Chr.) ist bekannt durch die Alpenüberquerung des karthagischen Heerführers Hannibal, der den Römern in der Schlacht von Cannae (216 v. Chr.) eine schwere Niederlage beibrachte, aber Rom nicht erobern konnte. Der Dritte Punische Krieg (149–146 v. Chr.) endete schließlich mit der vollständigen Zerstörung Karthagos durch römische Truppen unter dem Heerführer Scipio.

Zu 34) D. Mit der Völkerwanderung

Der Beginn des Mittelalters wird von Historikern recht unterschiedlich datiert. Einigkeit besteht jedoch darin, welche Vorgänge den Übergang von der Spätantike zum Frühmittelalter markieren: nämlich die Völkerwanderung, der Untergang des (west-)römischen Reiches und der Zerfall der politisch-kulturellen Einheit des Mittelmeerraums.

Zu 35) A. Wiener Kongress

Nach dem Sturz Napoleon Bonapartes im Frühjahr 1814 begann im Herbst desselben Jahres der Wiener Kongress unter der Leitung des österreichischen Außenministers Metternich. Vertreter aus rund 200 europäischen Staaten kamen zusammen, um eine dauerhafte Nachkriegsordnung für Europa auszuhandeln. Nach der zwischenzeitlichen Rückkehr Napoleons und seiner endgültigen Niederlage in der Schlacht bei Waterloo (18. Juni 1815) wurde die politische Landkarte Europas gründlich umgestaltet. Zu den Gewinnern des Kongresses zählten Österreich, Russland, Preußen und Großbritannien; Frankreich hingegen musste alle annektierten Gebiete wieder abtreten. Der polnische Staat wurde wie schon wenige Jahrzehnte zuvor zerschlagen und erneut zwischen Russland, Österreich und Preußen aufgeteilt.

Zu 36) D. Die Osmanen

1453 eroberte ein osmanisches Heer unter Sultan Mehmed II. die Metropole Konstantinopel, das heutige Istanbul. Das Ereignis festigte den Rang des Osmanischen Reiches als Großmacht – und beendete das Byzantinische Reich, welches im Jahr 395 aus der Osthälfte des Römischen Reiches hervorgegangen war.

Zu 37) B. 16. Jahrhundert

Martin Luther verfasste 1517 seine 95 Thesen zum Ablasshandel, die großen öffentlichen Anklang fanden und die Reformation auslösten. Luther protestierte damit weniger gegen die Finanzpraktiken der katholischen Kirche als gegen die dahinterstehende Bußgesinnung. Der Ablasshandel veranlasste ihn, eine Reform der Kirche „an Haupt und Gliedern" zu fordern.

Zu 38) B. 1618

Der Dreißigjährige Krieg brach 1618 aus, mit dem Aufstand der böhmischen Stände gegen die Herrschaft der Habsburger. Im Kriegsverlauf griffen alle Großmächte Europas auf den mitteleuropäischen Kriegsschauplätzen ein, mit verheerenden Folgen für die Bevölkerung. Nach fünfjährigen Verhandlungen konnten 1648 in Münster und Osnabrück die endgültigen Friedensverträge beschlossen werden. Sie führten zu einer politischen und territorialen Neuordnung Europas.

Zu 39) C. 1789

Die Französische Revolution zählt zu den einschneidendsten Ereignissen der europäischen Geschichte. Sie bewirkte tiefgreifende soziale und politische Veränderungen und prägte das neuzeitliche Demokratieverständnis. Ausgelöst 1789 durch soziale Unruhen, zogen bis zum Jahr 1799 mehrere revolutionäre Wellen durch Frankreich.

In der ersten Revolutionsphase kämpften verschiedene gesellschaftliche Gruppen vor allem für bürgerliche Freiheitsrechte. Die absolutistische Alleinherrschaft des Königs wurde durch eine gemäßigte konstitutionelle Monarchie abgelöst. Als Reaktion darauf formierten sich gegenrevolutionäre Kräfte im In- und Ausland, und die Revolution trat in ihre zweite Phase ein: Eine Revolutionsregierung riss 1792 die Macht an sich, schuf eine Republik mit radikaldemokratischen Zügen und übte eine Schreckensherrschaft aus mit dem Ziel, alle „Feinde der Revolution" zu vernichten. In der dritten Phase (ab 1795) wurde Frankreich von einem fünfköpfigen Direktorium regiert, das besitzbürgerliche Interessen gegen sozialistische und monarchistische Strömungen verteidigte.

Zu 40) D. Biedermeier.

Nach dem Fall Napoleon Bonapartes 1815 begann die Restauration: Die europäischen Monarchen wollten die Verhältnisse vor der Französischen Revolution wiederherstellen. Die deutschen Fürsten fürchteten vor allem nationale und liberale Strömungen; sie beschränkten die politische Betätigung des Volkes, zensierten Presse und Kunst (Karlsbader Beschlüsse). Das deutsche Bürgertum zog sich ins Häusliche, Private zurück – bis hin zur Märzrevolution 1848. Ab 1855 parodierte die fiktive Figur „Gottlieb Biedermaier" die spießig-naiven Bürger jener Zeit und prägte damit den Namen der Epoche.

Zu 41) B. 1914–1918

Der Erste Weltkrieg wurde von 1914 bis 1918 in Europa, dem Nahen Osten, Afrika und Ostasien geführt. Kriegsparteien waren auf der einen Seite die Mittelmächte Deutsches Reich, Österreich-Ungarn, später noch das Osmanische Reich und Bulgarien. Auf der anderen Seite standen zunächst die Entente-Mächte Frankreich, Großbritannien und Russland sowie Serbien. 1917 griffen die USA auf Seiten der Entente entscheidend in den Krieg ein. Im Ersten Weltkrieg starben insgesamt rund neun Millionen Soldaten.

Zu 42) D. Februarrevolution.

Zu Beginn des 20. Jahrhunderts stand das Zarenreich Russland wirtschaftlich und sozial vor großen Problemen. Die Industrialisierung hatte spät begonnen, das Land war zum Großteil noch agrarisch geprägt, und das wachsende Heer der Industriearbeiter fand in der vormodernen Gesellschaftsordnung keinen Platz. Im Ersten Weltkrieg verschärften sich die Spannungen infolge hoher Inflation, Arbeitslosigkeit und Lebensmittelknappheit. Anfang des Jahres 1917 kam es zu Hungerrevolten, Streiks und Protesten. Im Februar 1917 (nach gregorianischer Zeitrechnung im März) bildete sich in Petrograd (Sankt Petersburg) ein Arbeiter- und Soldatenrat („Sowjet"), dem bald Räte in vielen weiteren Städten folgten. Zar Nikolaus II. war schließlich zur Abdankung gezwungen.

Zu 43) D. die Teilung Europas nach dem Zweiten Weltkrieg.

Als „Eisernen Vorhang" bezeichnet man die ideologische und territoriale Grenze, die Europa nach dem Zweiten Weltkrieg durchzog. Auf westlicher Seite befanden sich marktwirtschaftlich ausgerichtete Demokratien wie Deutschland, Frankreich und Großbritannien, die mit den USA verbündet waren. Ihnen gegenüber standen die sozialistisch-planwirtschaftlich organisierten Diktaturen des Ostblocks, unter Vorherrschaft der Sowjetunion.

Zu 44) D. des Eichmann-Prozesses.

Hannah Arendt (1906–1975), eine politische Theoretikerin und Publizistin jüdischer Konfession, prägte den Begriff der „Banalität des Bösen" während des Gerichtsprozesses gegen den SS-Obersturmbannführer Adolf Eichmann in Jerusalem 1961. Arendt beschrieb damit die skrupellose Autoritätshörigkeit des „Schreibtischtäters" Eichmann, der im „Dritten Reich" zu den Architekten des Holocausts gehört hatte. Er war nach Kriegsende nach Argentinien geflohen und 1960 vom israelischen Geheimdienst nach Jerusalem entführt worden. Dort wurde er zum Tode verurteilt und 1962 gehängt.

Zu 45) A. 9. November 1989

Die Berliner Mauer trennte vom 13. August 1961 bis zum 9. November 1989 West-Berlin vom Ostteil der Stadt und vom umgebenden Gebiet der DDR. Sie war eines der bekanntesten Symbole für den Kalten Krieg und die Teilung Deutschlands.

Geografie (Aufgaben 46–60)

Zu 46) C. Hessen

Das Mittelgebirge Taunus, Teil des Rheinischen Schiefergebirges, reicht vom östlichen Rheinland-Pfalz nach Südwesthessen hinein. Der Taunus bedeckt eine Fläche von rund 2.700 Quadratkilometern; höchster Gipfel ist der Große Feldberg mit 879 Metern über Normalnull.

Zu 47) C. Vietnams.

Die Sozialistische Republik Vietnam ist ein Küstenstaat in Südostasien mit über 95 Millionen Einwohnern. Er grenzt an die Länder Kambodscha, Laos und China, ans Südchinesische Meer und an den Golf von Thailand.

Zu 48) C. Nordrhein-Westfalen

Der Rhein ist ein Fluss mit einer Länge von etwa 1.324 km im Übergangsbereich von Mittel- und Westeuropa. Sein Einzugsgebiet umfasst weite Teile der Schweiz, Deutschlands und Hollands, Gebiete im Osten Frankreichs und im Westen Österreichs. In Deutschland durchfließt er die Bundesländer Baden-Württemberg, Hessen, Rheinland-Pfalz und Nordrhein-Westfalen. Die größten Nebenflüsse, die in den Rhein münden, sind Aare, Mosel und Main. Der Rhein ist der längste Nordseezufluss und eine der verkehrsreichsten Wasserstraßen der Welt.

Zu 49) A. Potsdam

Potsdam, die Landeshauptstadt von Brandenburg mit rund 160.000 Einwohnern, schließt unmittelbar im Südwesten an die deutsche Hauptstadt Berlin an. Als ehemalige preußische Residenzstadt verfügt die Stadt über zahlreiche Kulturdenkmäler wie z. B. das Schloss Sanssouci. Auch das Filmstudio Babelsberg befindet sich hier.

Zu 50) B. Griechenland

Griechenland liegt am Mittelmeer.

Zu 51) D. Schweden – Helsinki

Kombination D stimmt nicht: Die Hauptstadt Schwedens heißt Stockholm. Helsinki ist die finnische Hauptstadt.

Zu 52) B. ein Windsystem.

Passatwinde treten in den Tropen und teilweise Subtropen auf, bis zu etwa 30 Grad geografischer Breite. Verursacht durch die Erdrotation und die Luftzirkulation im Äquatorgebiet, sind sie nur mäßig stark, aber sehr beständig. Man unterscheidet zwei große Passatsysteme: Auf der Nordhalbkugel weht der Nordostpassat in südwestliche Richtung, auf der Südhalbkugel der Südostpassat in nordwestliche Richtung.

Zu 53) C. Zwischen Afrika und Asien

Das Rote Meer befindet sich zwischen Nordost-Afrika und der zu Asien gehörigen Arabischen Halbinsel. Es ist durch eine Meerenge im Süden mit dem Indischen Ozean verbunden und über den Sueskanal mit dem Mittelmeer.

Zu 54) C. 70 %

Die Erdoberfläche misst rund 510 Millionen Quadratkilometer. Davon sind knapp 71 % von Wasser bedeckt, der Rest ist Landmasse.

Zu 55) B. Estland, Lettland, Litauen

Das Baltikum ist ein Gebiet in Nordosteuropa und umfasst die Staaten Estland, Lettland und Litauen. Um das Baltikum herum liegen Polen, Russland, Weißrussland und die Ostsee.

Zu 56) Äquator

Der Äquator trennt die Erde als 0. Breitengrad in eine Nord- und eine Südhalbkugel.

Zu 57) Sahara

Die Sahara in Afrika ist mit rund neun Millionen Quadratkilometern Fläche die größte Trockenwüste der Erde. Sie zieht sich über die volle Breite des afrikanischen Kontinents, vom Atlantik bis zum Roten Meer.

Zu 58) Nullmeridian

Vom Nullmeridian (0. Längengrad) aus wird die geografische Länge nach Westen und Osten bestimmt. Da er mitten durch den Londoner Stadtteil Greenwich verläuft, nennt man ihn auch „Greenwich-Meridian".

Zu 59) Nördlicher Polarkreis

Die Polarkreise ziehen sich auf 66,5 Grad nördlicher und südlicher Breite um den Globus und umgeben die polnahen Gebiete, in denen die Sonne am Tag der Sonnenwende nicht mehr auf- bzw. untergeht.

Zu 60) Subtropen

Je nach geografischer Lage unterscheidet man vier Klimazonen: die Tropen (bis 23,5° nördlicher/südlicher Breite), die Subtropen (23,5°–45° nördlicher/südlicher Breite), die Mittelbreiten (auch „gemäßigte Breiten"; 45°–66,5° nördlicher/südlicher Breite) und die Polarzone (ab 66,5° nördlicher/südlicher Breite). Der größte Teil der arabischen Halbinsel umfasst subtropisches Gebiet.

Kunst und Kultur (Aufgaben 61–75)

Zu 61) B. üppige Pracht.

Der Barock, eine europäische Kunstepoche zwischen ungefähr 1575 und 1770, war geprägt von üppiger Pracht und verschwenderischem Formenreichtum. In der barocken Architektur dominierten schwingende und stark verzierte Formen, Kuppeln, Säulengruppen und Giebel. Die Malerei der Epoche kennzeichneten große Deckenbilder, starke Farbkontraste und die Betonung von Licht und Schatten. Die Literatur glitt zum Teil in den Schwulst ab. Auf den Barock folgte der Klarheit suchende, die antike Formensprache beschwörende Klassizismus.

Zu 62) C. Christopher Street Day

In deutschsprachigen Ländern heißt er „Christopher Street Day", in anderen Ländern „Gay Pride" oder „Stonewall Day": ein Fest- und Demonstrationstag von sexuellen Minderheiten zum Gedenken an den „Stonewall-Aufstand", der am 28. Juni 1969 begann. Damals protestierten bis zu 2.000 Homo- und Transsexuelle auch mit Gewalt gegen Polizeiwillkür und Diskriminierung. Auslöser war eine Razzia in der Bar „Stonewall Inn" in der Christopher Street in New York.

Zu 63) D. Ödipus

Ohne seine Eltern zu kennen, tötet Ödipus in der griechischen Mythologie erst den Vater und heiratet dann seine Mutter – wie es ihm ein Orakel vorhergesagt hatte. In Bezug darauf sprach der Psychoanalytiker Sigmund Freud vom „Ödipus-Komplex“, wonach Jungen eine unbewusste sexuelle Zuneigung zur Mutter entwickeln, verbunden mit feindseligen Gefühlen gegen den Vater. Zeus ist der oberste griechische Gott, Herkules ein griechischer Sagenheld und Homer der Autor der antiken Epen „Odyssee“ und „Ilias“.

Zu 64) C. c-e-g

Ein Akkord ist ein Zusammenklang mehrerer Töne. Die gängigsten Akkorde sind Dreiklänge aus drei Tönen. Dur-Akkorde folgen einem charakteristischen Aufbau: Der Abstand zwischen dem Grundton und dem darüberliegenden Ton beträgt eine große Terz, der Abstand zum oberen Ton eine weitere kleine Terz.

Zu 65) B. Bertolt Brecht

Bertolt Brecht (1898–1956) war ein einflussreicher deutscher Dramatiker und Lyriker. Er begründete das „epische Theater“, das nicht mehr tragische Einzelschicksale und Fiktionen ins Zentrum stellt, sondern reale gesellschaftliche Konflikte. Zu Brechts bekanntesten Werken zählen „Die Dreigroschenoper“, „Das Leben des Galilei“ und „Mutter Courage und ihre Kinder“.

Zu 66) B. das Höhlengleichnis.

Das Höhlengleichnis ist ein erkenntnistheoretisches Modell des griechischen Philosophen Platon (428/427–348/347 v. Chr.). Die Bergpredigt des Jesus von Nazareth ist eine Episode im Matthäus-Evangelium, der kategorische Imperativ ist ein ethisches Gebot Immanuel Kants (1724–1804), die Ringparabel stammt aus dem Drama „Nathan der Weise“ von Gotthold Ephraim Lessing (1729–1781).

Zu 67) D. Lukas, Johannes, Matthäus und Markus

Das Neue Testament entstand etwa zwischen 50 und 130 n. Chr. im jüdisch-christlichen Umfeld des östlichen Mittelmeerraums. Mit den vier Evangelien, die nach Ihren mutmaßlichen Verfassern benannt sind, besteht es vor allem aus erzählenden Schriften. Hinzu kommen die Apostelgeschichte, belehrende Briefliteratur sowie die Offenbarung des Johannes.

Zu 68) B. In der Europahymne

Die Melodie des letzten Satzes der 9. Sinfonie Ludwig van Beethovens wird in der Europahymne – der Hymne der Europäischen Union und des Europarats – aufgegriffen. Bekannt ist diese Sinfonie vor allem in der Chorversion, die von Friedrich Schiller betextet wurde („Freude schöner Götterfunken"). Um keine europäische Sprache zu bevorzugen, ist die offizielle Europahymne jedoch eine reine Instrumentalfassung, die ohne Text gespielt wird.

Zu 69) A. ins Nirwana.

Das Ziel eines Buddhisten ist das Nirwana – ein unbeschreibbarer Zustand nach dem Austritt aus dem Kreislauf von Werden und Vergehen. Im Nirwana sind der religiösen Lehre nach alle mit dem Dasein verbundenen Wünsche und Vorstellungen überwunden (Ich-Sucht, Gier ...). Der Himalaya ist das höchste Gebirge der Welt, Sanskrit eine altindische Sprache und Gondwana heißt ein Großkontinent, der vor 250–300 Millionen Jahren einen Großteil der Landmasse der Erde umfasste.

Zu 70) D. Klassische Moderne

Zur Klassischen Moderne zählt man mehrere avantgardistische Stilrichtungen, die Ende des 19. Jahrhunderts entstanden. Prominente Vertreter waren u. a. die Architekten Walter Gropius und Ludwig Mies van der Rohe sowie die Maler Wassily Kandinsky und Lyonel Feininger. Gropius gründete 1919 das Bauhaus in Dessau, eine Kunstschule, die Kunst und Handwerk verband. Die sachliche, funktionelle, modulare, meist kubische Bauhaus-Formensprache hatte großen Einfluss auf Kunst und Design im 20. Jahrhundert.

Zu 71) B. Georg Büchner

Georg Büchner (1813–1837) zählt trotz seines frühen Todes mit 23 Jahren zu den bedeutenden deutschen Dramatikern. Das Drama „Woyzeck" gehört noch heute zu den erfolgreichsten Theaterstücken im deutschsprachigen Raum: Es erzählt mit psychologischem Feinsinn und dramatischer Finesse, wie und warum der Soldat Woyzeck zum Mörder (gemacht) wird. Auch das Lustspiel „Leonce und Lena" und das Revolutionsdrama „Dantons Tod" sind vielbeachtet.

Zu 72) B. Wichtige religiöse Texte des Judentums

Die Tora (auch „Thora") ist der erste Teil der hebräischen Bibel, der wichtigsten religiösen Schrift des Judentums. Sie besteht aus den fünf Büchern Mose. Oft meint man mit dem Begriff auch die Torarolle, eine handgeschriebene Pergamentrolle mit dem Text der Tora, aus der in jüdischen Gottesdiensten gelesen wird.

Zu 73) B. Impressionismus

Pierre-Auguste Renoir (1841–1919) gilt als einer der produktivsten Maler der Kunstgeschichte und einer der Hauptvertreter des Impressionismus. Er malte vor allem Gesellschaftsszenen und korpulente Frauen. Der Impressionismus ist eine Stilrichtung der Malerei, die sich in der zweiten Hälfte des 19. Jahrhunderts von Paris aus in die ganze Welt verbreitete. Ein charakteristisches Merkmal ist die starke Bedeutung des Lichts. Viele impressionistische Gemälde bestehen aus etlichen kleinen Farbstrichen oder -punkten, die sich erst aus einiger Entfernung zu einem Bild zusammenfügen.

Zu 74) A. Künstler und Aktivist.

Ai Weiwei ist ein zeitgenössischer Konzeptkünstler und politischer Aktivist aus China. Seine Arbeiten behandeln meist kritisch, oft satirisch die Themen Kapitalismus, Korruption und Umweltzerstörung, häufig mit Bezügen zur chinesischen Kultur. Aufsehen erregte die dreimonatige Inhaftierung Ai Weiweis im Jahr 2011: Die chinesische Regierung hielt ihn ohne offizielle Anklage fest, was zu internationalen Protesten führte.

Zu 75) B. Bollywood-Film

„Bollywood" ist ein Kunstwort aus Bombay und Hollywood und bezeichnet die produktivste Filmindustrie der Welt – nämlich die indische mit einem Jahresausstoß von 200–250 Filmen. Charakteristische Elemente eines Bollywood-Films sind Tanz- und Musikeinlagen sowie eine erzählerische Kommentierung des Geschehens.

Physik, Chemie, Biologie (Aufgaben 76–90)

Zu 76) B. Elektrische Spannung

Das Volt – benannt nach dem italienischen Physiker Alessandro Volta – ist die international genormte SI-Einheit für elektrische Spannung mit dem Einheitenzeichen „V".

Zu 77) A. H_2O

Ein Wassermolekül enthält zwei Atome Wasserstoff (H) und ein Atom Sauerstoff (O) – in chemischer Formelschreibweise: H_2O.

Zu 78) C. $\frac{U}{R} = I$

Das ohmsche Gesetz besagt, dass sich die Stromspannung (gemessen in Volt) aus dem Produkt von Stromstärke (gemessen in Ampere) und Widerstand (gemessen in Ohm) ergibt:

Elektrische Spannung (U) = Elektrischer Widerstand (R) × Elektrischer Strom (I)

Umgeformt gilt demnach auch:

$$\frac{\text{Elektrische Spannung (U)}}{\text{Elektrischer Widerstand (R)}} = \text{Elektrischer Strom (I)}$$

Zu 79) A. Facettenauge

Facettenaugen bestehen aus zahlreichen Einzelaugen und sind relativ starr. Ihre Bildauflösung ist im Vergleich zum menschlichen Auge nicht besonders hoch, dafür können sie Bildfrequenzen von über 300 Bildern pro Sekunde erreichen – das menschliche Auge bringt es auf etwa 60 Bilder pro Sekunde.

Zu 80) B. Edelgase sind farb- und geruchlos.

Edelgase sind farb- und geruchlos, nicht brennbar und kaum wasserlöslich. Da sie chemisch nahezu keine Verbindungen eingehen können (d. h., sie sind wenig reaktionsfreudig), kommen Edelgase nur atomar vor und nicht molekular.

Zu 81) B. 300.000 km/s

Die Lichtgeschwindigkeit, abgekürzt „c", wird in der Relativitätstheorie als höchstmögliche Geschwindigkeit überhaupt angenommen. Im Vakuum beträgt sie 299.792.458 Meter pro Sekunde, also rund 300.000 Kilometer pro Sekunde. Heutzutage lässt sich die Geschwindigkeit des Lichts mit technischen Geräten genau ermitteln: zum Beispiel, indem man die Laufzeit eines Laserstrahls über eine definierte Distanz misst.

Zu 82) A. Kraft (F) mal Weg (s)

In der Physik ist Arbeit definiert als das Produkt aus Kraft und Weg:

Arbeit (W) = Kraft (F) Weg (s)

Die Einheit der Arbeit ist das Joule, nach dem britischen Physiker James Prescott Joule (1818–1889).

Zu 83) C. Über 100

Nachgewiesen wurden bisher 118 chemische Elemente, die im Periodensystem nach steigender Kernladungszahl angeordnet sind. Sämtliche 80 stabilen Elemente kommen auf der Erde vor, nur 17 davon sind keine Metalle. Die Atome mancher Elemente verbinden sich miteinander zu Molekülen, so zum Beispiel alle unter Normalbedingungen gasförmigen Elemente, die keine Edelgase sind: Wasserstoff (H_2), Stickstoff (N_2), Sauerstoff (O_2), Fluor (F_2) und Chlor (Cl_2). Edelgase reagieren nicht mit sich selbst; sie bestehen aus einzelnen Atomen.

Zu 84) D. Bewegungen idealer Himmelskörper

Johannes Kepler (1571–1639) entdeckte bei der Analyse der Marsbewegung Hinweise auf grundlegende Gesetzmäßigkeiten:

1. Keplersches Gesetz: Stehen zwei Körper durch Gravitation in Wechselwirkung, bewegen sie sich auf ellipsenförmigen Bahnen, in deren Brennpunkt der Schwerpunkt des Systems liegt.

2. Keplersches Gesetz: Der Fahrstrahl eines Körpers überstreicht in gleichen Zeiten gleiche Flächen.

3. Keplersches Gesetz: Die Quadrate der Umlaufzeiten der Körper verhalten sich wie die dritten Potenzen der großen Halbachsen der Umlaufbahnen.

Zu 85) B. Zellmembran

Die Zelle ist der Grundbaustein aller Lebewesen. Einzeller bestehen aus einer einzigen Zelle, bei Mehrzellern bilden mehrere Zellen eine funktionelle Einheit. Im menschlichen Körper gibt es rund 220 verschiedene Zell- und Gewebetypen und mehrere Milliarden Zellen. Jede Zelle ist von einer Zellmembran umschlossen, die sie abgrenzt und schützt. Die Membran besteht hauptsächlich aus einer Doppel-Lipidschicht, die den Austausch von Nährstoffen zwischen der Zelle und ihrer Umgebung ermöglicht.

Zu 86) C. Ein Gemisch zweier Flüssigkeiten

Eine Emulsion ist ein fein verteiltes Gemisch zweier verschiedener, normalerweise nicht mischbarer Flüssigkeiten ohne sichtbare Entmischung. Die eine Flüssigkeit ist dabei in kleinen Tröpfchen in der anderen verteilt. Typische Beispiele sind Öl-Wasser-Gemische wie in Mayonnaise oder zahlreichen Kosmetika.

Zu 87) D. Chlorophyll

Ihre grüne Farbe verdanken viele Pflanzen dem natürlichen Farbstoff Chlorophyll, auch „Blattgrün" genannt. Chlorophyll wird von Organismen durch Fotosynthese gebildet.

Zu 88) D. Kohlenstoff

Die organische Chemie beschäftigt sich mit der Struktur, der Herstellung und der Umwandlung von Kohlenstoff und Kohlenstoffverbindungen.

Diese sind die Grundlage des bislang bekannten Lebens.

Zu 89) C. Wasser und Kohlendioxid in Sauerstoff und Glucose umgewandelt.

Die vereinfachte formale Gleichung der Fotosynthese lautet:

$6\ CO_2 + 6\ H_2O + \text{Lichtenergie} \rightarrow C_6H_{12}O_6 + 6\ O_2$

Aus Kohlen(stoff)dioxid und Wasser entstehen durch die Einwirkung von Lichtenergie Glucose und Sauerstoff.

Zu 90) D. Mit einem Indikator

Ein chemischer Indikator wird mit dem zu überprüfenden Stoff in Kontakt gebracht. Meist gibt eine entsprechende Verfärbung des Indikators Aufschluss über den pH-Wert des Stoffs. Abgeleitet ist das Kürzel von „pondus Hydrogenii" oder „potentia Hydrogenii" (lat. „Gewicht" bzw. „Kraft des Wasserstoffs"). Ein hoher pH-Wert zeigt einen sehr basischen/alkalischen Stoff an, saure Stoffe haben einen niedrigen pH-Wert.

Sätze vervollständigen (Aufgaben 91–100)

Zu 91) Deutschen Demokratischen Republik

Zu 92) Kalten Kriegs

Zu 93) Maastricht-Verträge

Zu 94) der Europäische Binnenmarkt

Zu 95) Zollkontrollen

Zu 96) Schengener Abkommens

Zu 97) Polen und Ungarn

Zu 98) das Gemeinschaftsrecht

Zu 99) Binnengrenzen

Zu 100) der Schwarzarbeit

Fachbezogenes Wissen

Ingenieurwissenschaften

Bearbeitungszeit 10 Minuten

Beantworten Sie bitte die folgenden Aufgaben, indem Sie jeweils den richtigen Lösungsbuchstaben markieren.

1) Wer gilt als Begründer der modernen Elektrotechnik?

A. Robert Bosch
B. Werner von Siemens
C. Carl Lorenz
D. Frederik Philips
E. Keine Antwort ist richtig.

2) Welches Bauelement dient zum Schalten und Verstärken elektrischer Signale?

A. Transformator
B. Transistor
C. Kondensator
D. Generator
E. Keine Antwort ist richtig.

3) In welcher Einheit wird die magnetische Flussdichte angegeben?

A. Farad
B. Tesla
C. Coulomb
D. Curie
E. Keine Antwort ist richtig.

4) Geringe Dichte, korrosionsbeständig, isolierend und wärmedämmend – von welcher Werkstoffgruppe ist die Rede?

A. Von den Kohlenstoffen
B. Von den Nichteisenmetallen
C. Von den Naturstoffen
D. Von den Kunststoffen
E. Keine Antwort ist richtig.

5) Welches Rad dreht sich am langsamsten?

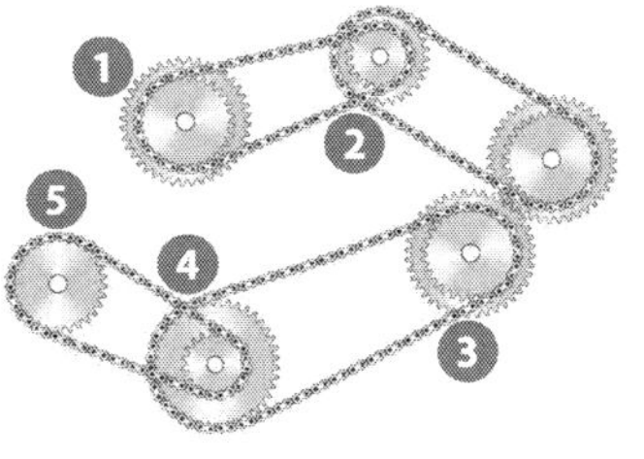

A. Rad 1
B. Rad 3
C. Rad 4
D. Rad 5
E. Keine Antwort ist richtig.

6) Welche Art von Turbine gibt es nicht?

A. Gasturbine
B. Wasserturbine
C. Dampfturbine
D. Sandturbine
E. Keine Antwort ist richtig.

7) Ein Gewicht wird mithilfe eines einrolligen Flaschenzugs angehoben. Nun wird eine zusätzliche Rolle eingebaut. Verändert sich die erforderliche Zugkraft, um das Gewicht auf dieselbe Höhe zu ziehen?

A. Nein, die Zugkraft bleibt gleich.
B. Ja, die Zugkraft halbiert sich.
C. Ja, die Zugkraft ist um ein Viertel geringer.
D. Ja, die Zugkraft ist um ein Viertel höher.
E. Keine Antwort ist richtig.

8) Worin unterscheiden sich Ketten nicht von Riemen?

A. Durch niedrigeren Schlupf
B. Durch grundsätzlich geringeren Platzverbrauch
C. Durch Unempfindlichkeit gegen äußere Einflüsse
D. Durch bessere Kraftübertragung
E. Keine Antwort ist richtig.

9) Der physikalische Impuls beschreibt die Bewegungsträgheit eines Körpers und entspricht dem Produkt von Masse und Geschwindigkeit. Halbiert man die Geschwindigkeit eines fliegenden Fußballs, halbiert sich auch dessen Impuls. Wie aber ändert sich der Impuls, wenn man seine Masse und auch seine Geschwindigkeit auf ein Drittel reduziert?

A. Der Impuls verdoppelt sich.
B. Der Impuls halbiert sich.
C. Der Impuls reduziert sich auf ein Viertel.
D. Der Impuls reduziert sich auf ein Neuntel.
E. Keine Antwort ist richtig.

10) Welche Spannung liegt am zweiten Widerstand an?

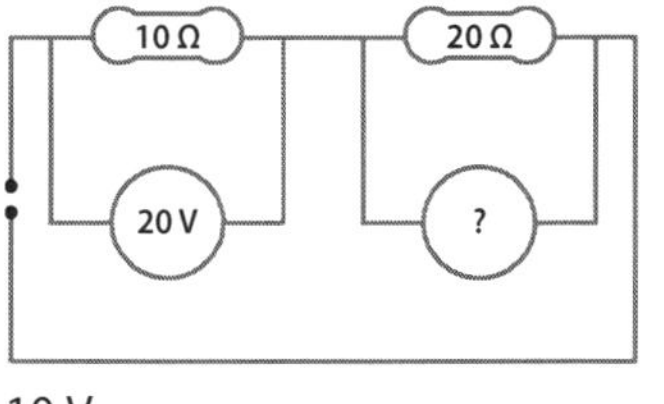

A. 10 V
B. 20 V
C. 40 V
D. 80 V
E. Keine Antwort ist richtig.

11) Wasser wird durch eine Rohrleitung mit einem Durchmesser von 20 cm gepumpt. Auf der Hälfte der Leitungsstrecke ist ein engeres Rohrstück mit einem Durchmesser von 10 cm eingebaut. Wie verändert sich die Durchflussgeschwindigkeit bei gleichbleibendem Wasserdurchsatz?

A. Die Durchflussgeschwindigkeit bleibt gleich.
B. Die Durchflussgeschwindigkeit verdoppelt sich.
C. Die Durchflussgeschwindigkeit vervierfacht sich.
D. Die Durchflussgeschwindigkeit verdreifacht sich.
E. Keine Antwort ist richtig.

12) Was versteht die Elektrotechnik unter dem Begriff „Flipflop"?

A. Eine Schaltung mit zwei stabilen elektrischen Zuständen
B. Einen isolierenden Sicherheitsschuh
C. Einen Wackelkontakt
D. Einen Wechselstromkreis
E. Keine Antwort ist richtig.

13) An zwei unterschiedliche Federsysteme werden identische Stahlkugeln angehängt. Alle Federn sind gleich und können als masselos angenommen werden. Welche der Federn wird am schwächsten gedehnt?

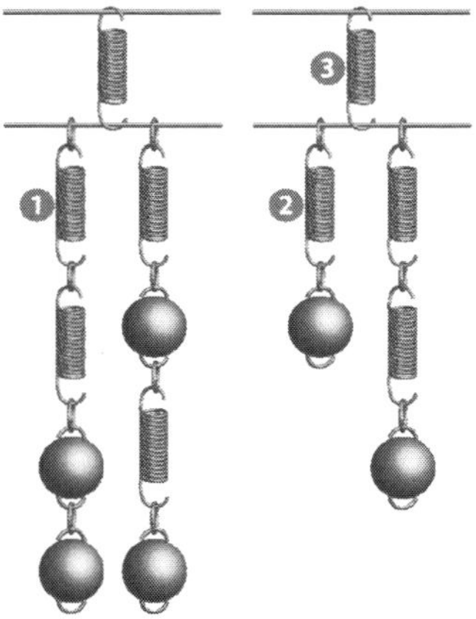

A. Feder 1 wird am schwächsten gedehnt.
B. Feder 2 wird am schwächsten gedehnt.
C. Feder 3 wird am schwächsten gedehnt.
D. Alle Federn werden gleich stark gedehnt.
E. Keine Antwort ist richtig.

14) Computergesteuerte Werkzeugmaschinen nennt man auch ...?

A. DIGI-Maschinen.
B. CWM-Maschinen.
C. PCT-Maschinen.
D. CNC-Maschinen.
E. Keine Antwort ist richtig.

15) Wie geschieht die Kraft- und Energieübertragung in hydraulischen Anlagen?

A. Durch Druckluft
B. Durch Flüssigkeit
C. Über Stangen und Hebel
D. Über Seilzüge
E. Keine Antwort ist richtig.

16) Was ist ein Relais?

A. Der Schaltplan einer elektrischen Anlage
B. Das Schaltpult einer computergesteuerten Anlage
C. Ein elektromagnetischer Schalter
D. Ein Verstärker elektrischer Signale
E. Keine Antwort ist richtig.

17) Welche Aussage zur Funktionsweise der abgebildeten Pumpe ist falsch?

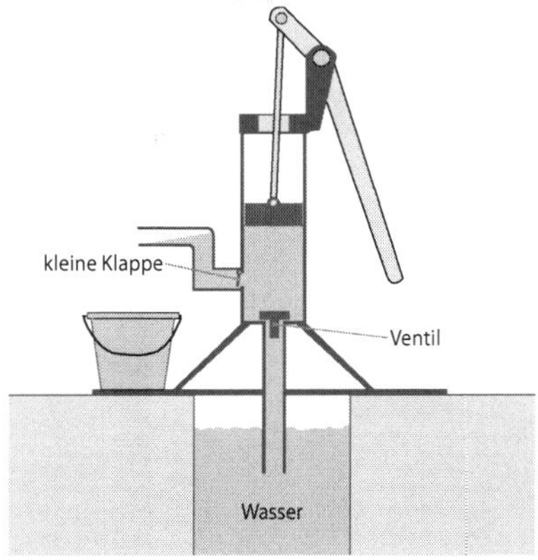

A. Zieht man den Hebel nach oben, bewegt sich das Ventil nicht.
B. Das Ventil lässt Wasser nach oben strömen, aber nicht nach unten.
C. Wenn sich das Ventil nach oben bewegt, ist die Klappe geschlossen.
D. Wird der Hebel nach unten gedrückt, strömt das Wasser in den Eimer.
E. Keine Antwort ist richtig.

18) Mit CAD-Programmen kann man …?

A. Fördergelder beantragen.
B. Werkstoffe bearbeiten.
C. Baukosten berechnen.
D. Bauwerke entwerfen.
E. Keine Antwort ist richtig.

19) An drei gleich langen Fadenpendeln sind Gewichte befestigt. Welches Pendel schwingt am schnellsten hin und her?

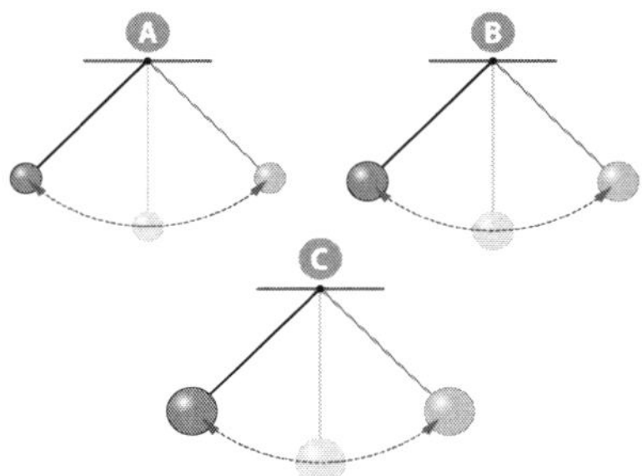

A. Pendel A
B. Pendel B
C. Pendel C
D. Alle Pendel haben die gleiche Schwingungsdauer.
E. Die Frage kann mit den vorhandenen Informationen nicht beantwortet werden.

20) Im modernen Fassadenbau spielen Stahl, Edelstahl und Aluminium eine große Rolle. Welche Aussage dazu stimmt nicht?

A. Ein Vorteil von Aluminiumverkleidungen ist das geringe Gewicht.
B. Stahl ist besonders tragfähig, aber relativ aufwändig in unterschiedliche Formen zu bringen.
C. Die Werkstoffe sollten aus Sicherheitsgründen nicht kombiniert werden.
D. Man kann Edelstahl- und Aluminiumoberflächen leicht ein unterschiedliches Aussehen verleihen.
E. Keine Antwort ist richtig.

Mathematik und Informatik *Bearbeitungszeit 10 Minuten*

Beantworten Sie bitte die folgenden Aufgaben, indem Sie jeweils den richtigen Lösungsbuchstaben markieren.

21) Was ist kein Element einer Wurzelgleichung?

A. Radikand
B. Wurzelbasis
C. Wurzelexponent
D. Wurzelnenner
E. Keine Antwort ist richtig.

22) Gibt es bei einem Zufallsereignis genau zwei mögliche Ausgänge, spricht man in der Wahrscheinlichkeitsrechnung von einer …?

A. Bernoulli-Verteilung.
B. Amalfi-Lösung.
C. Baresi-Dualität.
D. Pavese-Aufteilung.
E. Keine Antwort ist richtig.

23) Flächeninhalte unter kurvigen Funktionsgraphen bestimmt man mit …?

A. der Integralrechnung.
B. dem Goldenen Schnitt.
C. der Laplace-Formel.
D. einem Polygonzug.
E. Keine Antwort ist richtig.

24) Wie bestimmt sich der Mittelpunkt des Umkreises eines Dreiecks, der durch alle drei Eckpunkte läuft?

A. Die Winkelhalbierenden des Dreiecks schneiden sich in diesem Punkt.
B. Die Mittelsenkrechten des Dreiecks schneiden sich in diesem Punkt.
C. Die Seitenhalbierenden des Dreiecks schneiden sich in diesem Punkt.
D. Die Höhen des Dreiecks schneiden sich in diesem Punkt.
E. Keine Antwort ist richtig.

25) Welches Symbol ordnet ein Objekt einer Menge zu?

A. Σ
B. $\in$
C. Π
D. $\int$
E. Keine Antwort ist richtig.

26) Die Zahl –0,5 ist eine …?

A. rationale Zahl.
B. irrationale Zahl.
C. ganze Zahl.
D. natürliche Zahl.
E. Keine Antwort ist richtig.

27) Der abgebildete Funktionsgraph nähert sich im Unendlichen seiner …?

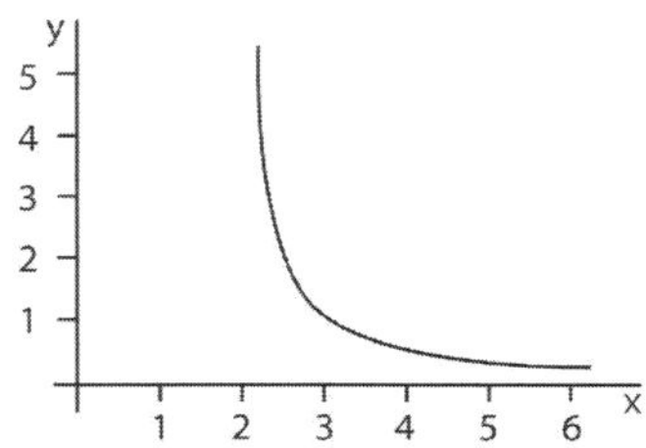

A. Asymptote.
B. Exponentialfunktion.
C. Hyperbel.
D. Parabel.
E. Keine Antwort ist richtig.

28) Wer einen Logarithmus berechnet, der bestimmt …?

A. die Basis zu einer Potenz.
B. die Basis zu einem Exponenten.
C. den Exponenten zu einer Basis.
D. die Potenz zu einem Exponenten.
E. Keine Antwort ist richtig.

29) Welche mathematische Spezialdisziplin beschäftigt sich mit dem „Gefangenendilemma"?

A. Die Stochastik
B. Die Analysis
C. Die Trigonometrie
D. Die Spieltheorie
E. Keine Antwort ist richtig.

30) Welches Symbol steht in der Wahrscheinlichkeitsrechnung für den Ergebnisraum?

A. Δ (Delta)
B. Ω (Omega)
C. β (Beta)
D. α (Alpha)
E. Keine Antwort ist richtig.

31) Nach welchem Mathematiker ist ein Test benannt, der die Ebenbürtigkeit von menschlicher und künstlicher Intelligenz überprüft?

A. August Ferdinand Möbius
B. Carl Friedrich Gauß
C. Pierre-Simon Laplace
D. Alan Turing
E. Keine Antwort ist richtig.

32) In welchem Code werden Informationen auf dem PC verarbeitet?

A. In Radianten
B. Im alphanumerischen Code
C. Im Binärcode
D. Im Hexadezimalcode
E. Keine Antwort ist richtig.

33) Was verstehen Sie unter „ASCII"?

A. Ein Programmiercode speziell zur Tabellenkalkulation
B. Eine Programmiersprache für Webseiten
C. Eine Zeichenkodierung, mit der Computer operieren
D. Eine gängige Schriftart in der Textverarbeitung
E. Keine Antwort ist richtig.

34) Was verstehen Sie unter „SATA"?

A. Einen besonderen Prozessor
B. Ein Grafikformat
C. Eine Computerschnittstelle
D. Ein Internetprotokoll
E. Keine Antwort ist richtig.

35) Wofür steht in der IT-Sprache der Begriff „Client"?

A. Für einen Rechner, der sich in einer untergeordneten Struktur befindet
B. Für einen Rechner, der sich in einer übergeordneten Struktur befindet
C. Für einen Rechner, der als Server betrieben wird
D. Für ein Netzwerk mit mehreren Rechnern
E. Keine Antwort ist richtig.

36) Was ist ein Compiler?

A. Ein Compiler überträgt einen Assemblercode in eine höhere Programmiersprache.
B. Ein Compiler führt einen Quellcode aus, ohne ihn in Maschinensprache zu übersetzen.
C. Ein Compiler übersetzt eine höhere Programmiersprache in Maschinensprache.
D. Ein Compiler ist identisch mit einem Interpreter.
E. Keine Antwort ist richtig.

37) Welche Funktion hat eine For-Next-Schleife?

A. Die For-Next-Schleife ermöglicht das Ausführen von Anweisungen mit einer bestimmten Anzahl von Wiederholungen.

B. Die For-Next-Schleife läuft so lange, bis eine bestimmte Bedingung erfüllt ist.

C. Die For-Next-Schleife läuft so lange, bis eine bestimmte Bedingung nicht erfüllt ist.

D. Es handelt sich um eine Endlosschleife.

E. Keine Antwort ist richtig.

38) Bei welcher der folgenden Variablen handelt es sich um den Datentyp „Integer"?

A. 80

B. Mutter

C. 12.12.1990

D. 60,7

E. Keine Antwort ist richtig.

39) Aus welcher Programmiersprache stammt der Befehl „Print A$"?

A. Basic

B. Pascal

C. SQL

D. C

E. Keine Antwort ist richtig.

40) Welche Aussage zur Assemblersprache ist korrekt?

A. Assemblersprache ist für alle Prozessoren identisch.

B. Assemblersprache repräsentiert die Maschinensprache einer spezifischen Prozessorarchitektur in einer für den Menschen lesbaren Form.

C. Assemblersprache zeichnet sich dadurch aus, dass sie sehr einfach zu programmieren ist.

D. Anhand von Assemblersprache lassen sich nur beschränkte Funktionen des Computers nutzen.

E. Keine Antwort ist richtig.

Medizin

Bearbeitungszeit 10 Minuten

Beantworten Sie bitte die folgenden Aufgaben, indem Sie jeweils den richtigen Lösungsbuchstaben markieren.

41) Welchen Ruhepuls hat ein durchschnittlicher, erwachsener Mensch?

A. Ungefähr 70–90 Schläge pro Minute
B. Ungefähr 60–80 Schläge pro Minute
C. Ungefähr 40–50 Schläge pro Minute
D. Ungefähr 20–30 Schläge pro Minute
E. Keine Antwort ist richtig.

42) Welches „Stresshormon" steigert Blutdruck und Herzfrequenz?

A. Insulin
B. Adrenalin
C. Melatonin
D. Leptin
E. Keine Antwort ist richtig.

43) Welche Drüse ist kein Bestandteil des Verdauungssystems?

A. Bauchspeicheldrüse
B. Leber
C. Thymusdrüse
D. Mundspeicheldrüse
E. Keine Antwort ist richtig.

44) Welche Aufgabe haben Sehnen im menschlichen Körper?

A. Sie verbinden Knochen mit Bändern.
B. Sie verankern Muskeln an Knochen.
C. Sie federn Stöße auf die Gelenke ab.
D. Sie stabilisieren die Gelenke.
E. Keine Antwort ist richtig.

45) Wodurch wird die Kariesentstehung begünstigt?

A. Genuss knuspriger Nahrungsmittel
B. Häufiger Käsekonsum
C. Kohlenhydratreiche Weichkost
D. Erhöhte Speichelproduktion
E. Keine Antwort ist richtig.

46) Wofür ist das Kleinhirn zuständig?

A. Koordination von Bewegungen
B. Kontrolle lebensnotwendiger Funktionen wie Atmung, Herzschlag, Stoffwechsel
C. Verarbeitung von Emotionen
D. Abstraktes und assoziatives Denken
E. Keine Antwort ist richtig.

47) Was ist Hepatitis?

A. Entzündung der Leber
B. Entzündung der Niere
C. Entzündung der Milz
D. Entzündung der Galle
E. Keine Antwort ist richtig.

48) Welche Aussage stimmt nicht? Viren …

A. können mit Antibiotika bekämpft werden.
B. besitzen keinen eigenen Stoffwechsel.
C. können sich nur in Wirtszellen fortpflanzen.
D. bestehen aus Nukleinsäuren.
E. Keine Antwort ist richtig.

49) Ein Röntgenbild des Thorax liefert Informationen über …?

A. die Hüfte.
B. ein Kniegelenk.
C. den Brustkorb.
D. den Kiefer.
E. Keine Antwort ist richtig.

50) Was ist kein Bestandteil des Kniegelenks?

A. Patellasehne
B. Vorderes Kreuzband
C. Meniskus
D. Speiche
E. Keine Antwort ist richtig.

51) Wie heißt der innerste Teil des Zahns, der von Blutgefäßen und Nerven durchzogen wird?

A. Zahnwurzel
B. Zahnmark
C. Zahnherz
D. Zahnkern
E. Keine Antwort ist richtig.

52) Tritt eine Krankheit räumlich und zeitlich begrenzt gehäuft auf, spricht man von einer …?

A. Epidermis.
B. Anämie.
C. Epidemie.
D. Apathie.
E. Keine Antwort ist richtig.

53) Welches Organ ist für die Harnbildung verantwortlich?

A. Die Milz
B. Die Leber
C. Die Niere
D. Die Gallenblase
E. Keine Antwort ist richtig.

54) Wofür steht das „H“ in ADHS?

A. Hyperaktivität
B. Hormon
C. Hirnrinde
D. Hydriert
E. Keine Antwort ist richtig.

55) Von der Seite aus betrachtet, erscheint die menschliche Wirbelsäule ...?

A. doppelt „S"-förmig gekrümmt.
B. aufrecht wie ein „I".
C. „C"-förmig gekrümmt.
D. einfach „S"-förmig gekrümmt.
E. Keine Antwort ist richtig.

56) Wer unter Adipositas leidet, ...?

A. hat starkes Übergewicht.
B. kann Arme und Beine nur unter Schmerzen bewegen.
C. nimmt hohe Töne nicht mehr war.
D. leidet unter Vitaminmangel.
E. Keine Antwort ist richtig.

57) Die pharmazeutische Industrie nutzt Acetylsalicylsäure als Wirkstoff für ...?

A. Schlafmittel.
B. Antibiotika.
C. Schmerzmittel.
D. Fungizide.
E. Keine Antwort ist richtig.

58) Welcher Teil des menschlichen Gehirns heißt auch „Angstzentrum" oder „Mandelkern"?

A. Das Großhirn
B. Das Stammhirn
C. Die Amygdala
D. Der Hypothalamus
E. Keine Antwort ist richtig.

59) Wofür sind die weißen Blutkörperchen zuständig?

A. Sauerstofftransport im Blut
B. Abwehr von Krankheitserregern
C. Schnelle Blutgerinnung
D. Transport von Nährstoffen
E. Keine Antwort ist richtig.

60) Was versteht man unter „Bruxismus"?

A. Das unwillkürliche Knirschen mit den Zähnen
B. Die nikotinbedingte Verfärbung der Zähne
C. Den altersbedingten Rückgang des Zahnfleischs
D. Die Angst vor Zahnärzten
E. Keine Antwort ist richtig.

Naturwissenschaften

Bearbeitungszeit 10 Minuten

Beantworten Sie bitte die folgenden Aufgaben, indem Sie jeweils den richtigen Lösungsbuchstaben markieren.

61) Was misst man in Lichtjahren?

A. Zeiträume
B. Strahlungsintensitäten
C. Streckenlängen
D. Helligkeiten
E. Keine Antwort ist richtig.

62) Reich, Abteilung, Stamm: Welche Kategorie folgt in der klassischen biologischen Systematik?

A. Art
B. Gattung
C. Klasse
D. Einheit
E. Keine Antwort ist richtig.

63) Stichwort Moleküle: Welche Aussage ist richtig?

A. Ein Molekül besteht aus mindestens zwei Atomen.
B. Ein Molekül ist der kleinste Baustein eines Elements.
C. Ein Molekül besteht immer aus mehreren Elementen.
D. Moleküle und Atome sind dasselbe.
E. Keine Antwort ist richtig.

64) Was sind Ionen?

A. Atome eines chemischen Elements aus der Gruppe der Actinoide
B. Elektrisch geladene Atome oder Moleküle
C. Teilchen, die keine Elektrizität leiten
D. Ionen sind Elektronen.
E. Keine Antwort ist richtig.

65) Wie heißt das abgebildete Biomolekül?

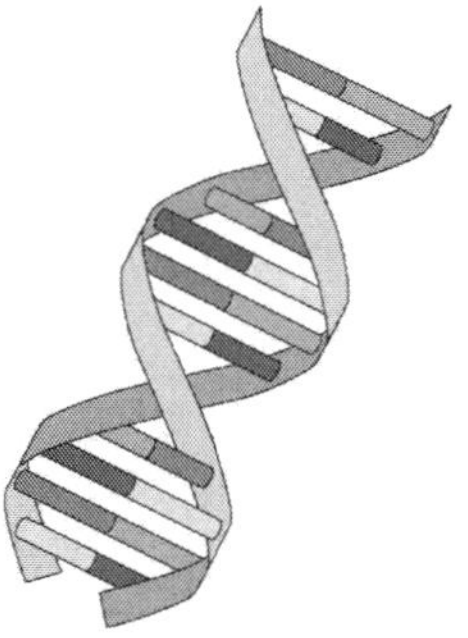

A. Insulin
B. Glutamat
C. DNA
D. Adrenalin
E. Keine Antwort ist richtig.

66) 1 Newton ist die Kraft, die benötigt wird, um …?

A. einen ruhenden Körper der Masse 1 kg innerhalb 1 Sekunde auf 1 m Höhe anzuheben.

B. einen ruhenden Körper der Masse 10 kg auf eine Geschwindigkeit von 9,81 m/s zu beschleunigen.

C. einen ruhenden Körper der Masse 1 kg innerhalb 1 Sekunde auf 10 m Höhe anzuheben.

D. einen ruhenden Körper der Masse 1 kg innerhalb 1 Sekunde auf eine Geschwindigkeit von 1 m/s zu beschleunigen.

E. Keine Antwort ist richtig.

67) Unter welcher Bedingung sinkt ein Festkörper in einer Flüssigkeit?

A. Wenn die Gewichtskraft des Festkörpers größer ist als jene der verdrängten Flüssigkeit

B. Wenn die Gewichtskraft der Flüssigkeit höher ist als die Auftriebskraft des Festkörpers

C. Wenn die Dichten von Flüssigkeit und Festkörper gleich sind

D. Wenn die Gewichtskraft des Festkörpers geringer ist als jene der verdrängten Flüssigkeit

E. Keine Antwort ist richtig.

68) Wie bezeichnet man eine nach außen gewölbte Linsenoberfläche?

A. Konvex

B. Konkav

C. Plankonkav

D. Bikonvex

E. Keine Antwort ist richtig.

69) Wer begründete die moderne Evolutionstheorie?

A. Gregor Mendel

B. Jean-Baptiste de Lamarck

C. Francis Crick

D. Charles Robert Darwin

E. Keine Antwort ist richtig.

70) Was gilt mit Sicherheit: Wird ein Körper gleichmäßig beschleunigt, …?

A. wächst der zurückgelegte Weg linear mit der Zeit.

B. steigt oder sinkt die Geschwindigkeit linear mit der Zeit.

C. wächst die kinetische Energie linear mit der Zeit.

D. steigt die Beschleunigung linear mit der Zeit.

E. Keine Antwort ist richtig.

71) Welcher Teil einer Zelle ist für die Energieversorgung verantwortlich?

A. Mitochondrien
B. Zellmantel
C. Ribosomen
D. Zellkern
E. Keine Antwort ist richtig.

72) Parallele Lichtbündel durchlaufen optische Systeme mit verschiedenen Linsen. Welcher Strahlengang ist korrekt?

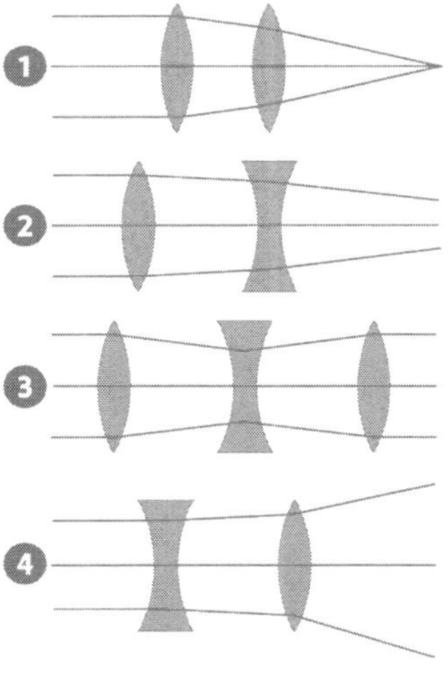

A. Strahlengang 1
B. Strahlengang 2
C. Strahlengang 3
D. Strahlengang 4
E. Keine Antwort ist richtig.

73) Bei welcher Temperatur liegt der absolute Nullpunkt?

A. Bei etwa 0 Grad Celsius
B. Bei etwa minus 100 Grad Celsius
C. Bei etwa minus 273 Grad Celsius
D. Bei etwa minus 299 Grad Celsius
E. Keine Antwort ist richtig.

74) Bei welchem Stoff handelt es sich um eine chemische Verbindung?

A. Wasserstoff
B. Kohlendioxid
C. Kohlenstoff
D. atomarer Sauerstoff
E. Keine Antwort ist richtig.

75) Welcher deutsche Physiker begründete die Quantenmechanik?

A. Werner Heisenberg
B. Albert Einstein
C. Max Planck
D. Wilhelm Conrad Röntgen
E. Keine Antwort ist richtig.

76) Welches Element zählt nicht zur Gruppe der Edelgase?

A. Helium
B. Neon
C. Brom
D. Krypton
E. Keine Antwort ist richtig.

77) Wie viele Chromosomen besitzt der Mensch?

A. 24
B. 34
C. 54
D. 46
E. Keine Antwort ist richtig.

78) Vervollständigen Sie die Reaktionsgleichung: $SO_2 + H_2O \rightarrow$?

A. H_2CO_3
B. H_2SO_3
C. $H_2S_2O_4$
D. $HO_3 + SH_2$
E. Keine Antwort ist richtig.

79) Welches Tier durchläuft keine Metamorphose?

A. Schmetterling
B. Krokodil
C. Frosch
D. Stubenfliege
E. Keine Antwort ist richtig.

80) Was ist kein DNA-Grundbaustein?

A. Guanin
B. Adenin
C. Xenin
D. Cytosin
E. Keine Antwort ist richtig.

Rechtswissenschaften *Bearbeitungszeit 10 Minuten*

Beantworten Sie bitte die folgenden Aufgaben, indem Sie jeweils den richtigen Lösungsbuchstaben markieren.

81) Wie heißt diese Personifikation der Gerechtigkeit?

A. Justitia
B. Germania
C. Europa
D. Leviathan
E. Keine Antwort ist richtig.

82) In Artikel 1 des Grundgesetzes heißt es: „Die Würde des Menschen ist …"?

A. sicher.
B. unantastbar.
C. abhängig von seiner Rechtstreue.
D. frei.
E. Keine Antwort ist richtig.

83) Das Bundesverfassungsgericht …?

A. prüft alle Bundesgesetze vor ihrer Verabschiedung.
B. prüft, ob Gesetze mit dem Grundgesetz in Einklang stehen.
C. formuliert die Bundesgesetze zusammen mit der Bundesregierung.
D. hat seinen Amtssitz in München.
E. Keine Antwort ist richtig.

84) Wann ist man vor dem Gesetz volljährig?

A. Mit 16 Jahren
B. Mit 18 Jahren
C. Mit 21 Jahren
D. Mit dem Erhalt des Personalausweises
E. Keine Antwort ist richtig.

85) Wo hat der Internationale Gerichtshof seinen Sitz?

A. Paris
B. Mailand
C. Lissabon
D. Den Haag
E. Keine Antwort ist richtig.

86) Das deutsche Recht versteht unter „Asyl" den Schutz vor ...?

A. Armut.
B. Katastrophen.
C. Verfolgung.
D. Gläubigern.
E. Keine Antwort ist richtig.

87) Eine EU-Verordnung ist ...?

A. die gesetzliche Vorgabe der EU, nationales Recht auf eine bestimmte Art zu ändern.
B. die Anordnung eines Mitgliedsstaates, EU-Recht auf eine bestimmte Art zu ändern.
C. in den EU-Ländern unmittelbar geltendes Recht.
D. eine allgemeine Stellungnahme der EU-Kommission.
E. eine unverbindliche Empfehlung, nationales Recht auf eine bestimmte Art zu ändern.

88) Bei akuten Rechtsverletzungen haben Bürger unter bestimmten Umständen weitreichende Eingriffsrechte. Welches zählt nicht dazu?

A. Das Recht auf Anhalten und Festnehmen des Täters
B. Das Recht auf Selbstjustiz
C. Das Recht auf Nothilfe
D. Das Recht auf Notwehr
E. Keine Antwort ist richtig.

89) Wer oder was sind juristische Personen?

A. Richter und Anwälte
B. Vereine und Aktiengesellschaften
C. Kläger und Beklagte in einem Zivilprozess
D. Rechtskräftig verurteilte Straftäter
E. Keine Antwort ist richtig.

90) Was ist ein vorrangiger Zweck des Grundgesetzes?

A. Die Rechtsbeziehungen zwischen Privatpersonen zu regeln
B. Die Wirtschaftsordnung der Bundesrepublik Deutschland zu definieren
C. Die Bürger vor dem Staat zu schützen
D. Die Rechtsstellung zu anderen Staaten zu bestimmen
E. Keine Antwort ist richtig.

91) Wer ist an einem Zivilprozess nicht beteiligt?

A. Kläger
B. Beklagter
C. Zeugen
D. Staatsanwaltschaft
E. Keine Antwort ist richtig.

92) Welche rechtliche Beziehung regelt das Privatrecht?

A. Beziehung des Einzelnen zum Staat
B. Beziehung der Körperschaften des öffentlichen Rechts untereinander
C. Beziehung der einzelnen Bürger untereinander
D. Beziehung juristischer Personen des öffentlichen Rechts
E. Keine Antwort ist richtig.

93) Was wird im rechtlichen Sinne unter „Eigentum" verstanden?

A. Der Besitz eines Gegenstandes
B. Die tatsächliche Herrschaft über einen Gegenstand
C. Die rechtliche Verfügungsgewalt über eine Sache
D. Die tatsächliche Verfügungsgewalt über eine Sache
E. Keine Antwort ist richtig.

94) Was ist eine Konventionalstrafe?

A. Agenturstrafe
B. Verzugszins
C. Richterliche Strafe
D. Vertragsstrafe
E. Keine Antwort ist richtig.

95) Worauf bezieht sich der sogenannte „Taschengeldparagraph"?

A. Auf die Besteuerung von Minderjährigen
B. Auf die Vermögensansprüche von Minderjährigen
C. Auf die Geschäftsfähigkeit von Minderjährigen
D. Auf die elterliche Unterhaltspflicht
E. Keine Antwort ist richtig.

96) Was unterscheidet Pacht und Miete?

A. Pächtern steht der Ertrag der ihnen überlassenen Sache zu, Mietern nicht.
B. Mieter sind nicht für den Unterhalt der ihnen überlassenen Sache verantwortlich, Pächter schon.
C. Mieten können nur Privatpersonen, pachten nur Unternehmen.
D. Nichts – Miete und Pacht bedeuten ein und dasselbe.
E. Keine Antwort ist richtig.

97) Welches Hauptziel verfolgt der Strafvollzug neben dem Schutz der Allgemeinheit vor weiteren Straftaten?

A. Demonstration staatlicher Macht
B. Rächen begangen Unrechts
C. Verfolgung unangepassten Verhaltens
D. Wiederherstellen der Opferwürde
E. Resozialisierung der Gefangenen

98) Ein Kaufvertrag ist ein für Käufer und Verkäufer verpflichtendes Rechtsgeschäft. Unter bestimmten Umständen ist dieses Geschäft allerdings nichtig, d. h. von Anfang an unwirksam. Welcher Umstand gehört nicht dazu?

A. Der Verkauf verstößt gegen das Gesetz.
B. Der Verkauf verstößt gegen die guten Sitten.
C. Der Verkäufer hat versehentlich einen falschen Preis angegeben.
D. Der Käufer ist geschäftsunfähig.
E. Keine Antwort ist richtig.

99) Welches Kriterium trägt nicht dazu bei, ein Werk nach dem Urheberrecht für schützenswert einzustufen?

A. Das Werk besitzt eine gewisse Schöpfungshöhe.
B. Das Werk ist sinnlich wahrnehmbar.
C. Das Werk beruht auf einer menschlich-gestalterischen Tätigkeit.
D. Das Werk ist zumindest im Geiste des Urhebers vollendet.
E. Keine Antwort ist richtig.

100) Was soll die Salvatorische Klausel verhindern?

A. Dass Bankeinlagen in Krisenzeiten verloren gehen
B. Dass jemand für dasselbe Vergehen mehr als einmal angeklagt wird
C. Dass die gesetzlichen Renten unter ein bestimmtes Niveau sinken
D. Dass ein Vertrag bei partiellen Mängeln ganz unwirksam wird
E. Keine Antwort ist richtig.

Sozial- und Geisteswissenschaften

Bearbeitungszeit 10 Minuten

Beantworten Sie bitte die folgenden Aufgaben, indem Sie jeweils den richtigen Lösungsbuchstaben markieren.

101) Was bezeichnet der Volksmund als „vierte Gewalt"?

A. Handelskonzerne
B. Gewerkschaften
C. Landesregierungen
D. Medien
E. Keine Antwort ist richtig.

102) Welche politische Philosophie bezeichnet wörtlich die „Herrschaftslosigkeit"?

A. Ethnokratie
B. Sozialismus
C. Anarchie
D. Liberalismus
E. Keine Antwort ist richtig.

103) Unter dem Begriff „Gentrifizierung" versteht man ...?

A. die Manipulation von Börsenkursen.
B. die Ausbreitung von Gewerbegebieten in Innenstädten.
C. den Bevölkerungswandel in Großstadtvierteln.
D. die Verarmung mittelständischer Familien.
E. Keine Antwort ist richtig.

104) Der Philosoph Voltaire steht für die Epoche der ...?

A. Postmoderne.
B. Aufklärung.
C. Renaissance.
D. Industrialisierung.
E. Keine Antwort ist richtig.

105) Wobei handelt es sich nicht um eine nichtstaatliche Organisation (*non-governmental organisation*/NGO)?

A. Greenpeace
B. Attac
C. Amnesty International
D. Internationaler Währungsfonds
E. Keine Antwort ist richtig.

106) Bei welchem Prozentsatz des mittleren Einkommens der Gesamtbevölkerung liegt laut EU-Definition die „Armutsgefährdungsgrenze"?

A. 40 %
B. 50 %
C. 60 %
D. 70 %
E. Keine Antwort ist richtig.

107) Welcher Autor gilt nicht als Vertreter der „Popliteratur"?

- **A.** Frank Schätzing
- **B.** Rainald Goetz
- **C.** Benjamin von Stuckrad-Barre
- **D.** Christian Kracht
- **E.** Keine Antwort ist richtig.

108) 2015 wurde in Deutschland ein allgemeiner Mindestlohn eingeführt – in welcher Höhe?

- **A.** 5,50 € pro Stunde
- **B.** 7,– € pro Stunde
- **C.** 8,50 € pro Stunde
- **D.** 10,– € pro Stunde
- **E.** Keine Antwort ist richtig.

109) „Man wird nicht als Frau geboren: Man wird es." Von wem stammt dieser Satz?

- **A.** Alice Schwarzer
- **B.** Susan Sontag
- **C.** Simone de Beauvoir
- **D.** Judith Butler
- **E.** Keine Antwort ist richtig.

110) Wer prägte den tiefenpsychologischen Begriff des „Unbewussten"?

- **A.** Immanuel Kant
- **B.** Sigmund Freud
- **C.** Aristoteles
- **D.** Jean-Jacques Rousseau
- **E.** Keine Antwort ist richtig.

111) „Hartz IV" ist ein anderer Begriff für …?

- **A.** das Arbeitslosengeld I.
- **B.** das Arbeitslosengeld II.
- **C.** die Arbeitslosenhilfe.
- **D.** den Solidaritätszuschlag.
- **E.** das bedingungslose Grundeinkommen.

112) Welche deutschsprachige Tageszeitung hat ihren Hauptsitz nicht in Deutschland?

- **A.** taz
- **B.** NZZ
- **C.** SZ
- **D.** FAZ
- **E.** Keine Antwort ist richtig.

113) Theorien, die auf der Beziehung von Gegensätzen fußen, sind …?

- **A.** pragmatisch.
- **B.** dualistisch.
- **C.** nihilistisch.
- **D.** empiristisch.
- **E.** Keine Antwort ist richtig.

114) Welcher deutsche Philosoph prägte den Satz: „Gott ist tot"?

- **A.** Arthur Schopenhauer
- **B.** Karl Marx
- **C.** Friedrich Nietzsche
- **D.** Peter Sloterdijk
- **E.** Keine Antwort ist richtig.

115) Was ist die Scharia?

A. Das islamische Recht
B. Ein Katalog von Verhaltensregeln während einer Pilgerfahrt
C. Eine altägyptische Göttin, die auch heute noch verehrt wird
D. Ein politisches Bündnis arabischer Staaten
E. Keine Antwort ist richtig.

116) Im Rahmen des demografischen Wandels steigt hierzulande der Bevölkerungsanteil ...?

A. unverheirateter Menschen.
B. konfessionsloser Menschen.
C. jüngerer Menschen.
D. älterer Menschen.
E. Keine Antwort ist richtig.

117) „Das Kommunistische Manifest" verfassten Karl Marx und ...?

A. Friedrich Engels.
B. Rosa Luxemburg.
C. Louis-Auguste Blanqui.
D. Wladimir Iljitsch Lenin.
E. Keine Antwort ist richtig.

118) „Ich denke, also bin ich" – wer prägte diesen Satz?

A. Baruch Spinoza
B. René Descartes
C. Friedrich Nietzsche
D. Immanuel Kant
E. Keine Antwort ist richtig.

119) Welche Aussage zur gesellschaftlichen Lage in Deutschland stimmt?

A. Weniger als ein Viertel der Bevölkerung gehört keiner Religionsgemeinschaft an.
B. Mehr als 20 Prozent der Bevölkerung sind Vegetarier oder Veganer.
C. Wer heute in Deutschland geboren wird, hat eine Lebenserwartung von über 75 Jahren.
D. Über 60 Prozent der Privathaushalte in Deutschland wohnen im Wohneigentum.
E. Keine Aussage ist richtig.

120) Gilt ein Lehrsatz als unumstößlich wahr und nicht hinterfragbar, spricht man von ...?

A. Dialektik.
B. Kontingenz.
C. einer Tautologie.
D. einem Dogma.
E. Keine Antwort ist richtig.

Wirtschaftswissenschaften *Bearbeitungszeit 10 Minuten*

Beantworten Sie bitte die folgenden Aufgaben, indem Sie jeweils den richtigen Lösungsbuchstaben markieren.

121) Die Verfügbarkeit über genügend Zahlungsmittel in einem Unternehmen nennt man ...?

A. Vermögen.
B. Kapital.
C. Geld.
D. Liquidität.
E. Keine Antwort ist richtig.

122) Wie lautet die Grundformel zur Berechnung der Rendite?

A. $\text{Rendite} = \frac{\text{Gewinn}}{\text{Eingesetztes Kapital}}$

B. $\text{Rendite} = \frac{\text{Tageskurs}}{\text{Eingesetztes Kapital}}$

C. $\text{Rendite} = \frac{\text{Fremdkapitalzinsen}}{\text{Fremdkapital}}$

D. $\text{Rendite} = \frac{\text{Tageskurs} \times 100}{\text{Erwerbspreis}}$

E. Keine Antwort ist richtig.

123) Wie bezeichnet man die beiden Seiten einer Bilanz?

A. Soll und Haben
B. Linke und rechte Seite
C. Einnahmen und Ausgaben
D. Aktiva und Passiva
E. Keine Antwort ist richtig.

124) Schließen sich mehrere Unternehmen für ein gemeinsames Vorhaben zusammen, spricht man von einem ...?

A. Corporate Adventure.
B. Kartell.
C. Joint Venture.
D. Oligopol.
E. Keine Antwort ist richtig.

125) Worauf zielt eine auf „shareholder value" fokussierte Unternehmenspolitik ab?

A. Effektives Krisenmanagement
B. Maximierung des Kurswerts der Unternehmensanteile (Aktien)
C. Kundenorientierte Produktentwicklung
D. Langfristigen Geschäftserfolg
E. Keine Antwort ist richtig.

126) Wer war kein einflussreicher Wirtschaftstheoretiker?

A. Milton Friedman
B. Konrad Lorenz
C. Friedrich August von Hayek
D. John Maynard Keynes
E. Keine Antwort ist richtig.

127) Welches Resultat bringt die Auslagerung von Unternehmensaufgaben in der Regel nicht?

A. Rationalisierung betrieblicher Prozesse
B. Reduktion der Komplexität des Geschäftsablaufs
C. Fokussierung des Unternehmens aufs Kerngeschäft
D. Erweiterung der Kompetenzen
E. Keine Antwort ist richtig.

128) Welche Umsätze eines Automobilkonzerns stammen aus seinem operativen Geschäft?

A. Umsätze durch die Vermietung von Arbeitsräumen
B. Umsätze aus dem Handel mit Aktien
C. Umsätze aus dem Verkauf von Immobilien
D. Umsätze aus Autoverkäufen
E. Keine Antwort ist richtig.

129) In welcher Phase eines klassischen Produktlebenszyklus steigt der Umsatz nicht?

A. Reife
B. Sättigung
C. Wachstum
D. Einführung
E. Keine Antwort ist richtig.

130) Wie lautet die allgemeine Formel für die Eigenkapitalrentabilität?

A. $\frac{\text{Gewinn}}{\text{Fremdkapital}} \times 100$
B. $\frac{\text{Gewinn}}{\text{Eigenkapital}} \times 100$
C. $\frac{\text{Umsatz}}{\text{Eigenkapital}} \times 100$
D. $\frac{\text{Umsatz}}{\text{Fremdkapital}} \times 100$
E. Keine Antwort ist richtig.

131) Wofür steht das Kürzel „B2C"?

A. Business-to-Consumer
B. Bank-to-Client
C. Business-to-Corporate
D. Bank-to-Credit
E. Keine Antwort ist richtig.

132) Was widerspricht einer antizyklischen Finanzpolitik?

A. Im Konjunkturabschwung die private Nachfrage durch Maßnahmen zu unterstützen
B. Im Konjunkturabschwung die Nachfrage durch staatliche Nachfrage zu ergänzen
C. Im Konjunkturabschwung die Einkommenssteuer zu senken
D. Im Konjunkturabschwung die Mehrwertsteuer zu erhöhen
E. Keine Antwort ist richtig.

133) Welche Auswirkung könnte eine Aufwertung des Dollars für die deutsche Wirtschaft haben?

A. Importe aus den USA werden günstiger.
B. Es wird mehr importiert.
C. Der Urlaub in den USA wird günstiger.
D. Importe aus den USA werden teurer.
E. Keine Antwort ist richtig.

134) Welche Aussage zur Mikro- und Makroökonomie stimmt?

A. Mikro- und Makroökonomie bedeuten dasselbe.
B. Die Makroökonomie befasst sich mit Konsumenten, die Mikroökonomie mit Produzenten.
C. Die Mikroökonomie befasst sich mit einzelnen Teilnehmern einer Volkswirtschaft, die Makroökonomie mit gesamtwirtschaftlichen Zusammenhängen.
D. Die Makroökonomie befasst sich mit einzelnen Teilnehmern einer Volkswirtschaft, die Mikroökonomie mit gesamtwirtschaftlichen Zusammenhängen.
E. Keine Antwort ist richtig.

135) Welchen Zusammenhang illustriert die abgebildete progressive Kostenfunktion?

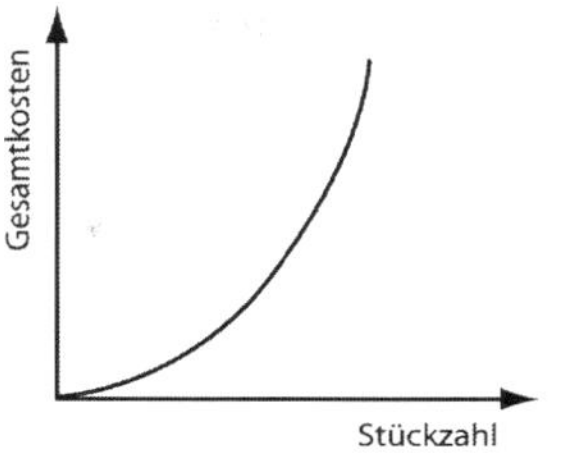

A. Das Verhältnis der Gesamtkosten zur Stückzahl bleibt gleich, unabhängig von der Produktionsmenge.
B. Mit wachsenden Stückzahlen sinkt der Gewinn immer stärker.
C. Mit wachsenden Stückzahlen steigen die Gesamtkosten immer stärker.
D. Mit wachsenden Stückzahlen sinken die Stückkosten immer stärker.
E. Keine Antwort ist richtig.

136) Worauf zielt das *Customer Relationship Management* (CRM) ab?

A. Marktforschung
B. Produktsicherheit
C. Kundenpflege
D. Verbraucherschutz
E. Keine Antwort ist richtig.

137) Welcher Begriff zählt nicht zu den „vier großen P's" des Marketings?

A. Portfolio
B. Price
C. Promotion
D. Product
E. Keine Antwort ist richtig.

138) Wie könnte sich eine tarifliche Lohnerhöhung auf den Konsum der privaten Haushalte auswirken?

A. Durch eine tarifliche Lohnerhöhung steigt das verfügbare Einkommen, was i. d. R. zu einer erhöhten Nachfrage der privaten Haushalte führt.
B. Durch eine tarifliche Lohnerhöhung verändert sich das Konsumverhalten der privaten Haushalte unwesentlich, da die Inflationsrate fällt.
C. Durch die gestiegenen Lohnkosten sinken gleichzeitig die Lohnnebenkosten für die Unternehmen.
D. Durch eine Erhöhung des verfügbaren Einkommens der privaten Haushalte sinken die Steuereinnahmen des Staates.
E. Keine Antwort ist richtig.

139) Was versteht man volkswirtschaftlich unter dem „tertiären Sektor"?

A. Rohstoffgewinnung
B. Rohstoffverarbeitung
C. Dienstleistungsbereich
D. Konsumgüterindustrie
E. Keine Antwort ist richtig.

140) Was bezeichnet in der Logistik der Begriff „supply chain"?

A. Alle wertschöpfenden Aktivitäten, die ein Produkt von der Anlieferung des Rohmaterials bis zur Auslieferung an den Kunden durchläuft
B. Abteilung, die für den Materialnachschub in einem Unternehmen verantwortlich ist
C. Alle Stationen, die eine Ware im Auslieferungsprozess durchläuft
D. Alle an der Warenlagerung beteiligten Abteilungen und Prozesse
E. Keine Antwort ist richtig.

Lösungen: Fachbezogenes Wissen

1) B	31) D	61) C
2) B	32) C	62) C
3) B	33) C	63) A
4) D	34) C	64) B
5) D	35) A	65) C
6) D	36) C	66) D
7) B	37) A	67) A
8) B	38) A	68) A
9) D	39) A	69) D
10) C	40) B	70) B
11) C	41) B	71) A
12) A	42) B	72) A
13) B	43) C	73) C
14) D	44) B	74) B
15) B	45) C	75) A
16) C	46) A	76) C
17) D	47) A	77) D
18) D	48) A	78) B
19) D	49) C	79) B
20) C	50) D	80) C
21) D	51) B	81) A
22) A	52) C	82) B
23) A	53) C	83) B
24) B	54) A	84) B
25) B	55) A	85) D
26) A	56) A	86) C
27) A	57) C	87) C
28) C	58) C	88) B
29) D	59) B	89) B
30) B	60) A	90) C

91) D	108) C	125) B
92) C	109) C	126) B
93) C	110) B	127) D
94) D	111) B	128) D
95) C	112) B	129) B
96) A	113) B	130) B
97) E	114) C	131) A
98) C	115) A	132) D
99) D	116) D	133) D
100) D	117) A	134) C
101) D	118) B	135) C
102) C	119) C	136) C
103) C	120) D	137) A
104) B	121) D	138) A
105) D	122) A	139) C
106) C	123) D	140) A
107) A	124) C	

Ingenieurwissenschaften (Aufgaben 1–20)

Zu 1) B. Werner von Siemens

Werner von Siemens (1816–1892) baute 1866 den ersten elektrischen Generator, der zur Spannungserzeugung keinen von außen zugeführten Strom benötigte, sondern diesen selbst bereitstellte. Das zugrundeliegende dynamoelektrische Prinzip gilt als Meilenstein in der Entwicklung der modernen Elektro- und Starkstromtechnik.

Zu 2) B. Transistor

Zum Schalten und Verstärken elektrischer Signale eignen sich Transistoren (vom englischen „transfer resistor" – „Leitungswiderstand"). Je nach Verwendungszweck nutzt man die Bauelemente in unterschiedlichen Ausführungen, die eines gemein haben: Sie funktionieren ohne mechanische Bewegung.

Zu 3) B. Tesla

Die Einheit der magnetischen Flussdichte heißt Tesla, benannt nach dem serbischstämmigen Physiker Nikola Tesla. Das zugehörige Formelzeichen ist das „T". Bei Farad handelt es sich um die SI-Einheit der elektrischen Kapazität, in Coulomb misst man elektrische Ladung und Curie ist eine veraltete Einheit der Radioaktivität.

Zu 4) D. Von den Kunststoffen

Antwort D stimmt: Kunststoffe zeichnen sich aus durch ihre geringe Dichte, Korrosionsbeständigkeit sowie thermische und elektrische Isolierfähigkeit. Erzeugt werden sie durch die chemische Umwandlung (Synthese) von Rohstoffen wie z. B. Erdöl.

Zu 5) D. Rad 5

Eine Antriebskette bewegt sich mit der gleichen Eigengeschwindigkeit um jedes der mit ihr verbundenen Zahnräder. Verbindet sie zwei gleich große Räder, laufen beide gleich schnell. Verbindet sie jedoch Räder unterschiedlicher Größe, läuft das kleinere stets schneller um die eigene Achse als das größere: Wenn sich beispielsweise ein Rad mit einem Umfang von einem Meter einmal dreht, wird auch die Kette um einen Meter weiterbewegt. Überträgt sie nun diese Bewegung auf ein Rad mit einem Umfang von nur einem halben Meter, muss dieses Rad folgerichtig zweimal vollständig rotieren. Zusätzlich gilt: Ist ein Zahnrad starr an einem weiteren Zahnrad befestigt (wie z. B. Rad 2), bewegen sich beide in gleichen Zeiten um die eigene Achse, ihre Umdrehungsfrequenz ist also gleich.

Einen Größenunterschied findet man in der Skizze zunächst zwischen Rad 1 und Rad 2, das sich demnach schneller dreht. Da Rad 2 an einem größeren Rad befestigt ist, besitzen beide die gleiche Umdrehungsfrequenz. Darin entsprechen sie dem äußerst rechten Zahnrad, dem Rad, an dem Rad 3 befestigt ist, und schließlich auch Rad 3 selbst. Von Rad 3 nach 4 und besonders stark von 4 nach 5 nimmt die Geschwindigkeit durch den Größenunterschied allerdings ab. Somit rotiert Zahnrad 5 am langsamsten, noch langsamer als Rad 1.

Zu 6) D. Sandturbine

Turbinen sind Strömungsmaschinen, die mithilfe rotierender Schaufeln und Wellen die innere Energie von Fluiden (Gasen und Flüssigkeiten) in mechanische Energie umwandeln. Man nutzt sie in Flugzeugen, Schiffen und Kraftwerken. Sandturbinen gibt es nicht – Sand ist kein Fluid.

Zu 7) B. Ja, die Zugkraft halbiert sich.

Fügt man zur ersten noch eine zweite Rolle hinzu, halbiert sich der erforderliche Kraftbetrag, um das Gewicht auf dieselbe Höhe zu ziehen.

Zu 8) B. Durch grundsätzlich geringeren Platzverbrauch

Da sich bei Riemenführungen der Treibriemen unter Belastung ausdehnt, kommt es zum Schlupf: Der Riemen rutscht leicht über die Riemenscheiben. Kettenführungen gewährleisten eine bessere Kraftübertragung und sind unempfindlicher gegen äußere Einflüsse wie etwa hohe Temperaturen. Sie müssen jedoch nicht unbedingt platzsparender sein als Riemenführungen.

Zu 9) D. Der Impuls reduziert sich auf ein Neuntel.

Der Impuls p eines Körpers berechnet sich wie beschrieben aus dem Produkt von Masse m und Geschwindigkeit v:

$p = m \times v$

Wenn sich Geschwindigkeit und Masse dritteln, reduziert sich der Impuls des Fußballs auf ein Neuntel:

$$\frac{1}{3}m \times \frac{1}{3}v = \frac{1}{9}m \times v = \frac{1}{9}p$$

Zu 10) C. 40 V

Es gilt das ohmsche Gesetz:

U (elektrische Spannung) = R (elektrischer Widerstand) × I (elektrischer Strom)

Laut Aufgabenstellung also:

$U_1 = 10\,\Omega \times I_1$

$U_2 = 20\,\Omega \times I_2$

Da es sich in dieser Aufgabe um eine Reihenschaltung handelt, bei der durch alle Widerstände derselbe Strom fließt ($I_1 = I_2$), verdoppelt sich mit dem Widerstand auch die Spannung. Am zweiten Widerstand liegen also 40 Volt an.

Zu 11) C. Die Durchflussgeschwindigkeit vervierfacht sich.

Wird der Durchmesser der Rohrleitung von 20 cm auf 10 cm halbiert, verkleinert sich der Rohrquerschnitt um drei Viertel, wie sich anhand der Formel zur Berechnung von Kreisflächen erkennen lässt:

$$A_{Rohr} = \pi \times r^2 = \pi \times \left(\frac{d}{2}\right)^2$$

$$A_{Rohr1} = \pi \times \left(\frac{20\,cm}{2}\right)^2 = \pi \times 100\,cm^2$$

$$A_{Rohr2} = \pi \times \left(\frac{10\,cm}{2}\right)^2 = \pi \times 25\,cm^2$$

Damit der Wasserdurchsatz (d. h. die in einem Zeitraum durch das Rohr geleitete Wassermenge) gleich bleibt, muss sich die Durchflussgeschwindigkeit des Wassers zum Ausgleich des schmaleren Rohrquerschnitts vervierfachen.

Zu 12) A. Eine Schaltung mit zwei stabilen elektrischen Zuständen

Als „Flipflop" bezeichnet man in der Elektrotechnik eine elektrische Schaltung, die zwei stabile Zustände einnehmen kann. Mit einem solchen Bauteil lässt sich dementsprechend eine Datenmenge von einem Bit speichern, was Flipflops zur massenhaften Verwendung in allen möglichen Digitalgeräten – z. B. in Computerchips – prädestiniert.

Zu 13) B. Feder 2 wird am schwächsten gedehnt.

Wie stark eine Feder durch das Anhängen einer Last ausgelenkt („gedehnt") wird, bestimmt sich durch die angehängte Masse und die rücktreibende Kraft der Feder, die so genannte Federkonstante. Da alle Federn identisch sind und dieselbe rücktreibende Kraft besitzen, hängen Unterschiede in ihrer Auslenkung nur von der jeweils anliegenden Masse ab.

Wenn Federn „in Reihe" aneinander gehängt werden, liegt an jeder Feder die gesamte Last der Stahlkugel an. Nehmen mehrere parallel gehängte Federn die Last einer angehängten Masse auf, verteilt sich die Gewichtskraft und die Auslenkung der Federn ist geringer.

An Feder 1 hängt die Last beider Stahlkugeln, ebenso wie an Feder 3 – sie werden gleich stark gedehnt. An Feder 2 jedoch ist nur eine Kugel befestigt; die Last der zweiten Stahlkugel zerrt nicht an ihr. Sie wird daher am schwächsten ausgelenkt.

Zu 14) D. CNC-Maschinen.

Werkzeugmaschinen mit Computersteuerung nennt man auch „CNC-Maschinen" – „CNC" steht für „Computerized Numerical Control" („computergestützte numerische Steuerung"). CNC-Maschinen erledigen Arbeitsgänge wie Fräsen, Bohren oder Schleifen auf Knopfdruck, automatisiert und hochpräzise.

Zu 15) B. Durch Flüssigkeit

Allgemein bezeichnet „Hydraulik" die Lehre vom Strömungsverhalten flüssiger Stoffe. Hydraulische Anlagen – z. B. Bagger, Krane, Werkzeugmaschinen – nutzen das Prinzip der Kraft- bzw. Energieübertragung mittels Flüssigkeiten. Verwendet man stattdessen Druckluft (oder andere Gase), handelt es sich um pneumatisches Gerät.

Zu 16) C. Ein elektromagnetischer Schalter

Ein Relais ist ein strombetriebener, meist elektromagnetisch funktionierender Schalter. Er besteht aus zwei Stromkreisen: Schließt man den Steuerstromkreis, zieht ein Elektromagnet an einem Schalter, der wiederum den Laststromkreis schließt.

Zu 17) D. Wird der Hebel nach unten gedrückt, strömt das Wasser in den Eimer.

In der abgebildeten Stellung befindet sich der Pumphebel an seiner tiefsten Position. Zieht man ihn nach oben, drückt der Pumpkolben gegen das Wasser, das wiederum die Klappe aufdrückt und durch die Leitung in den Eimer fließt. Das Ventil bleibt dabei geschlossen (Antworten A und B sind korrekt). Hat der Hebel seine höchste Position erreicht, enthält der Pumpzylinder praktisch kein Wasser mehr. Drückt man den Pumphebel nun wieder nach unten, bewegt sich der Pumpkolben nach oben, und im Pumpzylinder entsteht ein Unterdruck. Dadurch wird die Klappe in ihre Verschlussposition gezogen und es fließt kein Wasser mehr in den Eimer (Antwort D ist falsch). Dafür öffnet sich das Ventil, sodass Wasser von unten in den Behälter nachströmen kann (Antwort C stimmt).

Zu 18) D. Bauwerke entwerfen.

Das Kürzel CAD steht für „computer-aided design" („rechnergestützte Gestaltung"). Mit entsprechender Software kann man unter anderem Bauwerke oder geografische Karten entwerfen. Gängige CAD-Programme sind zum Beispiel Autodesk Inventor, AutoCAD und Pro/ENGINEER.

Zu 19) D. Alle Pendel haben die gleiche Schwingungsdauer.

Die Schwingungsdauer (T) eines Fadenpendels hängt ab von der Fallbeschleunigung (g) und der Pendellänge (l) – die Masse spielt dabei keine Rolle:

$$T = 2\pi \times \sqrt{\frac{l}{g}}$$

Die Größen l und g sind für alle drei Pendel gleich, also unterscheidet sich auch ihre Schwingungsdauer nicht.

Zu 20) C. Die Werkstoffe sollten aus Sicherheitsgründen nicht kombiniert werden.

Aluminium ist wesentlich leichter als Stahl und noch dazu – ebenso wie Edelstahl – korrosionsbeständig und einfach formbar. Darüber hinaus kann man Aluminium- und Edelstahloberflächen je nach gewünschter Optik unterschiedlich ausführen (etwa gebürstet, seidenmatt geschliffen oder hochglanz-spiegelpoliert). Stahl wiederum bietet die höchste Festigkeit, was zum Beispiel breite Glasfronten oder großzügig ausgeschnittene Gebäudeeingänge ermöglicht. Aussage C stimmt nicht: Man kann die Werkstoffe auch kombinieren und beispielsweise die Festigkeit eines Stahlrahmens mit der Leichtigkeit einer Aluminiumverkleidung vereinen.

Mathematik und Informatik (Aufgaben 21–40)

Zu 21) D. Wurzelnenner

Die Begriffe „Radikand" und „Wurzelbasis" meinen dasselbe, nämlich den „in der Wurzel" stehenden Ausdruck. Der Wurzelexponent zeigt an, die wievielte Wurzel gezogen wurde – bei einer zweiten Wurzel (Quadratwurzel) ist dessen Wert zwei. Einen Wurzelnenner gibt es nicht.

Zu 22) A. Bernoulli-Verteilung.

Eine Bernoulli-Verteilung, nach dem Schweizer Mathematiker und Physiker Jakob Bernoulli (1655–1705), liegt dann vor, wenn ein zufälliges Ereignis genau zwei mögliche Ausgänge haben kann, wie bei einem Münzwurf. Die Ergebnisse sind in diesem Fall Bernoulli-verteilt.

Zu 23) A. der Integralrechnung.

Die Integralrechnung nutzt man zum einen, um Stammfunktionen zu einer gegebenen Funktion zu ermitteln (unbestimmte Integrale). Zum anderen berechnet man damit Inhalte von Flächen, die in einem zweidimensionalen Koordinatensystem von einem (krummlinigen) Funktionsgraphen, der x-Achse und begrenzenden Parallelen zur y-Achse umrissen werden (bestimmte Integrale). Die Integralrechnung ist eng verwandt mit der Differentialrechnung, die sich mit der Ableitung von Funktionen beschäftigt. Beide zusammen bilden den Bereich der Infinitesimalrechnung.

Zu 24) B. Die Mittelsenkrechten des Dreiecks schneiden sich in diesem Punkt.

Im Mittelpunkt des Umkreises schneiden sich die Mittelsenkrechten des Dreiecks: das heißt diejenigen Geraden, die jeweils an der Mitte einer Seite ansetzen und rechtwinklig zu ihr stehen. Der Schnittpunkt der Winkelhalbierenden ist der Mittelpunkt des Inkreises, dessen Tangenten die drei Seiten sind. Der Schnittpunkt der Seitenhalbierenden nennt sich „Schwerpunkt".

Zu 25) B. $\in$

Es handelt sich um das Zeichen $\in$. Der Ausdruck „$x \in M$“ besagt beispielsweise, dass x zur Menge M gehört. Σ ist das mathematische Summenzeichen, Π ist das Produktzeichen und $\int$ kennzeichnet ein Integral.

Zu 26) A. rationale Zahl.

Die Zahl $-0{,}5$ gehört zur Menge der rationalen Zahlen, die sich als Bruch zweier ganzer Zahlen darstellen lassen. Zahlen, bei denen dies nicht funktioniert, sind irrational. Natürliche Zahlen sind alle positiven bzw. nichtnegativen ganzen Zahlen.

Zu 27) A. Asymptote.

Eine Asymptote ist eine Funktion, der sich eine andere Funktion im Unendlichen beliebig weit annähert, ohne dass beide sich schneiden. Der abgebildete Funktionsgraph hat zwei Asymptoten: Mit steigendem x-Wert nähert er sich der Geraden $y = 0$, mit sinkendem x-Wert nähert er sich der Geraden $x = 2$.

Zu 28) C. den Exponenten zu einer Basis.

Das Logarithmieren ist eine Umkehr des Potenzierens: Man berechnet, welcher Exponent mit einer bekannten Basis zu einem bekannten Ergebnis führt. Bei der Gleichung $2^x = 8$ erhält man den Logarithmus $x = \log_2 8 = 3$, sprich: Der Logarithmus von 8 zur Basis 2 ist 3.

Zu 29) D. Die Spieltheorie

Die Spieltheorie erforscht rationales Entscheidungsverhalten und modelliert dazu Entscheidungssituationen mit mehreren Beteiligten. Beim „Gefangenendilemma“ werden zwei Gefangene einer gemeinsamen Tat beschuldigt und stehen getrennt voneinander vor der Wahl, zu schweigen oder auszusagen. Abhängig von den Entscheidungen beider fallen ihre Haftstrafen kürzer oder länger aus. Das Dilemma besteht in der unbekannten Reaktion des Komplizen: Gesteht er oder schweigt er?

Zu 30) B. Ω (Omega)

Der Ergebnisraum – auch Ergebnismenge, Resultatenmenge, Omegamenge oder Stichprobenraum – ist die Menge aller möglichen Ergebnisse eines Zufallsexperiments, gekennzeichnet mit dem griechischen Buchstaben Ω (Omega). Ein Beispiel: Beim einmaligen Wurf eines Spielwürfels ist $\Omega = \{1,2,3,4,5,6\}$.

Zu 31) D. Alan Turing

Alan Turing (1912–1956), britischer Mathematiker und Informatiker, gilt als Mitbegründer der Computertechnik und Informatik. Im Zweiten Weltkrieg half er maßgeblich, den deutschen Enigma-Geheimcode zu entschlüsseln. 1960 schlug er ein Verfahren vor, um künstliche Intelligenz zu prüfen: Ein Fragesteller kommuniziert per Tastatur und Bildschirm mit einem Menschen und einer Maschine. Kann er beide hinterher nicht eindeutig auseinanderhalten, gilt das künstliche Denkvermögen dem menschlichen als ebenbürtig, und der Test ist bestanden.

Zu 32) C. Im Binärcode

Die digitale Datenverarbeitung beruht auf dem Binärcode, der Informationen als Folge von Nullen und Einsen darstellt. Die Grundeinheit dieser Zeichenmenge ist das Bit, das entweder den Wert 0 (= falsch) oder 1 (= wahr) annimmt, vergleichbar einem Lichtschalter, der ein- oder ausgeschaltet sein kann.

Zu 33) C. Eine Zeichenkodierung, mit der Computer operieren

Der „American Standard Code for Information Interchange" (ASCII) ist eine 7-Bit-Zeichenkodierung zur Darstellung von Groß- und Kleinbuchstaben, Ziffern, Sonder- sowie Steuerzeichen. Die ASCII-Kodierung definiert 128 Zeichen, darunter 95 druckbare Zeichen und 33 nicht-druckbare Steuerzeichen.

Im ASCII-Code ist jedem Zeichen eine Zahl zugeordnet, so dass in Programmierungen z. B. Buchstaben durch Angabe des Zahlencodes generiert werden können. Ein Beispiel: Der Binärcode „1000001" steht für die Dezimalzahl „65" und den Großbuchstaben „A".

Zu 34) C. Eine Computerschnittstelle

„SATA" (auch „S-ATA") steht für „Serial ATA" oder auch „Serial AT Attachment". Damit bezeichnet man eine Computerschnittstelle für den Datenaustausch mit Festplatten und anderen Speichermedien. Der Vorläufer des SATA-Standards heißt ATA („AT Attachment") bzw. IDE („Integrated Drive Electronics").

Zu 35) A. Für einen Rechner, der sich in einer untergeordneten Struktur befindet

In einem Computernetzwerk bezeichnet man dasjenige System als „Client" (dt. „Kunde"), das Kontakt zu einem Server aufnimmt: sei es als Teil eines Rechnernetzwerks oder nach dem Client-Server-Modell. Der Client nutzt den Dienst, den das Server-Programm anbietet. Der Server ist jederzeit in Bereitschaft, um auf die Kontaktaufnahme eines Clients reagieren zu können. Im Unterschied zum passiven Server, der auf Anforderungen wartet, verhält sich der Client also aktiv.

Zu 36) C. Ein Compiler übersetzt eine höhere Programmiersprache in Maschinensprache.

Ein Compiler ist ein Programm, das ein in einer Quellsprache geschriebenes Programm (auch Quellprogramm) in ein semantisch äquivalentes Programm einer Zielsprache (auch Zielprogramm) „übersetzt". Ein Beispiel hierfür ist ein Basic-Compiler, der diese höhere Programmiersprache (Quellprogramm) in Maschinencode (Zielprogramm) verwandelt. Verwandt mit einem Compiler ist ein Interpreter, der ein Programm nicht in die Zielsprache übersetzt, sondern Schritt für Schritt direkt ausführt.

Zu 37) A. Die For-Next-Schleife ermöglicht das Ausführen von Anweisungen mit einer bestimmten Anzahl von Wiederholungen.

Die For-Next-Schleife ermöglicht das Ausführen von Anweisungen mit einer bestimmten Anzahl von Wiederholungen. Es handelt sich um eine Zählschleife, wobei sich der Wert einer festgelegten Variablen jede Runde so lange ändert, bis ein bestimmter vorgegebener Wert erreicht ist.

Eine Do-While-Schleife läuft dagegen so lange, bis eine bestimmte Bedingung erfüllt oder nicht erfüllt ist. Die Schleife wird wiederholt, bis die logische Operation einen falschen Rückgabewert liefert.

Zu 38) A. 80

Der Datentyp „Integer" speichert Werte in Form ganzer Zahlen, wobei der Wertebereich begrenzt ist. Von den angegeben Vorschlägen kann demnach nur Antwort A stimmen. Zeichenketten wie „Mutter", die aus Buchstaben, Ziffern und Sonderzeichen bestehen können, werden in der Regel als „Stringvariable" bezeichnet. Antwort C ist ein Datum und Antwort D eine Gleitkommazahl – beide Zeichenfolgen haben in verschiedenen Programmiersprachen unterschiedliche Bezeichnungen.

Zu 39) A. Basic

Der Befehl „Print" stammt aus Basic und gibt die Anweisung, die Stringvariable A anzuzeigen. Er entspricht den Befehlen „write" in PASCAL, „select" in SQL und „printf" in C.

Zu 40) B. Assemblersprache repräsentiert die Maschinensprache einer spezifischen Prozessorarchitektur in einer für den Menschen lesbaren Form.

Assemblersprache ist eine spezielle Programmiersprache, welche die Maschinensprache einer spezifischen Prozessorarchitektur in eine für den Menschen lesbare Form übersetzt. Folglich hat jede Computerarchitektur ihre eigene Assemblersprache. Der Vorteil von Assemblersprache besteht darin, dass sich die komplette Bandbreite des Computers nutzen lässt, da auf alle Funktionen direkt zugegriffen werden kann. Assemblerprogramme sind in der Regel erheblich kleiner und schneller als vergleichbare Programme, die durch eine Hochsprache erzeugt wurden.

Medizin (Aufgaben 41–60)

Zu 41) **B.** Ungefähr 60–80 Schläge pro Minute

Einen Ruhepuls von 30 erreichen normalerweise höchstens professionelle Ausdauersportler. Das Herz eines durchschnittlichen Erwachsenen schlägt ungefähr 60- bis 80-mal pro Minute. Jugendliche und Senioren haben im Schnitt einen Ruhepuls von ca. 80–90 Schlägen, Kinder liegen noch etwas darüber.

Zu 42) **B.** Adrenalin

Die Funktion des „Stresshormons" Adrenalin liegt ursprünglich darin, den Körper auf Gefahren- und Kampfsituationen vorzubereiten. Der Körper schüttet es bei körperlicher und seelischer Belastung aus, bei Verletzungen, Infektionen und niedrigem Blutzuckerspiegel. Insulin ist notwendig zum Glucose-Transport und zur Senkung des Blutzuckerspiegels, das „Schlafhormon" Melatonin regelt den Tag-Nacht-Rhythmus des Körpers. Leptin hemmt das Hungergefühl und trägt zur Regulierung des Fettstoffwechsels bei.

Zu 43) **C.** Thymusdrüse

Die Mundspeicheldrüse produziert Flüssigkeit, die zum Schlucken der Nahrung wichtig ist. Sie liefert außerdem – ebenso wie die Bauchspeicheldrüse – wichtige Enzyme, die die Nahrung in ihre Bestandteile aufspalten. Die Leber ist die größte Drüse des Menschen und an der Verwertung der Nahrungsbestandteile beteiligt. Die Thymusdrüse dagegen spielt bei der Nahrungsaufnahme und Verdauung keine Rolle, sie ist Bestandteil des menschlichen Immunsystems.

Zu 44) **B.** Sie verankern Muskeln an Knochen.

Gelenke sind Verbindungselemente zwischen den Knochen. Sie werden durch Bänder stabilisiert und verfügen über elastische Puffer aus Knorpel und Gelenkflüssigkeit, die Stöße abfedern. Um die Knochen zu bewegen, nutzt der Mensch seine Muskeln – diese wiederum sind mit Sehnen an zwei oder mehreren Knochen verankert.

Zu 45) C. Kohlenhydratreiche Weichkost

Speichel wirkt karieshemmend, somit entfällt Vorschlag D. Käsekonsum unterstützt die Speichelbildung und liefert wichtige Mineralien, also ist auch B falsch. Und da knusprige, harte Nahrungsmittel meist schnell aus dem Mundraum verschwunden sind, stehen sie den Bakterien kaum als Nährstoffquelle zur Verfügung. Richtig ist C: Kohlenhydratreiche Kost stimuliert die Bakterien zur Produktion von Säuren, die den Zahnschmelz angreifen.

Zu 46) A. Koordination von Bewegungen

Das Kleinhirn ist wichtig für die motorische Steuerung, also zum Lernen, Koordinieren und Antizipieren von Bewegungsabläufen. Die lebensnotwendigen Funktionen Atmung, Herzschlag und Stoffwechsel werden im Hirnstamm gesteuert, für höhere Denkvorgänge wie abstraktes und assoziatives Denken ist vor allem das Großhirn zuständig. Die Verarbeitung von Emotionen verortet man wesentlich im limbischen System, einer Ansammlung von Strukturen um den Hirnstamm, und im präfrontalen Cortex (einer Hirnregion hinter Nase und Stirn). Die Prozesse und Wechselwirkungen sind jedoch so komplex, dass keine eindeutige Verortung möglich ist.

Zu 47) A. Entzündung der Leber

Unter Hepatitis versteht man eine Entzündung der Leber, die durch verschiedene Ursachen – Prellungen, Blutabflussstörungen, Krankheitserreger, Medikamente, Drogen, Gifte – hervorgerufen werden kann. Die „klassische" Virushepatitis wird je nach Erregerstamm mit Hepatitis A, B, C, D oder E benannt.

Zu 48) A. können mit Antibiotika bekämpft werden.

Viren sind im Unterschied zu Bakterien keine Zellen und haben demnach keinen eigenen Stoffwechsel. Sie können nicht durch Antibiotika bekämpft werden. Im Wesentlichen sind Viren Nukleinsäuren, die Informationen zur Steuerung einer Wirtszelle und vor allem zu ihrer eigenen Vermehrung speichern.

Zu 49) C. den Brustkorb.

„Thorax" ist der medizinische Fachbegriff für den Brustkorb, der die Brust- und den oberen Teil der Bauchhöhle umschließt. Er besteht aus den Brustwirbeln, den Rippenpaaren und dem Brustbein.

Zu 50) D. Speiche

Patellasehne, Kreuz- und Innenbänder gehören zum Bänderapparat des Knies, der Meniskus ist ein Knorpel im Kniegelenk. Speiche und Elle sind die beiden Knochen des Unterarms.

Zu 51) B. Zahnmark

Der innerste Teil des Zahns, umhüllt und geschützt vom härteren Zahnbein („Dentin"), ist das Zahnmark. Es wird von Nerven und Blutgefäßen durchzogen und hat die Funktion, den Zahn mit allen benötigten Nährstoffen zu versorgen.

Zu 52) C. Epidemie.

Die Epidermis ist die Oberhaut, „Apathie" ist ein Synonym für Abgeschlagenheit und „Anämie" ein Fachausdruck für Blutarmut. Wenn sich eine Krankheit in einem engeren Zeitraum in einem bestimmten Gebiet stark häuft, spricht man von einer „Epidemie".

Zu 53) C. Die Niere

Die beim Menschen paarweise angelegten Nieren sitzen oberhalb des Zwerchfells, links und rechts der Wirbelsäule. Ihre zentrale Funktion besteht in der Entgiftung des Körpers durch die Ausscheidung von Stoffwechsel-Endprodukten über den Harn.

Zu 54) A. Hyperaktivität

Das Kürzel ADHS steht für die „Aufmerksamkeitsdefizit-/Hyperaktivitätsstörung", die heute mutmaßlich häufigste Ursache von Verhaltensstörungen bei Kindern und Jugendlichen. Typische Kennzeichen sind leichte Ablenkbarkeit, Impulsivität und motorische Überaktivität. Studien zufolge sind rund 5 % der 3- bis 17-Jährigen betroffen, bei Jungen wird ADHS rund viermal häufiger diagnostiziert als bei Mädchen. Man vermutet, dass auch eigentlich gesunde, aber auffällige Kinder fälschlicherweise die Diagnose ADHS gestellt bekommen.

Zu 55) A. doppelt „S"-förmig gekrümmt.

Blickt man von der Seite auf die menschliche Wirbelsäule, ähnelt sie einem doppelten „S": Die Halswirbelsäule wölbt sich nach vorne, die Brustwirbelsäule nach hinten, die

Lendenwirbelsäule nach vorne und der untere Teil der Wirbelsäule (Kreuz- und Steißbein) wiederum nach hinten.

Zu 56) A. hat starkes Übergewicht.

Der Begriff „Adipositas" leitet sich ab vom lateinischen „adeps" („Fett") und bezeichnet starkes Übergewicht. Nach der Definition der Weltgesundheitsorganisation WHO beginnt Adipositas ab einem Body-Mass-Index (BMI) von 30. Der BMI errechnet sich, indem man das Körpergewicht (in Kilogramm) durch das Quadrat der Körpergröße (in Metern) teilt.

Zu 57) C. Schmerzmittel.

Acetylsalicylsäure (ASS) wirkt schmerzstillend, entzündungshemmend, fiebersenkend und beugt Blutgerinnseln vor. Das wohl bekannteste ASS-Arzneimittel ist Aspirin.

Zu 58) C. Die Amygdala

Die Amygdala, Teil des Limbischen Systems, ist ein Kerngebiet des Gehirns und kommt paarig vor (d. h. in beiden Gehirnhälften). Aufgrund ihrer Mandelform nennt man sie auch „Mandelkern". Sie spielt eine wesentliche Rolle bei der Gefahrenbewertung und der Entstehung von Angst – daher der Beiname „Angstzentrum".

Zu 59) B. Abwehr von Krankheitserregern

Weiße Blutkörperchen (Leukozyten) sind Teil der Immunabwehr und finden sich im Blut, im Rücken- und Knochenmark und in anderen Gewebeteilen. Ihre Hauptaufgabe liegt in der Abwehr von Krankheitserregern.

Zu 60) A. Das unwillkürliche Knirschen mit den Zähnen

Das unwillkürliche Zähneknirschen nennt die Zahnmedizin „Bruxismus" – keine harmlose Angewohnheit: Die Zähne können abgeschürft, Kiefergelenk und Kaumuskulatur überlastet werden; weitere Begleiterscheinungen sind Ohrpfeifen (Tinnitus) Schwindel, Sehstörungen und Übelkeit. Als bruxismusfördernd gelten u. a. Schlafstörungen, Stress, Angst, Alkohol und Nikotin. Um den Zahnabrieb zu verhindern, empfiehlt sich das Tragen einer Aufbissschiene.

Naturwissenschaften (Aufgaben 61–80)

Zu 61) C. Streckenlängen

Das Lichtjahr ist ein astronomisches Längenmaß: Es bezeichnet die Strecke, die das Licht innerhalb eines Jahres zurücklegt – das sind ungefähr 9,5 Billionen Kilometer.

Zu 62) C. Klasse

Die klassische biologische Systematik gliedert einen Stamm in die Unterkategorien Klasse, Ordnung, Familie, Gattung und schließlich Art.

Zu 63) A. Ein Molekül besteht aus mindestens zwei Atomen.

Ein Molekül ist eine Verbindung von mindestens zwei Atomen: egal, ob es sich dabei um Atome des gleichen Elements handelt – wie beim Sauerstoff (O_2) – oder nicht. Häufig sind Moleküle aus Atomen verschiedener Elemente aufgebaut, zum Beispiel aus einem Nichtmetall und einem weiteren Nichtmetall, einem Halbmetall oder einem Metall.

Zu 64) B. Elektrisch geladene Atome oder Moleküle

Atome oder Moleküle besitzen im neutralen Zustand genauso viele Protonen wie Elektronen. Verliert oder gewinnt nun ein Atom bzw. Molekül ein oder mehrere Elektronen gegenüber dem Normalzustand, entsteht eine elektrische Ladung und somit ein Ion: Bei Elektronenmangel ist dieses Ion positiv, bei Elektronenüberschuss negativ geladen.

Zu 65) C. DNA

Es handelt sich um die DNA („deoxyribonucleic acid", dt. „Desoxyribonukleinsäure" oder auch DNS). Die DNA ist die Trägerin der Erbinformationen in Lebewesen und manchen Virenarten. Im Normalzustand liegt sie in Form einer Doppelhelix vor, zu der sich zwei Makromolekül-Stränge schraubenartig umwinden.

Zu 66) D. einen ruhenden Körper der Masse 1 kg innerhalb 1 Sekunde auf eine Geschwindigkeit von 1 m/s zu beschleunigen.

Ein Newton ist definiert als die Kraft, die benötigt wird, um einen Körper der Masse 1 kg innerhalb 1 Sekunde auf eine Geschwindigkeit von 1 m/s zu beschleunigen:

$$1\,\mathrm{N} = 1\,\frac{\mathrm{kg} \times \mathrm{m}}{\mathrm{s}^2}$$

Zu 67) A. Wenn die Gewichtskraft des Festkörpers größer ist als jene der verdrängten Flüssigkeit

Ein Festkörper sinkt dann in einer Flüssigkeit, wenn seine Gewichtskraft höher ist als die Gewichtskraft der von ihm verdrängten Flüssigkeit.

Zu 68) A. Konvex

Eine nach außen gewölbte Linsenoberfläche bezeichnet man auch als „konvex". Nach innen gewölbte Linsen nennt man „konkav".

Zu 69) D. Charles Robert Darwin

Charles Robert Darwin (1809–1882) gilt wegen seiner Beiträge zur Evolutionstheorie als einer der bedeutendsten Naturwissenschaftler. Inspiriert von den Erkenntnissen einer Forschungsreise auf dem Vermessungsschiff „Beagle“ entwarf er 1838 die Theorie der Anpassung an den Lebensraum durch Variation und natürliche Selektion: So erklärte er die evolutionäre Entwicklung aller Organismen und ihre Aufspaltung in verschiedene Arten. In seinem 1859 veröffentlichten Hauptwerk „Die Entstehung der Arten“ präsentierte er seine Theorie zum ersten Mal einer breiteren Öffentlichkeit. Seine streng naturwissenschaftliche Erklärung der Artenvielfalt bildet die Grundlage der modernen Evolutionstheorie und markiert den entscheidenden Wendepunkt in der Geschichte der modernen Biologie.

Zu 70) B. steigt oder sinkt die Geschwindigkeit linear mit der Zeit.

Bei einer gleichmäßig beschleunigten Bewegung bleibt die Beschleunigung – d. h. die Veränderung der Geschwindigkeit in einem bestimmten Zeitraum – konstant (Antwort D ist falsch). Der Körper verändert also seine Geschwindigkeit in gleichen Zeitabständen um gleiche Beträge; somit steigt (oder sinkt) die Geschwindigkeit linear; Antwort B stimmt. Da der Körper nun in gleichen Zeitabschnitten mal schneller, mal langsamer vorankommt, kann Behauptung A nicht stimmen. Ob die kinetische Energie steigt, wie in Antwort C behauptet, ist nicht sicher – denn eine gleichmäßige Beschleunigung entgegen der Bewegungsrichtung bremst.

Zu 71) A. Mitochondrien

Eine Zelle ist die elementare Einheit aller Lebewesen. Es gibt Einzeller, die aus nur einer einzigen Zelle bestehen, und Mehrzeller, bei denen mehrere Zellen zu einer funktionellen Einheit verbunden sind. Der menschliche Körper beispielsweise besteht aus rund 220 verschiedenen Zell- und Gewebetypen und mehreren Milliarden Zellen.

Jede Zelle stellt ein strukturell abgrenzbares, eigenständiges und selbsterhaltendes System dar. Sie ist in der Lage, Nährstoffe aufzunehmen, diese in Energie umzuwandeln, verschiedene Funktionen zu übernehmen und vor allem sich zu reproduzieren. Die Mitochondrien werden als „Kraftwerke“ der Zelle bezeichnet. In ihnen findet die Oxidation organischer Stoffe mit molekularem Sauerstoff statt, wobei Energie freigesetzt und in Form von chemischer Energie (als ATP) gespeichert wird.

Zu 72) A. Strahlengang 1

Nach außen gewölbte konvexe Linsen (Sammellinsen) biegen einfallende Lichtstrahlen zusammen und fokussieren sie in einer bestimmten Distanz in einem Brennpunkt. Nach innen gekrümmte konkave Linsen (Zerstreuungslinsen) biegen einfallende Lichtbündel auseinander und fächern sie auf. Bei beiden Linsentypen wird das Licht zweimal gebrochen, nämlich beim Einfall in die Linse (zum Lot hin) und beim Austritt aus der Linse (vom Lot weg). Die genannten Eigenschaften berücksichtigt nur Strahlengang 1.

Zu 73) C. Bei etwa minus 273 Grad Celsius

Der absolute Nullpunkt ist die theoretisch tiefste mögliche Temperatur, definiert als 0 Kelvin, das entspricht –273,15 °C. Nach dem dritten Hauptsatz der Thermodynamik kann der absolute Nullpunkt niemals erreicht werden. Allerdings lassen sich Temperaturen erzeugen, die ihm beliebig nahe kommen. Wissenschaftler konnten kleine Proben bereits bis auf wenige milliardstel Kelvin über dem absoluten Nullpunkt abkühlen.

Zu 74) B. Kohlendioxid

Wasserstoff (Abkürzung: H), Kohlenstoff (C) und atomarer Sauerstoff (O) sind Elemente. Chemische Verbindungen sind Stoffe aus mindestens zwei Elementen und mit einer eindeutigen chemischen Struktur. Kohlendioxid (CO_2) ist ein solcher Stoff: Seine Moleküle bestehen aus einem Kohlenstoffatom und zwei Sauerstoffatomen.

Zu 75) A. Werner Heisenberg

Werner Heisenberg (1901–1976) erhielt für seine Begründung der Quantenmechanik 1932 den Physik-Nobelpreis. Bekannt ist sein Name auch durch die Heisenbergsche Unschärferelation: Demnach kann man den Ort und die Geschwindigkeit eines Elementarteilchens nicht gleichzeitig messen.

Zu 76) C. Brom

Brom (Ordnungszahl 35) zählt wie auch Fluor, Chlor, Astat und Iod zur Elementgruppe der Halogene.

Zu 77) D. 46

Chromosomen sind aus DNA bestehende Strukturen, die Gene (Erbinformationen) enthalten. Der Mensch besitzt 23 Chromosomenpaare, also insgesamt 46 Chromosomen. Darunter findet sich nur bei Frauen ein XX-

Chromosomenpaar, ausschließlich bei Männern ein XY-Paar.

Zu 78) B. H_2SO_3

Schwefeldioxid (SO_2) und Wasser (H_2O) reagieren unter bestimmten Bedingungen zu schwefliger Säure (H_2SO_3).

Zu 79) B. Krokodil

Als „Metamorphose" bezeichnet man den Übergang vom Larven- ins Erwachsenenstadium, vorwiegend bei solchen Tieren, die währenddessen ihre Gestalt und Lebensweise stark verändern. Schmetterlinge, Fliegen und andere Insekten sind im Larvenstadium Raupen bzw. Maden. Frösche – die zur Klasse der Amphibien zählen – entwickeln sich aus Kaulquappen. Reptilien wie das Krokodil durchlaufen keine Metamorphose.

Zu 80) C. Xenin

Die vier Nukleinbasen, die die Grundbausteine der DNA darstellen, sind Adenin, Thymin, Cytosin und Guanin.

Rechtswissenschaften (Aufgaben 81–100)

Zu 81) A. Justitia

Das Foto zeigt eine Skulptur der Justitia. Ihre Augenbinde steht für Unparteilichkeit, die Waage für das gewissenhafte Abwägen von Schuld und Unschuld und das Richterschwert für die Konsequenz im Urteil. Die Personifikation der Gerechtigkeit und Rechtspflege geht zurück auf die gleichnamige Göttin der antiken römischen Mythologie.

Zu 82) B. unantastbar.

Der erste Absatz von Artikel 1 des Grundgesetzes lautet: „Die Würde des Menschen ist unantastbar. Sie zu achten und zu schützen ist Verpflichtung aller staatlichen Gewalt."

Zu 83) B. prüft, ob Gesetze mit dem Grundgesetz in Einklang stehen.

Als „Hüter der Verfassung" wacht das Bundesverfassungsgericht über die Einhaltung des Grundgesetzes. Zu seinen Kernaufgaben zählen sogenannte Normenkontrollverfahren: Das Gericht prüft auf Antrag, ob ein Gesetz verfassungsgemäß ist oder nicht. Außerdem ist es unter anderem für Parteiverbotsverfahren zuständig. Der Amtssitz ist Karlsruhe.

Zu 84) B. Mit 18 Jahren

In Deutschland gilt man mit Vollendung des 18. Lebensjahres – sprich: ab dem 18. Geburtstag – rechtlich als volljährig und damit als unbeschränkt geschäftsfähig. In der DDR war dies schon seit 1950 so; in der Bundesrepublik Deutschland lag das Schwellenalter noch bis zum Jahr 1975 bei 21 Jahren. Zum Besitz eines Personalausweises ist man übrigens ab 16 Jahren verpflichtet.

Zu 85) D. Den Haag

Der 1945 gegründete Internationale Gerichtshof ist eine Institution der Vereinten Nationen und hat seinen Sitz in Den Haag. Parteien vor dem Internationalen Gerichtshof können nur Vertragsstaaten sein. Dazu zählen die 193 UNO-Mitglieder und Staaten, die ein entsprechendes Statut ratifiziert haben. Der Internationale Gerichtshof arbeitet unter der Charta der Vereinten Nationen als „Hauptrechtsprechungsorgan der Vereinten Nationen".

Die wichtigsten Aufgaben der Vereinten Nationen sind die Sicherung des Weltfriedens, die Einhaltung des Völkerrechts, der Schutz der Menschenrechte und die Förderung der internationalen Zusammenarbeit.

Zu 86) C. Verfolgung.

Laut Artikel 16a des deutschen Grundgesetzes haben politisch Verfolgte ein Asylrecht. Im weiteren Sinne spricht man auch dann von Asyl, wenn jemand als Flüchtling nach der Genfer Flüchtlingskonvention (GFK) anerkannt wird, weil er in seinem Heimatstaat aufgrund seiner Rasse, Religion, Nationalität, politischen Überzeugung oder Zugehörigkeit zu einer sozialen Gruppe verfolgt und bedroht wird. Kein Asylanspruch entsteht durch Naturkatastrophen, Armut oder Krieg im Allgemeinen.

Zu 87) C. in den EU-Ländern unmittelbar geltendes Recht.

Eine EU-Verordnung ist in den EU-Staaten unmittelbar geltendes Recht. Wenn die EU vorgibt, nationales Recht an ein Rahmengesetz der EU anzupassen (Antwort A), spricht man von einer Richtlinie. Die Mitgliedsländer haben in diesem Fall noch einen gewissen Spielraum für die nationale Umsetzung des EU-Gesetzes.

Zu 88) B. Das Recht auf Selbstjustiz

Paragraf 127 der Strafprozessordnung regelt das Jedermann-Anhalte-und-Festnahmerecht, kurz „Jedermannsrecht": Demnach darf jeder Bürger einen auf frischer Tat ertappten Verdächtigen, der flieht oder zu fliehen droht, vorläufig festnehmen. „Notwehr" bezeichnet alle erforderlichen Maßnahmen, um einen gegenwärtigen rechtswidrigen Angriff von sich oder einem anderen abzuwenden. Die „Nothilfe" erlaubt das Abwenden von Angriffen auf Rechtsgüter Anderer. „Selbstjustiz" bedeutet, dass jemand für erlittenes Unrecht selbst Vergeltung übt – die Ahndung von Straftaten ist in Deutschland jedoch Sache der Justiz.

Zu 89) **B.** Vereine und Aktiengesellschaften

Juristische Personen sind zweckgebundene Personenvereinigungen oder Vermögensmassen, die gesetzlich anerkannte Träger von Rechten und Pflichten sind. Dazu zählen u. a. Vereine, Aktiengesellschaften, Gesellschaften mit beschränkter Haftung und Genossenschaften. Nicht zu verwechseln mit den natürlichen Personen: den Bürgerinnen und Bürgern.

Zu 90) **C.** Die Bürger vor dem Staat zu schützen

Ein Kern der deutschen Verfassung besteht darin, die Bürger vor dem Staat zu schützen, der in allen seinen Einrichtungen an das geltende Recht gebunden ist. In die Freiheit des Einzelnen darf nur unter genau geregelten Umständen eingegriffen werden. Die Vorgaben des Grundgesetzes wirken sich zwar auch auf die Rechtsbeziehungen von Privatpersonen aus – konkret werden diese aber im Bürgerlichen Gesetzbuch (BGB) geregelt. Über die wirtschaftliche Ordnung Deutschlands und die Rechtsstellung zu anderen Staaten findet sich im Grundgesetz wenig.

Zu 91) **D.** Staatsanwaltschaft

Ein Zivilprozess verhandelt Rechtsstreitigkeiten zwischen gleichrangigen Rechtssubjekten: Das können natürliche Personen sein, also Bürgerinnen und Bürger, aber auch juristische Personen wie Vereine oder Aktiengesellschaften. Der Sachverhalt im Zivilprozess wird nicht von Staats wegen ermittelt, sondern das Gericht bewertet, was die Parteien (Kläger und Beklagter) vorbringen. Die Staatsanwaltschaft ist nur im Strafrecht, einem Teil des öffentlichen Rechts, die „Herrin des Ermittlungsverfahrens". Dabei ermittelt sie Fakten, die den Betroffenen be- oder auch entlasten können.

Zu 92) **C.** Beziehung der einzelnen Bürger untereinander

Das Privatrecht regelt die Beziehungen zwischen gleichgestellten Rechtssubjekten. Synonym werden die Begriffe „Bürgerliches Recht" und „Zivilrecht" verwendet, die aber eigentlich nur Teilgebiete des Privatrechts bezeichnen. Neben dem Privatrecht definieren die Rechtswissenschaften das öffentliche Recht als zweiten großen Rechtsbereich.

Zu 93) C. Die rechtliche Verfügungsgewalt über eine Sache

Als Eigentum im rechtlichen Sinne (§§ 903 ff. BGB) bezeichnet man die rechtliche Verfügungsgewalt über eine Sache, während mit Besitz (§§ 854 ff. BGB) die tatsächliche Gewalt über eine Sache gemeint ist.

Zu 94) D. Vertragsstrafe

Die Konventionalstrafe ist eine vertraglich festgelegte Strafe für den Fall, dass vertragliche Verpflichtungen nicht erfüllt werden. Eine Konventionalstrafe kann z. B. fällig werden, wenn Lieferzeiten nicht eingehalten werden. Im Baugewerbe wird sie häufig für die verspätete Fertigstellung von Gebäuden vereinbart.

Zu 95) C. Auf die Geschäftsfähigkeit von Minderjährigen

Den sogenannten „Taschengeldparagraphen" kennen Juristen auch als § 110 des Bürgerlichen Gesetzbuchs (BGB). Dieser besagt, dass schon Minderjährige ab 7 Jahren beschränkt geschäftsfähig sind und wirksame Verträge schließen können. Eine dezidierte Zustimmung des gesetzlichen Vertreters ist zum Kauf einer DVD oder einer Packung Kaugummi nicht nötig; es genügt die Überlassung des Taschengelds zur freien Verfügung.

Zu 96) A. Pächtern steht der Ertrag der ihnen überlassenen Sache zu, Mietern nicht.

Sowohl im Miet- als auch im Pachtverhältnis wird eine Sache entgeltlich zum befristeten Gebrauch überlassen. Im Gegensatz zum Mieter steht dem Pächter jedoch der aus der Sache – z. B. einer Gaststätte – erwirtschaftete Ertrag zu („Recht auf Fruchtziehung").

Zu 97) E. Resozialisierung der Gefangenen

Ein Hauptziel des Strafvollzugs ist es, die Gefangenen zu resozialisieren, sie also wieder in die Gesellschaft einzugliedern. In Paragraph 2 des Strafvollzugsgesetzes heißt es: „Im Vollzug der Freiheitsstrafe soll der Gefangene fähig werden, künftig in sozialer Verantwortung ein Leben ohne Straftaten zu führen (Vollzugsziel). Der Vollzug der Freiheitsstrafe dient auch dem Schutz der Allgemeinheit vor weiteren Straftaten."

Zu 98) C. Der Verkäufer hat versehentlich einen falschen Preis angegeben.

Ein Gesetzesverstoß (wie etwa beim Drogenhandel) begründet ebenso die vertragliche Nichtigkeit wie die Geschäftsunfähigkeit eines Vertragspartners oder die Sittenwidrigkeit:

darunter versteht der Gesetzgeber das „Anstandsgefühl aller billig und gerecht Denkenden" – eine weit auslegbare Definition, nach der z. B. Wucherzinsen verboten sind. Im Falle des Preisirrtums gilt der Vertrag erst dann als unwirksam, wenn er innerhalb einer bestimmten Frist angefochten wird.

Zu 99) D. Das Werk ist zumindest im Geiste des Urhebers vollendet.

Ein Werk, das unter den Schutz des Urheberrechts fallen soll, muss zunächst einmal auf einer menschlich-gestalterischen Tätigkeit beruhen – automatisch computergenerierte Datendiagramme sind beispielsweise nicht schützenswert. Außerdem muss eine gewisse Schöpfungshöhe vorliegen, das Werk darf also nicht alltäglich, banal oder beliebig sein. Richtig ist Antwort D: Bloße Ideen, die keine sinnlich wahrnehmbare Form angenommen haben – sei es auch nur in Form einer Skizze – werden nicht geschützt.

Zu 100) D. Dass ein Vertrag bei partiellen Mängeln ganz unwirksam wird

Wenn sich einzelne Vertragsbestimmungen als unwirksam herausstellen, sollen die wesentlichen Vertragsziele trotzdem erreicht werden – das bezweckt die Salvatorische Klausel. Eine gängige Formulierung: „Sollten einzelne Bestimmungen dieses Vertrages unwirksam oder undurchführbar sein oder nach Vertragsschluss unwirksam oder undurchführbar werden, bleibt davon die Wirksamkeit des Vertrages im Übrigen unberührt."

Sozial- und Geisteswissenschaften (Aufgaben 101–120)

Zu 101) D. Medien

In Anlehnung an die staatliche Gewaltenteilung in Legislative, Judikative und Exekutive bezeichnet man die Medien als „vierte Gewalt". Ihnen kommt hierbei die Rolle einer nichtstaatlichen Kontrollinstanz zu, die im gesellschaftlichen Auftrag über öffentliches Geschehen berichtet und dadurch Einfluss nimmt.

Zu 102) C. Anarchie

„Anarchie" stammt vom altgriechischen „anarchia" und bedeutet wörtlich „Herrschaftslosigkeit". In der politischen Philosophie der Anarchie gibt es keine steuernde Zentralgewalt, keinen Staat. Der Anarchismus setzt sich (je nach Denkschule) das utopistische Ziel, soziale Ordnung nur durch die Gesellschaft selbst herzustellen, ohne Machtausübung durch

Autoritäten. Landläufig wird Anarchie häufig mit Chaos und Gesetzlosigkeit gleichgesetzt.

Zu 103) C. den Bevölkerungswandel in Großstadtvierteln.

Die Gentrifizierung beschreibt einen stets ähnlich verlaufenden Prozess des schleichenden Bevölkerungswandels, typischerweise in innenstadtnahen Großstadtlagen: Niedrige Mietpreise in weniger populären Wohnbezirken ziehen Studenten und Künstler an, die das Viertel kulturell aufwerten, was wiederum wohlhabendere Klientel anlockt. Dadurch steigen die Mietpreise und die angestammte, finanziell schwächere Bevölkerung wird allmählich vertrieben.

Zu 104) B. Aufklärung.

Der französische Philosoph Voltaire (1694–1778) zählt zu den einflussreichsten Autoren der Aufklärung. Mit Scharfsinn und Witz kritisierte er den Absolutismus, die Feudalherrschaft und die Missstände in der katholischen Kirche. Die Aufklärung war eine geistig-soziale Strömung im Europa des 17. und 18. Jahrhunderts: Überzeugt von der Kraft der Vernunft, im Glauben an den Fortschritt hinterfragte man überkommene Ansichten und alte Autoritäten.

Zu 105) D. Internationaler Währungsfonds

Eine nichtstaatliche Organisation hat weder Gewinnziele, noch ist sie von staatlichen Stellen organisiert oder abhängig. In Deutschland fallen unter diesen Begriff im weitesten Sinne auch Arbeitgeberverbände, Gewerkschaften oder Sportvereine. Im engeren Sinne sind damit aber meist demokratisch strukturierte, gemeinwohlorientierte und oft transnational agierende Organisationen wie zum Beispiel Greenpeace, Attac oder Amnesty International gemeint. Der Internationale Währungsfonds dagegen ist eine Sonderorganisation der Vereinten Nationen auf Staatenebene.

Zu 106) C. 60 %

Nach dem statistischen Standard der Europäischen Union gelten Personen als armutsgefährdet, die mit weniger als 60 Prozent des mittleren Einkommens (Median) der Gesamtbevölkerung auskommen müssen. 2016 traf dies in Deutschland auf ein Sechstel der Bevölkerung zu.

Zu 107) A. Frank Schätzing

„Popliteratur“ ist ein unscharfer Sammelbegriff für Literatur, die sich vor allem um alltägliche Erlebnisse des Erzählers im Spiegel des Zeitgeistes dreht. Typisch sind ein legerer Tonfall und die Nähe zur Konsumwelt. Als Popliteraten gelten unter anderem Benjamin von Stuckrad-Barre, Christian Kracht und Alexa Hennig von Lange, im weiteren Dunstkreis auch Judith Hermann, Sibylle Berg und Rainald Goetz. Mitunter gebraucht man den Begriff auch abwertend für junge, oberflächliche Autoren mit Hang zur Selbstinszenierung.

Zu 108) **C.** 8,50 € pro Stunde

Im Januar 2015 wurde in Deutschland ein branchenübergreifender, allgemeiner Mindestlohn von 8,50 Euro pro Zeitstunde eingeführt. Das Mindestlohngesetz sieht vor, dass alle zwei Jahre über weitere Anpassungen entschieden wird; inzwischen (Stand 2019) beläuft sich der Betrag auf 9,19 Euro.

Zu 109) **C.** Simone de Beauvoir

Simone de Beauvoir (1908–1986) war eine französische Schriftstellerin und Philosophin. Sie gilt als Vertreterin der philosophischen Strömung des Existenzialismus, ebenso wie ihr langjähriger Lebensgefährte Jean-Paul Sartre. Das vorgestellte Zitat stammt aus ihrem Buch „Das andere Geschlecht" (1949), einem der wichtigsten Werke des Feminismus.

Zu 110) **B.** Sigmund Freud

Der Begriff des Unbewussten wurde maßgeblich geprägt vom österreichischen Neurologen Sigmund Freud (1856–1939), dem Begründer der Psychoanalyse. Die Entdeckung der Macht des Unbewussten bezeichnete er als „dritte narzisstische Kränkung der Menschheit": Das bewusste Ich müsse erkennen, das Unbewusste nicht kontrollieren zu können, welches jedoch das menschliche Denken und Handeln maßgeblich beeinflusse. Die anderen beiden Kränkungen sah Freud in den Entdeckungen Kopernikus' und Darwins, dass der Mensch nicht im Mittelpunkt des Universums steht und evolutionär aus dem Tierreich hervorging.

Zu 111) **B.** das Arbeitslosengeld II.

„Hartz IV" steht umgangssprachlich für das Arbeitslosengeld II, das seit 2004 die frühere Arbeitslosenhilfe und Sozialhilfe ersetzt. Der Namensgeber Peter Hartz, ein ehemaliger Manager, leitete eine Kommission für Arbeitsmarktreformen im Rahmen der „Agenda 2010" unter Bundeskanzler Gerhard Schröder.

Zu 112) **B.** NZZ

NZZ steht für „Neue Zürcher Zeitung" – der Hauptsitz dieses deutschsprachigen Leitmediums ist folgerichtig die größte Stadt der Schweiz. Die Tageszeitung (taz) erscheint in Berlin, die Süddeutsche Zeitung (SZ) in München, die Frankfurter Allgemeine Zeitung (FAZ) in Frankfurt am Main.

Zu 113) B. dualistisch.

Der Dualismus (lat. „duo" = „zwei") ist ein philosophisches Prinzip: Dualistische Theorien, Systeme und Weltbilder gründen auf der Harmonie oder dem Spannungsverhältnis von Gegensätzen (z. B. gut und böse, ruhig und bewegt, Geist und Materie).

Zu 114) C. Friedrich Nietzsche

Der Ausspruch vom Tod Gottes findet sich an verschiedenen Stellen im Werk Friedrich Nietzsches (1844–1900). Nietzsche drückt damit den zwiespältigen Anbruch eines verweltlichten Zeitalters aus: Fortschreitende Aufklärung, Wissenschaft und Liberalisierung haben traditionelle, religiös fundierte Werteordnungen ausgehöhlt – ein gewaltiger Vorgang mit ungeheurer Tragweite und unvorhersehbaren Auswirkungen.

Zu 115) A. Das islamische Recht

„Scharia" nennt man das islamische Recht, das der religiösen Lehre nach auf die Umsetzung der göttlichen Vorschriften und die Verwirklichung einer göttlichen Ordnung abzielt. Dem religiösen Verständnis zufolge gelten die Gesetze der Scharia bis auf wenige Ausnahmen für alle Menschen, auch für Nichtmuslime. In manchen Ländern ist die Scharia Grundlage der staatlichen Gesetzgebung.

Zu 116) D. älterer Menschen.

Als demografischen Wandel bezeichnet man die hiesigen Tendenzen in der Bevölkerungsentwicklung. Maßgebliche demografische Faktoren sind die Geburten- und Sterbezahlen sowie Zu- und Fortzüge. In Deutschland liegt seit Beginn der 70er-Jahre die Sterberate über der Geburtenrate, sodass die Bevölkerung insgesamt abnimmt. Gleichzeitig steigt der Bevölkerungsanteil der älteren Menschen.

Zu 117) A. Friedrich Engels.

„Das Manifest der Kommunistischen Partei" oder kurz „Das Kommunistische Manifest", 1848 erschienen, verfasste der Ökonom und Philosoph Karl Marx (1818–1883) zusammen mit dem Philosophen und Historiker Friedrich Engels (1820–1895). Auf knapp 30 Seiten skizzieren sie die historische Entwicklung der Gesellschaftsmodelle vor dem Hintergrund fortwährender Klassenkämpfe, grenzen den Kommunismus von bisherigen Gesellschaftsformen ab und betonen die internationale Solidarität des Proletariats.

Zu 118) B. René Descartes

René Descartes (1596–1650) war ein französischer Philosoph, Mathematiker und Naturwissenschaftler. Er gilt als Begründer des modernen frühneuzeitlichen Rationalismus („Cartesianismus"). Sein berühmtes Diktum „cogito ergo sum" („ich denke, also bin ich") bildet die Grundlage seiner Metaphysik: Descartes betrachtet Geist und Materie als zwei voneinander verschiedene, unabhängige Substanzen („Cartesianischer Dualismus").

Zu 119) C. Wer heute in Deutschland geboren wird, hat eine Lebenserwartung von über 75 Jahren.

Das Statistische Bundesamt bezifferte 2015 die durchschnittliche Lebenserwartung neugeborener Mädchen mit 83,1 Jahren, diejenige neugeborener Jungen mit 78,2 Jahren. Die durchschnittliche Lebenserwartung nahm in den vergangenen Jahrzehnten stetig zu.

Die Aussagen A, B und D sind falsch: Etwas mehr als jeder dritte Einwohner ist konfessionslos, der Bevölkerungsanteil der Vegetarier und Veganer beläuft sich auf ungefähr 11 Prozent und rund 45 Prozent der Privathaushalte in Deutschland leben im eigenen Haus oder der eigenen Wohnung.

Zu 120) D. einem Dogma.

In der antiken Philosophie war das Dogma noch positiv besetzt: Es benannte klar und eindeutig, was man wusste, meinte, annahm oder beschloss. Später münzte die christliche Theologie den Begriff um in die von der Kirche festgeschriebenen Glaubensgrundlagen. Im Zuge der Aufklärung kritisierte man Dogmen als unbewiesene Annahmen, die sich, gestützt auf Autoritäten, einer vernünftigen Prüfung entzögen.

Wirtschaftswissenschaften (Aufgaben 121–140)

Zu 121) D. Liquidität.

Verfügt ein Unternehmen über ausreichende Zahlungsmittel, um seine Verbindlichkeiten zu begleichen, bezeichnet man es als „liquide". Unterschieden wird zwischen der Barliquidität (Vermögen, das unmittelbar zur Zahlung eingesetzt werden kann), der einzugsbedingten Liquidität (Vermögen, das nicht unmittelbar zur Zahlung eingesetzt werden kann, aber eine kurzfristige Umwandlung ermöglicht wie diskontierbare Wechsel) sowie der umsatzbedingten Liquidität (Vermögen, das erst in Barmittel umgesetzt werden muss, z. B. Produkte und Wirtschaftsgüter).

Zu 122) A. $\text{Rendite} = \dfrac{\text{Gewinn}}{\text{Eingesetztes Kapital}}$

Für die Berechnung der Rendite gibt es verschiedene Formeln. Eine Möglichkeit besteht darin, wie in Lösung A den Gewinn ins Verhältnis zum eingesetzten Kapital zu setzen. Um den Gesamterfolg einer Kapitalanlage als tatsächliche Verzinsung des eingesetzten Kapitals zu messen, multipliziert man den Wert aus der Rendite-Formel mit 100. Eine andere Möglichkeit der Renditeberechnung ist, die Einzahlungen zu den Auszahlungen ins Verhältnis zu setzen.

Zu 123) D. Aktiva und Passiva

Die Bilanz ist eine kurz gefasste Vermögensübersicht als Gegenüberstellung von Aktiva und Passiva in Kontenform. Sie ist zusammen mit der Gewinn- und Verlustrechnung Bestandteil des Jahresabschlusses eines Unternehmens. Die Bilanz stellt den wirtschaftlichen Erfolg von Unternehmen in einer Vergangenheitsbetrachtung dar: in der Regel in Bezug auf das abgelaufene Geschäftsjahr.

Zu 124) C. Joint Venture.

Ein Joint Venture ist ein Gemeinschaftsunternehmen mehrerer rechtlich und wirtschaftlich unabhängiger Partner. Sie teilen sich die Führungsverantwortung und das finanzielle Risiko, etwa um Kostenvorteile auszuschöpfen oder Know-how zu transferieren. Üblich sind Joint Ventures auch, wenn es um den Marktzugang in Schwellen- und Entwicklungsländern geht: Wer hier geschäftlich aktiv werden will, darf das per Gesetz oft nur, wenn er einheimische Unternehmen mit ins Boot holt.

Zu 125) B. Maximierung des Kurswerts der Unternehmensanteile (Aktien)

Eine auf „shareholder value" abzielende Unternehmenspolitik versucht, den Kurswert der Unternehmensanteile zu maximieren. Damit steigt der Vermögenswert („value"), den ein Anteilseigner („shareholder") des Unternehmens besitzt. Dieser Wert ergibt sich, indem man die Anzahl der vom jeweiligen Eigner gehaltenen Aktien mit dem Kurswert der Aktie multipliziert.

Zu 126) B. Konrad Lorenz

Konrad Lorenz (1903–1989) war ein österreichischer Zoologe. Er erhielt 1973 den Medizin-Nobelpreis für seine Verhaltensforschung an Tieren. Friedrich August von Hayek (1899–1992) und Milton Friedman (1912–2006) waren bedeutende Vertreter des ökonomischen Liberalismus, einer Theorieströmung, die vom Nutzen einer freien Wirtschaft ausgeht. John Maynard Keynes (1883–1946) begründete den Keynesianismus, der einen gewissen staatlichen Einfluss auf die Wirtschaft fordert, um Stabilität und Wohlstand zu gewährleisten.

Zu 127) D. Erweiterung der Kompetenzen

Die Auslagerung von Unternehmensaufgaben und -strukturen („outsourcing") geht meist einher mit Bestrebungen, sich aufs Kerngeschäft zu fokussieren, flexibler zu werden, die betriebliche Komplexität zu reduzieren und Geschäftsabläufe zu rationalisieren. Kritiker sehen darin oft einen Verlust von Kompetenzen und Knowhow.

Zu 128) D. Umsätze aus Autoverkäufen

Unter dem operativen Geschäft eines Unternehmens versteht man dessen eigentlichen Geschäftszweck bzw. dessen eigentliches Geschäftsfeld, in dem Gewinne erzielt werden sollen. In diesem Beispiel ist das der Handel mit Automobilen.

Zu 129) B. Sättigung

Ein klassischer Produktlebenszyklus besteht aus den Phasen Einführung, Wachstum, Reife, Sättigung und Degeneration (Rückgang). In der Sättigungsphase stagnieren oder sinken die Umsätze und Gewinne. Kann diese Tendenz nicht durch entsprechendes Marketing aufgehalten werden, tritt das Produkt in die Phase der Degeneration ein, in der es unter Umständen nur noch eine Kostenlast darstellt.

Zu 130) B. $\frac{\text{Gewinn}}{\text{Eigenkapital}} \times 100$

Die Eigenkapitalrentabilität (EKR) oder auch Eigenkapitalrendite – englisch „Return on Equity" (ROE) – ist eine betriebswirtschaftliche Kennzahl, anhand der ein Unternehmer erkennen kann, wie rentabel seine Investition im Vergleich zu einer alternativen Kapitalanlage ist. Die Eigenkapitalrentabilität gibt die Verzinsung des Eigenkapitals innerhalb einer Rechnungsperiode wider. Sie lässt sich berechnen, indem man den Jahresüberschuss (Gewinn) ins Verhältnis zum Eigenkapital setzt.

Zu 131) A. Business-to-Consumer

„B2C" steht im Marketing für „Business-to-Consumer" bzw. „Business-to-Client" („Unternehmen an Konsumenten/Kunden"): Gemeint sind die geschäftlichen und kommunikativen Beziehungen von Unternehmen zu Privatpersonen. Analog dazu bezeichnet das Kürzel „B2B" („Business-to-Business") die Beziehungen zwischen Unternehmen.

Zu 132) D. Im Konjunkturabschwung die Mehrwertsteuer zu erhöhen

Als Finanzpolitik bezeichnet man die staatlichen Maßnahmen zur Steuerung und Gestaltung der Wirtschaft. Je nach konjunktureller Situation versucht der Staat durch antizyklische Maßnahmen auf die Wirtschaftsentwicklung einzuwirken, um auf einen stabilen und stetigen Konjunkturzyklus hinzuarbeiten. In einer Rezessionsphase werden dazu die Steuern und Abgaben eher gesenkt, die staatlichen Subventionen und Investitionen jedoch erhöht, um die volkswirtschaftliche Nachfrage anzukurbeln. Um Rücklagen für solche konjunkturstützende Maßnahmen zu bilden, werden in Boomphasen Steuern erhöht und Ausgaben gesenkt. In Deutschland sind die Ziele einer antizyklischen Finanzpolitik im Stabilitäts- und Wachstumsgesetz verankert.

Zu 133) D. Importe aus den USA werden teurer.

Eine Aufwertung des Dollars könnte für Deutschland bedeuten, dass in Dollar bezahlte Waren teurer werden. Die Wechselkurse einer Landeswährung beeinflussen die wirtschaftliche Entwicklung des Landes und seiner Handelspartner. Die Auswirkungen sind vielfältig und zeigen sich oft erst langfristig. Wenn die inländische Währung abwertet – oder eine ausländische Währung aufwertet – steigen die Importpreise. Dadurch sinkt die Wettbewerbsfähigkeit der inländischen Unternehmen, deren Produkte im Ausland teurer werden. Eine Abwertung der inländischen Währung stimuliert dagegen die Exportwirtschaft. Auch auf die Inflationsrate haben Wechselkurse Einfluss: Eine inländische Abwertung oder ausländische Aufwertung macht Importprodukte teurer – das fördert die Inflation. Umgekehrt wirkt eine inländische Aufwertung oder ausländische Abwertung inflationsbremsend.

Zu 134) C. Die Mikroökonomie befasst sich mit einzelnen Teilnehmern einer Volkswirtschaft, die Makroökonomie mit gesamtwirtschaftlichen Zusammenhängen.

Mikro- und Makroökonomie sind Teilgebiete der Volkswirtschaftslehre.

Die Makroökonomie analysiert gesamtwirtschaftliche Zusammenhänge auf nationaler oder internationaler Ebene, etwa in den Dimensionen Produktionsvolumen, Gesamteinkommen oder Wirtschaftswachstum. Die Mikroökonomie untersucht das Verhalten einzelner wirtschaftlicher Akteure – z. B. Konsumenten, Haushalte, Unternehmen.

Zu 135) C. Mit wachsenden Stückzahlen steigen die Gesamtkosten immer stärker.

Kostenfunktionen veranschaulichen in der Wirtschaftswissenschaft den Zusammenhang zwischen einer Bezugsgröße und davon abhängigen Kosten. Im vorliegenden Fall gibt die x-Achse die Stückzahl eines produzierten Gutes wieder und die y-Achse die anfallenden Gesamtkosten, die mit wachsender Stückzahl überproportional steigen. Eine Erklärung dafür wären z. B. höhere Lohnkosten infolge vermehrter Überstunden.

Zu 136) C. Kundenpflege

Customer Relationship Management wird auch zur Neukundenakquise eingesetzt, der Fokus liegt jedoch meist auf der Pflege und Intensivierung bestehender Kundenkontakte. Dazu werden abteilungsübergreifend alle kundenbezogenen Daten und Prozesse in einer zentralen Datenbank hinterlegt und verknüpft, was eine kundenorientierte Ansprache erleichtert.

Zu 137) A. Portfolio

Die „vier großen P's" des Marketing stehen für „Product", „Price", „Place" und „Promotion": Ziel ist es, ein geeignetes Produkt zum richtigen Preis in einem passenden Markt zu platzieren, begleitet durch angemessene Maßnahmen zur Absatzförderung.

Zu 138) A. Durch eine tarifliche Lohnerhöhung steigt das verfügbare Einkommen, was i. d. R. zu einer erhöhten Nachfrage der privaten Haushalte führt.

Die Konsumentennachfrage wird über den Preis, den Nutzen des Gutes und das zu Verfügung stehende Einkommen beeinflusst. Die Nachfrage der privaten Haushalte hängt also unter anderem vom Faktor Lohn ab, auch wenn erfahrungsgemäß nicht die gesamte Lohnerhöhung dem Konsum zugutekommt.

Zu 139) C. Dienstleistungsbereich

Der primäre Sektor steht für die Gewinnung und der sekundäre für die Verarbeitung von Rohstoffen. Der tertiäre Sektor bezeichnet den Dienstleistungsbereich. Nach der Drei-Sektoren-Hypothese entwickelt sich eine Volkswirtschaft vom Ausgangsstadium mit einer hohen Ausdehnung des primären Sektors (geringer Maschineneinsatz) über das zweite Stadium mit fortschreitender Automatisierung (Manufakturen, Fließbandfertigung) zum dritten Stadium: Hier ist die Rohstoffgewinnung und -verarbeitung so weit automatisiert, dass dafür kaum noch Arbeitskraft benötigt wird – der Übergang zur Dienstleistungsgesellschaft ist vollzogen.

Zu 140) **A.** Alle wertschöpfenden Aktivitäten, die ein Produkt von der Anlieferung des Rohmaterials bis zur Auslieferung an den Kunden durchläuft

„Supply chain" bezeichnet die interne Lieferkette eines Betriebs, die von der Beschaffung des Rohmaterials beim Lieferanten über die einzelnen Produktionsschritte bis hin zur Auslieferung des Endprodukts an einen Abnehmer bzw. Kunden ineinandergreift.

Sprachbeherrschung

Erörterung

Bearbeitungszeit 45 Minuten

Nun geht es um Ihre Ausdrucksfähigkeit, Ihre Sachkenntnis und Ihr Urteilsvermögen.

Bei einem Kurzaufsatz ist nicht nur interessant, wie Sie schreiben, sondern auch, was Sie zu einem bestimmten Thema zu sagen haben.

Ihren Text können Sie nach dem folgenden Schema gliedern:

- **Einleitung:** Finden Sie einen Einstieg, nähern Sie sich an das Thema an, beispielsweise anhand von persönlichen Erfahrungen oder aktuellen Ereignissen.
- **Hauptteil:** Gehen Sie auf die Fragestellung ein, indem Sie verständlich formulieren, anschaulich beschreiben und plausibel argumentieren. Doch verlieren Sie sich nicht in Randaspekten – behalten Sie die Bearbeitungszeit im Auge.
- **Schluss:** Fassen Sie das Gesagte abschließend zusammen, ziehen Sie eine Bilanz.

Bearbeitungshinweis

Achten Sie auf Rechtschreibung, Grammatik und einen angemessenen Sprachstil und sorgen Sie dafür, dass sich Ihr Text gut lesen lässt: durch logische Satzanschlüsse, einen klaren Satzbau, treffende Begriffe und eine saubere Handschrift.

1) Nehmen Sie nun bitte etwas Schreibpapier zur Hand und verfassen Sie einen Kurzaufsatz zum Thema:
Kinder aus sozial schlechtergestellten Schichten erreichen vergleichsweise seltener einen höheren Schulabschluss. Woran liegt das?

Rechtschreibung *Bearbeitungszeit 5 Minuten*

Dem Verfasser eines Aufsatzes sind einige Fehler unterlaufen.

Wie viele Fehler finden Sie? Bitte gehen Sie den Text Zeile für Zeile durch: Jedes falsch geschriebene Wort, jedes falsch gesetzte Komma und jedes fehlende Komma zählt als 1 Fehler. Notieren Sie für jede Zeile die Anzahl der Fehler im rechten Feld.

Hierzu ein Beispiel

Aufgabe

1) Komisar Müller, rief per Funck seine Kollegen die unverzüglich am Tatort erschihnen, ___

2) um den Täter ding fest zu machen. Nach einer Stunde war der Einsatz beendet. ___

Antwort

1) ~~Komisar~~ Müller~~,~~ rief per ~~Funck~~ seine Kollegen**,** die unverzüglich am Tatort ~~erschihnen~~, 5

2) um den Täter ~~ding fest~~ zu machen. Nach einer Stunde war der Einsatz beendet. 1

Die erste Textzeile enthält fünf Fehler: Die Wörter „Kommissar", „Funk" und „erschienen" sind falsch geschrieben und hinter „Müller" darf kein Komma stehen, dafür fehlt ein Komma vor dem mit „die" eingeleiteten Relativsatz. In der zweiten Zeile findet sich nur ein Fehler – statt „ding fest" muss es „dingfest" heißen.

Bitte bearbeiten Sie nun die Aufgaben: Notieren Sie für jede Zeile die Anzahl der Fehler im rechten Feld. Sie haben dafür **5 Minuten** Zeit.

Anatomie des Menschen: Knochen und Gelenke

2) Menschliche Knochen sind enorm, belastbar und erstaunlich leicht. Insgesamt ____

3) machen die über 200 „Einzelteile" des menschlichen Skelets, nur rund zwölf Prozent ____

4) des Körpergewichts aus. Wo Knochen aufeinander treffen, befinden sich Gelenke. ____

5) Sie übernehmen, eine schwirige Doppelaufgabe: Einerseits müßen sie die Knochen ____

6) stabihl verbinden anderer seits sollen sie genügend Beweegungsfreiheit bieten. ____

7) Dies gelingt durch eine ausgefeilte Konnstruktion, aus verschiedenen Gewebearten: ____

8) Bender knüppfen die Gelenkknochen aneinander Knorrpel und Gelenkflüssigkeit ____

9) dienen als ellastische Pufer da zwischen, Muskeln initiieren Bewegungen und geben ____

10) zusetzlichen Halt. Im Lauf der Evollution hat sich für jede Belastungsform ein ____

11) geeigneter Gelenktyp herausgebildet. Scharniergelenke wie Elenbogen und Knie ____

12) kann man zum Beispiel nur um eine Achse, Kugelgelenke wie Hüfte oder Schulter ____

13) um alle drei Raumachsen drehen. Ihr komplechser Aufbau macht die Gelenke leider ____

14) relatiev anfellig. Nicht „konstruktionsgemäße" Drehungen oder Beugungen, in die ____

15) falsche Richtung können schlimmsten Falls zu Bänderdehnungen und -rißen ____

16) oder irreparablen Knorpelschäden führen. ____

Kommas setzen *Bearbeitungszeit 7 Minuten*

Welche Interpunktion stimmt? Bearbeiten Sie bitte die folgenden Aufgaben, indem Sie die fehlenden Kommas ergänzen.

17) Die Tatsache ☐ dass sich die Erde um die Sonne dreht ☐ galt vor wenigen Jahrhunderten noch als Irrglaube und Gotteslästerung.

18) Nachdem ich gesehen hatte ☐ was sie mir hatte zeigen wollen ☐ war ich so überwältigt ☐ dass ich zuerst gar nicht sprechen konnte.

19) Er konnte sich nicht erklären ☐ wie es sein konnte ☐ dass er auf einmal mitten in einem Park stand ☐ obwohl es seines Wissens in seiner Stadt ☐ doch gar keine Grünflächen gab.

20) Trotz der vielen Arbeit ☐ und der unzähligen Überstunden ☐ mag sie ihren Job gern ☐ da sie mit den Kollegen sehr gut zurechtkommt.

21) Bereits wenige Minuten ☐ nachdem ein Passant die Polizei gerufen hatte ☐ erschienen die Beamten ☐ und nahmen die Randalierer fest.

22) Meist erzielt man bei Prüfungen ein besseres Ergebnis ☐ wenn man nicht bis zur letzten Sekunde lernt ☐ sondern sich stattdessen gezielt entspannt.

23) Wenn Sie einen Beruf ☐ der Ihnen nicht gefällt ☐ wegen guter Verdienstmöglichkeiten trotzdem ergreifen ☐ werden Sie darin langfristig nicht glücklich werden.

24) Wenn ich mir so ansehe □ was du hier machst □ dann frage ich mich □ ob das wirklich zum gewünschten Ergebnis führen kann.

25) Die meisten Menschen □ die ein Haustier haben □ sind der Meinung □ dass ihr Tier das allerbeste auf der ganzen Welt ist.

26) Wenn sich Hunde und Katzen begegnen □ gibt es meistens Ärger □ da sie sich aufgrund ihrer unterschiedlichen Körpersprache □ nicht verstehen können.

27) Wenn ein Aktenvernichter □ Akten vernichtet und ein Schornsteinfeger □ den Schornstein fegt □ was macht dann ein Zitronenfalter?

28) Hättest du □ als ich dich damals gefragt habe □ die Wahrheit gesagt □ so wäre uns viel Ärger erspart geblieben.

29) Kennst du die Serie □ in der ein alter Kapitän □ seinen drei Enkeln □ und dem dummen Matrosen □ immer unglaubliche Geschichten erzählt?

30) Angesichts des unbeständigen Wetters □ empfehle ich dir dringend □ einen Regenschirm mitzunehmen □ damit du nicht nass wirst.

Satzgrammatik

Bearbeitungszeit 5 Minuten

Die folgenden Fragen testen Ihr grammatisches Grundwissen.

Beantworten Sie bitte die folgenden Aufgaben, indem Sie jeweils den richtigen Lösungsbuchstaben markieren.

31) Welches Wort ist nicht maskulin?

A. Wert
B. Gang
C. Hof
D. Kleidung
E. Schuhe

32) Welches Wort steht im Plural?

A. Hochzeit
B. Entscheidung
C. Heizung
D. Engel
E. Aussicht

33) Welches Wort ist ein Verb?

A. folgen
B. selten
C. offen
D. Bremen
E. Talent

34) Welcher Ausdruck steht nicht im Dativ?

A. der Hilfe
B. dem Opfer
C. einer Explosion
D. einen Eimer
E. einem Kind

35) Welcher Satz steht im Passiv?

A. Er wusch das Auto.
B. Die Entscheidung ist gefallen.
C. Der Kuchen war gut.
D. Die Suppe wird gekocht.
E. Wir wollen ihn fragen.

36) Welches Wort ist ein Adverb?

A. schrittweise
B. bemerkenswert
C. Schiebung
D. unter
E. frieren

37) Welches Wort ist eine Konjunktion?

A. weil
B. ich
C. das
D. so
E. will

38) Welcher Ausdruck steht im Plusquamperfekt?

A. habe gefragt
B. hast gefragt
C. wollten fragen
D. fragtet
E. hatte gefragt

39) Welcher Satz steht im Futur II?

A. Er wird essen.
B. Sie wird essen gehen.
C. Wir gehen morgen essen.
D. Ihr werdet gegessen haben.
E. Du hast gegessen.

40) Welcher Ausdruck steht im Konjunktiv II?

A. sei gewesen
B. wirst haben
C. hätte gewünscht
D. sah
E. wollte

Ein Wort fällt aus der Reihe *Bearbeitungszeit 5 Minuten*

In diesem Abschnitt steht Ihr Sprachgefühl auf dem Prüfstand.

Pro Aufgabe erhalten Sie fünf Wörter, wovon vier sich in einer gewissen Weise entsprechen. Ein Begriff passt nicht in die Reihe – bitte markieren Sie den zugehörigen Lösungsbuchstaben.

Hierzu ein Beispiel

Aufgabe

1)

A. Motorrad
B. Personenkraftwagen
C. Lastkraftwagen
D. Traktor
E. Rose

Antwort

(E.) Rose

Bei den ersten vier Antworten handelt es sich um Kraftfahrzeuge. Bei der fünften Antwort handelt es sich um eine Pflanze. „Rose" passt nicht – Lösungsbuchstabe ist daher das E.

Bitte bearbeiten Sie nun die Aufgaben: Markieren Sie jeweils den Lösungsbuchstaben des aus der Reihe fallenden Wortes.

41)

A. bald
B. beinahe
C. kaum
D. fast
E. nahezu

42)

A. Gouda
B. Emmentaler
C. Mortadella
D. Mozzarella
E. Edamer

43)

A. Nachricht
B. Kommentar
C. Erklärung
D. Stellungnahme
E. Glosse

44)

A. schneiden
B. telefonieren
C. wissen
D. eisern
E. verweigern

45)

A. Gage
B. Honorar
C. Miete
D. Verdienst
E. Lohn

46)

A. unverzüglich
B. sofort
C. augenblicklich
D. zukünftig
E. sogleich

47)

A. komisch
B. seltsam
C. lustig
D. sonderbar
E. eigentümlich

48)

A. Grafik
B. Bildhauerei
C. Theater
D. Fotografie
E. Malerei

49)

A. Treppe
B. Eingangstür
C. Fenster
D. Boden
E. Büro

50)

A. Endorphin
B. Östrogen
C. Testosteron
D. Oxytozin
E. Biotin

Fremdwörter *Bearbeitungszeit 2½ Minuten*

Ordnen Sie jedem Fremdwort die richtige Bedeutung zu, indem Sie den richtigen Lösungsbuchstaben in das Kästchen eintragen.

Fremdwort		Bedeutung
51) Fluktuation	☐	**A.** Schwankung
52) Gratin	☐	**B.** Überbleibsel
53) Intermezzo	☐	**C.** moralische Zweifel
54) Fraktur	☐	**D.** überbackenes Gericht
55) Jacuzzi	☐	**E.** tropische Echse
56) Rotation	☐	**F.** Zwischenspiel
57) Rudiment	☐	**G.** Whirlpool
58) Singular	☐	**H.** Einzahl
59) Skrupel	☐	**I.** Drehung
60) Waran	☐	**J.** Knochenbruch

Sprichwörter

Bearbeitungszeit 5 Minuten

Was bedeuten die folgenden Sprichwörter und Redensarten? Bitte markieren Sie den richtigen Lösungsbuchstaben.

61) Durst macht aus Wasser Wein.

A. Wenn man verdurstet, bekommt man Halluzinationen.
B. In der Not sinken die Ansprüche.
C. Not macht erfinderisch.
D. Zu viel Wasser trinken ist nicht gesund.
E. Keine Antwort ist richtig.

62) Nachts sind alle Katzen grau.

A. Wer sich unbeobachtet fühlt, hat keine Hemmungen.
B. Man sollte im Dunkeln nicht zu sehr auffallen.
C. Nachts erscheint alles ähnlich.
D. Katzen sind enorm anpassungsfähig.
E. Keine Antwort ist richtig.

63) Wo Rauch ist, ist auch Feuer.

A. Vorwürfe sind oft berechtigt.
B. Wenn es raucht, dann wird es schnell gefährlich.
C. Es gibt keinen Rauch ohne Feuer.
D. Anhand von Rauch lässt sich Feuer entdecken.
E. Keine Antwort ist richtig.

64) Der Krug geht so lange zum Brunnen, bis er bricht.

A. Etwas geht meistens gut.
B. Etwas geht nicht auf Dauer gut.
C. Dinge sind ersetzbar.
D. Etwas geht zufällig gut.
E. Keine Antwort ist richtig.

65) Wasch mir den Pelz, aber mach mich nicht nass.

A. Vorsicht ist bei bestimmten Dingen angeraten.
B. Lege dich nicht mit Stärkeren an.
C. Jemand gibt sich mit wenig zufrieden.
D. Jemand möchte nur die Vorteile einer Sache genießen.
E. Keine Antwort ist richtig.

66) Eine Schlange am Busen nähren.

A. Viele Menschen sind falsch.
B. Falschen Freunden vertrauen
C. Es ist gut, jemandem zu vertrauen.
D. Ein krankes Tier aufziehen
E. Keine Antwort ist richtig.

67) Lieber den Spatz in der Hand als die Taube auf dem Dach.

A. Spatzen sind die wertvolleren Vögel.

B. Nur das Risiko birgt auch einen großen Gewinn.

C. Ein sicherer kleiner Nutzen ist einem unsicheren großen Nutzen vorzuziehen.

D. Ein Risiko einzugehen lohnt sich oft nicht.

E. Keine Antwort ist richtig.

68) Wie die Saat, so die Ernte.

A. Bauern müssen das ganze Jahr hart arbeiten.

B. Wer säen kann, muss auch ernten.

C. Mit wenig Aufwand kann man kein perfektes Ergebnis erzielen.

D. Man muss alles in der richtigen Reihenfolge machen.

E. Keine Antwort ist richtig.

69) Die Katze im Sack kaufen.

A. Man erwirbt etwas, ohne es vorher geprüft zu haben.

B. Risikobereitschaft lohnt sich nicht.

C. Viele Leute scheitern aufgrund zu hoher Risikobereitschaft.

D. Etwas Wertvolles bleibt oft unerkannt.

E. Keine Antwort ist richtig.

70) Freunde in der Not gehen tausend auf ein Lot.

A. Gute Freunde sind immer für einen da.

B. Es ist schwer, gute Freunde zu finden.

C. In schweren Zeiten stehen einem nur wenige Freunde wirklich bei.

D. Freunde sind etwas Wichtiges.

E. Keine Antwort ist richtig.

Sätze umformulieren

Bearbeitungszeit 5 Minuten

Im Folgenden geht es darum, umständlich ausgedrückte Sachverhalte mithilfe eines einzigen treffenden Verbs wiederzugeben.

Bitte füllen Sie jede Lücke mit dem passenden Wort aus der vorliegenden Liste, sodass sich sinngemäß der Inhalt des jeweiligen Aufgabensatzes ergibt.

Beachten Sie, dass jedes Wort nur einmal verwendet werden darf.

Bearbeitungshinweis

Lesen Sie sich den jeweils vorgegebenen Satz sorgfältig durch und gehen Sie dann die Wörterliste durch. Das passende Verb haben Sie gefunden, wenn sich der Sachverhalt dadurch richtig darstellen lässt. Achten Sie dabei auch auf Person, Zahl und Zeitform. Danach streichen Sie das verwendete Wort am besten aus der Liste, da jeder Begriff nur einmal genutzt werden darf.

Jedes in den Lückentexten fehlende Verb ist ausschließlich der Wörterliste zu entnehmen – ansonsten ist die Aufgabe nicht richtig gelöst.

Wörterliste

eingelaufen | normiert | veranlasste | reformiert | ergeben

vergeudet | heuchelte | erbarmte | auslaufen | reduzieren

71) Der unzufriedene Gast erreichte, dass der Betrieb genau kontrolliert wurde.

Der unzufriedene Gast

____________________ eine genaue Kontrolle des Betriebs.

72) Er ist mit seinem Geld sehr verschwenderisch umgegangen.

Er hat sein Geld

____________________ .

73) Sie half ihm aus Mitleid.

Sie ______________________ sich

seiner.

74) Nach Stunden ließen sich die Täter endlich widerstandslos festnehmen.

Nach Stunden haben sich die Täter

endlich ______________________ .

75) Der teure Pullover ist in der Waschmaschine kleiner geworden.

Der teure Pullover ist in der Waschma-

schine ______________________ .

76) Wir haben gerade beschlossen, weniger Geld auszugeben.

Wir haben gerade beschlossen, unse-

re Ausgaben zu

______________________ .

77) Das System soll neu gestaltet werden.

Das System soll

______________________ werden.

78) Trotz des schlechten Wetters konnte das Schiff schließlich den Hafen verlassen.

Trotz des schlechten Wetters konnte

das Schiff schließlich

______________________ .

79) Die Farben und Formen der Produkte sind einheitlich festgelegt.

Die Farben und Formen der Produkte

sind ______________________ .

80) Sie tat so, als würde sein Geschwätz sie interessieren.

Sie ______________________ Inte-

resse an seinem Geschwätz.

Textabschnitte ordnen *Bearbeitungszeit 5 Minuten*

Die vorgegebenen Sätze sind so anzuordnen, dass sich ein schlüssiger und grammatisch korrekter Text ergibt.

Prüfen Sie dabei zum einen, ob die Satzanschlüsse formal stimmig sind – verweist ein „dieser", „diese" oder „dieses" auch wirklich auf einen Bezugspunkt im vorherigen Satz? Zum anderen müssen Sie auf die inhaltliche Dimension achten: Setzt sich ein „aber" am Satzanfang tatsächlich vom Vorangegangenen ab, folgt auf ein „denn" eine Begründung? Wird eine zeitliche Reihenfolge eingehalten?

Eine probate Methode ist es, vom wahrscheinlichsten Anfangssatz auszugehen, der keinen Bezug zu einem vorherigen Inhalt nimmt. Anschließend kann man sich anhand der Überprüfung sprachlicher und inhaltlicher Bezüge Satz für Satz durch den Text hangeln.

Bitte versehen Sie jeden Satz mit der entsprechenden fortlaufenden Nummer von 1 bis 7, sodass die Sätze in sinnvoller Reihenfolge stehen und einen logisch aufgebauten Text bilden.

81)

☐ **A.** In der Mehrzahl sind dies Männer – sie trifft es etwa zehnmal so häufig wie Frauen.

☐ **B.** Mit ihnen bezeichnet man bestimmte Farbfehlsichtigkeiten.

☐ **C.** Da Frauen zwei davon besitzen, kann die defekte Erbinformation bei ihnen ausgeglichen werden.

☐ **D.** Rot-Grün-„Farbenblinde" können die Farben Rot und Grün nur sehr schwer unterscheiden.

☐ **E.** Die Begriffe Rot-Grün-Blindheit und Rot-Grün-Sehschwäche sind wissenschaftliche Fachausdrücke.

☐ **F.** Das liegt daran, dass die Fehlsichtigkeit auf dem X-Chromosom weitergegeben wird.

☐ **G.** Ein umgangssprachlicher Name für diese Fehlsichtigkeiten lautet „Farbenblindheit".

82)

- [ ] A. Der Sueskanal verbindet das Rote Meer mit dem Mittelmeer.
- [ ] B. Die Fahrtzeit zwischen Singapur und Rotterdam verringert sich beispielsweise auf gut acht Stunden.
- [ ] C. Diese verkürzt die Seewege zwischen dem Nordatlantik und Asien enorm.
- [ ] D. Der Weg um das Kap der Guten Hoffnung würde dagegen rund drei Stunden länger dauern.
- [ ] E. Doch eröffnet wurde der Sueskanal erst im November 1869.
- [ ] F. Noch größer wäre die Zeitersparnis im Altertum gewesen, als die ersten Pläne für eine Verbindung der Meere gemacht wurden.
- [ ] G. Er führt durch ägyptisches Territorium und stellt eine Wasserstraße von insgesamt 190 Kilometern Länge dar.

83)

- [ ] A. Er lebte ausschließlich auf zwei kleinen Inseln im Indischen Ozean.
- [ ] B. Von dort wegfliegen konnte er nicht – mit seinem massigen Rumpf und zwei kleinen Flügeln war er nicht flugfähig.
- [ ] C. Der Dodo war ein erstaunlicher Vogel.
- [ ] D. Das war kein Problem für ihn, da er kaum natürliche Feinde hatte.
- [ ] E. Außerdem kamen mit ihren Schiffen auch fremde Tierarten, die dasselbe mit den Eiern der Dodos taten.
- [ ] F. Schuld daran waren vermutlich die Seefahrer: Sie verspeisten die naiv-zutraulichen Vögel einfach.
- [ ] G. Ausgestorben ist der Dodo schließlich trotzdem. Die Forschung nimmt an, dass dies im 17. Jahrhundert geschah.

84)

- [ ] **A.** Inklusive Signalanlage und Geländer kommt der Turm sogar auf 830 Meter.
- [ ] **B.** Stünde der Turm in Hamburg, könnte man ihn demnach noch in Bremen sehen.
- [ ] **C.** Das höchste Gebäude der Welt ist der Burj Chalifa, übersetzt „Chalifa-Turm".
- [ ] **D.** Anfang 2009 war dann die endgültige Gebäudehöhe von 828 Metern erreicht.
- [ ] **E.** Diesen Namen erhielt das Bauwerk erst bei seiner Einweihung nach dem Abschluss der Bauphase.
- [ ] **F.** Die war nicht gerade kurz: Der Turm wurde – in Spitzenzeiten mit dem Einsatz von 12.000 Arbeitern – in 5 Jahren Bauzeit errichtet.
- [ ] **G.** Bei guten Sichtverhältnissen kann man die Spitze somit bis in 100 Kilometern Entfernung erkennen.

85)

- [ ] **A.** Oft geraten sie dabei in die Objektive von Fotografen, die auf die ersten Bilder des neuen Autotyps lauern.
- [ ] **B.** Unter diesen Bedingungen müssen die Wagen ihre Zuverlässigkeit unter Beweis stellen.
- [ ] **C.** Die Hersteller wollen das Aussehen des neuen Autotyps nämlich möglichst lange geheim halten.
- [ ] **D.** Es ist auch die Bezeichnung für ein neues Automodell, das vor seiner Präsentation getarnt wird.
- [ ] **E.** Solcherart „verunstaltet" werden die Prototypen dann auf Teststrecken in meist sehr extremer Umgebung geschickt.
- [ ] **F.** Daher verkleiden sie die Karosserie mit Kunststoffteilen oder kleben markante Designmerkmale ab.
- [ ] **G.** „Erlkönig" ist nicht nur eine Ballade Johann Wolfgang Goethes.

Sachverhalte erklären

Bearbeitungszeit 15 Minuten

Versuchen Sie, zum beschriebenen Sachverhalt jeweils drei sinnvolle Erklärungen zu finden.

Hierzu ein Beispiel

Aufgabe

1) Bahnreisende setzen sich nicht gern zusammen.

1. ______

2. ______

3. ______

Musterantworten

1. Bahnreisende wollen ihre Mitreisenden nicht belästigen.

2. Bahnreisende haben Angst vor Krankheiten.

3. Bahnreisende sind oft schlecht gelaunt und wollen Unterhaltungen aus dem Weg gehen.

Bitte bearbeiten Sie nun die Aufgaben: Notieren Sie zu jedem Sachverhalt drei sinnvolle Erklärungen. Sie haben dafür insgesamt **15 Minuten** Zeit.

86) Die Zahl der Kirchenmitglieder sinkt hierzulande.

1. ______________________________

____

2. ______________________________

____

3. ______________________________

____

87) Viele Wahlberechtigte gehen nicht wählen.

1. ______________________________

____

2. ______________________________

____

3. ______________________________

____

88) Viele haben kein Problem damit, Teile ihres Privatlebens im Internet zu veröffentlichen.

1. ______________________________

____

2. ______________________________

____

3. ______________________________

____

89) Auf Flugreisen wird überdurchschnittlich viel Tomatensaft getrunken.

1. ______________________________

____

2. ______________________________

____

3. ______________________________

____

90) Der Trend zu einer gesunden, umweltschonenden Lebensweise hält an.

1. ______________________________

____

2. ______________________________

____

3. ______________________________

____

Textverständnis

Bearbeitungszeit 2×10 Minuten

I. Rechtsvorschriften

Bitte lesen Sie sich die folgenden Rechtsvorschriften aufmerksam durch und versuchen Sie, ihren inhaltlichen Kern zu verstehen. Anschließend müssen Sie einige Fragen zum Text schriftlich beantworten.

§ 1 Aufgaben der Verwaltungsbehörden und der Polizei

(1) Die Verwaltungsbehörden und die Polizei haben gemeinsam die Aufgabe der Gefahrenabwehr. Sie treffen hierbei auch Vorbereitungen, um künftige Gefahren abwehren zu können. Die Polizei hat im Rahmen ihrer Aufgabe nach Satz 1 insbesondere auch Straftaten zu verhüten.

(2) Die Polizei wird in den Fällen des Absatzes 1 Satz 1 tätig, soweit die Gefahrenabwehr durch die Verwaltungsbehörden nicht oder nicht rechtzeitig möglich erscheint. Verwaltungsbehörden und Polizei unterrichten sich gegenseitig, soweit dies zur Gefahrenabwehr erforderlich ist.

(3) Der Schutz privater Rechte obliegt den Verwaltungsbehörden und der Polizei nach diesem Gesetz nur dann, wenn gerichtlicher Schutz nicht rechtzeitig zu erlangen ist und wenn ohne verwaltungsbehördliche oder polizeiliche Hilfe die Verwirklichung des Rechts vereitelt oder wesentlich erschwert werden würde.

(4) Die Polizei leistet anderen Behörden Vollzugshilfe (§§ 51 bis 53).

(5) Die Polizei hat ferner die Aufgaben zu erfüllen, die ihr durch andere Rechtsvorschriften übertragen sind.

Die Bestimmungen entstammen dem „Niedersächsischen Gesetz über die öffentliche Sicherheit und Ordnung" in der aktuell gültigen Fassung vom 19. Januar 2005.

Bearbeitungshinweis

Versuchen Sie besser nicht, den Text komplett auswendig zu lernen: Es geht hier nicht um Ihr „fotografisches Gedächtnis". Konzentrieren Sie sich stattdessen auf die Kernaussagen, die Sie ohne Weiteres in eigenen Worten wiedergeben können, solange der Sinn gewahrt bleibt. Achten Sie bei Ihrer Antwort auf einen logischen Satzbau und eine korrekte Rechtschreibung.

Bitte beantworten Sie die folgenden Fragen zu den vorgelegten Rechtsvorschriften schriftlich. Sie haben dafür **10 Minuten** Zeit.

91) Was ist die zentrale Aufgabe der Polizei und der Verwaltungsbehörden?

92) Was unternehmen die Polizei und die Verwaltungsbehörden nach Absatz (1) auch, um ihre zentrale Aufgabe wahrzunehmen?

93) Wann darf die Polizei überhaupt tätig werden?

94) Wann greift die Polizei zum Schutz privater Rechte ein?

95) Wann und wie arbeitet die Polizei laut dem vorliegenden Text mit anderen Behörden zusammen?

II. Pressemeldung

Bitte lesen Sie sich die vorliegende Pressemeldung aufmerksam durch und beantworten Sie die dazu gestellten Fragen.

„Bundesregierung stärkt internationales Engagement in der dualen Ausbildung"

(...) Jedes der beteiligten Ministerien hat in den letzten Jahren den eigenen Beitrag zur Berufsbildungszusammenarbeit erhöht: Das Bundesministerium für Bildung und Forschung geht sukzessive weitere strategische Kooperationen mit Industrie- und Schwellenländern ein, um Ausbildungsgänge mit Modellcharakter und Strategieprojekte der Sozialpartner zu fördern; das Bundesministerium für Wirtschaft und Energie schafft mit seiner Förderung der Auslandshandelskammern eine Plattform für die duale Berufsausbildung nach deutschem Vorbild; das Auswärtige Amt richtet an zahlreichen Auslandsvertretungen Runde Tische zur Koordinierung der verschiedenen Aktivitäten, zum Austausch von Erfahrungen sowie zur Sicherung eines einheitlichen Auftretens im Gastland ein (...).

Das Bundesministerium für wirtschaftliche Zusammenarbeit und Entwicklung fördert den Aufbau leistungsfähiger Berufsbildungssysteme in Entwicklungs- und Schwellenländern. „Wir beraten Staaten innerhalb und außerhalb Europas, wie die berufliche Bildung nicht nur rein in der Schule erfolgen kann, sondern auch im Unternehmen", sagte Georg Schütte, Staatssekretär im Bundesbildungsministerium. „Es geht darum, das Prinzip ‚Lernen im Betrieb' in den Bildungssystemen der Partnerländer zu etablieren, die Unternehmen mit in die Pflicht zu nehmen und sie mit Verantwortung für die Ausbildung junger Menschen übernehmen zu lassen." (...)

Dr. Friedrich Kitschelt, Staatssekretär im Bundesministerium für wirtschaftliche Zusammenarbeit und Entwicklung, sagte: (...) „Wir haben die berufliche Bildung in dieser Legislaturperiode noch weiter massiv ausgebaut und investieren jährlich im Schnitt gut 75 Millionen Euro in die Ausbildung junger Menschen in Entwicklungsländern. Rund zwei Millionen Menschen haben dadurch in den letzten Jahren eine berufliche Qualifikation erhalten.

Allein in Tunesien konnten so 12.500 Frauen und Männer ihre Chancen auf dem Arbeitsmarkt nachhaltig verbessern."

Quelle: Bundesministerium für Wirtschaft und Energie (2017)

Bitte beantworten Sie die folgenden Fragen zur Pressemeldung schriftlich. Sie haben dafür **10 Minuten** Zeit.

96) Welche politischen Institutionen und Amtsträger werden im Text genannt?

97) Wie viele Personen konnten im letzten Jahr eine Berufsausbildung beginnen, unterstützt durch die erwähnten Förderprojekte?

98) In einem Zitat werden drei wesentliche Ziele der Berufsbildungsförderung in Schwellen- und Entwicklungsländern genannt. Wie lauten diese Ziele?

99) Welche Staaten unterstützt die Bundesregierung laut dem vorliegenden Text im Bereich der Berufsbildung?

100) Welche Einrichtung hilft vor Ort, die verschiedenen Fördervorhaben aufeinander abzustimmen – und durch welche Maßnahmen?

Inhalte wiedergeben

Bearbeitungszeit 5 Minuten

Ihnen liegt ein Auszug der Studie „Umweltbewusstsein in Deutschland 2016" des Bundesministeriums für Umwelt, Naturschutz, Bau und Reaktorsicherheit vor. Darin werden die Ergebnisse einer Bevölkerungsbefragung zum Thema Umweltschutz vorgestellt.

Bitte lesen Sie sich den Text zunächst aufmerksam durch.

Problembewusstsein für Fragen des Umwelt- und Klimaschutzes gleichbleibend hoch

Für jede und jeden Fünften in Deutschland zählen Umwelt- und Klimaschutz zu den wichtigsten Problemen, denen sich unser Land derzeit gegenübersieht. Nach den zwei drängendsten Herausforderungen gefragt, nannten dies in der aktuellen Umweltbewusstseinsstudie 21 Prozent – zwei Prozentpunkte mehr als in der Studie des Jahres 2014. Im gleichen Zeitraum haben andere Probleme deutlich an Brisanz gewonnen: Für jeweils rund die Hälfte der Befragten stehen die Themen „Zuwanderung, Migration" (55 Prozent) und „Kriminalität, Frieden, Sicherheit" (47 Prozent) ganz vorne, 2014 nannten dies nur 18 beziehungsweise 20 Prozent. Trotz dieser massiven Änderung in der Wahrnehmung der aktuellen Problemlagen bleibt das Bewusstsein für Umwelt- und Klimaschutz bei den Bürgerinnen und Bürgern stabil. [...]

Die Bevölkerung nimmt die langfristige Gefährdung unserer natürlichen Lebensgrundlagen sehr ernst. So empfinden über 90 Prozent der Befragten die Risiken durch Plastikmüll in den Weltmeeren oder die Abholzung von Wäldern als bedrohlich. Und drei Viertel der Befragten stimmen voll und ganz oder eher zu, dass unsere energie-, ressourcen- und abfallintensive Wirtschafts- und Lebensweise grundlegend umgestaltet werden sollte.

Um die erforderlichen Veränderungen umzusetzen, reichen Marktmechanismen allein nicht aus, meinen 61 Prozent der Befragten. Vielmehr hält es die große Mehrheit (91 Prozent) für erforderlich, Wirtschaft und Märkte so zu regulieren, dass Umweltbelastungen gering gehalten werden. [...]

Quelle: Bundesministerium für Umwelt, Naturschutz, Bau und Reaktorsicherheit

Nachdem Sie sich den Text durchgelesen haben, prüfen Sie bitte die folgenden Aussagen auf ihre Richtigkeit und kreuzen Sie an, ob sich eine Aussage im Text belegen lässt („stimmt") oder nicht („stimmt nicht"). Sie haben dafür **5 Minuten** Zeit.

101) Rund vier Fünftel der deutschen Bevölkerung sind mit der Umweltqualität in Deutschland zufrieden.

▢ stimmt ▢ stimmt nicht

102) Umweltschutz ist für rund die Hälfte der Befragten wichtiger als die Themen Zuwanderung und Migration sowie Kriminalität, Frieden und Sicherheit.

▢ stimmt ▢ stimmt nicht

103) 2014 wurden die Themen Umwelt- und Klimaschutz, Zuwanderung und Migration sowie Kriminalität, Frieden und Sicherheit als ungefähr gleich wichtig eingeschätzt.

▢ stimmt ▢ stimmt nicht

104) Die größte Bedrohung der Umwelt geht laut 90 Prozent der Befragten vom Plastikmüll in den Weltmeeren aus.

▢ stimmt ▢ stimmt nicht

105) Ein Großteil der Befragten sieht den Gesetzgeber in der Pflicht, Umweltbelastungen durch regulatorische Eingriffe gering zu halten.

▢ stimmt ▢ stimmt nicht

Lösungen: Sprachbeherrschung

1)	siehe Erklärung	31)	D	61)	B
2)	1	32)	D	62)	C
3)	2	33)	A	63)	A
4)	1	34)	D	64)	B
5)	3	35)	D	65)	D
6)	4	36)	A	66)	B
7)	2	37)	A	67)	C
8)	4	38)	E	68)	C
9)	3	39)	D	69)	A
10)	2	40)	C	70)	C
11)	1	41)	C	71)	veranlasste
12)	0	42)	C	72)	vergeudet
13)	1	43)	A	73)	erbarmte
14)	3	44)	D	74)	ergeben
15)	2	45)	C	75)	eingelaufen
16)	0	46)	D	76)	reduzieren
17)	[,] [,]	47)	C	77)	reformiert
18)	[,] [,] [,]	48)	C	78)	auslaufen
19)	[,] [,] [,] [ ]	49)	E	79)	normiert
20)	[ ] [ ] [,]	50)	E	80)	heuchelte
21)	[,] [,] [ ]	51)	A	81)	A5, B2, C7, D4, E1, F6, G3
22)	[,] [,]	52)	D	82)	A1, B4, C3, D5, E7, F6, G2
23)	[,] [,] [,]	53)	F	83)	A2, B3, C1, D4, E7, F6, G5
24)	[,] [,] [,]	54)	J	84)	A5, B7, C1, D4, E2, F3, G6
25)	[,] [,] [,]	55)	G	85)	A7, B6, C3, D2, E5, F4, G1
26)	[,] [,] [ ]	56)	I	86)	
27)	[ ] [ ] [,]	57)	B	87)	
28)	[,] [,] [,]	58)	H	88)	siehe Erklärung
29)	[,] [ ] [ ] [ ]	59)	C	89)	
30)	[ ] [(,)] [,]	60)	E	90)	

91)	siehe Erklärung	96)	siehe Erklärung	101)	stimmt nicht
92)		97)		102)	stimmt nicht
93)		98)		103)	stimmt
94)		99)		104)	stimmt nicht
95)		100)		105)	stimmt

Erörterung (Aufgabe 1)

Zu 1)

Ein Denkanstoß: Studien zeigen, dass Kinder aus sozial schlechtergestellten Elternhäusern tatsächlich seltener höhere Bildungsabschlüsse wie das Abitur erlangen. Viele Erklärungsversuche betonen vor allem den engen Zusammenhang von sozialer Stellung und vorhandenem Bildungsniveau – in unterprivilegierten Schichten haben auch die Eltern bereits niedrigere Bildungsabschlüsse. So können sie ihre Kinder mangels eigenen Wissens schlechter beim Bildungserwerb unterstützen, außerdem haben sie im Schnitt geringere finanzielle Spielräume, um Nachhilfe, Lernmaterial und dergleichen zu organisieren.

Weitere Annahmen gehen davon aus, dass Bildung in bildungsferneren Familien generell einen geringeren Stellenwert hat, während es in akademischen Haushalten oft als selbstverständlich gilt, dass der eigene Nachwuchs später ebenfalls studiert. Auch externe Faktoren spielen eine Rolle: Studien zufolge müssen Kinder aus sozial schlechtergestellten Elternhäusern tendenziell höhere Leistungen erbringen, um die gleichen Schulnoten und Abschlüsse zu erhalten.

Natürlich sind schulische und berufliche Ausbildungen nicht zwangsläufig „weniger wert" als ein Studium, gerade in Zeiten des Fachkräftemangels. Abschließend ist es dennoch schwer mit Grundannahmen der sozialen Gerechtigkeit vereinbar, wenn sich die Verteilung von Bildungsabschlüssen stark nach sozialer Herkunft sortiert. Dem entgegenzuwirken, wäre dann Aufgabe der Politik.

Fehler korrigieren (Aufgaben 2–16)

Anatomie des Menschen: Knochen und Gelenke

Zu 2) Menschliche Knochen sind enorm~~,~~ belastbar und erstaunlich leicht. Insgesamt 1

Zu 3) machen die über 200 „Einzelteile" des menschlichen ~~Skelets,~~ nur rund zwölf Prozent 2

Zu 4)	des Körpergewichts aus. Wo Knochen ~~aufeinander treffen~~, befinden sich Gelenke.	1
Zu 5)	Sie übernehmen~~,~~ eine ~~schwirige~~ Doppelaufgabe: Einerseits ~~müßen~~ sie die Knochen	3
Zu 6)	~~stabihl~~ verbinden, ~~anderer seits~~ sollen sie genügend ~~Beweegungsfreiheit~~ bieten.	4
Zu 7)	Dies gelingt durch eine ausgefeilte ~~Konnstruktion,~~ aus verschiedenen Gewebearten:	2
Zu 8)	~~Bender~~ ~~knüppfen~~ die Gelenkknochen aneinander, ~~Knorrpel~~ und Gelenkflüssigkeit	4
Zu 9)	dienen als ~~ellastische~~ ~~Pufer~~ ~~da zwischen~~, Muskeln initiieren Bewegungen und geben	3
Zu 10)	~~zusetzlichen~~ Halt. Im Lauf der ~~Evollution~~ hat sich für jede Belastungsform ein	2
Zu 11)	geeigneter Gelenktyp herausgebildet. Scharniergelenke wie ~~Elenbogen~~ und Knie	1
Zu 12)	kann man zum Beispiel nur um eine Achse, Kugelgelenke wie Hüfte oder Schulter	0
Zu 13)	um alle drei Raumachsen drehen. Ihr ~~komplechser~~ Aufbau macht die Gelenke leider	1
Zu 14)	~~relatiev~~ ~~anfellig~~. Nicht „konstruktionsgemäße" Drehungen oder Beugungen~~,~~ in die	3
Zu 15)	falsche Richtung können ~~schlimmsten Falls~~ zu Bänderdehnungen und ~~-rißen~~	2
Zu 16)	oder irreparablen Knorpelschäden führen.	0

Anatomie des Menschen: Knochen und Gelenke

Menschliche Knochen sind enorm belastbar und erstaunlich leicht. Insgesamt machen die über 200 „Einzelteile" des menschlichen Skeletts nur rund zwölf Prozent des Körpergewichts aus. Wo Knochen aufeinandertreffen, befinden sich Gelenke. Sie übernehmen eine schwierige Doppelaufgabe: Einerseits müssen sie die Knochen stabil verbinden, andererseits sollen sie genügend Bewegungsfreiheit bieten. Dies gelingt durch eine ausgefeilte Konstruktion aus verschiedenen Gewebearten: Bänder knüpfen die Gelenkknochen aneinander, Knorpel und Gelenkflüssigkeit dienen als elastische Puffer dazwischen, Muskeln initiieren Bewegungen und geben zusätzlichen Halt. Im Lauf der Evolution hat sich für jede Belastungsform ein geeigneter Gelenktyp herausgebildet. Scharniergelenke wie Ellenbogen und Knie kann man zum Beispiel nur um eine Achse, Kugelgelenke wie Hüfte oder Schulter um alle drei Raumachsen drehen. Ihr komplexer Aufbau macht die Gelenke leider relativ anfällig. Nicht „konstruktionsgemäße" Drehungen oder

Beugungen in die falsche Richtung können schlimmstenfalls zu Bänderdehnungen und -rissen oder irreparablen Knorpelschäden führen.

Kommas setzen (Aufgaben 17–30)

Zu 17) Die Tatsache[,] dass sich die Erde um die Sonne dreht[,] galt vor wenigen Jahrhunderten noch als Irrglaube und Gotteslästerung.

Die beiden Kommas trennen den eingeschobenen Nebensatz vom umliegenden Hauptsatz.

Zu 18) Nachdem ich gesehen hatte[,] was sie mir hatte zeigen wollen[,] war ich so überwältigt[,] dass ich zuerst gar nicht sprechen konnte.

Das erste Komma beendet den Temporalnebensatz. Das zweite Komma trennt den Relativnebensatz vom folgenden Hauptsatz. Das dritte Komma leitet einen weiteren Nebensatz ein.

Zu 19) Er konnte sich nicht erklären[,] wie es sein konnte[,] dass er auf einmal mitten in einem Park stand[,] obwohl es seines Wissens in seiner Stadt[ ] doch gar keine Grünflächen gab.

Das erste Komma trennt den Hauptsatz vom Nebensatz, die anderen beiden Kommas leiten auch jeweils einen Nebensatz ein.

Zu 20) Trotz der vielen Arbeit[ ] und der unzähligen Überstunden[ ] mag sie ihren Job gern[,] da sie mit den Kollegen sehr gut zurechtkommt.

Das Komma trennt den Hauptsatz vom Kausalnebensatz.

Zu 21) Bereits wenige Minuten[,] nachdem ein Passant die Polizei gerufen hatte[,] erschienen die Beamten[ ] und nahmen die Randalierer fest.

Die beiden Kommas trennen den eingeschobenen Nebensatz vom Hauptsatz.

Zu 22) Meist erzielt man bei Prüfungen ein besseres Ergebnis[,] wenn man nicht bis zur letzten Sekunde lernt[,] sondern sich stattdessen gezielt entspannt.

Das erste Komma beendet den Hauptsatz und leitet den Konditionalnebensatz ein. Das zweite Komma leitet einen weiteren Nebensatz ein.

Zu 23) Wenn Sie einen Beruf[,] der Ihnen nicht gefällt[,] wegen guter Verdienstmöglichkeiten trotzdem ergreifen[,] werden Sie darin langfristig nicht glücklich werden.

Die ersten beiden Kommas umschließen den eingeschobenen Relativnebensatz. Das dritte Komma trennt den Konditionalsatz („Wenn Sie einen Beruf ... ergreifen“) vom Hauptsatz.

Zu 24) Wenn ich mir so ansehe[,] was du hier machst[,] dann frage ich mich[,] ob das wirklich zum gewünschten Ergebnis führen kann.

Das erste Komma trennt den Konditionalnebensatz ab. Das zweite Komma trennt den Nebensatz (einen Objektsatz) vom Hauptsatz. Das dritte Komma leitet einen Fragenebensatz ein.

Zu 25) Die meisten Menschen[,] die ein Haustier haben[,] sind der Meinung[,] dass ihr Tier das allerbeste auf der ganzen Welt ist.

Die ersten beiden Kommas trennen den eingeschlossenen Relativsatz vom Hauptsatz. Das dritte Komma leitet einen weiteren Nebensatz ein.

Zu 26) Wenn sich Hunde und Katzen begegnen[,] gibt es meistens Ärger[,] da sie sich aufgrund ihrer unterschiedlichen Körpersprache[ ] nicht verstehen können.

Das erste Komma trennt den Konditionalnebensatz vom Hauptsatz. Das zweite Komma leitet einen Kausalnebensatz ein.

Zu 27) Wenn ein Aktenvernichter[ ] Akten vernichtet und ein Schornsteinfeger[ ] den Schornstein fegt[,] was macht dann ein Zitronenfalter?

Das Komma trennt einen Konditionalnebensatz vom Fragesatz.

Zu 28) Hättest du[,] als ich dich damals gefragt habe[,] die Wahrheit gesagt[,] so wäre uns viel Ärger erspart geblieben.

Die ersten beiden Kommas umrahmen den in den Hauptsatz eingeschobenen Temporalnebensatz. Das dritte Komma grenzt den vorangestellten Konditionalnebensatz vom folgenden Hauptsatz ab.

Zu 29) Kennst du die Serie[,] in der ein alter Kapitän[ ] seinen drei Enkeln[ ] und dem dummen Matrosen[ ] immer unglaubliche Geschichten erzählt?

Das Komma trennt den Hauptsatz vom Nebensatz ab.

Zu 30) Angesichts des unbeständigen Wetters[ ] empfehle ich dir dringend[(,)] einen Regenschirm mitzunehmen[,] damit du nicht nass wirst.

Das erste Komma trennt den Hauptsatz vom Infinitivsatz (dieses Komma kann man setzen, muss man aber nicht!). Das zweite Komma leitet den Finalnebensatz ein.

Satzgrammatik (Aufgaben 31–40)

Zu 31) D. Kleidung

„Maskulin" bedeutet „männlich" und bezieht sich auf das grammatische Geschlecht, das heißt auf Wörter, die im Nominativ Singular mit dem bestimmten Artikel „der" verwendet werden.

Ein Hinweis zur Lösung E: Es heißt zwar „die Schuhe" – der Artikel „die" zeigt hier aber nur den Plural an, nicht das grammatische Geschlecht! Der Singular ist „der Schuh".

Zu 32) D. Engel

Der Plural (die Mehrzahl) zeigt an, dass mehr als ein Exemplar einer Sache gemeint ist. Das Substantiv „Engel" besitzt nur eine Form für Singular und Plural, der Unterschied ist nur am Artikel erkennbar („der Engel" = einer; „die Engel" = mehrere).

Zu 33) A. folgen

Verben werden auch als „Tuwörter" bezeichnet, da sie Handlungen ausdrücken. Das trifft hier nur auf das Wort „folgen" zu.

Zu 34) D. einen Eimer

Der Dativ ist der dritte Fall. Man kann danach mit „wem?" fragen. „Einen Eimer" steht hier als einziger Ausdruck im Akkusativ.

Zu 35) D. Die Suppe wird gekocht.

Das Passiv bildet man mit dem Hilfsverb „werden". Es drückt aus, dass mit dem Subjekt etwas geschieht.

Zu 36) A. schrittweise

Adverbien dienen zur näheren Beschreibung von Verben oder Adjektiven, nicht von Substantiven. Beispiel: „bemerkenswert" ist ein Adjektiv („die bemerkenswerte Tatsache"), „schrittweise" kann man dagegen auch auf Verben beziehen („Schrittweise nähern wir uns der Lösung").

Zu 37) A. weil

Konjunktionen sind Bindewörter, die Sätze oder Satzteile miteinander verknüpfen. Häufige Konjunktionen sind zum Beispiel „und", „oder", „weil", „obwohl" oder „wenn".

Zu 38) E. hatte gefragt

Das Plusquamperfekt wird auch „Vorvergangenheit" genannt. Damit kann man ausdrücken, dass eine Handlung vor einem Zeitpunkt in der Vergangenheit geschehen ist und bis dahin bereits abgeschlossen war.

Zu 39) D. Ihr werdet gegessen haben.

Das Futur II bezieht sich auf die Zukunft. Es drückt aus, was zu einem Zeitpunkt in der Zukunft bereits geschehen sein wird.

Zu 40) C. hätte gewünscht

Der Konjunktiv ist die Möglichkeitsform des Verbs. Er wird in der indirekten Rede oder oft in Wenn-dann-Konstruktionen verwendet. Der Konjunktiv II drückt fiktive – angenommene, unmögliche, nicht reale – Sachverhalte aus (z. B. Wünsche oder Vorstellungen).

Ein Wort fällt aus der Reihe (Aufgaben 41–50)

Zu 41) C. kaum

Mit „kaum" betont man die Distanz, mit allen anderen Begriffen die Nähe zu etwas.

Zu 42) C. Mortadella

Bei den aufgezählten Lebensmitteln handelt es sich um Käsesorten – bis auf die Mortadella, eine italienische Wurst.

Zu 43) A. Nachricht

Eine Nachricht ist eine möglichst objektive Mitteilung, während die anderen Begriffe für subjektiv gefärbte Einlassungen stehen.

Zu 44) D. eisern

Bei allen anderen Begriffen handelt es sich um Verben, „eisern" ist dagegen ein Adjektiv.

Zu 45) C. Miete

Alle Begriffe außer „Miete" sind Synonyme für „Bezahlung".

Zu 46) D. zukünftig

Alle Begriffe außer „zukünftig" beziehen sich auf einen Zeitpunkt, der nur einen kleinen Moment in der Zukunft liegt.

Zu 47) C. lustig

Alle Begriffe außer „lustig" sind Synonyme für „merkwürdig".

Zu 48) C. Theater

Alle Kunstgattungen zählen zur bildenden Kunst, nur das Theater wird zur darstellenden Kunst gerechnet.

Zu 49) **E.** Büro

Alle Begriffe außer „Büro" stehen für Teile eines Gebäudes – „Büro" bezeichnet die Funktion eines Raumes.

Zu 50) **E.** Biotin

Bei allen anderen Begriffen handelt es sich um menschliche Hormone, Biotin dagegen ist ein wasserlösliches Vitamin.

Fremdwörter (Aufgaben 51–60)

Zu 51) Fluktuation – **A.** Schwankung

Zu 52) Gratin – **D.** überbackenes Gericht

Zu 53) Intermezzo – **F.** Zwischenspiel

Zu 54) Fraktur – **J.** Knochenbruch

Zu 55) Jacuzzi – **G.** Whirlpool

Zu 56) Rotation – **I.** Drehung

Zu 57) Rudiment – **B.** Überbleibsel

Zu 58) Singular – **H.** Einzahl

Zu 59) Skrupel – **C.** moralische Zweifel

Zu 60) Waran – **E.** tropische Echse

Tipps für Zuordnungsaufgaben (51–60)

Starten Sie mit dem ersten Fremdwort in der linken Spalte und gehen Sie die rechte Spalte bis zur passenden Bedeutung durch. Falls Sie sich bei einem Fremdwort unsicher sind, bearbeiten Sie es später, wenn sich die Zahl der möglichen Bedeutungen reduziert hat. Bleiben nach dem ersten Durchgang noch Kästchen leer, kann die umgekehrte Verfahrensweise helfen: Suchen Sie zu einem Begriff das passende Fremdwort. Prüfen Sie zum Schluss, ob alle Buchstaben von A bis J einmal eingetragen sind.

Sprichwörter (Aufgaben 61–70)

Zu 61) **B.** In der Not sinken die Ansprüche.

Dieses Sprichwort besagt, dass in der Not die Ansprüche sinken. Unter gewissen Umständen gibt man sich also schon mit weniger zufrieden.

Zu 62) **C.** Nachts erscheint alles ähnlich.

„Nachts sind alle Katzen grau" bezieht sich darauf, dass man im Dunkeln keine Farben wahrnimmt: Alles erscheint in Grautönen. Im weiteren Sinne bedeutet das Sprichwort, dass unter bestimmten Umständen alle Unterschiede verschwimmen oder bedeutungslos werden.

Zu 63) A. Vorwürfe sind oft berechtigt.

Dieses Sprichwort drückt aus, dass in Gerüchten oft ein Funke Wahrheit steckt.

Zu 64) B. Etwas geht nicht auf Dauer gut.

Dieses Sprichwort kann verschieden ausgelegt werden. Allgemein bedeutet es, dass alles einmal zu Ende geht. Zugespitzt kann es bedeuten, dass etwas nicht auf Dauer gut geht oder jedes Unrecht irgendwann bestraft wird.

Zu 65) D. Jemand möchte nur die Vorteile einer Sache genießen.

Dieses Sprichwort wird als Motto Leuten in den Mund gelegt, die nur die Vorteile einer bestimmten Gegebenheit genießen wollen, aber nicht bereit sind, die damit verbundenen Nachteile in Kauf zu nehmen.

Zu 66) B. Falschen Freunden vertrauen

„Eine Schlange am Busen nähren" bedeutet, unaufrichtigen Personen zu vertrauen, die nur so tun, als ob sie Freunde wären.

Zu 67) C. Ein sicherer kleiner Nutzen ist einem unsicheren großen Nutzen vorzuziehen.

Dieses Sprichwort empfiehlt, lieber einen kleinen Nutzen zu realisieren, als in der vagen Hoffnung auf einen größeren Nutzen am Ende leer auszugehen. Sicherheit vor Risiko also.

Zu 68) C. Mit wenig Aufwand kann man kein perfektes Ergebnis erzielen.

Dieses Sprichwort bedeutet, dass man es selbst in der Hand hat, welchen Nutzen man aus einer Sache zieht. Die Qualität und der Umfang des Ertrags richten sich nach der Qualität und dem Umfang des Einsatzes.

Zu 69) A. Man erwirbt etwas, ohne es vorher geprüft zu haben.

„Die Katze im Sack kaufen" bedeutet, etwas zu kaufen, ohne es zuvor gesehen und/oder geprüft zu haben. Man lässt sich auf etwas Unbekanntes ein.

Zu 70) C. In schweren Zeiten stehen einem nur wenige Freunde wirklich bei.

Das Lot ist eine alte Gewichtseinheit und entspricht 16,7 Gramm. In der Not ist der Beistand von tausend (vermeintlichen) Freunden demnach nicht gerade hoch zu bewerten. Anders gesagt: In Krisenzeiten hat man nur wenige echte Freunde.

Sätze umformulieren (Aufgaben 71–80)

Zu 71) Der unzufriedene Gast erreichte, dass der Betrieb genau kontrolliert wurde.

Der unzufriedene Gast ***veranlasste*** eine genaue Kontrolle des Betriebs.

Zu 72) Er ist mit seinem Geld sehr verschwenderisch umgegangen.

Er hat sein Geld ***vergeudet***.

Zu 73) Sie half ihm aus Mitleid.

Sie ***erbarmte*** sich seiner.

Zu 74) Nach Stunden ließen sich die Täter endlich widerstandslos festnehmen.

Nach Stunden haben sich die Täter endlich ***ergeben***.

Zu 75) Der teure Pullover ist in der Waschmaschine kleiner geworden.

Der teure Pullover ist in der Waschmaschine ***eingelaufen***.

Zu 76) Wir haben gerade beschlossen, weniger Geld auszugeben.

Wir haben gerade beschlossen, unsere Ausgaben zu ***reduzieren***.

Zu 77) Das System soll neu gestaltet werden.

Das System soll ***reformiert*** werden.

Zu 78) Trotz des schlechten Wetters konnte das Schiff schließlich den Hafen verlassen.

Trotz des schlechten Wetters konnte das Schiff schließlich ***auslaufen***.

Zu 79) Die Farben und Formen der Produkte sind einheitlich festgelegt.

Die Farben und Formen der Produkte sind ***normiert***.

Zu 80) Sie tat so, als würde sein Geschwätz sie interessieren.

Sie ***heuchelte*** Interesse an seinem Geschwätz.

Textabschnitte ordnen (Aufgaben 81–85)

Zu 81) A5 | B2 | C7 | D4 | E1 | F6 | G3

E. Die Begriffe Rot-Grün-Blindheit und Rot-Grün-Sehschwäche sind wissenschaftliche Fachausdrücke. **B.** Mit ihnen bezeichnet man bestimmte Farbfehlsichtigkeiten. **G.** Ein umgangssprachlicher Name für diese Fehlsichtigkeiten lautet „Farbenblindheit". **D.** Rot-Grün-„Farbenblinde" können die Farben Rot und Grün nur sehr schwer unterscheiden. **A.** In der Mehrzahl sind dies Männer – sie trifft es etwa zehnmal so häufig wie Frauen. **F.** Das liegt daran, dass die Fehlsichtigkeit auf dem X-Chromosom weitergegeben wird. **C.** Da Frauen zwei davon besitzen, kann die defekte Erbinformation bei ihnen ausgeglichen werden.

Zu 82) A1 | B4 | C3 | D5 | E7 | F6 | G2

A. Der Sueskanal verbindet das Rote Meer mit dem Mittelmeer. **G.** Er führt durch ägyptisches Territorium und stellt eine Wasserstraße von insgesamt 190 Kilometern Länge dar. **C.** Diese verkürzt die Seewege zwischen dem Nordatlantik und Asien enorm. **B.** Die Fahrtzeit zwischen Singapur und Rotterdam verringert sich beispielsweise auf gut acht Stunden. **D.** Der Weg um das Kap der Guten Hoffnung würde dagegen rund drei Stunden länger dauern. **F.** Noch größer wäre die Zeitersparnis im Altertum gewesen, als die ersten Pläne für eine Verbindung der Meere gemacht wurden. **E.** Doch eröffnet wurde der Sueskanal erst im November 1869.

Zu 83) A2 | B3 | C1 | D4 | E7 | F6 | G5

C. Der Dodo war ein erstaunlicher Vogel. **A.** Er lebte ausschließlich auf zwei kleinen Inseln im Indischen Ozean. **B.** Von dort wegfliegen konnte er nicht – mit seinem massigen Rumpf und zwei kleinen Flügeln war er nicht flugfähig. **D.** Das war kein Problem für ihn, da er kaum natürliche Feinde hatte. **G.** Ausgestorben ist der Dodo schließlich trotzdem. Die Forschung nimmt an, dass dies im 17. Jahrhundert geschah. **F.** Schuld daran waren vermutlich die Seefahrer: Sie verspeisten die naiv-zutraulichen Vögel einfach. **E.** Außerdem kamen mit ihren Schiffen auch fremde Tierarten, die dasselbe mit den Eiern der Dodos taten.

Zu 84) A5 | B7 | C1 | D4 | E2 | F3 | G6

C. Das höchste Gebäude der Welt ist der Burj Chalifa, übersetzt „Chalifa-Turm". **E.** Diesen Namen erhielt das Bauwerk erst bei seiner Einweihung nach dem Abschluss der Bauphase. **F.** Die war nicht gerade kurz: Der Turm wurde – in Spitzenzeiten mit dem Einsatz von 12.000 Arbeitern – in 5 Jahren Bauzeit errichtet. **D.** Anfang 2009 war dann die endgültige Gebäudehöhe von 828 Metern erreicht. **A.** Inklusive Signalanlage und Geländer kommt der Turm sogar auf 830 Meter. **G.** Bei guten Sichtverhältnissen kann man die Spitze somit bis in 100 Kilometern Entfernung erkennen. **B.** Stünde der Turm in Hamburg, könnte man ihn demnach noch in Bremen sehen.

Zu 85) A7 | B6 | C3 | D2 | E5 | F4 | G1

G. „Erlkönig" ist nicht nur eine Ballade Johann Wolfgang Goethes. **D.** Es ist auch die Bezeichnung für ein neues Automodell, das vor seiner Präsentation getarnt wird. **C.** Die Hersteller wollen das Aussehen des neuen Autotyps nämlich möglichst lange geheim halten. **F.** Daher verkleiden sie die Karosserie mit Kunststoffteilen oder kleben markante Designmerkmale ab. **E.** Solcherart „verunstaltet" werden die Prototypen dann auf Teststrecken in meist sehr extremer Umgebung geschickt. **B.** Unter diesen Bedingungen müssen die Wagen ihre Zuverlässigkeit unter Beweis stellen. **A.** Oft geraten sie dabei in die Objektive von Fotografen, die auf die ersten Bilder des neuen Autotyps lauern.

Sachverhalte erklären (Aufgaben 86–90, Musterantworten)

Zu 86)

Die Menschen sind sparsamer geworden und treten aus der Kirche aus, damit sie keine Kirchensteuern zahlen müssen.

Die Kirchen haben ihre Gemeinschaft stiftende Wirkung verloren. Die Leute nutzen heute eher andere Einrichtungen und Anlässe, um zusammenzukommen, und fühlen sich nicht mehr an Konfessionen gebunden.

Viele können sich mit den kirchlichen Positionen nicht mehr identifizieren und treten deshalb aus.

Zu 87)

Viele Wahlberechtigte sind frustriert, weil keine der Parteien bzw. keiner der Kandidaten ihre Interessen vertritt.

Viele Wahlberechtigte gehen nicht zur Wahl, weil sie glauben, dass ihre Stimme sowieso keinen großen Einfluss hat.

Viele Wahlberechtigte halten Politik für so kompliziert, dass sie sich keine eigene Meinung zutrauen.

Zu 88)

Vor allem für junge Menschen ist die Abschottung des Privatlebens einfach nicht mehr so wichtig wie für die ältere Generation.

Viele kennen die Risiken nicht, die mit der Preisgabe privater Informationen im Internet verbunden sind.

Wenn man sich im Internet entsprechend präsentiert, kann man leicht Bekanntschaften schließen, die privat oder beruflich interessant sind.

Zu 89)

Das Phänomen beruht auf Nachahmung: Viele Flugreisende trinken nur deswegen Tomatensaft, weil es sich so eingebürgert hat und „die anderen" auch Tomatensaft trinken.

Das Geschmacksempfinden verändert sich in großer Höhe, sodass der Tomatensaft vielen Flugreisenden ganz einfach besser schmeckt als am Boden.

Viele Passagiere verbinden Flugreisen mit Exklusivität und trinken Tomatensaft, um sich vom normalen Alltagsverhalten abzuheben.

Zu 90)

Die Leute wollen ihre persönliche Lebensqualität steigern, indem sie ihre Gesundheit pflegen und sich für eine intakte Umwelt einsetzen.
Hinter dem Trend steht eine wachsende Zahl an Menschen, die sich durch einen bestimmten Lebensstil von anderen Bevölkerungsgruppen abgrenzen wollen.

Immer mehr Menschen in den westlichen Industrienationen empfinden eine Lebensweise als ungesund und unmoralisch, die auf Massenproduktion und Konsum basiert und die natürlichen Ressourcen stark beansprucht.

Textverständnis (Aufgaben 91–100, Musterantworten)

I. Rechtsvorschriften

Zu 91) Was ist die zentrale Aufgabe der Polizei und der Verwaltungsbehörden?

Die zentrale Aufgabe der Polizei und der Verwaltungsbehörden wird in Absatz (1) genannt – sie besteht in der Gefahrenabwehr. Alle weiteren Bestimmungen zielen auf diese oberste Prämisse der Behörden- und Polizeiarbeit ab.

Zu 92) Was unternehmen die Polizei und die Verwaltungsbehörden nach Absatz (1) auch, um ihre zentrale Aufgabe wahrzunehmen?

Nach Absatz (1) übernehmen die Polizei und die Verwaltungsbehörden auch die Präventionsarbeit: Sie sollen also nicht nur auf bereits existierende Gefahren reagieren, sondern auch verhindern, dass diese überhaupt entstehen. Dazu treffen sie „Vorbereitungen, um künftige Gefahren abwehren zu können". Insbesondere nennt der Gesetzestext die vorbeugende Verhütung von Straftaten.

Zu 93) Wann darf die Polizei überhaupt tätig werden?

Die Polizei darf gemäß Absatz (2) des Gesetzes tätig werden, „soweit die Gefahrenabwehr durch die Verwaltungsbehörden nicht oder nicht rechtzeitig möglich erscheint". Das Gesetz formuliert also gewissermaßen einen Vorbehalt: Ein polizeilicher Eingriff ist erst dann erforderlich, wenn die Gefahr nicht auf anderem Wege durch die Verwaltungsbehörden (z. B. Justiz, Ordnungsamt, Jugendamt ... – dies wurde in der Aufgabenstellung nicht angegeben) abgewehrt werden kann.

Zu 94) Wann greift die Polizei zum Schutz privater Rechte ein?

Die Polizei ist nicht grundsätzlich mit dem Schutz privater Rechte betraut und nicht mit einem privaten Sicherheitsdienst zu verwechseln, der nach Belieben bestellt werden kann, etwa zur Absicherung privater Veranstaltungen. Polizei und Verwaltungsbehörden übernehmen die Schutzleistung nach Absatz (3) des Gesetzes nur, wenn „gerichtlicher Schutz nicht rechtzeitig zu erlangen ist und wenn ohne verwaltungsbehördliche oder polizeiliche Hilfe die Verwirklichung des Rechts vereitelt oder wesentlich erschwert werden würde". Auch hier wird ein Vorbehalt formuliert: Der Schutz von Privatrechten obliegt der Polizei nur dann, wenn er auf anderem (gerichtlichem, behördlichem) Wege nicht zu gewährleisten ist.

Zu 95) Wann und wie arbeitet die Polizei laut dem vorliegenden Text mit anderen Behörden zusammen?

Darüber geben die Absätze (2) und (4) des vorliegenden Textes Auskunft. Zum einen kooperiert die Polizei mit den Verwaltungsbehörden bei der Gefahrenabwehr: Sie wird von der Polizei übernommen, wenn die Behörden sie nicht sicherstellen können. Zum anderen leistet die Polizei den Behörden Vollzugshilfe: So kann z. B. das Ordnungsamt die Polizei bitten, eine gefährliche Person in Gewahrsam zu nehmen, wenn nötig mithilfe unmittelbaren Zwangs. Darunter versteht man unter anderem körperliche Gewalt, die Angehörige des Ordnungsamts nicht ausüben dürfen.

II. Pressemeldung

Zu 96) Welche politischen Institutionen und Amtsträger werden im Text genannt?

Die genannten Institutionen sind das Bundesministerium für Bildung und Forschung, das Bundesministerium für Wirtschaft und Energie, das Auswärtige Amt und das Bundesministerium für wirtschaftliche Zusammenarbeit und Entwicklung. An Amtsträgern werden erwähnt: Georg Schütte, Staatssekretär im Bundesbildungsministerium, und Dr. Friedrich Kitschelt, Staatssekretär im Bundesministerium für wirtschaftliche Zusammenarbeit und Entwicklung.

Zu 97) Wie viele Personen konnten im letzten Jahr eine Berufsausbildung beginnen, unterstützt durch die erwähnten Förderprojekte?

Dazu liefert der Text keine Angaben. Im letzten Absatz wird lediglich mitgeteilt, dass zwei Millionen Menschen in den letzten Jahren eine berufliche Qualifikation erhielten.

Zu 98) In einem Zitat werden drei wesentliche Ziele der Berufsbildungsförderung in Schwellen- und Entwicklungsländern genannt. Wie lauten diese Ziele?

Am Ende des zweiten Absatzes wird der Staatssekretär im Bundesbildungsministerium folgendermaßen zitiert: „Es geht darum, das Prinzip ‚Lernen im Betrieb' in den Bildungssystemen der Partnerländer zu etablieren, die Unternehmen mit in die Pflicht zu nehmen und sie mit Verantwortung für die Ausbildung junger Menschen übernehmen zu lassen."

Zu 99) Welche Staaten unterstützt die Bundesregierung laut dem vorliegenden Text im Bereich der Berufsbildung?

Im ersten Absatz wird die Kooperation des Bundesministeriums für Bildung und Forschung mit Industrie- und Schwellenländern angesprochen. Im zweiten Absatz ist von Entwicklungs- und Schwellenländern die Rede, die vom Bundesministerium für wirtschaftliche Zusammenarbeit und Entwicklung unterstützt werden, um leistungsfähige Berufsbildungssysteme aufzubauen. Am Ende des dritten Absatzes wird beispielhaft das Land Tunesien erwähnt.

Zu 100) Welche Einrichtung hilft vor Ort, die verschiedenen Fördervorhaben aufeinander abzustimmen – und durch welche Maßnahmen?

Gemeint ist das Auswärtige Amt. Die betreffenden Informationen finden sich am Ende des ersten Absatzes: „Das Auswärtige Amt richtet an zahlreichen Auslandsvertretungen Runde Tische zur Koordinierung der verschiedenen Aktivitäten, zum Austausch von Erfahrungen sowie zur Sicherung eines einheitlichen Auftretens im Gastland ein" (...).

Inhalte wiedergeben (Aufgaben 101–105)

Zu 101) stimmt nicht

Wie zufrieden die Bevölkerung mit der Umweltqualität in Deutschland ist, darauf geht der vorliegende Text nicht ein. Es findet sich auch keine Prozentangabe dazu.

Zu 102) stimmt nicht

Rund die Hälfte der Befragten betrachtet die Themen Zuwanderung und Migration (55 Prozent) sowie Kriminalität, Frieden und Sicherheit (47 Prozent) als drängendste Herausforderungen. Beim Umwelt- und Klimaschutz sind es nur 21 Prozent.

Zu 103) stimmt

Der Umwelt- und Klimaschutz zählte 2016 für 21 Prozent der Befragten zu den drängendsten Themen. 2014 waren es zwei Prozentpunkte weniger, also 19 Prozent. Die Themen Zuwanderung und Migration sowie Kriminalität, Frieden und Sicherheit kamen 2014 auf 18 beziehungsweise 20 Prozent. Alle drei Themen wurden 2014 also ungefähr als gleich wichtig bewertet.

Zu 104) stimmt nicht

Zwar empfinden 90 Prozent der Befragten den Plastikmüll in den Weltmeeren und die Abholzung von Wäldern als bedrohlich – eine Rangliste der Umweltgefahren lässt sich aber nicht ableiten.

Zu 105) stimmt

91 Prozent – ein Großteil also – meinen, die Wirtschaft und die Märkte müssten reguliert werden, um die Umwelt zu schützen. Für Regulierungen ist der Staat, also der Gesetzgeber zuständig: Er wäre demnach in der Pflicht, Rahmenbedingungen zu schaffen, um Umweltbelastungen möglichst zu vermeiden.

Fremdsprachenkenntnisse

Englisch: Wortbedeutungen *Bearbeitungszeit 3 Minuten*

Geben Sie die korrekte Bedeutung des englischen Wortes wieder, indem Sie den richtigen Lösungsbuchstaben markieren.

1) eventually

A. möglicherweise
B. schließlich
C. festlich
D. gelegentlich
E. unabhängig

2) conscience

A. Gewissen
B. Bewusstsein
C. Übereinstimmung
D. Selbstsicherheit
E. Wachsamkeit

3) ridiculous

A. ritterlich
B. extrem
C. lächerlich
D. herausragend
E. unsicher

4) incident

A. Entscheidung
B. Entzündung
C. Unentschlossenheit
D. Vorfall
E. Auffälligkeit

5) contract

A. Zusammenfassung
B. Berührung
C. Abteilung
D. Vertrag
E. Belohnung

6) to harm

A. vergnügen
B. übereinstimmen
C. verehren
D. schaden
E. vermeiden

7) bean

A. Aufenthalt
B. Fliege
C. Exil
D. Knochen
E. Bohne

8) unable

A. unnahbar
B. unvollständig
C. unfähig
D. unklar
E. unbeschwert

9) obvious

A. verdächtig
B. abwegig
C. offensichtlich
D. unentschlossen
E. absurd

10) brief

A. entfernt
B. kurz
C. schriftlich
D. persönlich
E. geschickt

Englisch: Grammatik Lückentext *Bearbeitungszeit 5 Minuten*

Finden Sie heraus, welche Wörter in die Leerstellen eingesetzt werden müssen, damit sich ein sinnvoller Satz ergibt.

Hierzu ein Beispiel

Aufgabe

1) His ______ car is new. How much ______ it cost?

A. fathers | is
B. father's | did
C. feather's | have
D. furthers | has been
E. father's | had been

Antwort

(B.) father's | did

His father's car is new. How much did it cost?

Da Genitiven im Englischen ein „s" mit Apostroph angehängt wird, kommen nur die Möglichkeiten B, C und E in Frage. „Feather" bedeutet jedoch „Feder" und nicht etwa „Vater": Somit scheidet Satz C aus. Für die zweite Leerstelle gibt es überhaupt nur einen korrekten Vorschlag, nämlich „did": „How much is it cost?" (Antwort A) ist keine korrekte Frage, und auch „have" (Antwort C) liegt grammatikalisch falsch, da es nicht zum Subjekt „it" in der 3. Person passt. Setzt man „has been" oder „had been" ein, ist zum einen der Satzbau falsch („How much has/have been it cost?"), zum anderen stimmen die Zeitformen – present perfect progressive und past perfect progressive, beides Verlaufsformen – nicht mit „cost" überein, das nicht in einer Verlaufsform steht.

Bitte bearbeiten Sie nun die Aufgaben: Markieren Sie den Lösungsbuchstaben des einzusetzenden Ausdrucks. Sie haben dafür **5 Minuten** Zeit.

11) While I ______ outside I saw a bird.

A. looking
B. watched
C. was looking
D. were watching
E. am seeing

12) They have a ______ daughter.

A. three years old
B. three-years-old
C. three year olds
D. three-year-old
E. three year old

13) Mark says it's ______ to find a new apartment.

A. easy enough
B. enough easy
C. enough as easy
D. easy as enough
E. as easy as enough

14) A few of ______ are going to the club.

A. mens
B. us men
C. we mans
D. ours men
E. we men

15) ______ rain, we'll go inside.

A. If it
B. When it is
C. In case of
D. On appear by
E. At this

16) I was sitting ______ the building.

A. before
B. for
C. in front on
D. ahead on
E. in front of

17) Mandy and Tom ______ out every day.

A. are using to go
B. were using to go
C. were used to go
D. used to go
E. Keine Antwort ist richtig.

18) Sara told her mother that she didn't have ______ today.

A. many homeworks
B. much homeworks
C. much homework
D. many homework
E. Keine Antwort ist richtig.

19) His teacher proposed that he ______ until he has finished his studies.

A. will stays
B. stayed
C. should stay
D. shall staying
E. Keine Antwort ist richtig.

20) ______ you like to visit us, since your husband isn't at home this weekend?

A. Will
B. Won't
C. Wouldn't
D. Want
E. Does

Englisch: Zeitformen

Bearbeitungszeit 5 Minuten

Setzen Sie bitte die Verben in die vorgegebene Zeitform, passend zur angegebenen Person.

Hierzu ein Beispiel

Aufgabe

1) He (walk) | simple present?

A. He was walking.
B. He walks.
C. He will walk.
D. He has been walking.
E. He is walking.

Antwort

(B.) He walks.

Bitte bearbeiten Sie nun die Aufgaben: Markieren Sie jeweils den Lösungsbuchstaben der richtig gebildeten Zeitform.

21) Charlie (look) | present progressive?

A. Charlie looks.
B. Charlie is looking.
C. Charlie has been looking.
D. Charlie would be looking.
E. Charlie will be looking.

22) She (move) | present perfect simple?

A. She moved.
B. She was moving.
C. She has moved.
D. She has been moving.
E. She have moved.

23) I (carry) | past progressive?

A. I am carrying.
B. I was carrying.
C. I were carrying.
D. I have been carrying.
E. I had been carrying.

24) Peter and Carl (talk) | past perfect simple?

A. Peter and Carl were talking.
B. Peter and Carl have been talking.
C. Peter and Carl are talking.
D. Peter and Carl talked.
E. Peter and Carl had talked.

25) We (laugh) | present progressive?

A. We are laughing.
B. We laughed.
C. We were laughing.
D. We have been laughing.
E. We will laugh.

26) We (watch) | future I progressive?

A. We will watch.
B. We would be watching.
C. We would have been watching.
D. We are watching.
E. We will be watching.

27) I (sing) | past perfect progressive?

A. I have been singing.
B. I was singing.
C. I sang.
D. I had been singing.
E. I have sung.

28) You (meet) | present perfect progressive?

A. You had been meeting.
B. You have met.
C. You met.
D. You have been meeting.
E. You are meeting.

29) They (read) | future II progressive?

A. They will have been reading.
B. They would have been reading.
C. They have been reading.
D. They will read.
E. They will be reading.

30) I (learn) | conditional I progressive?

A. I would be learning.
B. I will be learning.
C. I was learning.
D. I would learn.
E. I will learn.

Englisch: Sätze übersetzen *Bearbeitungszeit 5 Minuten*

Wie lautet der vorgegebene deutsche Satz auf Englisch?

Beantworten Sie bitte die folgenden Aufgaben, indem Sie den Lösungsbuchstaben der korrekten Übersetzung markieren.

31) Es ist mir egal.

A. I care not.
B. For me its equal.
C. I dont mind.
D. I don't care.
E. Keine Antwort ist richtig.

32) Während Thomas schlief, hat jemand sein Gepäck geklaut.

A. When Thomas is sleeping, somebody stole his package.
B. While Thomas was sleeping, somebody stealed his baggage.
C. While Thomas was sleeping, somebody stole his baggage.
D. Thomas lost his baggage during the flight.
E. Thomas was stealing somebody's baggage, when he sleeps.

33) Besser spät als nie.

A. Better late than never.
B. Better late as never.
C. Better late then never.
D. Batter late as never.
E. Keine Antwort ist richtig.

34) Wo ein Wille ist, ist auch ein Weg.

A. Where there's a Will, there's a way.
B. Where's a will, there's away.
C. Where there's a will, there's a way.
D. Where a want is, is a way.
E. Keine Antwort ist richtig.

35) Das hängt vom Wetter ab.

A. That hangs apart from the weather.
B. That deepens from the weather.
C. That depends on the weather.
D. That departs from the wether.
E. Keine Antwort ist richtig.

36) Ich bekomme eine gute Note.

A. I become a good note.
B. I get a good note.
C. I get a good grade.
D. I become a good grade.
E. Keine Antwort ist richtig.

37) Man sollte für Prüfungen immer gut vorbereitet sein.

A. You have to prepare yourself good for Testings.

B. Man should him check better for Tests.

C. You should always be well prepared for an exam.

D. You should always be good prepared for an exam.

E. Never prepare for an exam.

38) Wie kommst du denn auf so etwas?

A. How you get this idea?

B. Whatever gave you that idea?

C. How you come on this idea?

D. Where do you find that idea?

E. Do you have a big fantasy?

39) Hatten Sie eine gute Reise?

A. A journey good have had you?

B. Have you had a good journey?

C. Have had you a journey good?

D. You had have a good journey?

E. Had have a journey good you?

40) Was können Sie mir auf der Speisenkarte empfehlen?

A. What recommend you from the menu?

B. What can you me recommend on the menu?

C. What can you recommend me from the menu?

D. What do you recommend from the menu?

E. What especially be can on the recommended menu?

Englisch: Kundengespräch *Bearbeitungszeit 5 Minuten*

Now you slip into the role of a shop assistant at a wholesale market.

Can you respond appropriately to the following requests? Please answer each exercise by marking the letter of the missing phrase.

41) You are working behind the till at a wholesale market. A woman approaches you and says: "Excuse me, do you speak English?" You reply: "Yes, I do. ______"

A. What do you want?
B. What can I get you?
C. What do you do?
D. What can I do for you?
E. What are you needing?

42) The woman pulls a brochure out of her bag and answers: "I ______ the oranges on special offer."

A. look for
B. am looking for
C. am looking after
D. am searching behind
E. am browsing through

43) You take a look at the date on the brochure and tell the customer: "I'm very sorry, Madam, that brochure is old, it isn't ______ any more."

A. valid
B. actual
C. valuable
D. currently
E. modern

44) The customer says: "What a pity! ______ are the oranges today, then?"

A. How
B. However
C. How much
D. How many
E. How money

45) Unfortunately you don't know each individual price. So you say: "Sorry, I don't know that. But the fruit department is right over there, and I'm sure my ______ can help you."

A. chef
B. college
C. colleague
D. workmate
E. employer

46) The woman thanks you for your advice and leaves. After a short while, she reappears at your till with a full shopping cart. This being a wholesale market, you ask: "______ I see your customer card?"

A. Must
B. May
C. Should
D. Will
E. Do

47) The customer responds: "I need this for the sports club, for the student exchange. I don't have a customer card yet, but here is my ______ of the sports club."

A. driver's license
B. passport
C. boarding card
D. customer card
E. membership card

48) Subsequently you inform the customer: "I'm sorry, you ______ here without a customer card."

A. can't buy anything
B. can't buy something
C. can't buy everything
D. can't buy many things
E. can buy nothing

49) Before the costumer gets upset, you add: "If you have an ID card with you, you can go to the information right now and ______ a customer card. It won't take long."

A. appease
B. apply
C. apply for
D. apply to
E. appear at

50) The customer says "Thank you very much!" and you reply:

A. "Please!"
B. "Please you very much!"
C. "You too!"
D. "See you later!"
E. "You're welcome!"

Lösungen: Fremdsprachenkenntnisse

1) B	18) C	35) C
2) A	19) C	36) C
3) C	20) C	37) C
4) D	21) B	38) B
5) D	22) C	39) B
6) D	23) B	40) D
7) E	24) E	41) D
8) C	25) A	42) B
9) C	26) E	43) A
10) B	27) D	44) C
11) C	28) D	45) C
12) D	29) A	46) B
13) A	30) A	47) E
14) B	31) D	48) A
15) C	32) C	49) C
16) E	33) A	50) E
17) D	34) C	

Englisch: Wortbedeutungen (Aufgaben 1–10)

Zu 1) **B.** schließlich

Zu 2) **A.** Gewissen

Zu 3) **C.** lächerlich

Zu 4) **D.** Vorfall

Zu 5) **D.** Vertrag

Zu 6) **D.** schaden

Zu 7) **E.** Bohne

Zu 8) **C.** unfähig

Zu 9) **C.** offensichtlich

Zu 10) **B.** kurz

Englisch: Grammatik Lückentext (Aufgaben 11–20)

Zu 11) **C.** was looking

While I was looking outside I saw a bird.

Übersetzt: „Während ich nach draußen schaute, sah ich einen Vogel." Hier geht es um die korrekte Zeitform des richtigen Verbs: Das Signalwort „while" weist darauf hin, dass etwas passiert ist („I saw a bird"), während eine zweite Aktion im Gange war. Das Verb, das diese zweite Aktion benennt, muss daher im past progressive stehen, das nur in Antwort C korrekt gebildet wird. Darüber hinaus verwenden die Antworten B, D und E unpassende Verben: „watch" drückt eher aus, dass man etwas Bestimmtes bewusst beobachtet, das sich verändert oder bewegt, aber nicht ein allgemeines „nach draußen schauen"; „to see" wird eher dann verwendet, wenn etwas ohne besondere Absicht wahrgenommen wird („I saw a bird": Ich habe den Vogel nicht bewusst beobachtet, er kam plötzlich in mein Sichtfeld). Die adäquate Übersetzung für „sehen" lautet hier „look".

Zu 12) D. three-year-old

They have a three-year-old daughter.

Übersetzt: „Sie haben eine drei Jahre alte Tochter." Das Adjektiv „dreijährig" wird im Englischen durch die mit Bindestrichen verbundene Konstruktion „three-year-old" widergegeben, Antwort D stimmt. Vorschlag A ist zu unbeholfen aus dem Deutschen übersetzt, und die versuchte Pluralbildung des Adverbs „old" in Vorschlag C geht vollkommen fehl.

Zu 13) A. easy enough

Mark says it's easy enough to find a new apartment.

Übersetzt: „Mark sagt, es ist ziemlich einfach, ein Apartment zu finden." Die gesuchte Formel „ziemlich einfach" heißt im Englischen „easy enough" – Antwort A ist also korrekt. Lösung B scheidet aufgrund der falschen Wortstellung aus; die Vorschläge C und D mit eingefügtem „as" („als", „wie") sind ebenso unsinnig wie der Ausdruck „as easy as enough" (dt. „so einfach wie genug").

Zu 14) B. us men

A few of us men are going to the club.

Übersetzt: „Einige von uns Männern gehen in den Club." Antwort A bildet den Plural fälschlicherweise mit angehängtem „s", die Möglichkeiten C und E ziehen außerdem noch das falsche Personalpronomen „we" hinzu. Antwort D ist mit „ours" nicht viel besser. Somit kommt nur B infrage.

Zu 15) C. In case of

In case of rain, we'll go inside.

Übersetzt: „Falls es regnet, werden wir hineingehen." Nach „if it" (Satz A) wäre ein Verb in der dritten Person zu erwarten („rains"), das jedoch nicht im Aufgabensatz steht. Ähnliches gilt für „when it is" (Satz B), auf das die Verlaufsform „raining" folgen müsste. „On appear by" (Satz D) ist eine im Englischen unbekannte Wendung, „at this rain" (Satz E) schließlich ist eine inadäquate Übersetzung des deutschen „bei diesem Regen". „Im Fall, dass es regnet", wird im Englischen kurz und elegant mit „in case of rain" übersetzt.

Zu 16) E. in front of

I was sitting in front of the building.

Übersetzt: „Ich habe vor dem Gebäude gesessen." Wenn sich etwas räumlich vor etwas anderem befindet, verwendet man die Wendung „in front of" (nicht „in front on"). Auch „ahead" kann ein räumliches „vor" bedeuten; man kombiniert es jedoch nicht mit der Präposition „on", sondern mit „of". „Before" schließlich bezieht sich auf ein rein zeitliches „davor" und kann hier nicht sinnvoll eingesetzt werden.

Zu 17) D. used to go

Mandy and Tom used to go out every day.

Übersetzt: „Mandy und Tom waren es gewohnt, jeden Tag auszugehen." Die Verlaufsform „using" (Vorschläge A und B) kommt für eine regelmäßig wiederholte Aktivität („every day") nicht infrage, und „were used" (Möglichkeit C) bedeutet „wurden benutzt".

Zu 18) C. much homework

Sara told her mother that she didn't have much homework today.

Übersetzt: „Sara sagte ihrer Mutter, dass sie heute nicht viele Hausaufgaben habe." Da „homework" bereits im Plural steht – das Wort ist überhaupt nur in der Mehrzahl gebräuchlich – stimmen die Pluralkonstruktionen der Antworten A und B mit angehängtem „s" nicht. Ob nun „much" oder „many" zu verwenden ist, richtet sich nach der Zählbarkeit des Bezugsworts: Zählbare Substantive können eine Mehrzahl bilden („friend" – „friends") und werden mit „many" verwendet; nicht zählbare Substantive wie „homework" verlangen nach „much".

Zu 19) C. should stay

His teacher proposed that he should stay until he has finished his studies.

Übersetzt: „Sein Lehrer schlug vor, dass er bleiben solle, bis er sein Studium beendet habe." Antwort A entfällt, da „will" zum einen den Infinitiv nach sich zieht und zum anderen eine Gewissheit ausdrückt – der Lehrer hat jedoch nur etwas vorgeschlagen. Möglichkeit D nutzt fälschlicherweise die Verlaufsform „staying", und Vorschlag B unterschlägt den fälligen Konjunktiv. Somit kann nur Lösung C stimmen.

Zu 20) C. Wouldn't

Wouldn't you like to visit us, since your husband isn't at home this weekend?

Übersetzt: „Hättest du nicht Lust, uns zu besuchen, da dein Mann am Wochenende nicht zuhause ist?" Antwort E entfällt bereits aufgrund der falschen Personalform (3. Person, richtig wäre 2. Person). „Want" („wollen") passt weder grammatisch noch inhaltlich in die Satzkonstruktion. „Will you" (Antwort A) bedeutet „wirst du", „won't" heißt übersetzt „wirst du nicht" – beides etwas zu forsch für eine englische Frage, die höflicherweise mit „würde" („would") gebildet wird.

Englisch: Zeitformen (Aufgaben 21–30)

Zu 21) B. Charlie is looking.

Zu 22) C. She has moved.

Zu 23) B. I was carrying.

Zu 24) E. Peter and Carl had talked.

Zu 25) A. We are laughing.

Zu 26) E. We will be watching.

Zu 27) D. I had been singing.

Zu 28) D. You have been meeting.

Zu 29) A. They will have been reading.

Zu 30) A. I would be learning.

Englisch: Sätze übersetzen (Aufgaben 31–40)

Zu 31) D. I don't care.

Die richtige Antwort lautet D, „I don't care". Die Sätze A und B sind falsch gebildet. Möglichkeit B unterschlägt außerdem noch einen Apostroph („its"), ebenso wie Vorschlag C („dont"), der darüber hinaus etwas anderes bedeutet, nämlich „es macht mir nichts aus".

Zu 32) C. While Thomas was sleeping, somebody stole his baggage.

Wie der Aufgabensatz muss auch die Übersetzung in der Vergangenheit stehen: Antwort A mit der Präsensform „is sleeping" – und der Falschübersetzung „package" („Paket") – scheidet daher aus. In Vorschlag B ist das unregelmäßige Verb „to steal" falsch konjugiert. Satz D (übersetzt: „Thomas hat sein Gepäck während des Fluges verloren") schildert eine gänzlich andere Situation, und in Vorschlag E ist Thomas gar selbst der Dieb. Inhaltlich und grammatisch richtig ist allein Antwort C.

Zu 33) A. Better late than never.

Antwort A stimmt. Nur hier sind alle Wörter richtig geschrieben und durch die passende Konjunktion „than" verbunden. „Then" (Antwort C) bedeutet „dann", und „as" (Satz D) wird in Vergleichen ungleicher Elemente („mehr als", „schlechter als", „schneller als") nicht verwendet.

Zu 34) C. Where there's a will, there's a way.

Antwort C stimmt. Substantive schreibt man im Englischen in der Regel klein, folglich wäre das großgeschriebene „Will" in Satz A höchstens als Eigenname zulässig – um die Person Will geht es jedoch nicht. Das zusammengeschriebene „away" (Antwort B) bedeutet so viel wie „entfernt". Auch Vorschlag D liegt falsch: Als Verb heißt „want" zwar „wollen", doch als Substantiv ist es mit „Bedarf" oder „Bedürfnis" zu übersetzen. Obendrein lehnt sich hier der Satzbau zu stark ans Deutsche an.

Zu 35) C. That depends on the weather.

Antwort C stimmt. „Deepen" (Antwort B) heißt „vertiefen", „depart from" (Möglichkeit D) bedeutet „abfahren von", und zwar in diesem Fall von einem Hammel („wether"). „That hangs apart" in Satz D schließlich besagt, dass etwas im ganz wörtlichen Sinne aufgehängt ist, und zwar in einiger Entfernung zum Wetter – was ebenfalls keine besonders sinnvolle Aussage ist.

Zu 36) C. I get a good grade.

Die korrekte Antwort ist C. „Become" (Vorschläge A und D) bedeutet „werden", mit „note" (Sätze A und B) bezeichnet man Musiknoten oder kurze Textnotizen.

Zu 37) C. You should always be well prepared for an exam.

Das Wort „testings" (Antwort A) gibt es im Englischen nicht; die „Prüfung" wird im englischen Plural zu „tests" oder „exams". Antwort B ist mit „man should" für „man sollte" zu wörtlich und damit falsch übersetzt, auch der Satzaufbau stimmt hier nicht. Vorschlag E geht inhaltlich fehl: „Never prepare for an exam" bedeutet „Bereite dich nie auf eine Prüfung vor". Übrig bleiben die Möglichkeiten C und D – heißt es nun „well prepared" oder „good prepared"? Der Unterschied: Das Adjektiv „good" bezieht sich auf ein Substantiv, das Adverb „well" auf ein Verb, Adjektiv oder Adverb. Zum Beispiel: „You should always be well prepared (Adverb + Adjektiv) for an exam", aber: „You should always be in good shape (Adjektiv + Substantiv) for an exam". Die richtige Antwort ist demnach C.

Zu 38) B. Whatever gave you that idea?

Antwort E erscheint nicht als englischer Satz, sondern als mangelhafte Übersetzung der Frage „Hast du eine große Fantasie?". Antwort D verwendet mit „find" („finden") ein unangemessenes Verb. Antwort C ist zu nahe am Deutschen: „How you come on this idea?" ist eine wörtliche (und falsche) Anlehnung an „Wie bist du denn auf die Idee gekommen?". Antwort A kommt dem vorgegebenen Satz zwar recht nahe, doch zur Vollständigkeit fehlt das Hilfsverb „did". Nach dem Ausschlussprinzip kommt nur Antwort B infrage.

Zu 39) B. Have you had a good journey?

Als richtige Antwort kommt nur Vorschlag B in Betracht. Bei allen anderen Antworten stimmt der Satzbau nicht, da „have", „had" und „you" – wenn überhaupt vorhanden – an falschen Positionen stehen.

Zu 40) D. What do you recommend from the menu?

Die Floskel „können Sie mir" ist mit „can you me" (Antworten B und C) ebenso wörtlich wie ungelenk übersetzt. In Möglichkeit A stimmt der Satzbau nicht; die Wortfolge „be can on the recommended menu" in Vorschlag E ist vollkommenes Kauderwelsch. Die korrekte Übersetzung findet sich unter Vorschlag D.

Englisch: Kundengespräch (Aufgaben 41–50)

Zu 41) D. What can I do for you?

"Yes, I do. ***<u>What can I do for you?</u>***"

Übersetzt: „Ja, spreche ich. Was kann ich für Sie tun?"

Ein Verkäufer an der Kasse fragt Kunden üblicherweise nicht „Was kann ich Ihnen bringen?" (Antwort B), „Was machen Sie beruflich?" (Vorschlag C) oder „Was brauchen Sie jetzt gerade?" (Antwort E). Möglichkeit A („Was wollen Sie?") ist eine ziemlich unhöfliche Art der Kundenansprache. Übrig bleibt Lösung D mit der Frage: „Was kann ich für Sie tun?"

Zu 42) B. am looking for

"I *am looking for* the oranges on special offer."

Übersetzt: „Ich suche die Orangen im Sonderangebot."

Die Kundin möchte sicher nicht mitteilen, dass sie etwas hinter den Orangen im Sonderangebot sucht („search behind"), wie Variante D nahelegt. Vorschlag E („to browse through") bedeutet „durchstöbern" – auch dieses Verb ist im Satzzusammenhang unlogisch. Vorschlag C („to look after") heißt so viel wie „sich kümmern um". Bei Antwort A stimmt zwar das Verb („to look for" – „suchen"), es steht aber nicht in der benötigten Verlaufsform. Richtig ist also Möglichkeit B („am looking for").

Zu 43) A. valid

"I'm very sorry, Madam, that brochure is old, it isn't *valid* any more."

Übersetzt: „Das tut mir leid, der Prospekt ist alt, er ist nicht mehr gültig."

Hier sind gute Vokabelkenntnisse gefragt. Dass der Prospekt nicht mehr gültig ist, drücken Sie mit dem Adjektiv „valid" (Vorschlag A) aus. Das ähnlich klingende „valuable" aus Antwort C bedeutet „wertvoll". Möglichkeit B kann man leicht mit dem deutschen Wort „aktuell" verwechseln – „actual" heißt aber „tatsächlich". Antwort D liegt mit „currently" („momentan") falsch. Dass der Prospekt nicht mehr modern sei (Antwort E), ist im vorliegenden Zusammenhang eine unsinnige Aussage.

Zu 44) C. How much

"What a pity! *How much* are the oranges today, then?"

Übersetzt: „Wie schade! Was kosten die Orangen denn heute?"

„How are the oranges today, then?" (Antwort A) bedeutet „Wie geht es den Orangen denn heute?", was offensichtlich keinen Sinn ergibt. Mit Vorschlag B, dem Adverb „however" („allerdings"), lässt sich keine Frage einleiten. Mit Möglichkeit D („how many" – „wie viele") würde es um die Anzahl gehen. Vorschlag E („how money" – „wie Geld") ist schlicht Kauderwelsch. Nach dem Preis fragt man im Englischen mit „How much is/are ..." („Wieviel kostet/kosten ..."), wie es Antwort C vorgibt.

Zu 45) C. colleague

"Sorry, I don't know that. But the fruit department is right over there, and I'm sure my *colleague* can help you."

Übersetzt: „Tut mir leid, das weiß ich nicht. Aber die Obstabteilung ist gleich da drüben und ich bin sicher, mein Kollege kann Ihnen helfen."

Der Kollege schreibt sich im Englischen „colleague“ (Antwort C) – auf den ersten Blick leicht zu verwechseln mit „college“ (Antwort B), was jedoch eine höhere Schule oder Hochschule in englischsprachigen Ländern bezeichnet. „Workmate“ (Vorschlag D) bedeutet zwar auch „Kollege“, ist aber für ein Kundengespräch zu umgangssprachlich. Den Arbeitgeber („employer“, Antwort E) oder den Chefkoch („chef“, Antwort A) zurate zu ziehen, wäre abwegig.

Zu 46) B. May

"***May*** I see your customer card?"

Übersetzt: „Darf ich Ihre Kundenkarte sehen?“

Üblicherweise verkaufen Großhändler nicht an Privatkunden, sondern nur an Gewerbetreibende sowie an Vereine und ähnliche Einrichtungen. Zum Nachweis ihrer Kaufberechtigung muss die Kundin daher ihre Kundenkarte vorzeigen. Es wäre also unstimmig, wenn sich die Verkäuferin unsicher erkundigt, ob sie die Kundenkarte sehen muss („must“, Antwort A), sehen sollte („should“, Vorschlag C), sehen wird („will“, Möglichkeit D) oder gerade sieht („Do I see …“, Antwort E). Angebracht ist die höfliche Nachfrage „Darf ich Ihre Kundenkarte sehen?“ die im Englischen mit „may“ eingeleitet wird.

Zu 47) E. membership card

"I need this for the sports club, for the student exchange. I don't have a customer card yet, but here is my ***membership card*** of the sports club."

Übersetzt: „Ich brauche das für den Sportverein, für den Schüleraustausch. Ich habe noch keine Kundenkarte, aber hier ist mein Mitgliedsausweis des Sportvereins.“

Zum Nachweis der Mitgliedschaft im Sportverein taugt weder ein Führerschein („driver's license“, Antwort A) noch ein Pass („passport“, Vorschlag B) und erst recht keine Flugzeug-Bordkarte („boarding card“, Möglichkeit C). Und eine Kundenkarte („customer card“, Antwort D) besitzt die Kundin noch nicht – also legt sie ihren Mitgliedsausweis vor („membership card“, Antwort E).

Zu 48) A. can't buy anything

"I'm sorry, you ***can't buy anything*** here without a customer card."

Übersetzt: „Ich bedaure, Sie können hier nichts ohne Kundenkarte kaufen.“

Die Verneinung „etwas nicht können“ wird im Englischen gebildet, indem man das Modalverb „can“ in verneinter Form mit dem Pronomen „anything" („etwas, alles") kombiniert. Antwort A ist also korrekt. Das Pronomen „something" (Vorschlag B) bedeutet zwar auch „etwas", wird aber nicht in Verneinungen verwendet. Antwort E („can buy nothing") ist eine wortwörtliche und falsche Übersetzung aus dem Deutschen. Vollkommen fehl gehen die Möglichkeiten C („You can't buy everything" – „Sie können nicht alles kaufen") und D („You can't buy many things" – „Sie können nicht viele Dinge kaufen").

Zu 49) C. apply for

"If you have an ID card with you, you can go to the information right now and ***apply for*** a customer card. It won't take long."

Übersetzt: „Wenn Sie einen Ausweis bei sich haben, können Sie sofort zur Information gehen und eine Kundenkarte beantragen. Das dauert nicht lange."

Die Vorschläge A und E können Sie schnell ausschließen: „to appease" bedeutet „beschwichtigen", „to appear" heißt soviel wie „erscheinen". „Etwas beantragen" wird richtig mit „to apply for" übersetzt, wobei die Präposition entscheidend ist: Steht das Verb für sich allein (Möglichkeit B), bedeutet es „anwenden, auftragen", und „apply to" (Antwort D) heißt „sich beziehen auf".

Zu 50) E. "You're welcome!"

"Thank you very much!" – ***"You're welcome!"***

Übersetzt: „Dankeschön!" – „Gern geschehen!"

Auf ein „Dankeschön" folgt üblicherweise ein „Bitteschön/Gern geschehen/Nichts zu danken". Diese Wendung kann nicht wörtlich mit „Please" übersetzt werden, wie es Vorschlag A versucht. Mit Antwort B ergibt sich eine Formel, die im Englischen nicht existiert. Hölzern und ungebräuchlich wäre die Entgegnung „Ihnen auch" („You too", Antwort C). Da der Text keine Anhaltspunkte dafür liefert, dass Sie die Kundin persönlich kennen, ist ein „bis später" (Antwort D) ebenfalls unangebracht. Richtig ist „You're welcome" (Antwort E).

Mathematik

Kopfrechnen

Bearbeitungszeit 10 Minuten

Bei dieser Aufgabe geht es darum, einfache Rechnungen im Kopf zu lösen.

Bitte benutzen Sie **keinen Taschenrechner** und machen Sie **keine schriftlichen Nebenrechnungen**!

Beantworten Sie bitte die folgenden Aufgaben, indem Sie jeweils den richtigen Lösungsbuchstaben markieren.

1) $(-4) \times 2 - (-3) \times 4 = ?$

A. 4
B. 20
C. –20
D. –56
E. Keine Antwort ist richtig.

2) 827.614 – 794.852 = ?

A. 31.762
B. 32.262
C. 32.762
D. 32.862
E. Keine Antwort ist richtig.

3) 8.648 + 9.576 + 978 = ?

A. 18.304
B. 18.302
C. 19.202
D. 20.202
E. Keine Antwort ist richtig.

4) 12.082 + 2.376 + 156 = ?

A. 14.304
B. 14.614
C. 15.202
D. 16.614
E. Keine Antwort ist richtig.

5) $\frac{1}{4} - 2 + 4\frac{3}{4} - 0{,}5 + 7{,}5 = ?$

A. 11
B. 12
C. 10
D. 7,5
E. 8

6) $-5 \times 3 - (-2) \times 3 = ?$

A. –39
B. –9
C. 51
D. 90
E. Keine Antwort ist richtig.

7) $(4 + 3) \times 3\ (6 - 2) \times 2 = ?$

A. –39
B. –9
C. 51
D. 168
E. Keine Antwort ist richtig.

8) $(-6) \times 3 + 4 \times (-4) - 3 = ?$

A. –59
B. –53
C. 37
D. –37
E. Keine Antwort ist richtig.

9) $8.127 \times 3.218 = ?$

A. 23.652.686
B. 24.652.686
C. 25.252.686
D. 26.152.686
E. Keine Antwort ist richtig.

10) $92.880 \div 645 = ?$

A. 142
B. 144
C. 146
D. 156
E. Keine Antwort ist richtig.

Umrechnen (Maße und Einheiten)

Bearbeitungszeit 7½ Minuten

Beantworten Sie bitte die folgenden Aufgaben, indem Sie jeweils den richtigen Lösungsbuchstaben markieren.

11) Der Abstand zwischen zwei Schienenkörpern wird als „Spurweite" bezeichnet und beträgt 1.435 mm. Wie viele Dezimeter sind das?

A. 1,435 dm
B. 14,35 dm
C. 0,1435 dm
D. 143,5 dm
E. Keine Antwort ist richtig.

12) Die Tragkraft einer Hebebühne beträgt 1,05 Tonnen. Wie vielen Kilogramm entspricht das?

A. 105 kg
B. 1.050 kg
C. 1.500 kg
D. 15.000 kg
E. Keine Antwort ist richtig.

13) Für einen Betonboden benötigt Herr Müller 18.000 Liter Beton. Wie vielen Kubikmetern entspricht das?

A. 8 m^3
B. 18 m^3
C. 180 m^3
D. 1.800 m^3
E. Keine Antwort ist richtig.

14) Die lange Seite eines DIN-A4-Blattes beträgt 297 mm und entspricht der kurzen Seite eines DIN-A3-Blattes. Wie lang ist die längere Seite eines DIN-A3-Blattes, wenn das Seitenverhältnis 1 : 1,414 beträgt? Runden Sie das Ergebnis auf ganze Zahlen.

A. 400 cm
B. 40 cm
C. 42 mm
D. 420 mm
E. Keine Antwort ist richtig.

15) Herr Mayer muss eine Lieferantenrechnung über 24.000 US-Dollar ($) begleichen. Dafür möchte er Euro in Dollar wechseln. Wie viel Euro muss Herr Mayer bei einem Kurs von 1 € = 1,50 $ umtauschen?

A. 14.000 €
B. 16.000 €
C. 18.000 €
D. 20.000 €
E. Keine Antwort ist richtig.

16) Wie viele Quadratmeter sind 6,8 Quadratkilometer?

A. 6.800.000
B. 6.800
C. 68.000
D. 680.000
E. Keine Antwort ist richtig.

17) Wie viele Quadratdezimeter sind 0,9 Hektar?

A. 900.000
B. 9 Mio.
C. 90.000
D. 9.000
E. Keine Antwort ist richtig.

18) Wie viele Meter pro Sekunde sind 75 Kilometer pro Stunde?

A. 20,83
B. 7,5
C. 22,5
D. 18
E. Keine Antwort ist richtig.

19) Bei einem Gewitter wurde laut Wetteramt eine Niederschlagshöhe von 41,5 mm pro Stunde erreicht. Wie viele Liter Wasser gingen demnach stündlich auf einen Quadratmeter nieder?

A. 0,415
B. 4,15
C. 41,5
D. 415
E. Keine Antwort ist richtig.

20) Ein Floh ist 2 Millimeter groß und springt 40 Zentimeter weit. Wie weit könnte ein 1,80 Meter großer Mensch springen, wenn das Verhältnis von Körpergröße zu Sprungkraft dasselbe wäre?

A. 360 m
B. 72 m
C. 3,6 km
D. 720 dm
E. Keine Antwort ist richtig.

Schätzaufgaben

Bearbeitungszeit 5 Minuten

Versuchen Sie nicht, die folgenden Aufgaben vollständig auszurechnen: Sie sollen die Ergebnisse geschickt schätzen! Einen **Taschenrechner dürfen Sie dazu nicht benutzen**, auch **schriftliche Nebenrechnungen sind unzulässig.**

Bearbeitungstipps

Konzentrieren Sie sich auf die Endziffern der Operanden, um die letzte Stelle des Ergebnisses zu ermitteln.

Ergebnisbereiche lassen sich durch eine Überschlagsrechnung mit gerundeten Werten abschätzen. Aber Vorsicht: Kleine Abweichungen bei Faktoren, Dividenden und Divisoren können das Ergebnis stark verändern.

Bitte bearbeiten Sie die folgenden Aufgaben, indem Sie jeweils den Lösungsbuchstaben des richtigen Antwortvorschlags markieren.

21) 151,23 × 21,44 = ?

A. 3.476,98
B. 3.398,358
C. 2.998,12
D. 3.242,3712
E. Keine Antwort ist richtig.

22) In welchem Bereich liegt das Ergebnis von: 21.533 + 12.678 + 2.041?

A. Zwischen 34.000 und 34.500
B. Zwischen 34.500 und 35.000
C. Zwischen 35.000 und 35.500
D. Zwischen 35.500 und 36.000
E. Zwischen 36.000 und 36.500

23) 467,45 – 276,5 + 1.235,55 = ?

A. 1.508,65
B. 1.492
C. 1.426,5
D. 1.284,5
E. Keine Antwort ist richtig.

24) 12.112 + 25.987 + 19.945 = ?

A. 60.035
B. 56.384
C. 56.034
D. 58.044
E. Keine Antwort ist richtig.

25) In welchem Bereich liegt das Ergebnis von:
$125 \div 35$?

A. Zwischen 2,8 und 3,1
B. Zwischen 3,1 und 3,4
C. Zwischen 3,4 und 3,7
D. Zwischen 3,7 und 4,0
E. Zwischen 4,0 und 4,3

26) $\sqrt{48.400} = ?$

A. 120
B. 200
C. 220
D. 320
E. 400

27) $\frac{5}{14} + \frac{4}{27} = ?$

A. 0,992
B. 1,202
C. 0,848
D. 0,505
E. Keine Antwort ist richtig.

28) 73,2 % von 845 = ?

A. 388,6
B. 546,99
C. 764,88
D. 618,54
E. Keine Antwort ist richtig.

29) $(243 \div 2{,}105) \times \frac{3}{4} = ?$

A. 54,63
B. 86,579
C. 99,754
D. 112,867
E. Keine Antwort ist richtig.

30) In welchem Bereich liegt das Ergebnis von:
$3{,}9^2 \times 202$?

A. Zwischen 3.400 und 3.550
B. Zwischen 3.050 und 3.125
C. Zwischen 3.200 und 3.275
D. Zwischen 3.325 und 3.400
E. Zwischen 2.850 und 2.925

Dreisatz

Bearbeitungszeit 10 Minuten

Beantworten Sie bitte die folgenden Aufgaben, indem Sie jeweils den richtigen Lösungsbuchstaben markieren.

31) 3 Fliesenleger verlegen die Fliesen in einem Badezimmer in 3,5 Stunden. Wie lange brauchen 7 Fliesenleger dafür?

A. 54 Minuten
B. 30 Minuten
C. 1,4 Stunden
D. 1,5 Stunden
E. Keine Antwort ist richtig.

32) Drei Maler brauchen 1,5 Stunden, um 63 Quadratmeter Fläche zu streichen. Wie lange brauchen fünf Maler dafür?

A. 60 Minuten
B. 54 Minuten
C. 48 Minuten
D. 36 Minuten
E. Keine Antwort ist richtig.

33) Der Laserprinter des Versicherungsunternehmens „Live" druckt 24.000 Zeilen pro Stunde. Wie lange benötigt er für 200 Seiten mit je 50 Zeilen?

A. 0,25 h
B. 25 min
C. 35 min
D. 45 min
E. Keine Antwort ist richtig.

34) Für die Produktion von 40 Maschinen setzt Herr Mayer acht Mitarbeiter für acht Arbeitstage jeweils 8 Stunden ein. Nun muss Herr Mayer einen dringenden Auftrag über 60 Maschinen in sechs Tagen bewältigen. Wie viel Arbeiter müsste er für diesen Auftrag einsetzen?

A. 12 Mitarbeiter
B. 14 Mitarbeiter
C. 16 Mitarbeiter
D. 20 Mitarbeiter
E. Keine Antwort ist richtig.

35) Für eine Veranstaltung werden an zwei Tagen sechs Popcornmaschinen aufgestellt. Insgesamt kommen die Maschinen dabei auf einen Stromverbrauch von 420 kWh. Wie hoch wäre der Stromverbrauch, wenn man drei Tage lang acht Maschinen betreiben würde?

A. 800 kWh
B. 820 kWh
C. 840 kWh
D. 900 kWh
E. Keine Antwort ist richtig.

36) 140 Mitarbeiter verzehren in 5 Tagen 266 kg Obst. Wie viel Obst würde im gleichen Zeitraum verzehrt, wenn 10 Mitarbeiter mehr davon essen?

A. 192 kg
B. 195 kg
C. 285 kg
D. 290 kg
E. Keine Antwort ist richtig.

37) Zur Herstellung von 200 Ersatzteilen werden 1,5 Tonnen eines speziellen Bleches verbraucht. Wie viel Blech wird für 120 Ersatzteile benötigt?

A. 900 kg
B. 1.100 kg
C. 1.200 kg
D. 1.500 kg
E. Keine Antwort ist richtig.

38) Herr Mayer verkauft eine 0,75-Liter-Weinflasche für 3 €. Wie teuer müsste eine 1-Liter-Flasche sein, um den gleichen Umsatz zu erzielen?

A. 3,60 €
B. 4 €
C. 4,20 €
D. 5 €
E. Keine Antwort ist richtig.

39) Herr Mayer benötigt für die Bearbeitung von 40 Aufträgen die gleiche Zeit wie sein Kollege Schulz für 60 Aufträge. Wie viele Aufträge erledigt Kollege Schulz in der Zeit, die Herr Mayer für 60 Aufträge benötigt?

A. 80 Aufträge
B. 90 Aufträge
C. 100 Aufträge
D. 70 Aufträge
E. Keine Antwort ist richtig.

40) Für die Fertigstellung eines Auftrages benötigen vier Mitarbeiter der Produktion acht Stunden. Wie viele Mitarbeiter müssen eingesetzt werden, damit der Auftrag in vier Stunden fertiggestellt wird?

A. 5 Mitarbeiter
B. 6 Mitarbeiter
C. 7 Mitarbeiter
D. 8 Mitarbeiter
E. Keine Antwort ist richtig.

Gemischte Textaufgaben *Bearbeitungszeit 10 Minuten*

Beantworten Sie bitte die folgenden Aufgaben, indem Sie jeweils den richtigen Lösungsbuchstaben markieren.

41) Der Triebwagen eines Güterzugs ist 98 t schwer und kann insgesamt höchstens 850 t Gewicht ziehen. Ein voll beladener Waggon wiegt 27,5 t. Wie viele voll beladene Waggons darf der Güterzug maximal haben?

A. 35
B. 24
C. 27
D. 30
E. Keine Antwort ist richtig.

42) Zwei Züge begegnen sich an einer Haltestelle um 10:00 Uhr und fahren in entgegengesetzte Richtungen weiter. Wie weit sind sie um 11:30 Uhr voneinander entfernt, wenn der eine Zug mit 100 km/h und der andere Zug mit 120 km/h fährt?

A. 260 km
B. 280 km
C. 320 km
D. 330 km
E. Keine Antwort ist richtig.

43) Der Auszubildende Müller erhält für einen Kundenumsatz von 16.600 € eine Prämie von 83 €. Wie hoch würde die Prämie bei einem Umsatz von 22.600 € ausfallen?

A. 94 €
B. 98 €
C. 111 €
D. 113 €
E. Keine Antwort ist richtig.

44) Eine Prämie in Höhe von 39.600 € soll im Verhältnis 4 : 3 : 2 an drei Gesellschafter verteilt werden. Welcher Betrag entfällt auf Herrn Mayer, wenn ihm der geringste Anteil zusteht?

A. 13.200 €
B. 17.600 €
C. 7.800 €
D. 8.800 €
E. Keine Antwort ist richtig.

45) Mit seinem alten Motorrad benötigt Herr Mayer für den Weg zu seinem Ferienhaus bei einer Durchschnittsgeschwindigkeit von 60 km/h genau 6 Stunden. Nun möchte er ein neues Motorrad kaufen, das über 80 km/h fahren kann. Wie lange braucht Herr Mayer zum Ferienhaus, wenn er im Schnitt 60 km/h fährt?

A. 300 min
B. 350 min
C. 360 min
D. 400 min
E. Keine Antwort ist richtig.

46) Für einen 4 m breiten, 5 m langen und 2,5 m hohen Raum wird weiße Farbe benötigt. Die Wände und die Decke sollen gestrichen werden. Ein Eimer beinhaltet 5 Liter. Wie viel Eimer müssen gekauft werden, wenn pro Quadratmeter 0,23 Liter Farbe verbraucht werden?

A. 1
B. 2
C. 3
D. 4
E. Keine Antwort ist richtig.

47) Herr Mayer verkauft pro Monat 40 Waschmaschinen zum Stückpreis von 340 €. Seine Selbstkosten betragen für 40 Waschmaschinen insgesamt 9.600 €. Welchen Gewinn erzielt Herr Mayer mit dem Verkauf einer Waschmaschine?

A. 4.000 €
B. 2.400 €
C. 60 €
D. 100 €
E. Keine Antwort ist richtig.

48) Herr Müller verkauft pro Monat 800 Taschen zum Stückpreis von 24 €. Seine Selbstkosten betragen für 800 Taschen insgesamt 12.000 €. Welchen Gewinn erzielt Herr Müller mit dem Verkauf einer Tasche?

A. 7 €
B. 9 €
C. 11 €
D. 12 €
E. Keine Antwort ist richtig.

49) Herr Müller möchte eine Prämie von 11.550 € für besondere Leistungen an drei Mitarbeiter ausschütten. Als Verteilungsschlüssel möchte er die Dauer der Betriebszugehörigkeit nutzen. Mitarbeiter 1 ist mit 6 Jahren doppelt so lange wie Mitarbeiter 2, Mitarbeiter 3 nur halb so lange wie Mitarbeiter 2 im Betrieb tätig. Wie hoch ist der Betrag, den Mitarbeiter 3 erhalten müsste?

A. 1.000 €
B. 1.500 €
C. 1.600 €
D. 1.650 €
E. Keine Antwort ist richtig.

50) Herr Mayer und seine beiden Gesellschafter möchten als Sponsoren die Kosten für ein neues Vereinshaus übernehmen. Gesellschafter A übernimmt ⅓ und Gesellschafter B ¼ der Kosten. Die restlichen 50.000 Euro spendiert Herr Mayer. Wie viel Euro kostet das Vereinshaus?

A. 100.000 €
B. 120.000 €
C. 140.000 €
D. 160.000 €
E. Keine Antwort ist richtig.

51) Zwei alkoholhaltige Getränke werden zu gleichen Teilen zu einem Cocktail vermengt. Der Alkoholgehalt des einen Getränks liegt bei 17,5 %, der des anderen Getränks bei 30 %. Wie viel Prozent Alkohol enthalten 100 ml des Cocktails?

A. 25 %
B. 47,5 %
C. 23,75 %
D. 21,25 %
E. Keine Antwort ist richtig.

52) Ein Kegelverein hat insgesamt 72 Mitglieder – ⅝ von ihnen lesen gerne, 6/9 gehen gerne ins Kino. Wie viele Kinogänger gibt es mehr oder weniger als Lesefreunde?

A. 2 Kinogänger weniger als Lesefreunde
B. 6 Kinogänger mehr als Lesefreunde
C. 3 Kinogänger mehr als Lesefreunde
D. 4 Kinogänger weniger als Lesefreunde
E. Keine Antwort ist richtig.

53) Herr Müller fährt mit 60 km/h. Seine Frau folgt in einem Abstand von 400 Metern. Wie schnell muss Frau Müller fahren, wenn sie Herrn Müller in 30 Sekunden einholen möchte?

A. 48 km/h
B. 60 km/h
C. 108 km/h
D. 118 km/h
E. Keine Antwort ist richtig.

54) Die Lichtgeschwindigkeit beträgt rund 300 Millionen Meter pro Sekunde. Wie viel langsamer ist ein Sportwagen, der sich mit 130 Kilometern pro Stunde bewegt?

A. Ca. 1.870 km/h
B. Ca. 1,08 Millionen km/h
C. Ca. 1,08 Milliarden km/h
D. Ca. 170.000 km/h
E. Ca. 29.830 km/h

55) Zwei Freunde fahren zeitgleich mit dem Fahrrad von zu Hause los und treffen sich nach 30 Minuten. Der eine Freund erreicht 30 km/h, der andere nur 20 km/h Durchschnittsgeschwindigkeit. Wie weit voneinander entfernt wohnen die beiden Freunde?

A. 20 km
B. 25 km
C. 15 km
D. 10 km
E. Keine Antwort ist richtig.

Prozentrechnen

Bearbeitungszeit 10 Minuten

Bei der Prozentrechnung sind drei Größen zu beachten: der Prozentsatz, der Prozentwert und der Grundwert. Zwei dieser Größen müssen gegeben sein, um die dritte Größe berechnen zu können.

Beantworten Sie bitte die folgenden Aufgaben, indem Sie jeweils den richtigen Lösungsbuchstaben markieren.

56) Herrn Mayers Gehalt besteht aus einem festen und einem flexiblen Bestandteil. Das Fixgehalt beläuft sich auf 3.500 € pro Monat, daneben erhält er eine Umsatzbeteiligung von 4 % als variablen Anteil. Welchen Umsatz muss Herr Mayer im Monat erwirtschaften, um insgesamt 5.000 € zu erhalten?

A. 35.500 €
B. 36.500 €
C. 37.000 €
D. 37.500 €
E. Keine Antwort ist richtig.

57) Herr Mayer erhält auf einen Rechnungsbetrag von 2.500 € einen Skonto von 2 %. Wie hoch ist der Skontoabzug, wenn vorher ein Treuerabatt von 5 % abgezogen wird?

A. 16,50 €
B. 30,50 €
C. 47,50 €
D. 172,50 €
E. Keine Antwort ist richtig.

58) Ein Artikel wird um 30 % reduziert. Nach zwei Tagen wird dieser Artikel wegen Lieferschwierigkeiten um 30 % im Preis erhöht. Wie viel Prozent des ursprünglichen Preises hat ein Käufer nach der Preiserhöhung trotzdem gespart?

A. 9 %
B. 7 %
C. 6 %
D. 5 %
E. Keine Antwort ist richtig.

59) In einer Firma fahren 70 % der Männer und 40 % der Frauen mit dem Pkw zur Arbeit. Wie viel Prozent der Belegschaft kommen mit dem Pkw zur Arbeit, wenn die Belegschaft zu 60 % aus Männern besteht?

A. 40 %
B. 60 %
C. 58 %
D. 70 %
E. Keine Antwort ist richtig.

60) Von den wahlberechtigten Beschäftigten einer Firma haben sechs Beschäftigte bei der Betriebsratswahl kein Interesse gezeigt und nicht gewählt. Sie haben vier Prozent der Belegschaft ausgemacht. Wie viele Beschäftigte hätten gewählt, wenn die Wahlbeteiligung bei 100 Prozent gelegen hätte?

A. 140 Beschäftigte
B. 150 Beschäftigte
C. 160 Beschäftigte
D. 170 Beschäftigte
E. Keine Antwort ist richtig.

61) Die Max Mayer Handels GmbH hat für die Lieferung von 104 Blechteilen eine Rechnung über 2.080 € ohne Mehrwertsteuer erhalten. Welcher Betrag müsste tatsächlich gezahlt werden, wenn der Lieferant einen Nachlass von 20 Prozent wegen schlechter Qualität gewährt und 19 Prozent Mehrwertsteuer bezahlt werden müssen?

A. 1.980,16 €
B. 2.010,15 €
C. 2.011,25 €
D. 2.122,25 €
E. Keine Antwort ist richtig.

62) Herr Mayer zahlt für eine Lieferung inklusive 19 Prozent Mehrwertsteuer 2.618 €. Wie hoch ist der Anteil der Mehrwertsteuer?

A. 318 €
B. 497 €
C. 418 €
D. 518 €
E. Keine Antwort ist richtig.

63) Die Max Mayer Industriegesellschaft konnte den Gewinn im Monat März um 5 % gegenüber dem Vormonat auf 198.744 € steigern. Im Februar konnte bereits der Gewinn gegenüber Januar um 4 % gesteigert werden. Wie hoch war der Gewinn im Januar?

A. 180.255 €
B. 181.000 €
C. 181.550 €
D. 182.000 €
E. Keine Antwort ist richtig.

64) Herr Mayer hat bereits $\frac{3}{5}$ seines Kredits zurückgezahlt. Wenn er diesen Monat 380 € abzahlt, dann bleiben noch 7.620 € an Restschuld offen. Wie hoch ist der Gesamtbetrag des Kredits ursprünglich gewesen?

A. 10.000 €
B. 15.000 €
C. 20.000 €
D. 25.000 €
E. Keine Antwort ist richtig.

65) Herr Mayer verkauft in einer Aktion drei Paar Socken zum Preis von zwei. Wie viel Prozent Preisnachlass gewährt er dadurch?

A. 20 %
B. 30 %
C. 33,33 %
D. 66,66 %
E. Keine Antwort ist richtig.

Zinsrechnen *Bearbeitungszeit 10 Minuten*

Bei der kaufmännischen Zinsrechnung werden dem Monat 30 Tage und dem Jahr 360 Tage zugrunde gelegt. Der Zinseszins kann unberücksichtigt bleiben, sofern die Aufgabenstellung nicht ausdrücklich etwas anderes verlangt.

Beantworten Sie bitte die folgenden Aufgaben, indem Sie jeweils den richtigen Lösungsbuchstaben markieren.

66) Für eine Festgeldanlage erhält Herr Mayer nach drei Monaten 700 € Zinsen bei einer Verzinsung von sieben Prozent. Welcher Betrag wurde vor einem Jahr angelegt?

A. 25.000 €
B. 30.000 €
C. 35.000 €
D. 40.000 €
E. Keine Antwort ist richtig.

67) Herr Mayer möchte eine neue Maschine zum Preis von 40.000 € kaufen. Er bekommt von der Bank einen Kredit zu einem Zinssatz von sechs Prozent. Herr Mayer möchte den Kredit nach 90 Tagen abzahlen. Wie viel Prozent des Anschaffungspreises machen die Zinsen für 90 Tage aus?

A. 1,0 %
B. 1,5 %
C. 2,0 %
D. 2,5 %
E. Keine Antwort ist richtig.

68) Herr Mayer möchte 200 € zu einem Zinssatz von sechs Prozent für vier Monate anlegen. Welchen Betrag erhält er nach vier Monaten inklusive Zinsen zurück?

A. 180 €
B. 202 €
C. 204 €
D. 206 €
E. Keine Antwort ist richtig.

69) Herr Mayer möchte sich ein Auto für 45.000 € kaufen. Wenn er den Wagen über einen Kredit finanziert, müsste er nach drei Jahren 54.450 € zurückzahlen. Wie hoch ist der durchschnittliche Jahreszins, wenn man von Zinseszinsen absieht?

A. 6 %
B. 7 %
C. 8 %
D. 9 %
E. Keine Antwort ist richtig.

70) Herr Mayer möchte einen Betrag von 15.000 € zu sechs Prozent fest anlegen. Wie viel Zinsen erhält er nach 8 Monaten?

A. 800 €
B. 900 €
C. 1.000 €
D. 1.100 €
E. Keine Antwort ist richtig.

71) Wie viel Zinsen erhält Herr Mayer nach einem ¾ Jahr, wenn er einen Betrag von 40.000 € zu sieben Prozent fest anlegt?

A. 2.100 €
B. 2.600 €
C. 2.800 €
D. 3.000 €
E. Keine Antwort ist richtig.

72) Welchem Jahreszins entsprechen 3 % Skonto, wenn die Zahlungsbedingung lautet: Zahlungsziel 30 Tage, bei einer Zahlung innerhalb zwei Wochen werden 3 % Skonto gewährt. Die Woche hat 7 Tage, der Monat 30 Tage und das Jahr 365 Tage.

A. 33,33 %
B. 9,00 %
C. 21,15 %
D. 68,44 %
E. Keine Antwort ist richtig.

73) Wie viel Zinsen erhält man auf 45.000 € bei einem Zinssatzsatz von acht Prozent nach 120 Tagen?

A. 1.100 €
B. 1.200 €
C. 1.300 €
D. 1.400 €
E. Keine Antwort ist richtig.

74) Ein Rentner erhält eine monatliche Rente in Höhe von 600 €. Welchen Betrag müsste er in festverzinsliche Wertpapiere zum Zins von fünf Prozent anlegen, um die gleiche Rendite zu erzielen?

A. 144.000 €
B. 158.000 €
C. 162.000 €
D. 168.000 €
E. Keine Antwort ist richtig.

75) Eine Kapitalanlage von 20.000 € bringt nach 90 Tagen einen Zinsertrag von 400 €. Welchem Jahreszins entspricht das?

A. 8 %
B. 8,5 %
C. 9 %
D. 10 %
E. Keine Antwort ist richtig.

Tabellen analysieren *Bearbeitungszeit 15 Minuten*

Welche Informationen liefern die Tabellen?

Bitte analysieren Sie die Angaben und beantworten Sie die nachfolgenden Aufgaben, indem Sie jeweils den richtigen Buchstaben markieren.

I. ABC-Analyse

Die klassische ABC-Analyse ist ein Verfahren, um festzustellen, welchen relativen Anteil ein Artikel beispielsweise am Gesamtumsatz oder Gesamtverbrauch hat. Dabei ist der Anteil am Gesamtumsatz bei A-Artikeln sehr hoch und bei C-Artikeln sehr niedrig.

Art.-Nr.	Artikelname	Menge	Stückpreis	Umsatz[1]	in %	A/B/C
110	Sechskantschrauben	4.500	0,06 €	270 €	0,7	C
111	Vielzahnschrauben	1.200	3,40 €	4.080 €	10,2	B
112	Sicherheitsschrauben	1.500	8,60 €	12.900 €	32,4	A
113	Kreuzschlitzschrauben	8.500	0,55 €	4.675 €	12,0	B
114	Schlitzschrauben	9.000	0,45 €	4.050 €	10,1	B
115	Blechschrauben	5.500	0,09 €	495 €	1,2	C
116	Holzschrauben	9.500	0,25 €	2.375 €	6,0	C
117	Zollschrauben	5.000	0,20 €	1.000 €	2,5	C
118	Muttern	6.000	1,50 €	9.000 €	22,6	A
119	Scheiben	10.000	0,10 €	1.000 €	2,5	C
				39.845 €	**100,0**	

[1] *Durchschnittlicher Monatsumsatz*

76) Wie hoch ist der korrekte Gesamtumsatz an Schrauben?

A. 28.845 €
B. 29.845 €
C. 36.845 €
D. 39.845 €
E. Keine Antwort ist richtig.

77) Wie hoch ist der Mengenanteil an A-Artikeln?

A. Etwas weniger als 12 Prozent
B. Etwas mehr als 12 Prozent
C. Etwas weniger als 55 Prozent
D. Etwas mehr als 55 Prozent
E. Keine Antwort ist richtig.

78) Wie viel Euro wird der Jahresumsatz voraussichtlich betragen, wenn die Monatsumsätze im Durchschnitt gleich hoch bleiben?

A. 29.845 €
B. 298.450 €
C. 408.145 €
D. 478.140 €
E. Keine Antwort ist richtig.

79) Wie hoch ist der Umsatzanteil an B- und C-Artikeln zusammen?

A. Weniger als die Hälfte
B. Etwas mehr als die Hälfte
C. Ca. 80 %
D. Ca. 90 %
E. Keine Antwort ist richtig.

80) Welche Aussage zur klassischen ABC-Analyse ist nicht richtig?

A. Die ABC-Analyse wird zur Klassifizierung von großen Datenmengen eingesetzt.
B. Bei der ABC-Analyse wird das Wesentliche vom Unwesentlichen getrennt.
C. Die ABC-Analyse verschafft dem Disponenten eine Übersicht der Lagerzusammensetzung.
D. Die ABC-Analyse gibt Auskunft über die Umsatzregelmäßigkeit eines Artikels.
E. Keine Antwort ist richtig.

II. Einwohnerzahl und Bruttonationaleinkommen (BNE)

Kaufkraftbereinigtes BNE pro Kopf in US-Dollar (Stand 2015)

Land	BNE/Kopf in US-$	Einwohnerzahl in Mio.
Schweiz	63.990	8,3
USA	57.540	321,2
Österreich	49.160	8,6
Deutschland	49.090	81,1
Belgien	45.770	11,2
Japan	42.310	126,9
Frankreich	41.680	64,3
Vereinigtes Königreich	41.230	65,1
Italien	37.010	62,5
Südkorea	34.810	50,7
Spanien	34.700	46,4
Russland	24.510	144,3
Türkei	19.740	78,2
Welt	15.659	7.336
Volksrepublik China	14.320	1.371,9
Indien	6.030	1.314,1

Quelle: Weltbank, Deutsche Stiftung Weltbevölkerung

81) Das deutsche Bruttonationaleinkommen betrug 2015 insgesamt ...?

A. ca. 5,21 Billionen Dollar.
B. ca. 2,84 Billionen Dollar.
C. 3,98 Billionen Dollar.
D. ca. 3,46 Billionen Dollar.
E. Keine Antwort ist richtig.

82) Das US-amerikanische BNE/Kopf ist fast ...?

A. 8-mal so groß wie das indische.

B. 5-mal so groß wie das chinesische.

C. 2-mal so groß wie das deutsche.

D. 3-mal so groß wie das türkische.

E. Keine Antwort ist richtig.

83) Damit Indien das BNE/Kopf von Russland erreicht, müsste sich das indische BNE/Kopf im Vergleich zu 2015 ungefähr ...?

A. verdoppeln.

B. versiebenfachen.

C. vervierfachen.

D. verachtfachen.

E. Keine Antwort ist richtig.

84) Wenn jeder Chinese dreimal so viel arbeiten würde, würde daraus in China ein höheres BNE/Kopf als ...?

A. in Belgien entstehen.

B. in Deutschland entstehen.

C. in Frankreich entstehen.

D. in Österreich entstehen.

E. Keine Antwort ist richtig.

85) Wenn das französische BNE/Kopf um 20 % wächst, während es in den anderen Ländern stagniert, würde Frankreich auf Platz ...?

A. zwei der Tabelle stehen.

B. drei der Tabelle stehen.

C. vier der Tabelle stehen.

D. fünf der Tabelle stehen.

E. Keine Antwort ist richtig.

Diagramm-Aufgaben

Bearbeitungszeit 15 Minuten

Welche Informationen liefern die Diagramme?

Bitte analysieren Sie das Schaubild und beantworten Sie die nachfolgenden Aufgaben, indem Sie jeweils den richtigen Buchstaben markieren.

I. Anteil der Energieträger an der Stromerzeugung in Deutschland

Vergleich 2006–2016, Angaben in Milliarden Kilowattstunden (kWh)

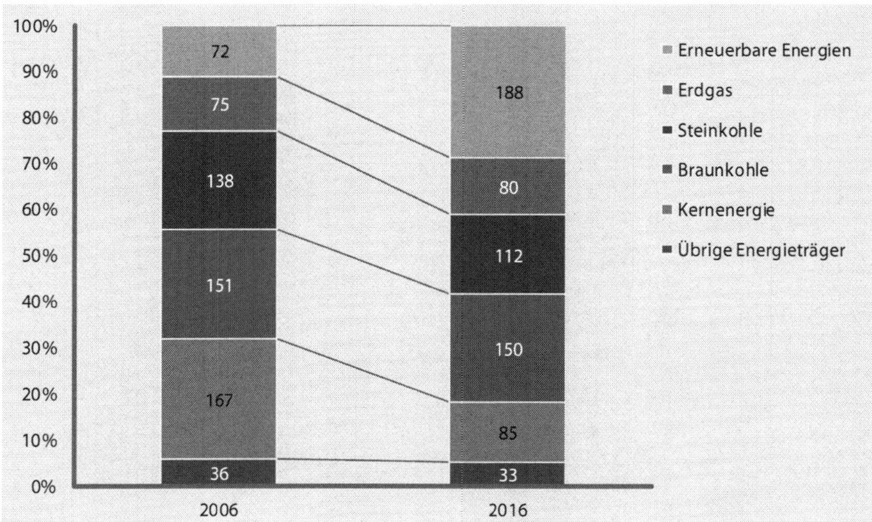

Quelle: Statistisches Bundesamt

86) Wie groß war die Jahresmenge der Energieerzeugung in Deutschland 2016?

A. 603 Mrd. kWh
B. 627 Mrd. kWh
C. 648 Mrd. kWh
D. 657 Mrd. kWh
E. Keine Antwort ist richtig.

87) Wie groß war die durchschnittliche Monatsmenge der Energieerzeugung im Jahr 2006?

A. 46,51 Mrd. kWh
B. 53,25 Mrd. kWh
C. 57,64 Mrd. kWh
D. 47,34 Mrd. kWh
E. Keine Antwort ist richtig.

88) Wie stark nahm die durch Kernenergie erzeugte Energiemenge von 2006 bis 2016 ab, prozentual auf die Erzeugungsmenge von 2006 bezogen? Runden Sie das Ergebnis bitte auf eine Nachkommastelle.

A. 54,8 %
B. 49,1 %
C. 45,6 %
D. 47,4 %
E. Keine Antwort ist richtig.

89) Die Windkraft war 2016 mit rund 41 % Produktionsanteil der größte Erzeuger im Bereich erneuerbare Energien. Wie groß war die durch sie erzeugte Jahresmenge an Energie?

A. Ca. 77,1 Mrd. kWh
B. Ca. 78,6 Mrd. kWh
C. Ca. 83,8 Mrd. kWh
D. Ca. 73,7 Mrd. kWh
E. Keine Antwort ist richtig.

90) Wie hat sich der prozentuale Anteil des Energieträgers Erdgas an der insgesamt erzeugten Energiemenge von 2006 bis 2016 entwickelt?

A. Um mehr als 1 Prozentpunkt gesunken
B. Um weniger als 1 Prozentpunkt gesunken
C. Um mehr als 1 Prozentpunkt gestiegen
D. Um weniger als 1 Prozentpunkt gestiegen
E. Keine Antwort ist richtig.

II. Kostenkalkulation

Eine der Aufgaben des Einkaufs besteht darin, durch eine genaue Bedarfsplanung die entstehenden Kosten möglichst niedrig zu halten. Idealerweise disponiert man die Bestellmengen so, dass die Gesamtkosten aus Lager- und Beschaffungskosten am niedrigsten sind.

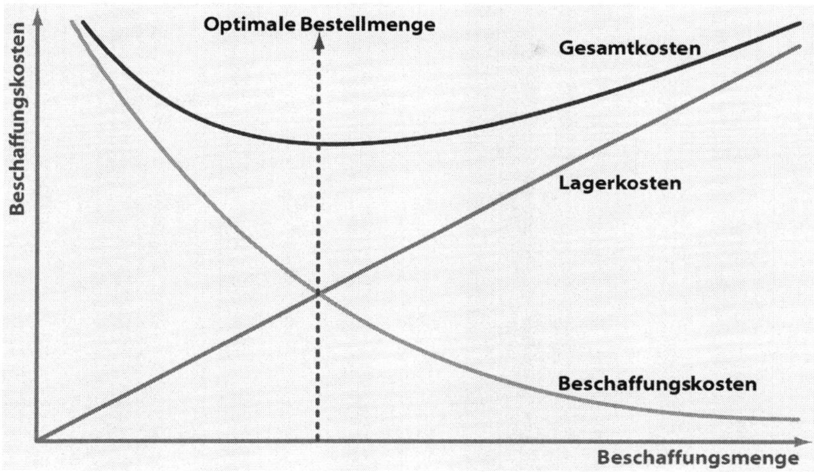

Hinweis: Die optimale Bestellmenge liegt im Schnittpunkt von Lager- und Beschaffungskosten.

91) Die Lagerkosten ...?

A. nehmen mit zunehmender Beschaffungsmenge zu.
B. nehmen mit zunehmender Beschaffungsmenge ab.
C. sind bei der „optimalen Bestellmenge" am niedrigsten.
D. sind bei der „optimalen Bestellmenge" am höchsten.
E. Keine Antwort ist richtig.

92) Die Beschaffungskosten ...?

A. nehmen mit zunehmender Beschaffungsmenge zu.
B. nehmen mit zunehmender Beschaffungsmenge ab.
C. sind bei der „optimalen Bestellmenge" am niedrigsten.
D. sind bei der „optimalen Bestellmenge" am höchsten.
E. Keine Antwort ist richtig.

93) Welche Aussage zur Beschaffungsmenge ist richtig?

A. Große Beschaffungsmengen führen zu niedrigen Lager- und Kapitalkosten.

B. Große Beschaffungsmengen bergen nicht die Gefahr des Absatzrisikos.

C. Kleine Beschaffungsmengen verursachen geringe Kapital- und Lagerkosten.

D. Kleine Beschaffungsmengen ermöglichen große Preisvorteile.

E. Keine Antwort ist richtig.

94) Welche Aussage zur optimalen Bestellmenge ist richtig?

A. Die Lagerkosten sind am geringsten.

B. Die Beschaffungskosten sind am geringsten.

C. Die Gesamtkosten aus Lager- und Beschaffungskosten sind am geringsten.

D. Die Gesamtkosten aus Lager- und Beschaffungskosten sind am höchsten.

E. Keine Antwort ist richtig.

95) Die optimale Bestellmenge lässt sich durch die „Andlersche Formel" berechnen:

$$M_{Opt} = \sqrt{\frac{200 \times J \times BK}{EP(ZS + LS)}}$$

Wie lautet die optimale Bestellmenge, wenn Ihnen folgende Informationen vorliegen?

- Jahresbedarfsmenge (J): 1.500 Stk.
- Bestellkosten je Bestellung (BK): 10 €
- Einstandspreis je Stück (EP): 20 €
- Zinssatz für Lagerkosten (LS): 10 %
- Zinssatz für Kapital (ZS): 5 %

A. 100 Stück

B. 150 Stück

C. 200 Stück

D. 250 Stück

E. Keine Antwort ist richtig.

Geometrie

Bearbeitungszeit 10 Minuten

Nun müssen Sie geometrische Zusammenhänge untersuchen.

Beantworten Sie bitte die folgenden Aufgaben, indem Sie jeweils den richtigen Lösungsbuchstaben markieren.

96) Ein Konferenzraum ist 6 Meter breit, 7 Meter lang und hat ein Volumen von 126 Kubikmetern. Wie hoch ist der Raum?

A. 1,5 m
B. 2 m
C. 2,5 m
D. 300 cm
E. Keine Antwort ist richtig.

97) Eine Kugel hat einen Durchmesser (d) von 12 Zentimetern. Wie groß ist ihr Volumen?

A. Rund 1.609,02 cm^2
B. Rund 1.309,18 cm^3
C. Rund 210,34 cm^2
D. Rund 486,46 cm^3
E. Rund 904,32 cm^3

98) Die Oberfläche eines Würfels beträgt 96 cm^2. Wie groß ist seine Kantenlänge (a)?

A. 32 cm
B. 8 cm
C. 16 cm
D. 4 cm
E. 6,5 cm

99) Ein quaderförmiges Zimmer ist 6 Meter lang, 3,50 Meter breit und 3 Meter hoch. Wie viele Kubikmeter Sauerstoff befinden sich im Zimmer, wenn der Sauerstoffanteil der Luft bei 21 Prozent liegt?

A. 13,23 m^3
B. 16,76 m^3
C. 19,87 m^3
D. 21,63 m^3
E. 23,67 m^3

100) Herr Kerner legt seinen Garten neu an und lässt sich 4,5 Kubikmeter Erde liefern, die auf die Gartenfläche verteilt eine Schicht von 15 Zentimetern Dicke ergeben. Wie groß ist die Fläche seines Gartens?

A. 56 m^2
B. 42 m^2
C. 30 m^2
D. 67,5 m^2
E. 45 m^2

101) Frau Fleischer möchte ihren Swimmingpool auffüllen. Das quaderförmige Becken ist 3,3 Meter breit, 6,5 Meter lang, 2 Meter hoch und bereits zu einem Wasserstand von 20 Zentimetern Höhe gefüllt. Wie viele Liter Wasser muss Frau Fleischer einfüllen, damit das Becken komplett gefüllt ist?

A. 38.610 Liter
B. 3.630 Liter
C. 43,420 Liter
D. 43.800 Liter
E. 390.000 Liter

102) Frau Ziegler beklebt eine würfelförmige, oben offene Geschenkbox von außen mit Glanzfolie. Sie braucht dazu einen kompletten Bogen Folie, der 4,05 Meter lang und 1 Meter breit ist. Welches Volumen hat die Box?

A. 0,569 m^3
B. 0,729 m^3
C. 64,04 m^3
D. 8,1 m^3
E. 12,4 m^3

103) Frau Schröder will ihre Schlafzimmerwände neu tapezieren. Der Raum ist 4 Meter lang, 3,50 Meter breit und 2,80 Meter hoch. Wie viele Quadratmeter Tapete benötigt Frau Schröder insgesamt, wenn sie für Fenster und Türen 15 Prozent von der reinen Wandfläche abzieht?

A. 25,6 m^2
B. 28,4 m^2
C. 35,7 m^2
D. 32,2 m^2
E. 34 m^2

104) Welchen Durchmesser hat der abgebildete Kreis?

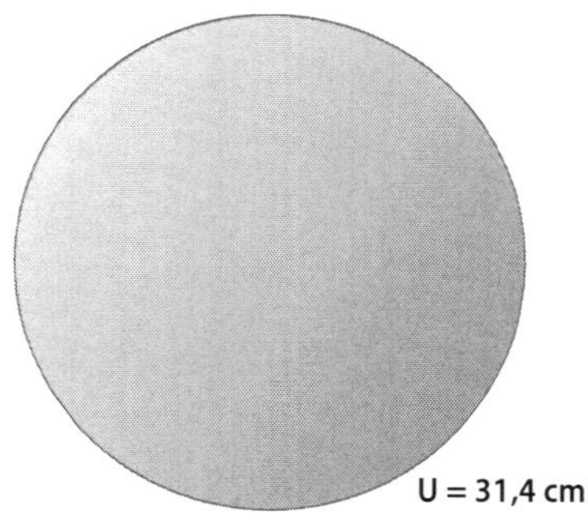

A. Rund 10 cm
B. Rund 12 cm
C. Rund 9 cm
D. Rund 13 cm
E. Rund 8 cm

105) Welches Volumen hat der abgebildete Zylinder?

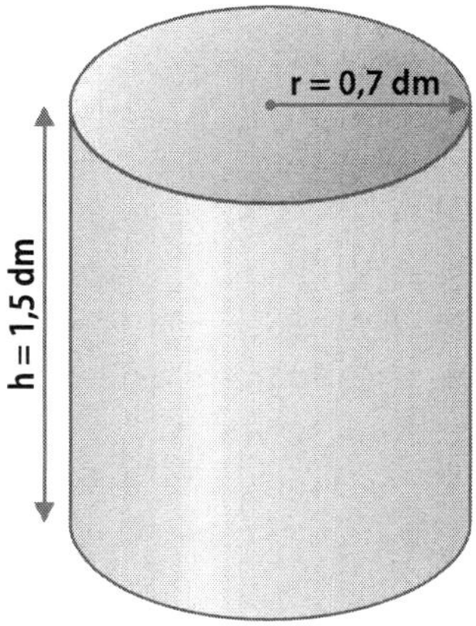

A. Rund 2,58 dm^3
B. Rund 2,50 dm^3
C. Rund 2,31 dm^3
D. Rund 1,94 dm^3
E. Rund 3,63 dm^3

Quantitative und formale Probleme

Bearbeitungszeit 10 Minuten

Beantworten Sie bitte die folgenden Aufgaben, indem Sie jeweils den richtigen Lösungsbuchstaben markieren.

106) Vor einer Klassenarbeit verteilt der Lehrer Notizpapier. Eigentlich möchte er jedem Schüler 5 Blätter geben, doch dann würde ein Schüler leer ausgehen. Also gibt er jedem 4 Blätter; die restlichen 15 Blätter legt er auf seinen Schreibtisch. Wie viele Schüler hat die Klasse?

A. 21
B. 25
C. 19
D. 23
E. Keine Antwort ist richtig.

107) Ein Töpfer verarbeitet Ton zu Vasen. Eine Portion Ton reicht für eine Vase. Bei der Herstellung bleibt immer etwas Ton übrig; die Tonreste von drei Vasen ergeben eine weitere Portion Ton. Wie viele ganze Vasen kann man aus neun Portionen Ton insgesamt herstellen?

A. 13 Vasen
B. 12 Vasen
C. 15 Vasen
D. 14 Vasen
E. Keine Antwort ist richtig.

108) Max legt eine 1 kg schwere Ananas auf den Gartentisch; ihr Wasseranteil beträgt 99 Prozent. In der Sonne trocknet die Ananas etwas ein. Wie viel wiegt sie, wenn ihr Wasseranteil nur noch bei 98 Prozent liegt?

A. 990 Gramm
B. 900 Gramm
C. 800 Gramm
D. 500 Gramm
E. Keine Antwort ist richtig.

109) Dreht man den Wasserhahn auf, ist das Waschbecken nach 20 Sekunden voll. Wird nun der Stöpsel gezogen, ist das Becken nach 30 Sekunden wieder leer. Wie lange dauert das Füllen des Beckens mit aufgedrehtem Hahn und gezogenem Stöpsel?

A. 40 Sekunden
B. 60 Sekunden
C. 90 Sekunden
D. Das Becken lässt sich mit gezogenem Stöpsel nicht füllen.
E. Keine Antwort ist richtig.

110) Herr Mayer möchte einem Kunden 90 kg Schrauben verschiedener Sorten zu einem Kilogrammpreis von 16 € anbieten. Hierfür möchte er folgende Schrauben verwenden:

- Schraube A: 35 kg zu 14 € je kg
- Schraube B: 45 kg zu 12 € je kg

Zudem möchte Herr Mayer dem Kunden eine dritte, sehr hochwertige Sorte Schrauben verkaufen. Welchen Preis müsste diese dritte Sorte haben?

A. 15 €
B. 28 €
C. 38 €
D. 41 €
E. Keine Antwort ist richtig.

111) In einer Lostrommel liegen 10 Gewinnlose und 15 Nieten. Wie groß ist die Gesamtwahrscheinlichkeit, dass fünfmal nacheinander nur Gewinne oder nur Nieten gezogen werden?

A. Ca. 6,1 %
B. Ca. 3,5 %
C. Ca. 18,4 %
D. Ca. 24,3 %
E. Keine Antwort ist richtig.

112) Energie lässt sich physikalisch verstehen als Fähigkeit, Arbeit zu verrichten. Die Hubarbeit beispielsweise ist definiert als die Arbeit, die an einem ruhenden Körper der Masse m verrichtet werden muss, um ihn in einem Schwerefeld mit der Fallbeschleunigung g um die Hubhöhe h zu bewegen. Die Formel für Hubarbeit lautet:

$W_{Hub} = m \times g \times h$

Die Einheit der Arbeit ist das Newtonmeter:

$$1\text{Nm} = 1\frac{m^2 kg}{s^2}$$

Wie wird demnach der Faktor g angegeben?

A. In $\frac{m}{s}$
B. In $\frac{m}{s^2}$
C. In $\frac{s^2 kg}{m}$
D. In $\frac{kg}{s^2}$
E. In $m^2 kg$

113) Kondensatoren sind elektrische Bauelemente, die elektrische Ladungen (Q) – und entsprechend auch elektrische Energie (W) – speichern können. Es gelten folgende Formeln:

$$Q = C \times U$$

$$W = \frac{1}{2} C \times U^2$$

Hierbei steht C für die Kapazität des Kondensators und U für die Spannung. Außerdem kann die elektrische Feldstärke E eines Kugelkondensators in Abhängigkeit von der Ladung, dem Kugelradius r und den Konstanten ε_0 und ε_r wie folgt berechnet werden:

$$E = \frac{Q}{4\pi r^2 \varepsilon_0 \varepsilon_r}$$

Wie lässt sich mithilfe der angegebenen Gleichungen die Kapazität C des Kondensators berechnen, wenn weder Q noch U bekannt ist?

A. $C = 4\pi r^2 \varepsilon_0 \varepsilon_r \times W$

B. $C = \frac{E}{W \times \pi r^2 \varepsilon_0 \varepsilon_r}$

C. $C = W \times E \times 4\pi r^2 \varepsilon_0 \varepsilon_r$

D. $C = \frac{E^2 \times 8\pi^2 r^4 \varepsilon_0{}^2 \varepsilon_r{}^2}{W}$

E. $C = \frac{E \times 8\pi r \varepsilon_0 \varepsilon_r}{U \times W}$

114) Die Hauptbestandteile der menschlichen Nahrung sind Kohlenhydrate, Eiweiße und Fette. Sie liefern unterschiedliche Mengen an Energie, die in Joule oder häufig auch in Kalorien (1 Kalorie entspricht rund 4,2 Joule) angegeben wird: So besitzt 1 Gramm Kohlenhydrat oder Eiweiß einen Brennwert von rund 17 Kilojoule, 1 Gramm Fett kommt auf 39 Kilojoule. Der tägliche Energiebedarf sollte höchstens bis zu etwa 30 Prozent durch Fett gedeckt werden. Wie viel Fett dürfte ein erwachsener Mann mit einem durchschnittlichen Tagesbedarf von 2.500 Kilokalorien pro Tag demnach täglich zu sich nehmen?

A. Rund 18 Gramm

B. Rund 126 Gramm

C. Rund 54 Gramm

D. Rund 320 Gramm

E. Rund 81 Gramm

115) Der Hersteller eines Schwangerschaftstests gibt eine Fehlerquote von 5 Prozent an. Bei 100 Frauen, die den Test durchführen, wird 20-mal ein positives Ergebnis angezeigt. Wie hoch ist – angenommen, die 5 Prozent Fehlerquote stimmen exakt – der Prozentanteil der tatsächlich Schwangeren an allen Frauen, die den Test durchgeführt haben?

A. 15 Prozent
B. 19 Prozent
C. 20 Prozent
D. 23 Prozent
E. 35 Prozent

Gehobene Mathematik *Bearbeitungszeit 10 Minuten*

Beantworten Sie bitte die folgenden Aufgaben, indem Sie jeweils den richtigen Lösungsbuchstaben markieren.

116) Welcher Graph im Koordinatensystem gehört zu der Funktion $y = 2^x$?

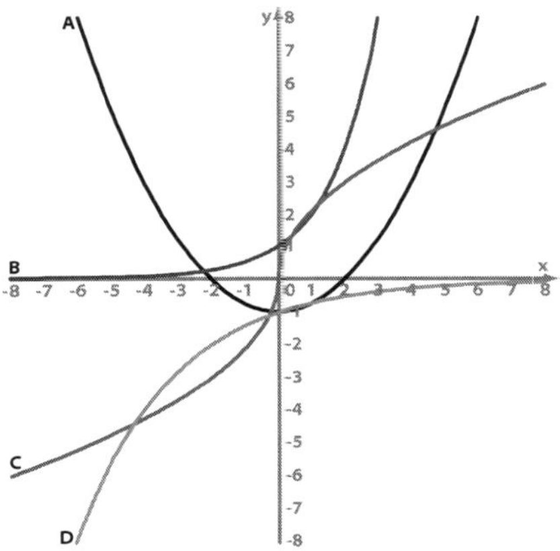

A. Graph A
B. Graph B
C. Graph C
D. Graph D
E. Keine Antwort ist richtig.

117) Berechnen Sie ohne Taschenrechner:

$-2^4 \times 2^{-2} = ?$

A. 4
B. 16
C. –4
D. –16
E. Keine Antwort ist richtig.

118) Berechnen Sie ohne Taschenrechner:

$\sqrt{75} \div \sqrt{3} = ?$

A. 5
B. 6,35
C. 5,86
D. 6,071585
E. Keine Antwort ist richtig.

119) Berechnen Sie ohne Taschenrechner:

$\sqrt[4]{81} + \sqrt{121} \times (-2)^2 = ?$

A. 80
B. 47
C. 56
D. 6,071585
E. Keine Antwort ist richtig.

120) Berechnen Sie ohne Taschenrechner:

$\log_2 (1/16) = ?$

A. 32
B. 4
C. 8
D. –4
E. Keine Antwort ist richtig.

121) Welche Lösungen für x hat die quadratische Gleichung: $-3x^2 - 30x + 43 = 10$?

A. $x_1 = 1; x_2 = -11$

B. $x_1 = 2; x_2 = -12{,}5$

C. $x_1 = 1{,}5; x_2 = 16$

D. $x_1 = 3; x_2 = -10$

E. Keine Antwort ist richtig.

122) Berechnen Sie die Ableitung der Exponentialfunktion: $f(x) = (2x - 3) \times e^x$

A. $f'(x) = (x - 3) \times e^x$

B. $f'(x) = 2 - (3x \times e^x)$

C. $f'(x) = e^2 \times (x - 1)$

D. $f'(x) = e^x \times (2x - 1)$

E. Keine Antwort ist richtig.

123) In welchem Punkt P eines Koordinatensystems schneiden sich die beiden Geraden, die durch folgende Funktionsgleichungen beschrieben werden?
Gerade I: $y = 3x - 3$
Gerade II: $y = -4x + 25$

A. P (4 | 9)

B. P (3 | 8)

C. P (7 | 2)

D. P (2 | 7)

E. Keine Antwort ist richtig.

124) Bitte berechnen Sie die x-Koordinate(n) der Nullstelle(n) der Funktion $y = 7x^2 - 63$.

A. $x = 1$

B. $x_1 = 2$ und $x_2 = -2$

C. $x_1 = 3$ und $x_2 = -3$

D. $x = 4$

E. Keine Antwort ist richtig.

125) Welchen Grenzwert hat diese Reihe:

$$\frac{1}{2} + \frac{1}{4} + \frac{1}{8} + \ldots + \frac{1}{2^n}?$$

A. 0

B. ½

C. 1

D. 2

E. Keine Antwort ist richtig.

Lösungen: Mathematik

1) A	31) D	61) A
2) C	32) B	62) C
3) C	33) B	63) D
4) B	34) C	64) C
5) C	35) C	65) C
6) B	36) C	66) D
7) D	37) A	67) B
8) D	38) B	68) C
9) D	39) B	69) B
10) B	40) D	70) E
11) B	41) C	71) A
12) B	42) D	72) D
13) B	43) D	73) B
14) D	44) D	74) A
15) B	45) C	75) A
16) A	46) C	76) B
17) A	47) D	77) B
18) A	48) B	78) D
19) C	49) D	79) A
20) A	50) B	80) D
21) D	51) C	81) C
22) E	52) C	82) D
23) C	53) C	83) C
24) D	54) C	84) E
25) C	55) B	85) B
26) C	56) D	86) C
27) D	57) C	87) B
28) D	58) A	88) B
29) B	59) C	89) A
30) B	60) B	90) D

91) A	103) C	115) D
92) B	104) A	116) B
93) C	105) C	117) C
94) C	106) A	118) A
95) A	107) A	119) B
96) D	108) D	120) D
97) E	109) B	121) A
98) D	110) D	122) D
99) A	111) A	123) A
100) C	112) B	124) C
101) A	113) D	125) C
102) B	114) E	

Kopfrechnen (Aufgaben 1–10)

Zu 1) A. 4

Beachten Sie die Punkt-vor-Strich-Regel.

$-4 \times 2 = -8$

$(-3) \times 4 = -12$

$-8 - (-12) = 4$

Zu 2) C. 32.762

	827.614
−	794.852
−	1 1 1
=	32.762

Zu 3) C. 19.202

	8.648
+	9.576
+	978
+	2 2 2
=	19.202

Zu 4) B. 14.614

	12.082
+	2.376
+	156
+	2 1
=	14.614

Zu 5) C. 10

Rechnen Sie wie folgt:

$\frac{1}{4} + 4\frac{3}{4} = 5$

$-2 - 0{,}5 + 7{,}5 = 5$

$5 + 5 = 10$

Zu 6) B. −9

Beachten Sie die Punkt-vor-Strich-Regel und berücksichtigen Sie die entsprechenden Vorzeichen.

$-5 \times 3 - (-2) \times 3 = -15 - (-6) = -15 + 6 = -9$

Zu 7) **D.** 168

Beachten Sie die Punkt-vor-Strich-Regel und berücksichtigen Sie die entsprechenden Vorzeichen. Eine Zahl vor einer Klammer ohne Operator entspricht einer Multiplikation: $4\,(6 + 3) = 4 \times (6 + 3)$.

$(4 + 3) \times 3\,(6 - 2) \times 2 = 7 \times 3\,(4) \times 2$
$= 7 \times 12 \times 2 = 168$

Zu 8) **D.** –37

Beachten Sie die Punkt-vor-Strich-Regel.

$-6 \times 3 = -18$

$4 \times (-4) = -16$

$-18 + (-16 - 3) = -18 - 19 = -37$

Zu 9) **D.** 26.152.686

```
        8127 × 3218
-------------------
           24381000
+           1625400
+             81270
+             65016
+         1 2 1
-------------------
=          26152686
```

Zu 10) **B.** 144

```
92880 ÷ 645 = 144
645
1
-----
2838
2580
 1
-----
 2580
 2580
 -----
     0
```

Umrechnen (Maße und Einheiten) (Aufgaben 11–20)

Zu 11) **B.** 14,35 dm

Die Spurweite beträgt 14,35 Dezimeter.
1 mm = 0,1 cm = 0,01 dm

1.435 mm = 1.435 × 0,001 dm
= 14,35 dm

Zu 12) **B.** 1.050 kg

Eine Tonne entspricht 1.000 Kilogramm, also ergeben 1,05 Tonnen 1.050 Kilogramm:

1,05 × 1.000 kg = 1.050 kg

Zu 13) **B.** 18 m^3

Das entspricht 18 Kubikmetern.

1.000 l = 1 m^3

18.000 l ÷ 1.000 = 18 m^3

Zu 14) **D.** 420 mm

297 mm × 1,414 = 420 mm

Die gesuchte Seite ist 420 mm lang.

Zu 15) **B.** 16.000 €

Herr Mayer muss 16.000 € Euro bei einem Kurs von 1,50 umtauschen.

24.000 \$ ÷ 1,50 \$/€ = 16.000 €

Zu 16) A. 6.800.000

Ein Quadratkilometer umfasst 1.000.000 Quadratmeter, also umfassen 6,8 Quadratkilometer 6,8 Mio. Quadratmeter:

$6{,}8 \times 1.000.000\ m^2 = 6.800.000\ m^2$

Zu 17) A. 900.000

Ein Hektar entspricht 10.000 Quadratmetern bzw. 1.000.000 Quadratdezimetern, also ergeben 0,9 Hektar 900.000 Quadratdezimeter:

$0{,}9 \times 1.000.000\ dm^2 = 900.000\ dm^2$

Zu 18) A. 20,83

Da ein Kilometer 1.000 Metern und eine Stunde 3.600 Sekunden entspricht, entsprechen 75 Kilometer pro Stunde 75.000 Metern in 3.600 Sekunden. Welche Distanz wird nun in einer Sekunde zurückgelegt?

$$\frac{75.000\ m}{3.600\ s} = \frac{750\ m}{36\ s} \approx 20{,}83\ \frac{m}{s}$$

75 Kilometer pro Stunde entsprechen 20,83 Metern pro Sekunde.

Zu 19) C. 41,5

Ein Millimeter entspricht 0,001 Metern. Auf einen Quadratmeter gingen demnach 0,0415 Kubikmeter Wasser nieder:

$41{,}5 \times 0{,}001\ m \times 1\ m^2 = 0{,}0415\ m^3$

Ein Kubikmeter entspricht 1.000 Kubikdezimetern bzw. 1.000 Litern, also ergeben 0,0415 Kubikmeter 41,5 Liter:

$0{,}0415 \times 1.000\ l = 41{,}5\ l$

Bei dem Gewitter gingen pro Quadratmeter stündlich 41,5 Liter Wasser nieder.

Zu 20) A. 360 m

Ein Zentimeter entspricht 10 Millimetern, also entspricht eine Sprungweite von 40 Zentimetern dem 200-fachen der Körpergröße eines Flohs:

$40 \times 10\ mm \div 2\ mm = 200$

Ein Mensch könnte 360 Meter weit springen:

$1{,}8\ m \times 200 = 360\ m$

Schätzaufgaben (Aufgaben 21–30)

Zu 21) D. 3.242,3712

Die letzte Ziffer der Lösung lässt sich berechnen, indem man nur die Endziffern der einzelnen Werte betrachtet:

$3 \times 4 = 12$

Die letzte Ziffer des Endergebnisses lautet also 2. Mit gerundeten Werten lässt sich das Ergebnis außerdem wie folgt überschlagen:

$150 \times 20 = 3.000$

Da die Lösung größer als 3.000 sein muss, kommt schließlich nur Antwort D infrage.

Zu 22) E. Zwischen 36.000 und 36.500

Die angegebenen Zahlenblöcke decken jeweils 500er-Bereiche ab, daher empfiehlt sich der Überschlag mit Hunderterwerten: $215 + 126 + 20 = 361$ (also 36.100). Somit muss die richtige Antwort E lauten: Alle übrigen Lösungsvorschläge liegen unter dem geschätzten Wert, doch das tatsächliche Ergebnis ist aufgrund der vernachlässigten Zehner und Einer sogar noch etwas höher.

Zu 23) C. 1.426,5

Die Nachkommastellen lassen sich geschickt umgruppieren und gesondert berechnen:

$0{,}45 - 0{,}5 + 0{,}55 = 0{,}45 + 0{,}55 - 0{,}5$
$= 0{,}5$

Die Nachkommastelle der Lösung lautet also 0,5. Mit gerundeten Hunderterwerten lässt sich das Ergebnis außerdem wie folgt überschlagen:

$4{,}7 - 2{,}8 + 12{,}3 = 14{,}2$

Beide dieser Bedingungen erfüllt nur Antwort C.

Zu 24) D. 58.044

Die letzte Ziffer der Lösung lässt sich berechnen, indem man nur die Endziffern der einzelnen Werte betrachtet:

$2 + 7 + 5 = 14$

Die letzte Ziffer des Endergebnisses lautet also 4. Mit gerundeten Tausenderwerten lässt sich der Wert außerdem wie folgt überschlagen:

$12 + 26 + 20 = 58$

Beide dieser Bedingungen erfüllt nur Antwort D.

Zu 25) C. Zwischen 3,4 und 3,7

Die erste Stelle des Ergebnisses muss 3 lauten, da der Divisor dreimal vollständig in den Dividenden hineinpasst: $3 \times 35 = 105$. Es verbleibt ein Rest von 20 (125 – 105). Die erste Nachkommastelle des Ergebnisses berechnen Sie, indem Sie den Rest mit 10 multiplizieren und prüfen, wie oft der Divisor in den erhaltenen Wert hineinpasst: $200 \div 35 = 5$, Rest 25. Das Ergebnis beginnt also mit 3,5 und liegt demnach zwischen 3,4 und 3,7; Antwort C stimmt.

Zu 26) C. 220

Da $200 \times 200 = 40.000$ ergibt und $300 \times 300 = 90.000$ ergibt, muss das Ergebnis zwischen 200 und 300 liegen. Als richtige Lösung kommt somit nur Antwort C infrage.

Zu 27) D. 0,505

Für die Schätzung kann statt $4/27$ der Wert $4/28$ – oder $2/14$ – verwendet werden. Als Annäherung erhält man so:

$5/14 + 2/14 = 7/14 = 0{,}5$

Zu 28) D. 618,54

Für die Schätzung kann statt 73,5 % ein handlicherer Wert von 75 % – oder drei Viertel – angenommen werden. Statt mit 845 empfiehlt es sich dann, mit einer überschaubaren, durch 4 teilbaren Zahl zu rechnen, z. B. mit 840. Der Überschlag sieht dann wie folgt aus:

$840 \div 4 = 210$

$210 \times 3 = 630$

Drei Viertel von 840 sind 630. Damit hat man sich dem tatsächlichen Ergebnis der Aufgabe (618,54) ausreichend angenähert.

Zu 29) B. 86,579

Die Klammer ist in dieser Aufgabe eigentlich überflüssig – lassen Sie sich daher von ihr nicht irritieren. Die Lösung lässt sich einfacher schätzen, wenn man statt von 243 vom handlicheren Wert 240 ausgeht und ihn durch 2 teilt. Demnach ist zu berechnen:

$240 \div 2 \times 3/4 = 120 \times 3/4 = 360/4 = 90$

Dieser Wert ist eine ausreichende Annäherung an das genaue Endergebnis.

Zu 30) B. Zwischen 3.050 und 3.125

Überschlagen Sie mit gerundeten Werten: Die zweite Potenz von 3,9 liegt nahe an der zweiten Potenz von 4, und die lautet 16. Multipliziert mit 200, ergibt sich 3.200. Da das Aufrunden der Potenz durch das Abrunden des zweiten Faktors nicht ausgeglichen wird, ist das tatsächliche Ergebnis etwas kleiner – als richtige Lösung kommt nur der Bereich zwischen 3.050 und 3.125 infrage.

Dreisatz (Aufgaben 31–40)

Zu 31) D. 1,5 Stunden

Ein einziger Fliesenleger würde für die gleiche Arbeit das Dreifache an Zeit benötigen:

$3 \times 3{,}5\ h = 10{,}5\ h$

7 Fliesenleger erledigen die Arbeit in $1/7$ dieser Zeit:

$10{,}5\ h \div 7 = 1{,}5\ h$

7 Fliesenleger verlegen die Fliesen im Badezimmer in 1,5 Stunden.

Zu 32) **B.** 54 Minuten

Ein einziger Maler benötigt für das Anstreichen derselben Fläche das Dreifache der Zeit:

3 × 1,5 h = 4,5 h

Fünf Maler benötigen wiederum ein Fünftel dieser Zeit:

4,5 h ÷ 5 = 0,9 h

Fünf Maler brauchen 0,9 Stunden – oder 54 Minuten – um eine Fläche von 63 Quadratmetern zu streichen.

Zu 33) **B.** 25 min

Für 200 Seiten würde der Drucker 25 Minuten benötigen.

24.000 ÷ 60 = 400 Zeilen pro min

200 × 50 = 10.000 Zeilen

10.000 ÷ 400 = 25 min

Zu 34) **C.** 16 Mitarbeiter

Herr Mayer müsste für den zweiten Auftrag 16 Mitarbeiter einsetzen.

8 Mitarbeiter × 8 d × 8 h = 512 h

512 h ÷ 40 = 12,8 h pro Maschine

12,8 h × 60 = 768 h

768 h ÷ (6 d × 8 h) = 16 Mitarbeiter

Zu 35) **C.** 840 kWh

Der Stromverbrauch würde 840 kWh betragen.

420 kWh ÷ 6 Maschinen ÷ 2 d
= 35 kWh pro Maschine pro Tag

35 kWh × 8 (Maschinen) × 3 (Tage)
= 840 kWh

Zu 36) **C.** 285 kg

Es werden 285 kg Obst benötigt.

140 + 10 = 150 Personen

266 kg ÷ 140 × 150 = 285 kg Obst

Zu 37) **A.** 900 kg

Für den Kundenauftrag werden 900 kg Blech benötigt.

1.500 kg ÷ 200 Teile = 7,5 kg pro Ersatzteil

7,5 kg × 120 Ersatzteile = 900 kg

Zu 38) **B.** 4 €

Um den gleichen Umsatz zu erzielen, müsste die 1-Liter-Flasche 4 € kosten.

3 € ÷ 0,75 × 1 = 4 €

Zu 39) **B.** 90 Aufträge

Kollege Schulz erledigt 90 Aufträge in der gleichen Zeit, die Herr Mayer für 60 Aufträge benötigt.

60 ÷ 40 = 1,5 Verhältnis Schulz/Mayer

1,5 × 60 = 90 Aufträge

Zu 40) **D.** 8 Mitarbeiter

Acht Mitarbeiter müssen eingesetzt werden, damit der Auftrag in vier Stunden fertiggestellt werden kann.

8 h × 4 = 32 h

32 h ÷ 4 h = 8 Mitarbeiter

Gemischte Textaufgaben (Aufgaben 41–55)

Zu 41) **C.** 27

Das Eigengewicht des Triebwagens ist von seinem zulässigen Zuggewicht abzuziehen, um das maximale Gesamtgewicht der Waggons zu erhalten:

850 t – 98 t = 752 t

Die Waggons dürfen insgesamt also höchstens 752 t wiegen. Geteilt durch das Gewicht eines voll beladenen Waggons ergibt sich:

752 t ÷ 27,5 t = 27,35

An den Triebwagen dürfen höchstens 27 voll beladene Waggons angehängt werden.

Zu 42) **D.** 330 km

Die beiden Züge sind nach 1,5 Stunden 330 km voneinander entfernt.

Geschwindigkeit, mit der sich die Züge voneinander entfernen:

100 km/h + 120 km/h = 220 km/h

11:30 Uhr – 10:00 Uhr = 90 min = 1,5 h

220 km/h × 1,5 h = 330 km

Zu 43) **D.** 113 €

Die Prämie würde 113 € betragen.

83 € ÷ 16.600 € = 0,005

0,005 × 22.600 € = 113 €

Zu 44) **D.** 8.800 €

Herr Mayer müsste 8.800 € erhalten.

39.600 € ÷ (4 + 3 + 2) = 39.600 € ÷ 9 = 4.400 €

4.400 € × 2 = 8.800 €

Zu 45) **C.** 360 min

Herr Mayer braucht bei einem unveränderten Durchschnittstempo von 60 km/h nach wie vor 6 Stunden bzw. 360 Minuten zum Ferienhaus.

Zu 46) **C.** 3

Es werden 3 Eimer Farbe benötigt.

2 × breite Fläche: 2 × (4 m × 2,5 m) = 20 m^2

2 × lange Fläche: 2 × (5 m × 2,5 m) = 25 m^2

Decke: 4 m × 5 m = 20 m^2

Gesamtfläche: 20 m^2 + 25 m^2 + 20 m^2 = 65 m^2

65 m^2 × 0,23 l/ m^2 = 14,95 Liter

14,95 l ÷ 5 l = 2,99 (verkauft werden nur ganze Eimer)

Zu 47) **D.** 100 €

Herr Mayer erzielt pro Waschmaschine 100 € Gewinn.

40 Stk. × 340 € = 13.600 €

13.600 € – 9.600 € = 4.000 €

4.000 € ÷ 40 Stk. = 100 € Gewinn pro Stück

Zu 48) **B.** 9 €

Herr Mayer erzielt einen Gewinn von 9 € pro Tasche.

800 Stk. × 24 € = 19.200 €

19.200 € – 12.000 € = 7.200 €

7.200 € ÷ 800 Stk. = 9 € Gewinn pro Stück

Zu 49) **D.** 1.650 €

Mitarbeiter 3 müsste eine Prämie von 1.650 € erhalten.

Mitarbeiter 1 = 6 Jahre

Mitarbeiter 2 = 6 ÷ 2 = 3 Jahre

Mitarbeiter 3 = 3 ÷ 2 = 1,5 Jahre

Gesamtzahl an Jahren = 10,5

11.550 € ÷ 10,5 = 1.100 €

1,5 × 1.100 € = 1.650 €

Zu 50) **B.** 120.000 €

Das Vereinshaus kostet 120.000 €.

$$\frac{1}{3}x+\frac{1}{4}x+50.000€=x$$

$$\frac{4}{12}x+\frac{3}{12}x+50.000€=\frac{12}{12}x$$

$$\frac{7}{12}x+50.000€=\frac{12}{12}x$$

$$50.000€=\frac{12}{12}x-\frac{7}{12}x$$

$$50.000€=\frac{5}{12}x$$

x = 50.000 € ×12 ÷ 5 =120.000 €

Zu 51) **C.** 23,75 %

Da die Getränke zu gleichen Teilen vermengt werden, enthält das Endprodukt einen Alkoholanteil, der genau in der Mitte beider Werte liegt:

(30 + 17,5) ÷ 2 = 47,5 ÷ 2 = 23,75

Der Cocktail enthält 23,75 % Alkohol. Der Prozentanteil ist unabhängig von der Menge.

Zu 52) **C.** 3 Kinogänger mehr als Lesefreunde

45 Vereinsmitglieder lesen gerne:

$5/8 \times 72 = 45$

48 Vereinsmitglieder gehen gerne ins Kino:

$6/9 \times 72 = 48$

Da ein Vereinsmitglied sowohl gerne lesen als auch gerne ins Kino gehen kann, kann die Summe beider Gruppen über der Gesamtzahl der Vereinsmitglieder liegen. Es gibt aber 3 Vereinsmitglieder mehr, die gerne ins Kino gehen, als solche, die sich fürs Lesen interessieren.

Zu 53) **C.** 108 km/h

Um die 400 Meter Rückstand in 30 Sekunden aufzuholen, müsste Frau Müller 48 km/h schneller fahren als ihr Mann:

400 m = 0,4 km

$$30\,s = \frac{30}{3.600}\,h = \frac{1}{120}\,h$$

$$0{,}4\,km \div \frac{1}{120}\,h = 0{,}4\,km \times \frac{120}{1h}$$

$= 48$ km/h

Da Herr Müller mit 60 km/h fährt, müsste seine Frau mit 108 km/h fahren:

60 km/h + 48 km/h = 108 km/h

Zu 54) C. Ca. 1,08 Milliarden km/h

300 Millionen Meter pro Sekunde sind 300.000 Kilometer pro Sekunde:

$$300.000.000\,\frac{m}{s} = 300.000\,\frac{km}{s}$$

Eine Stunde entspricht 3.600 Sekunden; somit erreicht das Licht eine Geschwindigkeit von 1,08 Milliarden km/h:

$$300.000\,\frac{km}{s} = \frac{300.000 \times 3.600\,km}{3.600\,s}$$

$$= \frac{1.080.000.000\,km}{h}$$

Das Tempo des Sportwagens ist demgegenüber verschwindend gering. Zieht man es ab, erhält man:

1.080.000.000 km/h – 130 km/h
= 1.079.999.870 km/h

Zu 55) B. 25 km

Die Entfernung beträgt 25 km.

Freund 1 legt in 30 Minuten 15 km Strecke zurück, Freund 2 schafft 10 km.

Freund 1: 30 km/h × 0,5 h = 15 km

Freund 2: 20 km/h × 0,5 h = 10 km

15 km + 10 km = 25 km

Prozentrechnen (Aufgaben 56–65)

Zu 56) D. 37.500 €

Herr Mayer müsste hierfür einen monatlichen Umsatz von 37.500 € erzielen.

5.000 € – 3.500 € = 1.500 € variabler Gehaltsanteil

$$\text{Grundwert} = \frac{\text{Prozentwert} \times 100}{\text{Prozentsatz}}$$

$$\text{Grundwert} = \frac{1500\,€ \times 100}{4\%} = 37.500\,€$$

Zu 57) C. 47,50 €

Der Skontoabzug beträgt nach Rabatt 47,50 €.

$$\text{Prozentwert} = \frac{\text{Grundwert} \times \text{Prozentsatz}}{100}$$

$$\text{Prozentwert} = \frac{2.500\,€ \times 95}{100} = 2.375\,€$$

$$\text{Prozentwert} = \frac{2.375\,€ \times 2}{100} = 47{,}50\,€$$

Zu 58) A. 9 %

Der Käufer hätte eine Ersparnis von 9 % vom ursprünglichen Preis.

Beispiel bei einem ursprünglichen Kaufpreis von 100 €, um 30 % reduzierter Preis:

$$\text{Prozentwert} = \frac{\text{Grundwert} \times \text{Prozentsatz}}{100}$$

$$\text{Prozentwert} = \frac{100€ \times 70\%}{100} = 70€$$

um 30 % erhöhter Preis:

$$\text{Prozentwert} = \frac{70€ \times 130\%}{100} = 91€$$

Ersparnis:

100 € – 91 € = 9 €

$$\text{Prozentsatz} = \frac{\text{Prozentwert} \times 100}{\text{Grundwert}}$$

$$\text{Prozentsatz} = \frac{9€ \times 100}{100€} = 9\%$$

Zu 59) C. 58 %

Insgesamt fahren 58 % der Belegschaft mit dem Pkw zur Arbeit.

$$\text{Prozentwert} = \frac{\text{Grundwert} \times \text{Prozentsatz}}{100}$$

$$\text{Männer} = \frac{60\% \text{ der Belegschaft} \times 70\%}{100}$$

= 42 % der Belegschaft

$$\text{Frauen} = \frac{40\% \text{ der Belegschaft} \times 40\%}{100}$$

=16 % der Belegschaft

Insgesamt = 42 % + 16 % = 58 % der Belegschaft

Zu 60) B. 150 Beschäftigte

Bei einer 100-prozentigen Wahlbeteiligung hätten 150 Beschäftigte gewählt.

$$\text{Grundwert} = \frac{\text{Prozentwert} \times 100}{\text{Prozentsatz}}$$

$$\text{Grundwert} = \frac{6 \times 100}{4\%} = 150$$

Zu 61) A. 1.980,16 €

Es müssen 1.980,16 € für die Lieferung bezahlt werden.

$$\text{Prozentwert} = \frac{\text{Grundwert} \times \text{Prozentsatz}}{100}$$

$$\text{Prozentwert} = \frac{2.080€ \times 80}{100} = 1.664€$$

$$\text{Prozentwert} = \frac{1.664€ \times 119}{100}$$

=1.980,16 €

Zu 62) C. 418 €

Die Mehrwertsteuer beträgt 418 €.

$$\text{Grundwert} = \frac{\text{Prozentwert} \times 100}{\text{Prozentsatz}}$$

$$\text{Grundwert} = \frac{2.618€ \times 100}{119\%} = 2.200€$$

Mehrwertsteuer = 2.618 € – 2.200 € = 418 €

Zu 63) D. 182.000 €

Der Gewinn betrug im Januar 182.000 €.

$$\text{Prozentwert} = \frac{\text{Grundwert} \times \text{Prozentsatz}}{100}$$

$$\text{Prozentwert} = \frac{198.744\,€ \times 100}{105}$$

$$= 189.280\,€$$

$$\text{Prozentwert} = \frac{189.280\,€ \times 100}{104}$$

$$= 182.000\,€$$

Zu 64) C. 20.000 €

Der ursprüngliche Kredit hat 20.000 € betragen.

7.620 € + 380 € = 8.000 €

8.000 € = ⅖

8.000 € ÷ 2 × 5 = 20.000 €

Zu 65) C. 33,33 %

Grundwert = 3 Paar Socken

Prozentwert (Preisnachlass) = 1 Paar Socken

$$\text{Prozentsatz} = \frac{\text{Prozentwert} \times 100}{\text{Grundwert}}$$

$$\text{Prozentsatz} = \frac{1 \times 100}{3} = 33{,}33\,\%$$

Zinsrechnen (Aufgaben 66–75)

Zu 66) D. 40.000 €

Es wurde ein Betrag von 40.000 € angelegt.

$$\text{Kapital} = \frac{\text{Zinsen} \times 100 \times 360\,\text{d}}{\text{Zinssatz} \times \text{Tage}}$$

$$\text{Kapital} = \frac{700\,€ \times 100 \times 360\,\text{d}}{7 \times 90\,\text{d}} = 40.000\,€$$

Zu 67) B. 1,5 %

Herr Mayer müsste 600 € Zinsen bezahlen, das sind 1,5 % von 40.000 €.

$$\text{Zinsen} = \frac{\text{Kapital} \times \text{Zinssatz} \times \text{Tage}}{100 \times 360\,\text{d}}$$

$$\text{Zinsen} = \frac{40.000 \times 6\,\% \times 90\,\text{d}}{100 \times 360\,\text{d}} = 600\,€$$

$$\text{Prozentsatz} = \frac{\text{Prozentwert} \times 100}{\text{Grundwert}}$$

$$\text{Prozentsatz} = \frac{600\,€ \times 100}{40.000\,€} = 1{,}5\,\%$$

Zu 68) C. 204 €

Nach vier Monaten erhält Herr Mayer 204 € inklusive Zinsen zurück.

$$\text{Zinsen} = \frac{\text{Kapital} \times \text{Zinssatz} \times \text{Tage}}{100 \times 360\,\text{d}}$$

$$\text{Zinsen} = \frac{200\,€ \times 6\,\% \times 120\,\text{d}}{100 \times 360\,\text{d}} = 4\,€$$

Betrag = 200 € + 4 € = 204 €

Zu 69) B. 7 %

Der durchschnittliche Jahreszins beträgt sieben Prozent.

Zinsen = 54.450 € – 45.000 €
= 9.450 €

$$\text{Zinssatz} = \frac{\text{Zinsen} \times 100 \times 360\,\text{d}}{\text{Kapital} \times \text{Tage}}$$

$$\text{Zinssatz} = \frac{9.450\,€ \times 100 \times 360\,\text{d}}{45.000\,€ \times 1080\,\text{d}} = 7\,\%$$

Zu 70) E. Keine Antwort ist richtig.

Herr Mayer würde Zinsen in Höhe von 600 € erhalten.

$$\text{Zinsen} = \frac{\text{Kapital} \times \text{Zinssatz} \times \text{Tage}}{100 \times 360\,\text{d}}$$

$$\text{Zinsen} = \frac{15.000\,€ \times 6 \times 240\,\text{d}}{100 \times 360\,\text{d}} = 600\,€$$

Zu 71) A. 2.100 €

Herr Mayer erhält 2.100 € Zinsen.

$$\text{Zinsen} = \frac{\text{Kapital} \times \text{Zinssatz} \times \text{Tage}}{100 \times 360\,\text{d}}$$

$$\text{Zinsen} = \frac{40.000 \times 7 \times 270\,\text{d}}{100 \times 360\,\text{d}} = 2.100\,€$$

Zu 72) D. 68,44 %

Das würde einem Jahreszins von 68,44 % entsprechen.

30 Tage Zahlungsziel – 14 Tage = 16 Tage

16 Tage = 3 %

$$365\ \text{Tage} = \frac{3\,\% \times 365\,\text{d}}{16\,\text{d}} = 68,44\,\%$$

Zu 73) B. 1.200 €

Herr Mayer würde nach 120 Tagen Zinsen in Höhe von 1.200 € erhalten.

$$\text{Zinsen} = \frac{\text{Kapital} \times \text{Zinssatz} \times \text{Tage}}{100 \times 360\,\text{d}}$$

$$\text{Zinsen} = \frac{45.000 \times 8\,\% \times 120\,\text{d}}{100 \times 360\,\text{d}} = 1.200\,€$$

Zu 74) A. 144.000 €

Er müsste einen Betrag in Höhe von 144.000 € anlegen.

600 € × 12 = 7.200 €

$$\text{Grundwert} = \frac{\text{Prozentwert} \times 100}{\text{Prozentsatz}}$$

$$\text{Grundwert} = \frac{7.200\,€ \times 100}{5} = 144.000\,€$$

Zu 75) A. 8 %

Es entspricht einem Zinssatz von acht Prozent.

$$\text{Zinssatz} = \frac{\text{Zinsen} \times 100 \times 360\,\text{d}}{\text{Kapital} \times \text{Tage}}$$

$$\text{Zinssatz} = \frac{400\,€ \times 100 \times 360\,\text{d}}{20.000\,€ \times 90\,\text{d}} = 8\,\%$$

Tabellen analysieren (Aufgaben 76–85)

I. ABC-Analyse

Zu 76) B. 29.845 €

Der korrekte Gesamtumsatz für den Schraubenanteil beträgt 29.845 €.

270 € + 4.080 € + 12.900 € + 4.675 € + 4.050 € + 495 € + 2.375 € + 1.000 € = 29.845 €

Zu 77) B. Etwas mehr als 12 Prozent

Der Mengenanteil an A-Artikeln beträgt 12,36 Prozent.

Sicherheitsschrauben: 1.500 Stk.

Muttern: 6.000 Stk.

Mengenanteil an A-Artikeln: 1.500 Stk. + 6.000 Stk. = 7.500 Stk.

Gesamtmenge: 4.500 + 1.200 + 1.500 + 8.500 + 9.000 + 5.500 + 9.500 + 5.000 + 6.000 + 10.000 = 60.700 Stk.

$$\text{Prozentsatz} = \frac{\text{Prozentwert} \times 100}{\text{Grundwert}}$$

$$\text{Prozentsatz} = \frac{7.500\ \text{Stk.} \times 100}{60.700\ \text{Stk.}}$$

$= 12{,}36\ \%$

Zu 78) D. 478.140 €

Der Jahresumsatz wird voraussichtlich 478.140 Euro betragen.

270 € + 4.080 € + 12.900 € + 4.675 € + 4.050 € + 495 € + 2.375 € + 1.000 € + 9.000 € + 1.000 € = 39.845 €

12 × 39.845 € = 478.140 €

Zu 79) A. Weniger als die Hälfte

Da der Umsatzanteil an A-Artikeln wie berechnet knapp 55 % beträgt, liegt der Umsatzanteil an B- und C-Artikeln zusammen bei ca. 45 %:

100 % – 54,96 % = 45,04 %

Oder:

Umsatzanteil C-Artikel: 270 € + 495 € + 2.375 € + 1.000 € + 1.000 € = 5.140 €

Umsatzanteil B-Artikel: 4.080 € + 4.675 € + 4.050 € = 12.805 €

Umsatz B- und C-Artikel: 5.140 € + 12.805 € = 17.945 €

Gesamtumsatz: 270 € + 4.080 € + 12.900 € + 4.675 € + 4.050 € + 495 € + 2.375 € + 1.000 € + 9.000 € + 1.000 € = 39.845 €

$$\text{Prozentsatz} = \frac{\text{Prozentwert} \times 100}{\text{Grundwert}}$$

$$\text{Prozentsatz} = \frac{17.945\ € \times 100}{39.845\ €}$$

$= 45{,}04\ \%$

Natürlich führt auch die Addition der angegebenen Prozentwerte für die Umsatzanteile der B- und C-Artikel zur richtigen Lösung.

Zu 80) D. Die ABC-Analyse gibt Auskunft über die Umsatzregelmäßigkeit eines Artikels.

Die ABC-Analyse gibt Auskunft über den Umsatz- und Mengenanteil eines Artikels am Gesamtanteil, nicht aber über die Umsatzregelmäßigkeit. Ein Verfahren zur Bestimmung der Umsatzregelmäßigkeit eines Artikels wäre die XYZ-Analyse.

II. Einwohnerzahl und Bruttonationaleinkommen

Zu 81) C. 3,98 Billionen Dollar.

Das Bruttonationaleinkommen Deutschlands lag 2015 bei ungefähr 3,98 Billionen Dollar. Diesen Wert erhält man, indem man das Pro-Kopf-BNE mit der Bevölkerungszahl multipliziert:

$49.090 \times 81{,}1$ Mio. $\approx 3{,}98$ Billionen

Zu 82) D. 3-mal so groß wie das türkische.

Das BNE/Kopf der USA ist fast dreimal so groß wie jenes der Türkei.

USA = 57.540 US-\$; Türkei = 19.740 US-\$

$57.540 \div 19.740 = 2{,}91 \approx 3$

Zu 83) C. vervierfachen.

Um das BNE/Kopf Russlands zu erreichen, müsste sich der indische Wert im Vergleich zu 2015 mehr als vervierfachen.

Russland = 24.510 US-\$; Indien = 6.030 US-\$

$24.510 \div 6.030 = 4{,}06$

Zu 84) E. Keine Antwort ist richtig.

Eine solche Aussage lässt sich nicht folgern, da das BNE/Kopf nicht alleine von der Arbeitszeit, sondern der Gesamtproduktivität einer Volkswirtschaft abhängig ist.

Zu 85) B. drei der Tabelle stehen.

Wenn das französische BNE/Kopf um 20 % wächst, während es in den anderen Ländern stagniert, würde Frankreich mit einem BNE/Kopf von 50.016 US-\$ auf Platz drei der Tabelle landen.

Frankreich + 20 %:

$$\text{Prozentwert} = \frac{\text{Grundwert} \times \text{Prozentsatz}}{100}$$

$$\text{Prozentwert} = \frac{41.680\ \text{US-\$} \times 120\%}{100}$$

$= 50.016$ US-\$

Diagramm-Aufgaben (Aufgaben 86–95)

I. Anteil der Energieträger an der Stromerzeugung in Deutschland

Zu 86) C. 648 Mrd. kWh

Die insgesamt erzeugte Energiemenge ergibt sich aus der Addition aller Einzelposten:

188 Mrd. kWh + 80 Mrd. kWh + 112 Mrd. kWh + 150 Mrd. kWh + 85 Mrd. kWh + 33 Mrd. kWh = 648 Mrd. kWh

Im Jahr 2016 erzeugten die verschiedenen Energieträger in Deutschland zusammen 648 Milliarden Kilowattstunden Energie.

Zu 87) B. 53,25 Mrd. kWh

Die durchschnittliche monatliche Energiemenge ergibt sich aus der Jahresmenge, geteilt durch die Anzahl der Monate:

72 Mrd. kWh + 75 Mrd. kWh + 138 Mrd. kWh + 151 Mrd. kWh + 167 Mrd. kWh + 36 Mrd. kWh = 639 Mrd. kWh

639 Mrd. kWh ÷ 12 = 53,25 Mrd. kWh

Durchschnittlich erzeugten die Energieträger in Deutschland 2006 pro Monat 53,25 Milliarden Kilowattstunden Energie.

Zu 88) B. 49,1 %

Die Energiemenge sank von 167 auf 85 Milliarden Kilowattstunden. In Prozent lässt sich diese Abnahme wie folgt berechnen:

$$\text{Prozentsatz} = \frac{\text{Prozentwert} \times 100}{\text{Grundwert}}$$

$$\text{Prozentsatz} = \frac{85\,\text{Mrd. kWh} \times 100}{167\,\text{Mrd. kWh}}$$

$= 50{,}9\,\%$

Im Jahr 2016 betrug die Erzeugungsmenge der Kernenergie ca. 50,9 % des Werts von 2006, sie ist also um rund 49,1 % gesunken.

Zu 89) A. Ca. 77,1 Mrd. kWh

Im Jahr 2016 stammten 188 Milliarden Kilowattstunden aus dem Bereich erneuerbare Energien. Ein 41-%-Anteil daran beträgt:

$$\text{Prozentwert} = \frac{\text{Grundwert} \times \text{Prozentsatz}}{100}$$

$$\text{Prozentwert} = \frac{41 \times 188\,\text{Mrd. kWh}}{100}$$

$= 77{,}1\,\text{Mrd. kWh}$

Im Jahr 2016 wurden durch Windkraft rund 77,1 Milliarden Kilowattstunden Energie erzeugt.

Zu 90) D. Um weniger als 1 Prozentpunkt gestiegen

Die Anteile beider Jahre sind zunächst getrennt nach folgender Rechnung zu bestimmen:

$$\text{Prozentsatz} = \frac{\text{Prozentwert} \times 100}{\text{Grundwert}}$$

Der Erdgas-Anteil im Jahr 2006 betrug:

$$\text{Prozentsatz} = \frac{75\,\text{Mrd. kWh} \times 100}{639\,\text{Mrd. kWh}}$$

$$= 11{,}7\,\%$$

Der Anteil im Jahr 2016 betrug:

$$\text{Prozentsatz} = \frac{80\,\text{Mrd. kWh} \times 100}{648\,\text{Mrd. kWh}}$$

$$= 12{,}3\,\%$$

Während die absolut erzeugte Energiemenge um 5 Milliarden Kilowattstunden stieg, wuchs der prozentuale Anteil von Erdgas an der Gesamtmenge leicht um 0,6 Prozentpunkte.

II. Kostenkalkulation

Zu 91) A. nehmen mit zunehmender Beschaffungsmenge zu.

Je mehr Material zu lagern ist, desto höher werden auch die Lagerkosten.

Zu 92) B. nehmen mit zunehmender Beschaffungsmenge ab.

Je mehr von einem Artikel oder Material einzukaufen ist, desto bessere Konditionen lassen sich pro Artikel erzielen.

Zu 93) C. Kleine Beschaffungsmengen verursachen geringe Kapital- und Lagerkosten.

Kleine Beschaffungsmengen benötigen wenig Lagerraum und verursachen daher geringe Lagerkosten. Zudem benötigt man für einen kleinen Einkauf auch nur wenig Kapital.

Zu 94) C. Die Gesamtkosten aus Lager- und Beschaffungskosten sind am geringsten.

Die optimale Bestellmenge ist jene Menge, bei der die Summe aus Bestell- und Lagerhaltungskosten in einem Planungszeitraum am geringsten ist. Je häufiger bestellt wird, umso höher sind die Bestellkosten und umso niedriger die Lagerhaltungskosten. Bei einer geringeren Bestellhäufigkeit sind die Lagerhaltungskosten höher und die Bestellkosten niedriger.

Zu 95) A. 100 Stück

Die optimale Bestellmenge lautet 100 Stück.

$$M_{Opt} = \sqrt{\frac{200 \times 1.500 \times 10}{20(5+10)}}$$

$$= \sqrt{\frac{3.000.000}{300}} = \sqrt{10.000} = 100$$

Geometrie (Aufgaben 96–105)

Zu 96) D. 300 cm

Der Raum ist 3 Meter hoch.

Fläche (A) = $6 \times 7 = 42\ m^2$

$126\ m^3 \div 42\ m^2 = 3\ m$

$3\ m = 300\ cm$

Zu 97) E. Rund $904{,}32\ cm^3$

Das Kugelvolumen berechnet sich nach der Formel:

$$V = \frac{4}{3}\pi \times r^3$$

In der Aufgabenstellung wird der Durchmesser genannt, der die doppelte Länge des Radius besitzt:

$$r = \frac{d}{2} = 6\,cm$$

Nun lässt sich das Volumen der Kugel durch Einsetzen berechnen:

$$V = \frac{4}{3}\pi \times r^3 = \frac{4}{3}\pi \times (6\,cm)^3$$

$$\approx 4{,}19 \times 216\,cm^3 \approx 904{,}32\,cm^3$$

Das Volumen der Kugel beträgt rund 904,32 Kubikzentimeter.

Zu 98) D. 4 cm

Die gesamte Oberfläche eines Würfels setzt sich – da seine Länge, Breite und Höhe gleich sind – aus 6 identischen Seitenflächen zusammen. Kennt man also die Gesamtoberfläche des Würfels, kann man mühelos auf den Flächeninhalt einer einzigen Seite schließen:

$$A_{Seite} = \frac{A_{gesamt}}{6} = \frac{96\,cm^2}{6} = 16\,cm^2$$

Da die Seitenflächen eines Würfels Quadrate sind, beträgt die gesuchte Kantenlänge die Wurzel aus dem Inhalt einer Seitenfläche:

$$A_{Seite} = a \times a = a^2$$

$$a = \sqrt{A_{Seite}} = \sqrt{16\,cm^2} = 4\,cm$$

Die Kantenlänge des Würfels beträgt 4 Zentimeter.

Zu 99) A. $13{,}23\ m^3$

Das Volumen des rechteckigen Zimmers berechnet sich durch die Multiplikation von Länge, Breite und Höhe:

$$V = l \times b \times h = 6\ m \times 3{,}5\ m \times 3\ m$$
$$= 63\ m^3$$

Die Sauerstoffmenge im Zimmer – bei einem Anteil von 21 Prozent – berechnet sich nun nach folgender Formel:

$$\text{Prozentwert} = \frac{\text{Grundwert} \times \text{Prozentsatz}}{100}$$

$$\text{Prozentwert} = \frac{63\,m^3 \times 21}{100} = 13{,}23\,m^3$$

Im Zimmer befinden sich 13,23 Kubikmeter Sauerstoff.

Zu 100) C. 30 m^2

Das Volumen der Erdschicht berechnet sich durch Grundfläche mal Höhe:

$V = l \times b \times h = A \times h$

Da das Volumen und die Höhe – bzw. Dicke – der Erdschicht bekannt sind, kann die Grundfläche wie folgt berechnet werden:

$$A = \frac{V}{h} = \frac{4{,}5\,m^3}{15\,cm} = \frac{4{,}5\,m^3}{0{,}15\,m} = 30\,m^2$$

Herrn Kerners Garten hat eine Fläche von 30 Quadratmetern.

Zu 101) A. 38.610 Liter

Das Becken ist ein Quader, dessen Rauminhalt sich durch die Multiplikation seiner Länge, Breite und Höhe ergibt – diese reduziert sich jedoch um 20 Zentimeter, da das Becken ja schon bis zu dieser Höhe gefüllt ist. Das noch aufzufüllende Volumen des Beckens beträgt demnach:

$Volumen = l \times b \times (h - 0{,}2\ m) = 6{,}5\ m \times 3{,}3\ m \times 1{,}8\ m = 38{,}61\ m^3$

Frau Fleischer muss noch 38,61 Kubikmeter Wasser in das Becken einfüllen. Dies entspricht einer Menge von 38.610 Litern Wasser (1 Kubikmeter = 1.000 Liter).

Zu 102) B. 0,729 m^3

Um das Volumen der würfelförmigen Box zu berechnen, braucht man ihre Kantenlänge. Die wiederum kann man berechnen, wenn man den Flächeninhalt der Seitenflächen kennt. Die insgesamt beklebte Außenfläche der Geschenkbox entspricht der Fläche des komplett aufgebrauchten Folienbogens, die sich wie folgt berechnet:

$A = l \times b = 4{,}05\ m \times 1\ m = 4{,}05\ m^2$

Da die Box oben offen ist, müssen nur 5 Seiten der würfelförmigen Box beklebt werden. Eine einzige Seite hat demnach folgenden Flächeninhalt:

$A_{Seitenfläche} = 4{,}05\ m^2 \div 5 = 0{,}81\ m^2$

Da die Seitenflächen eines Würfels Quadrate sind, ergibt sich ihre Seitenlänge – und zugleich die Kantenlänge (a) der Box – aus der Wurzel der Seitenfläche:

$A_{Seitenfläche} = a \times a = a^2$

$$a = \sqrt{A_{Seitenfläche}} = \sqrt{0{,}81 m^2} = 0{,}9\,m$$

Nun kann das Volumen der Box berechnet werden:

$V = a \times a \times a = (0{,}9\ m)^3 = 0{,}729\ m^3$

Das Volumen der Box beträgt 0,729 Kubikmeter.

Zu 103) C. 35,7 m^2

Zunächst ist die Gesamt-Wandfläche (A) des Zimmers zu berechnen. Gegenüberliegende Wände des Schlafzimmers besitzen die gleiche Fläche und müssen nicht jeweils einzeln ausgerechnet werden:

$A_{gesamt} = 2 \times A_{Seitenwand} + 2 \times A_{Längswand}$

Der Inhalt rechteckiger Flächen ergibt sich aus der Multiplikation ihrer Seitenlängen:

$A_{gesamt} = 2 \times (l \times h) + 2 \times (b \times h) = 2 \times (4\ m \times 2{,}8\ m) + 2 \times (3{,}5\ m \times 2{,}8\ m) = 2 \times 11{,}2\ m^2 + 2 \times 9{,}8\ m^2 = 22{,}4\ m^2 + 19{,}6\ m^2 = 42\ m^2$

Nun müssen die Tür- und Fensterflächen abgezogen werden, die 15 Prozent der gesamten Wandfläche einnehmen – wie viele Quadratmeter das sind, lässt sich anhand folgender Formel berechnen:

$$\text{Prozentwert} = \frac{\text{Grundwert} \times \text{Prozentsatz}}{100}$$

$$\text{Prozentwert} = \frac{42\ m^2 \times 15}{100} = 6{,}3\ m^2$$

Nach dem Abzug der 6,3 Quadratmeter für Türen und Fenster beträgt die zu tapezierende Fläche noch:

$42\ m^2 - 6{,}3\ m^2 = 35{,}7\ m^2$

Zu 104) A. Rund 10 cm

Der Kreisumfang (U) berechnet sich nach der Formel $U = 2 \times \pi \times r$. Da der Radius (r) der Hälfte des Durchmessers entspricht, besteht zwischen Umfang und Durchmesser folgender Zusammenhang:

$U = 2 \times \pi \times r$

$U = \pi \times d \qquad | \div \pi$

$\frac{U}{\pi} = d$

Durch Einsetzen ergibt sich:

$$d = \frac{U}{\pi} \approx \frac{31{,}4\ cm}{3{,}14} = 10\ cm$$

Der Durchmesser des abgebildeten Kreises beträgt rund 10 Zentimeter.

Zu 105) C. Rund 2,31 dm^3

Das Zylindervolumen (V) berechnet sich nach der Formel $V = \pi \times r^2 \times h$. Durch Einsetzen ergibt sich:

$V = \pi \times r^2 \times h = \pi \times (0{,}7\ dm)^2 \times 1{,}5\ dm = \pi \times 0{,}49\ dm^2 \times 1{,}5\ dm = \pi \times 0{,}735\ dm^3 \approx 2{,}31\ dm^3$

Das Volumen des abgebildeten Zylinders beträgt rund 2,31 Kubikdezimeter.

Quantitative und formale Probleme (Aufgaben 106–115)

Zu 106) A. 21

Ein Lösungsweg führt über die Menge des verfügbaren Papiers. Dazu liefert der Text zwei Informationen: Bei 5 Blättern pro Schüler würde einer nichts bekommen, und wenn jeder 4 Blätter erhält, bleiben 16 Blätter übrig. Mathematisch ausgedrückt (x steht für die Zahl der Schüler):

Papiermenge = (x − 1) × 5 (jeder erhält 5 Blätter, einer geht leer aus)

Papiermenge = x × 4 + 16 (jeder erhält 4 Blätter, 16 Blätter bleiben übrig)

Nun kann man die Gleichungen gleichsetzen:

$(x - 1) \times 5 = x \times 4 + 16$

$5x - 5 = 4x + 16 \quad | -4x$

$x - 5 = 16 \quad | +5$

$x = 21$

Die Klasse hat 21 Schüler.

Zu 107) A. 13 Vasen

Die anfänglichen neun Portionen Ton ergeben neun Vasen. Aus den anfallenden Tonresten können weitere drei Vasen hergestellt werden, und dabei bleibt genug Ton übrig, um noch eine Vase zu formen. Insgesamt kommt man so auf 9 + 3 + 1 = 13 Vasen.

Zu 108) D. 500 Gramm

Wenn der Wasseranteil der Ananas von 99 auf 98 Prozent sinkt, steigt der Anteil der Trockenmasse von 1 auf 2 Prozent. Die Trockenmasse, die sich in absoluten Zahlen nicht verändert hat, hat nun also den doppelten Anteil am Gesamtgewicht, das sich im Umkehrschluss halbiert haben muss. Die Ananas wiegt folglich nur noch ein halbes Kilogramm.

Zu 109) B. 60 Sekunden

Mit eingestecktem Stöpsel dauert es 20 Sekunden, bis das Becken voll ist. Im selben Zeitraum fließen mit geöffnetem Stöpsel zwei Drittel des Beckeninhalts ab. Kombiniert man diese Informationen, weiß man, dass das Becken mit aufgedrehtem Hahn und gezogenem Stöpsel nach 20 Sekunden zu einem Drittel gefüllt ist. Bis zur vollständigen Füllung dauert es also 3 × 20 = 60 Sekunden.

Zu 110) D. 41 €

Die dritte Sorte muss 41 Euro pro Kilogramm kosten.

Gesamtpreis: 90 kg × 16 € = 1.440 €

Preis Sorten A und B: 35 kg × 14 € + 45 kg × 12 € = 1.030 €

Verbleibender Betrag: 1.440 € − 1.030 € = 410 €

Verbleibendes Gewicht: 90 kg − 45 kg − 35 kg = 10 kg

Preis Sorte C: 410 € ÷ 10 kg = 41 € pro kg

Zu 111) A. Ca. 6,1%

Die gesuchte Gesamtwahrscheinlichkeit ergibt sich aus der Addition der Wahrscheinlichkeiten, dass fünfmal nacheinander nur Gewinnlose (g) oder nur Nieten (n) gezogen werden: P = P({ggggg}) + P({nnnnn}).

Beim ersten Ziehen liegen insgesamt 25 Lose in der Trommel, darunter 10 Gewinnlose. Die Wahrscheinlichkeit auf einen Gewinn liegt also bei 10 zu 25. Wird nun ein Gewinnlos gezogen, sind anschließend noch 24 Lose und 9 Gewinne übrig. Für 5 Gewinne in Folge ergibt sich folgende Wahrscheinlichkeit:

$$P(\{ggggg\}) = \frac{10}{25} \times \frac{9}{24} \times \frac{8}{23} \times \frac{7}{22} \times \frac{6}{21} \times$$

$$= \frac{30.240}{6.375.600} \approx 0{,}0047$$

Auf dieselbe Weise errechnet sich die Wahrscheinlichkeit, dass nur Nieten gezogen werden:

$$P(\{nnnnn\}) = \frac{15}{25} \times \frac{14}{24} \times \frac{13}{23} \times \frac{12}{22} \times \frac{11}{21} \times$$

$$= \frac{360.360}{6.375.600} \approx 0{,}0565$$

Insgesamt erhält man:

P = P({ggggg}) + P({nnnnn}) = 0,0047 + 0,0565 = 0,061 = 6,1 %

Zu 112) B. In $\frac{m}{s^2}$

Die Arbeit wird in Newtonmetern angegeben (m^2kg/s^2), also muss sich diese Einheit auch aus der Formel für Hubarbeit ergeben. Da die Masse m in Kilogramm (kg) angegeben wird und die Höhe h in Metern (m), lässt sich mit einfachen Beispielwerten rechnen:

$$1kg \times g \times 1m = 1\frac{m^2kg}{s^2}$$

Geteilt durch 1 kg, ergibt sich:

$$g \times 1m = 1\frac{m^2kg}{s^2kg} = 1\frac{m^2}{s^2}$$

Dividiert durch 1 Meter, erhält man:

$$g = 1\frac{m^2}{s^2m} = \frac{m}{s^2}$$

Der Faktor g wird also in Metern pro Sekunde zum Quadrat angegeben. Dieser Faktor bezeichnet die sogenannte Fall- oder Schwerebeschleunigung, die ein Körper in einem Schwerefeld erfährt, beispielsweise im irdischen Gravitationsfeld (man spricht dann auch vom Ortsfaktor). Auf der Erdoberfläche beträgt diese Größe rund 9,81 m/s^2.

Zu 113) D. $C = \frac{E^2 \times 8\pi^2 r^4 \varepsilon_0{}^2 \varepsilon_r{}^2}{W}$

Gegeben sind drei Gleichungen mit zwei Unbekannten: Q und U. Diese dürfen nicht in der Lösungsgleichung auftauchen, man muss sie also durch andere Rechenausdrücke ersetzen.
Im ersten Schritt bietet es sich an, die zweite Formel nach U aufzulösen, um mithilfe der ersten Formel Q in Abhängigkeit von C und W darzustellen:

$$W = \frac{1}{2} C \times U^2 \qquad | \times \frac{2}{C}$$

$$2\frac{W}{C} = U^2 \qquad | \sqrt{}$$

$$\sqrt{2\frac{W}{C}} = U$$

Einsetzen in die erste Gleichung:

$$Q = C \times U = C \times \sqrt{2\frac{W}{C}}$$

Dieser Ausdruck ist für Q in die dritte Gleichung einzusetzen. Durch Umformen erhält man schließlich die angegebene Lösungsgleichung:

$$E = \frac{Q}{4\pi r^2 \varepsilon_0 \varepsilon_r} = \frac{C \times \sqrt{2\frac{W}{C}}}{4\pi r^2 \varepsilon_0 \varepsilon_r} \qquad | \times 4\pi r^2 \varepsilon_0 \varepsilon_r$$

$$E \times 4\pi r^2 \varepsilon_0 \varepsilon_r = C \times \sqrt{2\frac{W}{C}} \qquad | \, ()^2$$

$$E^2 \times 16\pi^2 r^4 \varepsilon_0^{\,2} \varepsilon_r^{\,2} = C^2 \times 2\frac{W}{C} = C \times 2W$$

Teilt man nun noch beide Gleichungsseiten durch den Divisor „2W“, erhält man:

$$\frac{E^2 \times 16\pi^2 r^4 \varepsilon_0^{\,2} \varepsilon_r^{\,2}}{2W} = \frac{E^2 \times 8\pi^2 r^4 \varepsilon_0^{\,2} \varepsilon_r^{\,2}}{W} = C$$

Zu 114) **E.** Rund 81 Gramm

Der Tagesbedarf von 2.500 Kilokalorien entspricht 10.500 Kilojoule:

$2.500 \times 4{,}2 = 10.500$

30 Prozent von 10.500 Kilojoule sind 3.150 Kilojoule:

$$\text{Prozentwert} = \frac{\text{Grundwert} \times \text{Prozentsatz}}{100}$$

$$\text{Prozentwert} = \frac{30 \times 10.500}{100} = 3.150$$

Da ein Gramm Fett einen Brennwert von rund 39 Kilojoule besitzt, entsprechen 3.150 Kilojoule dem Brennwert von ca. 81 Gramm Fett:

$3.150 \div 39 \approx 81$

Ein erwachsener Mann sollte höchstens rund 81 Gramm Fett pro Tag zu sich nehmen.

Zu 115) **D.** 23 Prozent

Von den 20 Frauen, bei denen der Test positiv ausfiel, ist bei einer Fehlerquote von 5 Prozent eine Frau in Wirklichkeit nicht schwanger:

$$\text{Prozentwert} = \frac{\text{Grundwert} \times \text{Prozentsatz}}{100}$$

$$\text{Prozentwert} = \frac{20 \times 5\%}{100} = 1$$

Von den 80 Frauen, bei denen der Test negativ ausfiel, sind bei einer Fehlerquote von 5 Prozent 4 Frauen in Wirklichkeit doch schwanger:

$$\text{Prozentwert} = \frac{80 \times 5\%}{100} = 4$$

Insgesamt gibt es unter den 100 Frauen, die den Test durchgeführt haben, also $19 + 4 = 23$ Schwangere. Das entspricht einem Anteil von 23 Prozent.

Gehobene Mathematik (Aufgaben 116–125)

Zu 116) B. Graph B

Setzt man in der Funktionsgleichung $y = 2^x$ für x probeweise die Werte 0, 1, 2 und 3 ein, dann erhält man für y die Werte 1, 2, 4 und 8. Dies entspricht dem Graphen B im Koordinatensystem.

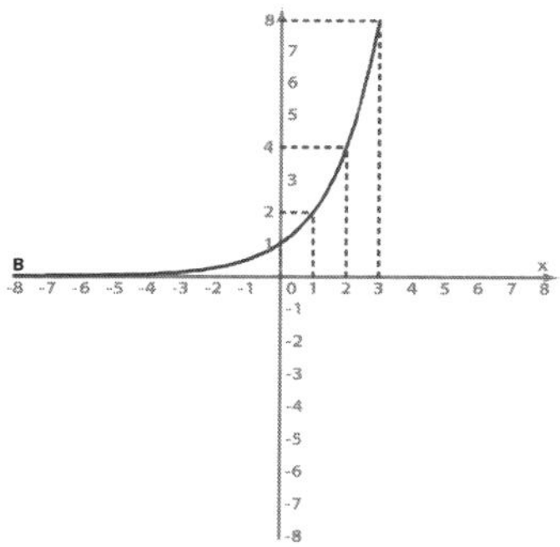

Zu 117) C. –4

Beachten Sie beim ersten Faktor, dass die Potenz stärker bindet als das Vorzeichen: $-2^4 = -(2 \times 2 \times 2 \times 2) = -16$.

Beim zweiten Faktor ist der Exponent negativ, also potenziert man den Kehrwert der Basis mit dem Betrag des Exponenten: $2^{-2} = (½)^2 = ¼$.

Für das gesuchte Produkt ergibt sich somit:

$-2^4 \times 2^{-2} = -16 \times ¼ = -4$

Zu 118) A. 5

Nach den Wurzelgesetzen gilt:

$\sqrt{a} \div \sqrt{b} = \sqrt{a \div b}$

$\sqrt{75} \div \sqrt{3} = \sqrt{75 \div 3} = \sqrt{25} = 5$

Zu 119) B. 47

$\sqrt[4]{81} + \sqrt{121} \times (-2)^2 = 3 + 11 \times 4$

$= 3 + 44 = 47$

Zu 120) D. –4

Gesucht wird der Logarithmus des Bruchs $\frac{1}{16}$ zur Basis 2. Oder anders ausgedrückt: Gesucht wird derjenige Exponent, der mit der Basis 2 zum Ergebnis $\frac{1}{16}$ führt.

$\log_2 (\frac{1}{16}) = x$

$2^x = \frac{1}{16}$

Klar ist: x muss negativ sein, um bei positiver Basis ein Ergebnis zu erhalten, das kleiner ist als die Basis. Denn bei negativem Exponenten potenziert man den Kehrwert der Basis mit dem Betrag des Exponenten. Die richtige Lösung ist –4:

$2^{-4} = (½)^4 = ½ \times ½ \times ½ \times ½ = \frac{1}{16}$

$\log_2 (\frac{1}{16}) = -4$

Zu 121) A. $x_1 = 1; x_2 = -11$

Bringen Sie die Gleichung zuerst in die Normalform:

$-3x^2 - 30x + 43 = 10 \quad | -10$

$-3x^2 - 30x + 33 = 0 \quad | \div (-3)$

$x^2 + 10x - 11 = 0$

Nun können Sie die Mitternachtsformel („abc-Formel") anwenden:

$$x_{1,2} = \frac{-b \pm \sqrt{b^2 - 4ac}}{2a}$$

$$x_{1,2} = \frac{-10 \pm \sqrt{10^2 - 4 \times 1 \times -11}}{2 \times 1}$$

$$= \frac{-10 \pm \sqrt{100 + 44}}{2}$$

$$= \frac{-10 \pm \sqrt{144}}{2} = \frac{-10 \pm 12}{2}$$

Für x ergeben sich die Lösungen:

$$x_1 = \frac{-10 + 12}{2} = \frac{2}{2} = 1$$

$$x_2 = \frac{-10 - 12}{2} = \frac{-22}{2} = -11$$

Zu 122) D. $f'(x) = e^x \times (2x - 1)$

Im ersten Schritt wenden Sie die Produktregel an:

$f(x) = (2x - 3) \times e^x$

$f'(x) = 2 \times e^x + (2x - 3) \times e^x$

Nun können Sie bei dieser Art von Funktion e^x wieder ausklammern und die Rechnung vereinfachen:

$f'(x) = 2 \times e^x + (2x - 3) \times e^x$

$= e^x \times (2 + 2x - 3)$

$= e^x \times (2x - 1)$

Zu 123) A. P (4 | 9)

Die x-Koordinate des Schnittpunktes P erhalten Sie, indem Sie beide Funktionen gleichsetzen und dann nach x auflösen:

$3x - 3 = -4x + 25 \mid +4x$

$7x - 3 = 25 \quad \mid +3$

$7x = 28 \quad \mid \div 7$

$x = 4$

Die y-Koordinate des Schnittpunktes P erhalten Sie, indem Sie den soeben berechneten x-Wert in eine der beiden Ausgangsgleichungen einsetzen:

$y = 3x - 3$

$y = 3 \times 4 - 3$

$y = 12 - 3 = 9$

Die Geraden schneiden sich im Punkt P (4 | 9).

Zu 124) C. $x_1 = 3$ und $x_2 = -3$

Die y-Koordinate einer Nullstelle ist 0. Die zugehörige x-Koordinate erhält man nun, indem man die Ausgangsfunktion nach x auflöst:

$7x^2 - 63 = 0 \quad \mid +63$

$7x^2 = 63 \quad \mid \div 7$

$x^2 = 9 \quad \mid \sqrt{}$

$x_1 = 3$ und $x_2 = -3$

Hier gibt es für x zwei mögliche Lösungen. Die Funktion hat folglich zwei Nullstellen, nämlich bei $x = 3$ und $x = -3$.

Zu 125) C. 1

Die geometrische Reihe konvergiert gegen 1.

$$\frac{1}{2}+\frac{1}{4}+\frac{1}{8}+\ldots+\frac{1}{2^n}=\sum_{k=1}^{\infty}\frac{1}{2^k}$$

$$\sum_{k=1}^{\infty}\frac{1}{2^k}=\left(\sum_{k=0}^{\infty}\frac{1}{2^k}\right)-\frac{1}{2^0}$$

$$=\left(\sum_{k=0}^{\infty}\left(\frac{1}{2}\right)^k\right)-1$$

Nach der geometrischen Summenformel gilt (für alle reellen $q \neq 1$):

$$\sum_{k=0}^{n}q^k=\frac{1-q^{n+1}}{1-q}$$

Wandelt man den erhaltenen Ausdruck mit der geometrischen Summenformel um, erhält man:

$$\left(\sum_{k=0}^{\infty}\left(\frac{1}{2}\right)^k\right)-1=\frac{1-\left(\frac{1}{2}\right)^{n+1}}{1-\left(\frac{1}{2}\right)}-1$$

$$=\frac{1}{\frac{1}{2}}-1=2-1=1$$

Logisches Denkvermögen

Zahlenreihen

Bearbeitungszeit 10 Minuten

Jede Zahlenreihe ist sinnvoll nach einer bestimmten Bildungsregel aufgebaut. Welche Zahl setzt die Reihe logisch fort?

Hierzu ein Beispiel

Aufgabe

1)

1	2	3	4	5	?

A. 6
B. 7
C. 8
D. 9
E. Keine Antwort ist richtig.

Antwort

(A.) 6

Gesucht ist die 6: Jede Zahl ist um 1 größer als ihre Vorgängerin.

Bitte bearbeiten Sie nun die Aufgaben: Setzen Sie die Zahlenreihen sinnvoll fort, indem Sie jeweils den richtigen Lösungsbuchstaben markieren.

1)

3	4	6	9	13	?

A. 6
B. 18
C. 9
D. 8
E. Keine Antwort ist richtig.

2)

2	2	4	8	32	?

A. 40
B. 64
C. 72
D. 256
E. Keine Antwort ist richtig.

3)

6	7	9	6	10	15	?

A. 20
B. 9
C. 19
D. 11
E. Keine Antwort ist richtig.

4)

10	5	3	6	3	1	?

A. 2
B. –2
C. 4
D. –1
E. Keine Antwort ist richtig.

5)

4	4	8	8	12	16	16	?

A. 15
B. 11
C. 32
D. 13
E. Keine Antwort ist richtig.

6)

24	30	33	39	51	?

A. 63
B. 57
C. 58
D. 49
E. Keine Antwort ist richtig.

7)

1	2	6	15	31	?

A. 36
B. 44
C. 58
D. 56
E. Keine Antwort ist richtig.

8)

13	17	19	23	?

A. 21
B. 29
C. 31
D. 33
E. Keine Antwort ist richtig.

9)

47	40	240	235	940	?

A. 937
B. 823
C. 62
D. 1.500
E. Keine Antwort ist richtig.

10)

8	7	10	5	12	3	14	?

A. 1
B. 27
C. 36
D. 24
E. Keine Antwort ist richtig.

Zahlenmatrizen

Bearbeitungszeit 10 Minuten

Die Zahlenmatrizen in diesem Abschnitt sind nach festen Regeln gebildet. Bitte stellen Sie sicher, dass jede Matrix richtig aufgestellt ist.

Hierzu ein Beispiel

Aufgabe

1) Welche Zahl fehlt?

1	2	2
3	2	?
3	4	12

A. 4
B. 2
C. 8
D. 6
E. Keine Antwort ist richtig.

Antwort

(D.) 6

In jeder Reihe ergeben die zwei linken Zahlen multipliziert die rechte Zahl. In jeder Spalte ergeben die zwei oberen Zahlen multipliziert die untere Zahl.

Bearbeitungstipp

Konzentrieren Sie sich zuerst auf eine einzige Reihe oder Spalte. Wie hängen die Zahlen darin rechnerisch zusammen, wird addiert, subtrahiert, multipliziert, dividiert? Wenn Sie eine Regel gefunden haben, versuchen Sie diese auf alle übrigen Reihen bzw. Spalten zu übertragen. Bei pyramidenförmigen Matrizen ist jede Zahl meist mit den beiden Zahlen unmittelbar darunter verknüpft.

Bitte bearbeiten Sie nun die Aufgaben: Markieren Sie jeweils den Lösungsbuchstaben des richtigen Antwortvorschlags. Sie haben dafür **10 Minuten** Zeit.

11) In jeder Reihe und Spalte sind Zahlen durch bestimmte Rechenoperationen verknüpft. Prüfen Sie bitte alle Werte: Welche Zahl stimmt nicht?

64	32	16
16	8	4
5	2	1

A. 16
B. 4
C. 1
D. 2
E. 5

12) Welche Zahl fehlt (in beiden Lücken)?

2	4	8
4	8	?
8	?	256

A. 4
B. 8
C. 16
D. 32
E. Keine Antwort ist richtig.

13) Welche Zahl fehlt?

1	2	3	?
3	9	2	8

A. 1
B. 2
C. 3
D. 4
E. 5

14) Welche Zahl fehlt?

15	4	3	11
3	11	12	7
10	?	5	13
5	13	13	2

A. 12
B. 8
C. 5
D. 4
E. Keine Antwort ist richtig.

15) Welche Zahl fehlt?

	432		
	12	36	
2	?	6	
1	2	3	2

A. 3
B. 4
C. 8
D. 6
E. Keine Antwort ist richtig.

16) Welche Zahl fehlt?

3	7	9	15
10	14	16	22
20	?	32	44
5	7	8	11

A. 28
B. 24
C. 26
D. 32
E. Keine Antwort ist richtig.

17) Welche Zahl fehlt?

5	8	32	35
4	16	?	76
3	6	24	27
2	8	11	44

A. 19
B. 22
C. 24
D. 36
E. Keine Antwort ist richtig.

18) Welche Zahl fehlt?

30	50	1	5
0,5	15	?	2
5	100	0,5	30
100	0,1	30	25

A. 5
B. 15
C. 100
D. 500
E. Keine Antwort ist richtig.

19) Welche Zahl fehlt?

2/3	1/2	4/3	3/4
1/2	3/4	6/4	1/2
1/2	?	1/4	3/2
19/12	8/8	1/6	1/2

A. 1/2
B. 1/3
C. 1/4
D. 1
E. Keine Antwort ist richtig.

20) Füllen Sie alle Felder mit den Zahlen von 1 bis 3. Keine Zahl darf in einer Reihe oder Spalte doppelt vorkommen. Die Größer-Zeichen zeigen, in welchem der benachbarten Felder die größere Zahl steht.

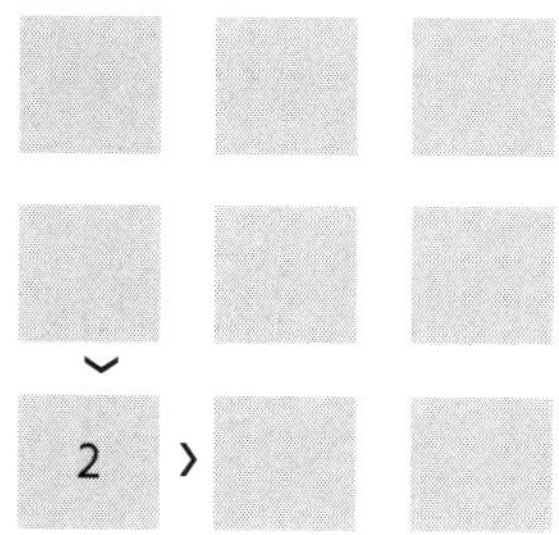

Wortanalogien *Bearbeitungszeit 5 Minuten*

Zu jeder Aufgabe erhalten Sie zwei analog aufgebaute Wortgleichungen: Ein Begriff verhält sich zum zweiten wie der dritte zum vierten.

Welche beiden Wörter fehlen?

Hierzu ein Beispiel

Aufgabe

1) _____ verhält sich zu **Tag** wie **Dunkelheit** zu _____.

A.	Helligkeit	1.	Mond
B.	Dämmerung	2.	Kälte
C.	Sonne	3.	Nacht
D.	Wärme	4.	Abend

Antwort

(A.)	Helligkeit	1.	Mond
B.	Dämmerung	2.	Kälte
C.	Sonne	(3.)	Nacht
D.	Wärme	4.	Abend

Helligkeit verhält sich zu Tag wie Dunkelheit zu Nacht: Am Tag ist es hell, in der Nacht dunkel.

Bitte beginnen Sie nun mit den Aufgaben: Vervollständigen Sie die Wortgleichungen, indem Sie jeweils den Lösungsbuchstaben des linken Begriffs markieren und die Lösungszahl des rechten.

21) _____ verhält sich zu **Urteil** wie **Arzt** zu _____.

A.	Anwalt	1.	Diagnose
B.	Kläger	2.	Behandlung
C.	Richter	3.	Medikament
D.	Zeuge	4.	Operation

22) ______ verhält sich zu **gehen** wie war zu ______.

A.	ging	**1.**	bin
B.	gegangen	**2.**	sein
C.	gehst	**3.**	wäre
D.	geht	**4.**	sei

23) ______ verhält sich zu **Kuh** wie **Maus** zu ______.

A.	Wiese	**1.**	Ratte
B.	Stall	**2.**	Katze
C.	Feld	**3.**	Falle
D.	Gras	**4.**	Käse

24) ______ verhält sich zu **Pflicht** wie **dürfen** zu ______.

A.	Paragraph	**1.**	wollen
B.	Gesetz	**2.**	sollen
C.	Verordnung	**3.**	müssen
D.	Recht	**4.**	können

25) ______ verhält sich zu **Sonne** wie **Planet** zu ______.

A.	Stern	**1.**	Mond
B.	Galaxie	**2.**	Komet
C.	All	**3.**	Sternschnuppe
D.	Raumfahrt	**4.**	Erde

26) ______ verhält sich zu **Gebäude** wie **Komponist** zu ______.

A.	Plan	**1.**	Dirigent
B.	Architekt	**2.**	Oper
C.	Bauherr	**3.**	Sänger
D.	Stein	**4.**	Instrument

27) ______ verhält sich zu **Wolf** wie **Schwarm** zu ______.

A. Herde
B. Gruppe
C. Familie
D. Rudel

1. Löwe
2. Kuh
3. Wellensittich
4. Kaninchen

28) ______ verhält sich zu **Tisch** wie **Fuß** zu ______.

A. Bein
B. Wade
C. Zeh
D. Knie

1. Stuhl
2. Schrank
3. Hocker
4. Kissen

29) ______ verhält sich zu **kommst** wie **wüsste** zu ______.

A. kommt
B. kämst
C. käme
D. kämen

1. wusste
2. wissen
3. weiß
4. wüssten

30) ______ verhält sich zu **Pflaume** wie **Kern** zu ______.

A. Dorn
B. Stein
C. Kai
D. Stiel

1. Mango
2. Birne
3. Kiwi
4. Banane

Begriffsgruppen *Bearbeitungszeit 10 Minuten*

Zu jeder Aufgabe erhalten Sie sechs Begriffe. Zwei davon können einem gemeinsamen Oberbegriff zugeordnet werden – bitte kreuzen Sie dieses Paar an. **Doch Vorsicht:** Wenn drei oder mehr Wörter zu einem Oberbegriff passen, dürfen Sie diese Gruppe nicht markieren.

Hierzu ein Beispiel

Aufgabe

1)

- [ ] Koffer
- [ ] Auge
- [ ] Rucksack
- [ ] Ohr
- [ ] Nase
- [ ] Wasser

Antwort

1)

- [x] Koffer
- [ ] Auge
- [x] Rucksack
- [ ] Ohr
- [ ] Nase
- [ ] Wasser

Der Koffer und der Rucksack lassen sich dem Oberbegriff „Gepäckstücke" zuordnen. Theoretisch könnten auch die Sinnesorgane Auge, Ohr und Nase eine Gruppe bilden; diese wäre jedoch zu umfangreich.

Bitte bearbeiten Sie nun die Aufgaben: Kreuzen Sie das Wortpaar an, das einem gemeinsamen Oberbegriff zugeordnet werden kann.

31)

- [ ] Norden
- [ ] Weihnachten
- [ ] Autobahn
- [ ] Blatt
- [ ] Löffel
- [ ] Osten

32)

- [ ] Nähmaschine
- [ ] Stuhl
- [ ] Glas
- [ ] Bleistift
- [ ] Brot
- [ ] Schrank

33)

- [ ] Berlin
- [ ] Leipzig
- [ ] Hamburg
- [ ] Frankfurt
- [ ] München
- [ ] Köln

34)

- [ ] Busch
- [ ] Pilz
- [ ] Tanne
- [ ] Erle
- [ ] Blume
- [ ] Wiese

35)

- [ ] Biografie
- [ ] Roman
- [ ] Papier
- [ ] Etikett
- [ ] Lesen
- [ ] Buchhandel

36)

- [ ] Namen
- [ ] Welten
- [ ] Zahlen
- [ ] Rasen
- [ ] Bojen
- [ ] Morgen

37)

- [ ] Zunge
- [ ] Nase
- [ ] Ohr
- [ ] Lupe
- [ ] Auge
- [ ] Tasche

38)

- [ ] Europa
- [ ] Argentinien
- [ ] Australien
- [ ] Globus
- [ ] Südafrika
- [ ] Indien

39)

- [ ] Gericht
- [ ] Gefängnis
- [ ] Justiz
- [ ] Mahlzeit
- [ ] Beamter
- [ ] Straftat

40)

- [ ] Bank
- [ ] Lampe
- [ ] Währung
- [ ] Stuhl
- [ ] Aktienkurs
- [ ] Fenster

Plausible Erklärungen *Bearbeitungszeit 10 Minuten*

Welcher Antwortvorschlag liefert eine plausible, unmittelbare Erklärung zum vorgestellten Sachverhalt?

Hierzu ein Beispiel

Aufgabe

1) Stefans Fahrrad hat einen Platten.

A. Stefans Rad ist frisch lackiert.
B. Stefans Mofa ist auch defekt.
C. Stefan kommt zu spät zur Arbeit.
D. Stefan fährt fast immer mit dem Rad.
E. Stefan ist über einen Nagel gefahren.

Antwort

(E.) Stefan ist über einen Nagel gefahren.

Der frische Lack (A) und der Defekt am Mofa (B) sind keine Gründe für einen Plattfuß. Satz C nennt keine Ursache, sondern eine Folge von Stefans Panne. Dass Stefan häufig mit dem Rad unterwegs ist (D), erhöht zwar das Risiko eines Reifenschadens, doch hier geht es um unmittelbare kausale Verknüpfungen – als richtige Lösung kommt nur Vorschlag E infrage.

Bitte bearbeiten Sie nun die Aufgaben: Markieren Sie den Lösungsbuchstaben der plausiblen Erklärung.

41) Karla nimmt eine Tablette.

A. Karla geht morgen zum Arzt.
B. Karla war gerade in der Apotheke.
C. Karla hat Halsschmerzen.
D. Karla löst die Tablette in einem Glas Wasser auf.
E. Karla nimmt morgen noch eine Tablette.

42) Jürgens Motorrad beschleunigt.

A. Jürgens Motorrad hat viele PS.
B. Jürgens Motorrad kann 280 km/h schnell fahren.
C. Jürgen hält sich nicht ans Tempolimit.
D. Jürgen dreht am Gashebel.
E. Jürgen spürt den Fahrtwind.

43) Er kommt heute Abend nicht zur Feier.

A. Ein guter Freund hat Geburtstag.

B. Er muss noch Überstunden machen.

C. Er hatte sich sehr darauf gefreut.

D. Er hatte sich den Termin im Kalender notiert.

E. Zur Feier in der letzten Woche kam er auch nicht.

44) Luca ist krank.

A. Luca wird leicht krank.

B. Luca fühlt sich matt und abgeschlagen.

C. Luca ist erkältet.

D. Luca ist oft zu dünn angezogen.

E. Luca hat sich angesteckt.

45) Der Bleistift ist stumpf.

A. Blei ist giftig.

B. Der Spitzer liegt im Schulranzen.

C. Bleistifte sind billig.

D. Mit dem Bleistift wurde viel gezeichnet.

E. Filzstifte muss man nicht anspitzen.

46) Frau Meyer vermisst ihre Katze.

A. Frau Meyer besitzt viele Katzen.

B. Frau Meyer füttert ihre Katzen regelmäßig.

C. Frau Meyers Nachbar mag Katzen.

D. Frau Meyer wohnt am Stadtpark.

E. Frau Meyers Katze streunt herum.

47) Markus ist Millionär.

A. Markus hat viel Geld für Glücksspiele ausgegeben.

B. Markus ist der reichste Mensch der Stadt.

C. Markus kauft sich eine Yacht und ein Haus.

D. Markus hat im Lotto gewonnen.

E. Markus besitzt schon ein Auto.

48) Mehmet hat keinen Pkw-Führerschein.

A. Mehmet hat kein Auto.

B. Autos kosten viel Geld.

C. Autos stoßen Abgase aus.

D. Mehmet wird bald 17.

E. Die Führerscheinausbildung ist teuer.

49) Mia hat Abitur.

A. Mia will unbedingt studieren gehen.

B. Mia ist 13 Jahre lang zur Schule gegangen.

C. Mia war Jahrgangsbeste in Deutsch.

D. Mia hat erfolgreich an der Abiturprüfung teilgenommen.

E. Mia ist berechtigt, eine Hochschule zu besuchen.

50) Das Telefon klingelt.

A. Mama wollte dringend zurückrufen.

B. Peter will heute noch etwas erzählen.

C. Jemand ruft an.

D. Der Klingelton ist von Beethoven.

E. Sarah hat ein neues Handy.

Schlussfolgerungen *Bearbeitungszeit 10 Minuten*

Jede Aufgabe konfrontiert Sie mit mehreren Aussagen. Welche Schlussfolgerung lässt sich daraus ziehen? Ob die Aussagen in einem sinnvollen Bezug zur Realität stehen, ist hierbei unerheblich.

51) „Alle Gegenstände, die verschickt werden sollen, werden ins rote Fach abgelegt. Alle Gegenstände im roten Fach sind zerbrechlich, im grünen Fach nicht. Also …"

A. sind alle Gegenstände, die sich im roten Fach befinden, zu verschicken.
B. befinden sich alle zerbrechlichen Gegenstände im roten Fach.
C. sind die zu verschickenden Gegenstände teils zerbrechlich und teils nicht.
D. sind Gegenstände nicht zu verschicken, wenn sie nicht zerbrechlich sind.
E. Keine Antwort ist richtig.

52) „Alle Bilder sind Gemälde. Gemälde sind schön. Einige Gemälde sind Kunst. Also …"

A. ist nicht jedes Bild ein Gemälde.
B. ist jedes Bild ein Gemälde und Kunst.
C. ist alles, was schön ist, ein Bild.
D. ist ein Bild ein Gemälde und schön.
E. Keine Antwort ist richtig.

53) „Wenn Männer und Frauen nicht gleich aussehen, lassen sich die Geschlechter unterscheiden. Männer und Frauen sehen gleich aus. Also …"

A. lassen sich die Geschlechter unterscheiden.
B. lassen sich die Geschlechter nicht unterscheiden.
C. sehen sich Männer und Frauen ähnlich.
D. lassen sich die Geschlechter nur schwer unterscheiden.
E. Keine Antwort ist richtig.

54) Welche Person ist am größten?

¬ Bernd ist nicht die größte Person, jedoch größer als Alfred.

¬ Klaus ist kleiner als Bernd, aber größer als Alfred.

¬ Silke ist das größte Mädchen und für eine Frau sehr groß.

¬ Klaus ist mindestens so groß wie Silke.

A. Alfred
B. Bernd
C. Klaus
D. Silke
E. Keine Antwort ist richtig.

55) „Wenn der frühe Vogel den Wurm fängt, baut er sich ein Nest. Der frühe Vogel fängt den Wurm nicht. Also …"

A. baut sich der frühe Vogel kein Nest.
B. baut sich der frühe Vogel ein Nest.
C. baut sich der Wurm ein Nest.
D. lebt der späte Wurm länger.
E. Keine Antwort ist richtig.

56) Welche Währung ist am härtesten?

¬ Der Bonar ist härter als der Kinar.

¬ Der Kabint konnte sich nach einem zwischenzeitlichen Einbruch gegenüber dem Kinar behaupten und bleibt härter.

¬ Der Quin hat gegenüber dem Kabint nachgelassen, der aber immer noch etwas weicher ist.

¬ Der Unterschied vom Quin zum Bonar ist größer als jener vom Quin zum Kinar.

A. Bonar
B. Kinar
C. Kabint
D. Quin
E. Keine Antwort ist richtig.

57) „Eine Schwalbe macht noch keinen Sommer. Zwei Schwalben machen einen Sommer, aber nur, wenn es kalt ist. Wenn es regnet, ist es kalt. Wenn die Sonne scheint, regnet es. Die Sonne scheint. Also …"

A. ist es im Sommer warm.
B. machen zwei Schwalben noch keinen Sommer.
C. macht eine Schwalbe einen Sommer.
D. machen zwei Schwalben einen Sommer.
E. Keine Antwort ist richtig.

58) Welche Schlussfolgerung ist logisch richtig, wenn die folgende Behauptung zugrunde gelegt wird? „Wenn Claudia Klaus liebt, dann wird sie ihm vorschlagen, gemeinsam eine Wohnung zu mieten. Claudia schlägt Klaus vor, gemeinsam eine Wohnung zu mieten."

A. Klaus liebt Claudia nicht.
B. Klaus liebt Claudia.
C. Claudia liebt Klaus.
D. Claudia liebt Klaus nicht.
E. Keine Antwort ist richtig.

59) „Wenn Peter das Spiel gewonnen hat, ist Klaus oder Max Zweiter geworden. Wenn Klaus Zweiter geworden ist, hat Peter das Spiel nicht gewonnen. Wenn Alberto Zweiter geworden ist, dann ist es nicht Max geworden. Peter hat das Spiel gewonnen. Also …"

A. ist Peter Zweiter geworden.
B. ist Alberto Zweiter geworden.
C. ist Klaus Zweiter geworden.
D. ist Max Zweiter geworden.
E. Keine Antwort ist richtig.

60) Wer hat beim Turnier den zweiten Platz belegt?

- ¬ Die Favoritin und die Titelverteidigerin trennten sich unentschieden.
- ¬ Die Amateurin hat die Favoritin, die Nachwuchsspielerin und die Titelverteidigerin geschlagen.
- ¬ Die Legende hat gegen die Amateurin verloren, aber gegen die Favoritin und die Titelverteidigerin gewonnen.
- ¬ Die Nachwuchsspielerin hat gegen die Titelverteidigerin eine Niederlage erlitten.
- ¬ Der Geheimtipp musste sich nur der Amateurin geschlagen geben und hat alle anderen besiegt.

A. Die Titelverteidigerin
B. Die Amateurin
C. Der Geheimtipp
D. Die Legende
E. Keine Antwort ist richtig.

Sprachsysteme entschlüsseln *Bearbeitungszeit 5 Minuten*

Nun lernen Sie eine fremde Sprache kennen.

Finden Sie zuerst mithilfe der Beispielsätze heraus, wie das Sprachsystem funktioniert, um anschließend kurze Aufgabensätze richtig übersetzen zu können.

Bearbeitungstipps

Die vorliegenden Sprachsysteme sind vollkommen logisch aufgebaut. Auf unregelmäßige Verben werden Sie genauso wenig stoßen wie auf variierende Beugungsformen oder andere Sonderfälle.

Mit den angegebenen Beispielsätzen haben Sie alle Informationen zur Hand, die Sie brauchen, um die Aufgaben zu lösen. Gehen Sie strukturiert und planvoll vor.

Die Kee-Sprache

Beispielsätze

Ich sehe	=	keelei
Du fragtest	=	keofruim
Ihr werdet sehen	=	kaoleila
Wir fragen	=	kaefrui
Er fragte	=	keufruim

Bitte markieren Sie den Buchstaben derjenigen Antwort, die den vorgestellten Satz richtig in die Kee-Sprache übersetzt.

61) Sie fragen

A. kaufrui
B. kaufruim
C. keufrui
D. kaolei
E. Keine Antwort ist richtig.

62) Wir sahen

A. kaoleim
B. keefrui
C. kaelei
D. kaeleim
E. Keine Antwort ist richtig.

63) Ich werde fragen

A. keefruila
B. keeleim
C. keofrui
D. keafruim
E. Keine Antwort ist richtig.

64) Du sahst

A. keoleila
B. keoleim
C. kaelei
D. kaeleim
E. Keine Antwort ist richtig.

65) ihr fragt

A. kaufrui
B. kaufruim
C. kaofrui
D. kaofruila
E. Keine Antwort ist richtig.

Bedingungen

Bearbeitungszeit 10 Minuten

Nun geht es um Ihren mathematischen Scharfsinn.

Welche Angaben brauchen Sie, um die Fragestellung eindeutig zu beantworten? Bitte markieren Sie jeweils den richtigen Lösungsbuchstaben.

66) Welche Aussage(n) brauchen Sie, um alle Winkel des gleichschenkligen Dreiecks zu bestimmen?

a) Der Flächeninhalt beträgt rund 11 cm^2.
b) Eine Seite ist 10 cm lang.
c) Ein Winkel beträgt 96°.

A. Nur Aussage a)
B. Nur Aussage b)
C. Nur Aussage c)
D. Aussagen a) und b)
E. Keine Antwort ist richtig.

67) Welche Aussage(n) brauchen Sie, um herauszufinden, welcher Affe die meisten Bananen gegessen hat?

a) Der Schimpanse hat mehr Bananen gegessen als der Bonobo.
b) Der Orang-Utan hat mehr Bananen gegessen als der Gorilla, der die zweitgrößte Bananenmenge verzehrt hat.
c) Der Gibbon hat weniger Bananen gegessen als der Orang-Utan.

A. Nur Aussage a)
B. Nur Aussage b)
C. Nur Aussage c)
D. Aussagen b) und c)
E. Keine Antwort ist richtig.

68) Welche Aussagen brauchen Sie, um herauszufinden, ob Ali und Ina gleich alt sind?

a) Lea ist nicht jünger als Jan.
b) Wenn Ali jünger ist als Jan, ist Ina auch jünger als Jan.
c) Wenn Ali und Ina gleich alt sind, ist Ali älter als Pia.
d) Wenn Kim und Ben gleich alt sind, sind auch Ali und Ina gleich alt.
e) Wenn Ali älter ist als Pia, ist Lea jünger als Jan.

A. Aussagen a), b) und c)
B. Aussagen c), d) und e)
C. Aussagen b), c) und d)
D. Aussagen a), c) und e)
E. Keine Antwort ist richtig.

69) Herr Mayer erhält Zinsen auf sein Tagesgeldkonto. Welcher Zinsbetrag hat sich nach einem Jahr angesammelt? Um die Aufgabe zu lösen, brauchen Sie zusätzlich …

A. den Anlagebetrag und den Zinssatz.
B. nur den Zinssatz.
C. nur den Anlagebetrag.
D. keine weiteren Angaben.
E. Keine Antwort ist richtig.

70) An einem Tag dreht sich die Erde einmal um die eigene Achse. Wie schnell dreht sich ein Haus um die Erdachse, das genau auf der Äquatorlinie steht? Um die Aufgabe zu lösen, brauchen Sie zusätzlich …

A. keine weiteren Angaben.
B. den Erdumfang.
C. die Strecke vom Haus zum Erdmittelpunkt und den Erdumfang.
D. den Erdumfang und die Strecke vom Haus zur Sonne.
E. Keine Antwort ist richtig.

71) Welche Aussagen brauchen Sie, um herauszufinden, an welchem Wochentag der Termin stattfindet?

a) Heute ist nicht Dienstag.
b) Der Termin findet 2 Tage nach übermorgen statt.
c) Morgen ist 2 Tage nach Freitag.
d) Gestern waren es bis zum Termin noch 5 Tage.

A. Aussagen a) und b)
B. Aussagen b) und d)
C. Aussagen a) und c)
D. Aussagen c) und d)
E. Keine Antwort ist richtig.

72) Ein umzäunter Garten hat die Form eines U. Der gestrichelte Teil des Gartenzauns soll erneuert werden – wie lang ist dieser Abschnitt? Um die Aufgabe zu lösen, brauchen Sie ...

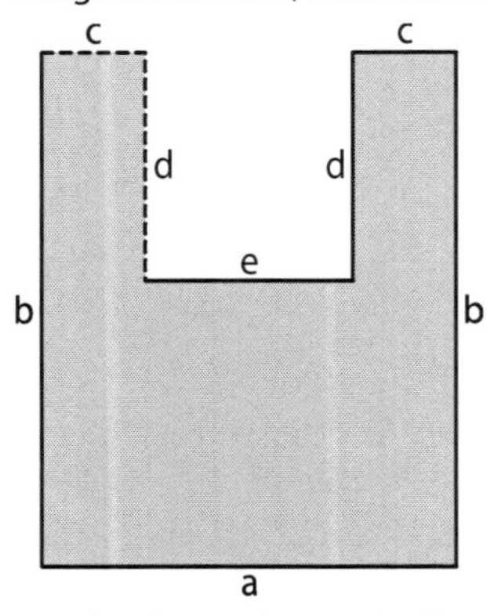

A. nur die Gesamtlänge des Zauns sowie die Seiten a und b.
B. nur die Gesamtlänge des Zauns sowie die Seiten a, c und e.
C. nur die Gesamtlänge des Zauns sowie die Seiten e, b und c.
D. unbedingt die Gesamtlänge des Zauns sowie die Seiten a, b, c und e.
E. Keine Antwort ist richtig.

73) Welche Aussage(n) brauchen Sie, um herauszufinden, wie viele Kilogramm Heu die Pferde im Stall pro Woche insgesamt fressen?

a) Der Hengst Caligula frisst pro Tag 5 kg Heu.
b) Die Stute Abbey frisst pro Woche 30 kg Heu.
c) Drei der Pferde fressen zusammen 430 kg Heu pro Monat.
d) Neben Caligula sind noch sechs weitere Pferde im Stall.
e) Pro Jahr fressen die Pferde zusammen 8 Ballen Heu.
f) Außer Abbey fressen alle Pferde gleich viel.

A. a), b), d), e)
B. a), b), c), d)
C. b), c), d), e)
D. a), b), d), f)
E. Keine Antwort ist richtig.

74) Welche Aussage(n) brauchen Sie, um herauszufinden, ob Vögel fliegen können?

a) Kühe können fliegen, weil sie Flügel haben.
b) Fliegen haben keine Flügel.
c) Alle Vögel sind Katzen.
d) Vögel haben lange Schnäbel.
e) Kühe haben lange Schnäbel.
f) Ohne Flügel kann man nicht fliegen.
g) Alle Katzen sind Fliegen.

A. b), c), e), g)
B. a), c), f), g)
C. b), c), f), g)
D. b), c), e), f)
E. Keine Antwort ist richtig.

75) Wie viele Aussage(n) brauchen Sie mindestens, um die gesuchte Zahl zu bestimmen?

a) Die Zahl ist ein Vielfaches von 3.
b) Die Zahl ist um 1 kleiner als eine Primzahl.
c) Die Zahl ist ein Vielfaches von 12.
d) Die Zahl ist kleiner als 45.
e) Die erste Ziffer der Zahl ist halb so groß wie die zweite.
f) Die Zahl ist ohne Rest durch 9 teilbar.
g) Die Zahl ist ein Vielfaches von 4.

A. Mindestens 2 Aussagen
B. Mindestens 3 Aussagen
C. Mindestens 4 Aussagen
D. Mindestens 6 Aussagen
E. Keine Antwort ist richtig.

Möglich oder unmöglich? *Bearbeitungszeit 10 Minuten*

Möglich oder nicht? Darum geht es in diesem Abschnitt.

Ausgehend vom gleichen Satzanfang werden bei jeder Aufgabe fünf Behauptungen aufgestellt. Davon ist nur eine einzige richtig – oder aber falsch. Bitte markieren Sie den Lösungsbuchstaben dieses aus der Reihe fallenden Antwortvorschlags.

76) Unmöglich ist es, dass Holz ...?

A. brennt.
B. zu Papier weiterverarbeitet wird.
C. als Werkstoff genutzt wird.
D. kondensiert.
E. in heißem Wasser schwimmt.

77) Es ist möglich, dass ein Huhn ...?

A. Körner frisst.
B. Küken hat.
C. größer ist als ein Hund.
D. ein gepunktetes Fell hat.
E. in einem Stall gehalten wird.

78) Es ist unmöglich, vor Publikum zu tanzen ohne ...?

A. Mut.
B. Kraft aufzuwenden.
C. Taktgefühl.
D. das Lied zu kennen.
E. Training.

79) Multipliziert man zwei ganze Zahlen, die größer sind als 0, kann das Ergebnis auf keinen Fall ...?

A. kleiner sein als 1.
B. kleiner sein als 2.
C. größer sein als 1.000.
D. durch 5 teilbar sein.
E. ungerade sein.

80) Es ist nicht völlig auszuschließen, dass kein Mensch ...?

A. noch nie im Weltall war.
B. etwas von einer unbekannten Tierart weiß.
C. auf einem fremden Planeten dauerhaft unglücklich wäre.
D. geboren wurde, ohne vorher im Mutterleib herangewachsen zu sein.
E. nicht sterben muss.

81) Auf keinen Fall kann ein kleiner Magnet ...?

A. große Feuer löschen.
B. das Licht einer Taschenlampe ablenken.
C. Kompassnadeln beeinflussen.
D. potentielle Energie in chemische Energie umwandeln.
E. aus Wärme Strom erzeugen.

82) Bei Sonnenaufgang ist es unmöglich, ...?

A. nicht aufzuwachen.
B. Vögel zwitschern zu hören.
C. dass die Luft sich erwärmt.
D. dass die Sonne hinter dem Horizont verschwindet.
E. den Mond zu sehen.

83) Eine Primzahl kann auf keinen Fall ...?

A. gerade sein.
B. ungerade sein.
C. größer als 10.000.000 sein.
D. auf 7 enden.
E. auf 15 enden.

84) Keinesfalls kann kein Tier nicht ...?

A. aus Zellen bestehen.
B. unsterblich sein.
C. Eier legen.
D. älter als 100 Jahre werden.
E. in der Tiefsee leben.

85) Es ist möglich, dass niemand ...?

A. nicht sterben muss.
B. niemals glücklich ist.
C. nicht unter Wasser ohne Hilfsmittel atmen kann.
D. immer recht hat.
E. dauerhaft ohne Sauerstoff auskommt.

Problemlösendes Denken *Bearbeitungszeit 15 Minuten*

Bei den folgenden Aufgaben handelt es sich um Brainteaser: kleine Kniffeleien, bei denen Sie alle logischen Register ziehen müssen.

Bitte bearbeiten Sie die folgenden Aufgaben, indem Sie den richtigen Lösungsbuchstaben markieren oder die Antwort aufschreiben.

86) An der Bordwand eines Segelschiffs hängt eine Strickleiter herab. Die Leiter hat 15 Sprossen, zwischen denen jeweils 20 Zentimeter Abstand liegen. Die unterste Sprosse ist genau 10 Zentimeter von der Wasseroberfläche entfernt. Nun setzt die Flut ein: Pro Stunde steigt der Wasserspiegel um 15 Zentimeter. Wie lange dauert es, bis das Wasser die dritte Sprosse von unten erreicht hat?

A. 3 Stunden, 20 Minuten
B. 2 Stunden, 30 Minuten
C. 1 Stunde, 45 Minuten
D. Das Wasser wird die Sprossen nicht erreichen.
E. Das kann man nicht wissen.

87) Auf der Flucht vor wilden Tieren müssen vier Abenteurer in der Dunkelheit eine marode Hängebrücke überqueren. Sie können die Brücke höchstens zu zweit betreten und brauchen für jeden Übergang ihre einzige Taschenlampe, um den Weg auszuleuchten. Die Abenteurer sind unterschiedlich schnell: Der erste schafft es in drei Minuten auf die andere Seite, der zweite in fünf Minuten, der dritte in acht Minuten und der vierte in neun Minuten. Wie lange dauert es mindestens, bis alle am anderen Ufer sind?

A. 25 Minuten
B. 27 Minuten
C. 23 Minuten
D. 31 Minuten
E. Keine Antwort ist richtig.

88) Sam hat Kleingeld gesammelt. In seinem Sparschwein findet er diverse Münzen mit den Nennwerten 1 Cent, 2 Cent, 5 Cent, 10 Cent, 20 Cent und 50 Cent. Wie viele Münzen muss er mindestens mitnehmen, damit er jeden möglichen Betrag von 0,01 € bis 1 € passend zahlen kann?

A. 8 Münzen
B. 7 Münzen
C. 10 Münzen
D. 9 Münzen
E. Keine Antwort ist richtig.

89) Max fährt mit der Bahn von Bergstadt nach Seefeld. Alle 10 Minuten kommt ihm auf dem Gegengleis eine Bahn von Seefeld nach Bergstadt entgegen. Angenommen, alle Bahnen fahren gleich schnell: Wie viele Bahnen verlassen Seefeld pro Stunde in Richtung Bergstadt?

A. 6
B. 5
C. 4
D. 3
E. Keine Antwort ist richtig.

90) Eine Balkenwaage hat zwei Schalen: Je nachdem, in welcher Schale das größere Gewicht liegt, neigt sich die Waage in die eine oder in die andere Richtung. Nun stellen Sie sich vor, sie haben neun Kugeln: acht sind gleich schwer, eine ist etwas leichter. Wie viele Wiegevorgänge brauchen Sie mindestens, um die leichtere Kugel mit Sicherheit herauszufinden?

A. 7
B. 9
C. 2
D. 3
E. Keine Antwort ist richtig.

91) Max hat eine Flasche mit Saft und eine Flasche mit derselben Menge an Wasser. Nun füllt er einen Löffel Wasser aus der Wasserflasche in die Saftflasche um und schüttelt diese, damit sich die Flüssigkeiten mischen. Anschließend nimmt er einen Löffel vom Inhalt der Saftflasche und kippt ihn in die Wasserflasche, sodass beide Flaschen wieder gleich voll sind. Was gilt für das Mischungsverhältnis der Flüssigkeiten?

A. Es ist mehr Wasser in der Saftflasche als Saft in der Wasserflasche.
B. Es ist mehr Saft in der Wasserflasche als Wasser in der Saftflasche.
C. Es ist genauso viel Wasser in der Saftflasche wie Saft in der Wasserflasche.

92) Jongleur Pepe hat drei Ballsäcke vor sich. Auf dem ersten Sack steht „weiße Bälle", auf dem zweiten „grüne Bälle" und auf dem dritten „weiße und grüne Bälle". Leider war Pepe etwas unaufmerksam und hat alle Säcke falsch beschriftet. Kann er sämtliche Beschriftungen korrigieren, wenn er aus einem einzigen Sack nur einen Ball herauszieht?

A. Ja, wenn er den Sack wählt, auf dem „weiße Bälle" steht
B. Ja, wenn er den Sack wählt, auf dem „grüne Bälle" steht
C. Ja, wenn er den Sack wählt, auf dem „weiße und grüne Bälle" steht
D. Nein, das ist unmöglich.
E. Keine Antwort ist richtig.

93) Ermittler Schulz ist Betrügern auf der Spur. In einem Versteck findet er fünf Kisten voller Goldbarren – doch Schulz weiß: Die Barren in einer Kiste sind falsch. Optisch besteht kein Unterschied, doch die Fälschungen sind ein Kilogramm leichter als die echten Barren, die jeweils zehn Kilogramm wiegen. Wie kann der Ermittler mithilfe einer präzisen Digitalwaage herausfinden, welche Kiste die Fälschungen enthält, wenn die Waage nur einen einzigen Wiegevorgang zulässt?

94) Max hat zwei Zündschnüre. Jede Schnur brennt exakt eine Stunde lang. Da die Schnüre unterschiedlich dick sind und ungleichmäßig brennen, kann man von der abgebrannten Strecke nicht auf die Brenndauer schließen. Kann Max die Schnüre so anzünden, dass er einen Zeitraum von 45 Minuten präzise abmessen kann? Falls ja, wie?

95) Wagen Sie eine nachvollziehbare Schätzung: Wie viele Klavierstimmer gibt es in Deutschland? Hier kommt es weniger auf eine genaue Zahl an – wichtig ist Ihr Lösungsweg. Halten Sie stichpunktartig fest, wie Sie zu Ihrem Ergebnis kommen.

Flussdiagramme *Bearbeitungszeit 5 Minuten*

Flussdiagramme sind ein Mittel, um Vorgänge mit verschiedenen Verlaufsalternativen anschaulich abzubilden: So lassen sich verzweigte Abläufe planen, steuern und erklären.

Hierzu ein Beispiel

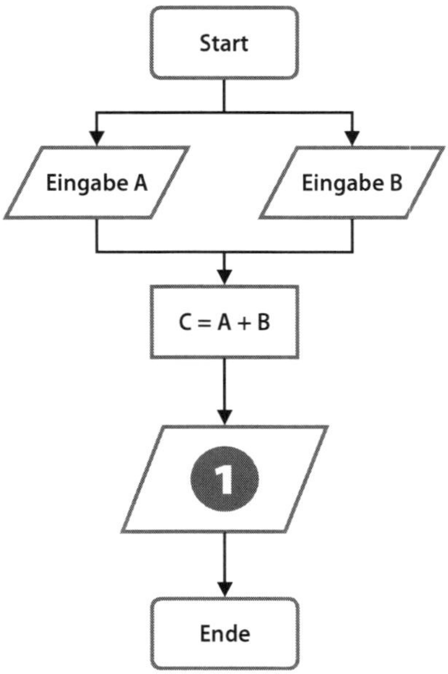

Aufgabe

1) Wofür steht die Zahl 1 im Flussdiagramm?

A. Ausgabe C
B. Ausgabe A
C. Ausgabe B
D. Eingabe A
E. Keine Antwort ist richtig.

Antwort

(A.) Ausgabe C

Im abgebildeten Prozess werden zwei Variablen A und B eingegeben und zum Ergebnis C addiert. Sinnvollerweise wird dieses Ergebnis anschließend ausgegeben, also z. B. auf einem Monitor angezeigt.

Wie funktionieren Flussdiagramme?

Ein Flussdiagramm besteht aus verschiedenen Symbolen, die beschriftet und durch waagerechte oder senkrechte Verlaufspfeile miteinander verbunden sind. Die Symbole lassen sich grob in fünf Gruppen einordnen:

- **Rechtecke mit abgerundeten Ecken** stehen für Prozessbeginn und -ende.
- **Rauten** stellen Bedingungen dar.
- **Rechtecke** symbolisieren eigene, in sich geschlossene Unterprozesse.
- **Ovale** kennzeichnen Entscheidungen oder Konsequenzen.
- **Parallelogramme** stehen für prozessinterne Ein- und Ausgaben (Inputs/Outputs).

Bundeskanzlerwahl

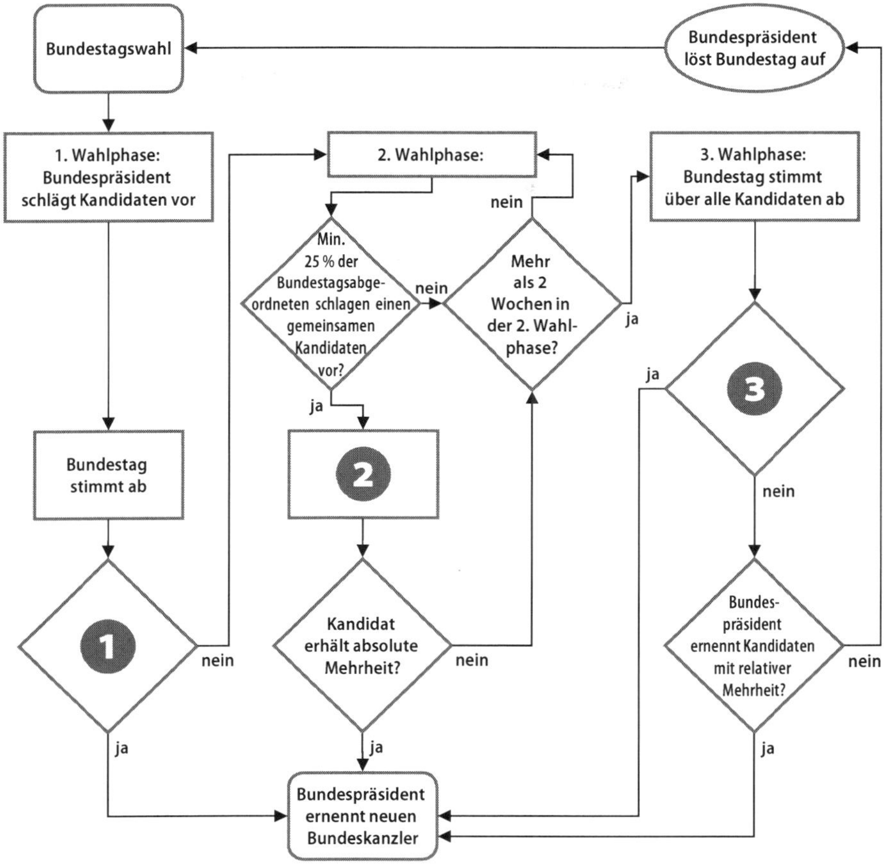

Bitte bearbeiten Sie nun die Aufgaben: Markieren Sie jeweils den Lösungsbuchstaben des richtigen Antwortvorschlags. Sie haben dafür **5 Minuten** Zeit.

96) Durch welche der Antworten wird die Zahl 1 im Flussdiagramm sinnvoll ersetzt?

A. Kandidat erhält absolute Mehrheit?
B. Bundeskanzler ist gewählt.
C. Mehr als zwei Wochen in der 2. Wahlphase?
D. Bundestag stimmt über alle Kandidaten ab.
E. Bundespräsident löst Bundestag auf?

97) Durch welche der Antworten wird die Zahl 2 im Flussdiagramm sinnvoll ersetzt?

A. Bundespräsident schlägt Kandidaten vor.
B. Neuer Bundeskanzler
C. Bundestag stimmt ab.
D. Bundespräsident ernennt Kandidaten mit relativer Mehrheit.
E. 3. Wahlphase?

98) Durch welche der Antworten wird die Zahl 3 im Flussdiagramm sinnvoll ersetzt?

A. Kandidat erhält absolute Mehrheit?
B. Mehr als zwei Wochen in der dritten Wahlphase?
C. Bundestag löst sich auf?
D. Bundespräsident schlägt Kandidaten vor?
E. Beginn der vierten Wahlphase

99) Was geschieht, wenn zwei Wochen in der zweiten Wahlphase vergangen sind, ohne dass ein Kandidat die absolute Mehrheit erreichen konnte?

A. Der Bundespräsident löst den Bundestag auf.
B. Die Bundestagsabgeordneten schlagen eigene Kandidaten vor.
C. Der Bundespräsident schlägt eigene Kandidaten vor.
D. Es kommt zu Neuwahlen.
E. Die dritte Wahlphase beginnt.

100) Wann kann der Bundespräsident einen Kandidaten zum Kanzler ernennen, auch wenn dieser keine absolute Mehrheit im Bundestag erreicht?

A. Niemals
B. In der dritten Wahlphase
C. Nach Auflösung des Bundestags
D. Wenn mehr als zwei Wochen in der ersten Wahlphase vergangen sind
E. Wenn er den Kandidaten schon in der ersten Wahlphase vorgeschlagen hat

Logikgatter

Bearbeitungszeit 5 Minuten

Logikgatter sind Bauelemente aus der Digitaltechnik, die Signale nach logischen Regeln verarbeiten. Meist haben sie zwei Eingänge und einen Ausgang: Alle können genau zwei Zustände einnehmen, aktiv oder inaktiv. Je nach Gattertyp besteht zwischen Ein- und Ausgangszustand eine bestimmte Beziehung.

Gattertypen

Name	Symbol	Funktionsweise
AND (und)		Ausgang X ist aktiv, wenn beide Eingänge A und B aktiv sind.
OR (oder)	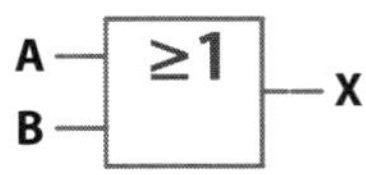	Ausgang X ist aktiv, wenn mindestens einer der Eingänge A und B aktiv ist.
XOR (entweder oder)	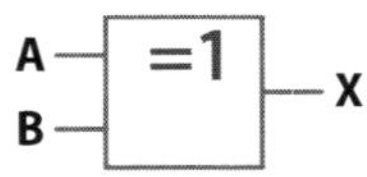	Ausgang X ist aktiv, wenn genau einer der Eingänge A und B aktiv ist.
NOT (nicht)		Einfache Verneinung: Ausgang X ist aktiv, wenn Eingang A inaktiv ist.
NAND (nicht und)		Verneintes AND-Gatter: Ausgang X ist aktiv, wenn nicht beide Eingänge A und B aktiv sind.
NOR (nicht oder)	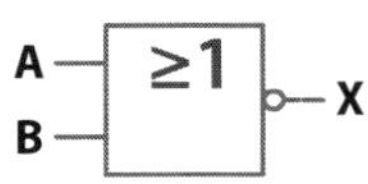	Verneintes OR-Gatter: Ausgang X ist aktiv, wenn keiner der Eingänge A und B aktiv ist.
XNOR (nicht entweder oder)	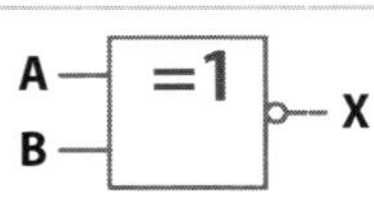	Verneintes XOR-Gatter: Ausgang X ist aktiv, wenn nicht genau einer der Eingänge A und B aktiv ist.

Hierzu ein Beispiel

Aufgabe

1) Nur Eingang A ist aktiv. Welchen Zustand hat Ausgang X?

☐ aktiv ☐ inaktiv

Antwort

☒ inaktiv

Die Abbildung zeigt ein AND-Gatter. Bei diesem Typ wird der Ausgang nur aktiv, wenn auch beide Eingänge aktiv sind. Das ist hier nicht der Fall – folglich bleibt Ausgang X inaktiv.

Bitte bearbeiten Sie nun die Aufgaben: Markieren Sie die richtige Lösung. Sie haben dafür **5 Minuten** Zeit.

101) Ausgang X ist inaktiv, wenn …?

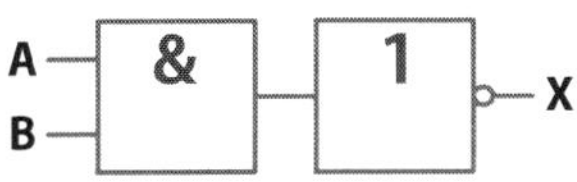

A. Eingang A aktiv ist.
B. Eingang B aktiv ist.
C. beide Eingänge A und B aktiv sind.
D. beide Eingänge A und B inaktiv sind.
E. Keine Antwort ist richtig.

102) Eingang A ist aktiv. Welchen Zustand muss Eingang C haben, damit Ausgang X aktiv wird?

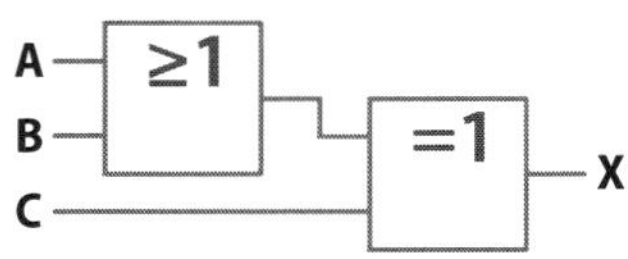

☐ aktiv ☐ inaktiv

103) Ausgang X ist aktiv, wenn …?

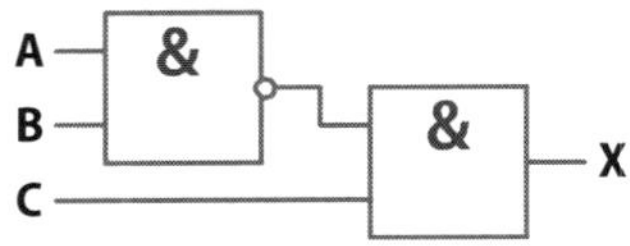

A. nur die Eingänge A und C aktiv sind.
B. Eingang C aktiv ist.
C. nur die Eingänge A und B aktiv sind.
D. die Eingänge A, B und C aktiv sind.
E. Keine Antwort ist richtig.

104) Die Eingänge A, B und C sind aktiv. Welchen Zustand hat Ausgang X?

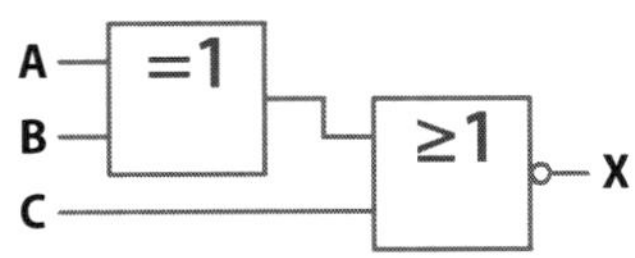

▢ aktiv ▢ inaktiv

105) Welche Aussage zum abgebildeten Logikgatter stimmt nicht?

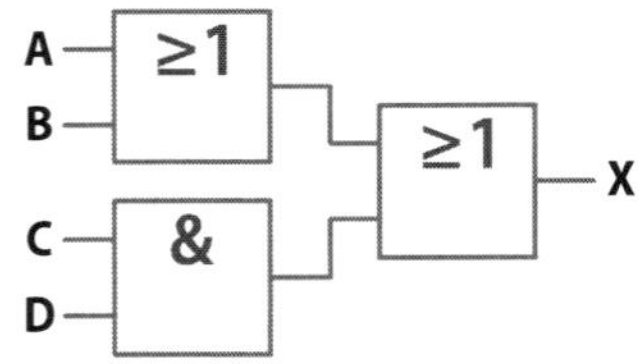

A. Wenn die Eingänge C und D aktiv sind, ist Ausgang X auch aktiv.
B. Damit Ausgang X aktiv wird, müssen mindestens zwei Eingänge aktiv sein.
C. Wenn die Eingänge A und B aktiv sind, ist Ausgang X auch aktiv.
D. Ausgang X ist auf jeden Fall aktiv, wenn zwei Eingänge aktiv sind.
E. Alle Aussagen stimmen.

Schaubilder verstehen *Bearbeitungszeit 20 Minuten*

Bitte sehen Sie sich die folgenden Schaubilder genau an und beantworten Sie die zugehörigen Aufgaben.

I. Klimadaten

Für Rom; verschiedene Klimadaten im Monatsdurchschnitt

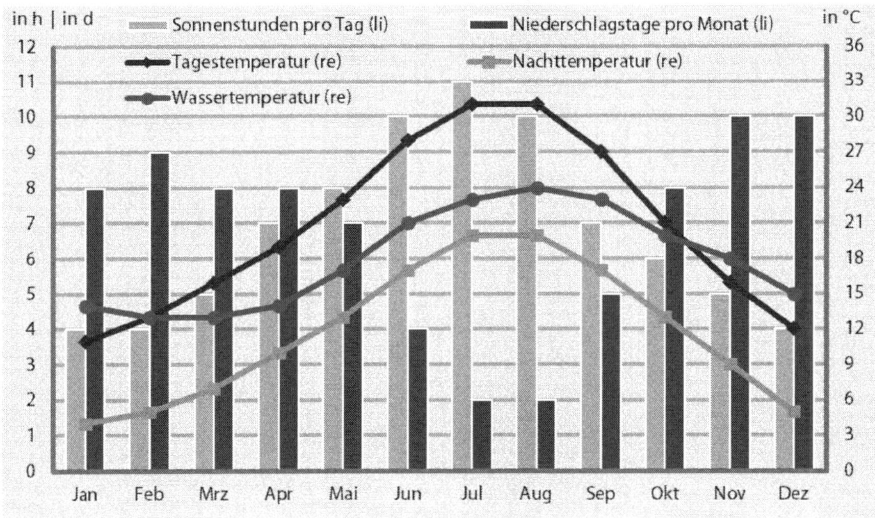

Bitte beantworten Sie nun die folgenden Fragen schriftlich.

106) Welche Messkurven verlaufen größtenteils parallel?

____

____

107) Wann regnet es in Rom am häufigsten? Wie oft regnet es dann?

____

____

____

108) Welchen Zusammenhang gibt es zwischen der Sonnenscheindauer und der Niederschlagshäufigkeit?

109) Welcher Zusammenhang besteht zwischen der Sonnenscheindauer und der Wassertemperatur?

110) Welche Temperaturkurven kreuzen sich, und wie lässt sich der Verlauf dieser Kurven erklären?

II. Registrierte Arbeitslose und gemeldete Stellen

Das Diagramm zeigt die Entwicklung der Zahl der registrierten Arbeitslosen sowie der gemeldeten Stellen in Deutschland. Die Angaben beziehen sich jeweils auf ein Quartal (Vierteljahr; lateinisch durchnummeriert von I–IV), verglichen mit dem entsprechenden Quartal des Vorjahres.

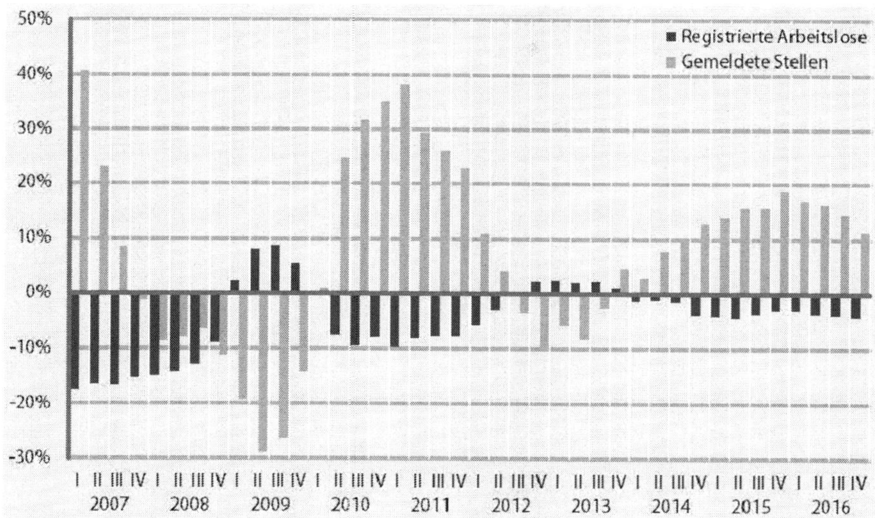

Quelle: Bundesagentur für Arbeit

Sind die folgenden Aussagen zum Schaubild korrekt? Bitte markieren Sie jeweils „stimmt" oder „stimmt nicht".

111) Im 1. Quartal 2011 waren fast 40 Prozent mehr Stellen gemeldet als im 4. Quartal 2010.

☐ stimmt ☐ stimmt nicht

112) Im 2. Quartal 2009 wurden am wenigsten Stellen gemeldet.

☐ stimmt ☐ stimmt nicht

113) Vom Jahresende 2007 bis zum Jahresende 2009 ist die Zahl der gemeldeten Stellen durchgehend gesunken.

☐ stimmt ☐ stimmt nicht

114) Im 3. Quartal 2012 gab es ungefähr genauso viele registrierte Arbeitslose wie im 3. Quartal 2011.

▢ stimmt ▢ stimmt nicht

115) Wenn die Zahl der gemeldeten Stellen sinkt, gibt es gleichzeitig auch mehr Arbeitslose.

▢ stimmt ▢ stimmt nicht

III. Monetarismus

Unter dem Begriff Monetarismus versteht man eine volkswirtschaftliche Theorie, die auf den US-Ökonomen Milton Friedman (1912–2006) zurückgeht. Demnach gibt es zwei wesentliche Faktoren, welche die wirtschaftliche Entwicklung lenken: die Selbstregelungsfähigkeit des Marktes und die Steuerung der Geldmenge durch staatliche Zentralbanken. Ein Kern des Monetarismus ist die Quantitätstheorie, das heißt die Annahme, jede Änderung der umlaufenden Geldmenge wirke sich auf die Preise aus. Wenn die Geldmenge zum Beispiel wächst, erwarten die Monetaristen ein steigendes Preisniveau. Indem die Zentralbanken den Leitzins kontrolliert erhöhen, könnten sie andererseits die Inflationsgefahr wirksam bekämpfen. Denn dann würde weniger Geld einer gleichbleibenden Warenmenge gegenüberstehen – die Preise müssten demnach sinken.

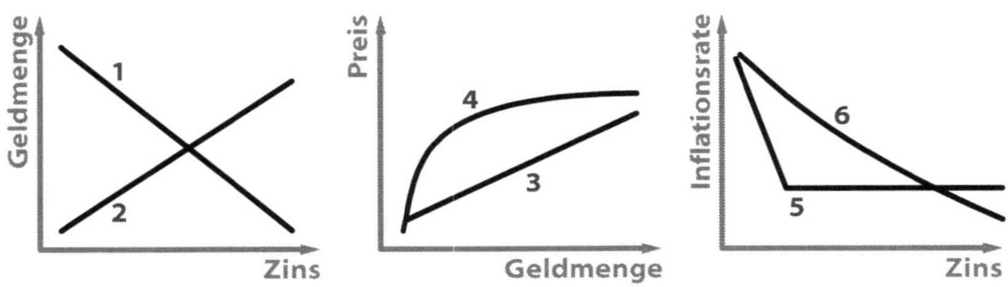

116) Welche der in den Diagrammen abgebildeten Kurven stehen für die monetaristische Theorie?

A. 2, 3 und 6
B. 1, 3 und 6
C. 1, 4 und 5
D. 2, 4 und 6
E. 2, 3 und 4

IV. Hämoglobin und Myoglobin

Hämoglobin und Myoglobin sind Proteine, die für den Sauerstofftransport im Körper verantwortlich sind. In den Lungen, wo der Partialdruck des Sauerstoffs – d. h. der durch den Sauerstoff ausgeübte Druck in der betreffenden Region – hoch ist, bindet sich der Sauerstoff an Hämoglobin, den Farbstoff der roten Blutkörperchen. Mit dem Blut gelangt er in die Muskelregionen. Dort herrscht ein niedriger Partialdruck des Sauerstoffs, sodass das Hämoglobin an Bindungsfähigkeit verliert. Die Sauerstoffmoleküle lösen sich ab, diffundieren ins Muskelgewebe und binden sich dort ans Myoglobin, das eine besonders hohe Aufnahmekapazität bei niedrigem Partialdruck besitzt.

117) Welches Schaubild ist anhand der gegebenen Informationen korrekt?

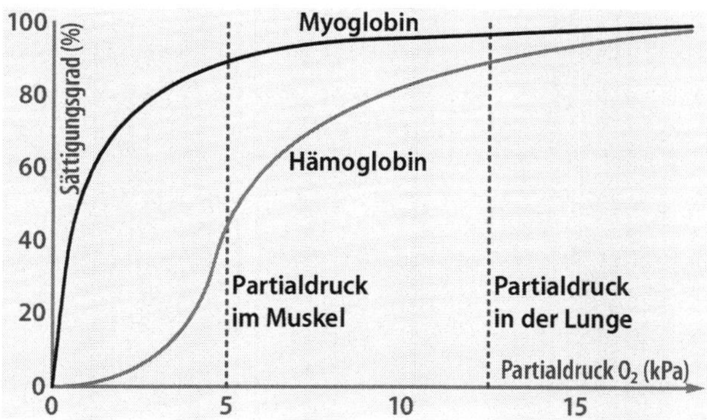

A

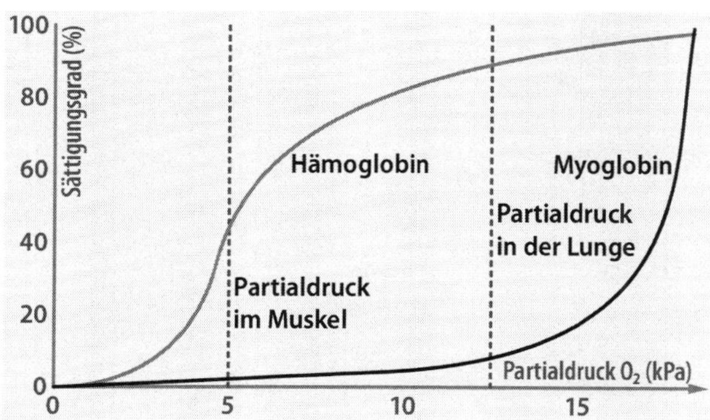

B

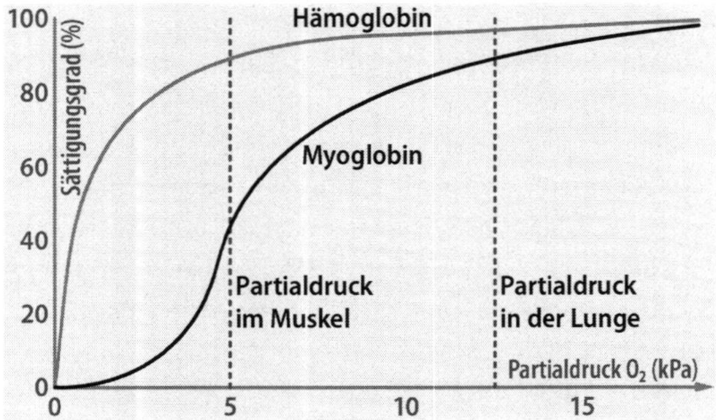
100
80
60
40
20
0
Sättigungsgrad (%)
Hämoglobin
Myoglobin
Partialdruck
im Muskel
Partialdruck
in der Lunge
Partialdruck O_2 (kPa)
0
5
10
15

C

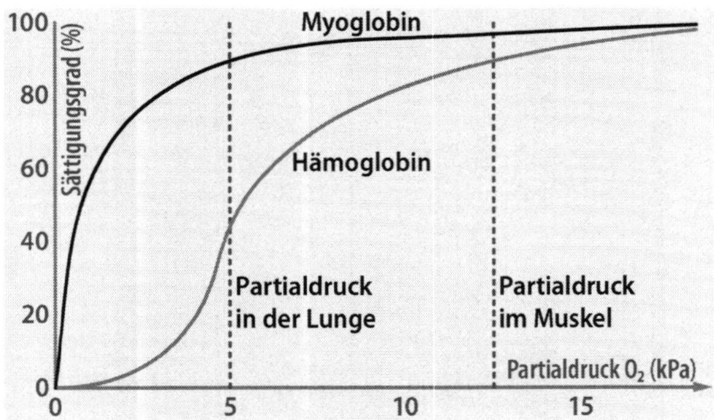
100
80
60
40
20
0
Sättigungsgrad (%)
Myoglobin
Hämoglobin
Partialdruck
in der Lunge
Partialdruck
im Muskel
Partialdruck O_2 (kPa)
0
5
10
15

D

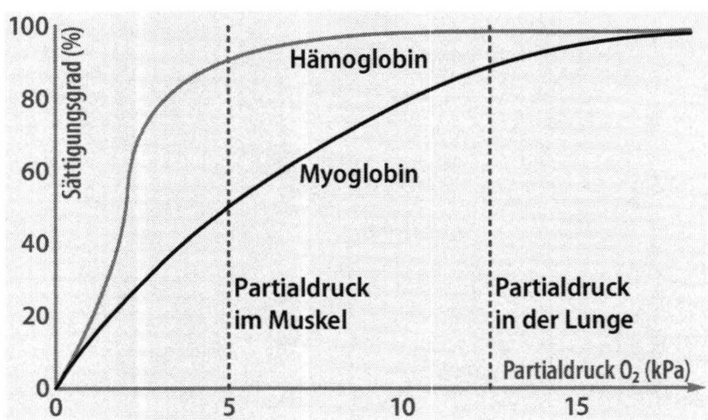
100
80
60
40
20
0
Sättigungsgrad (%)
Hämoglobin
Myoglobin
Partialdruck
im Muskel
Partialdruck
in der Lunge
Partialdruck O_2 (kPa)
0
5
10
15

E

Kombinationsvermögen *Bearbeitungszeit 5 Minuten*

Um die Aufgaben zu lösen, müssen Sie die benötigten Informationen aus den vorangestellten Aussagen herausfiltern und richtig miteinander verknüpfen.

Eine bunte Wohngemeinschaft

Fünf Studentinnen leben gemeinsam in einer Wohngemeinschaft. Jede hat ihr eigenes Zimmer; die Räume heißen „Alpha", „Beta", „Gamma", „Delta" und „Omega". Alle Studentinnen sind grundverschieden: Sie studieren andere Fächer, haben andere Haarfarben, hören andere Musik und bevorzugen andere Sportarten.

Satz a) Die Bewohnerin des „Gamma"-Zimmers spielt Handball, die Germanistin verabscheut Techno und Klassik, aus dem „Omega"-Zimmer dröhnt weder Techno noch Ska, eine Studentin hört Hiphop.

Satz b) Die Blondine studiert Germanistik und die Handballerin Wirtschaft; die Brünette mag keine Klassik und wohnt nicht im „Omega"-Zimmer.

Satz c) Die „Delta"-Bewohnerin studiert Amerikanistik, die Chemiestudentin tanzt gern Zumba und hat keine roten Haare.

Satz d) Die „Beta"-Bewohnerin mag Jura und Ska, die Studentin mit grünem Haar steht auf Country-Musik, die Jura-Studentin ist zu klein für Hochsprung.

Satz e) Die Schwimmerin ist blond, die Radballerin ist schwarzhaarig, die „Gamma"-Bewohnerin hat grüne Haare.

Bitte bearbeiten Sie nun die folgenden Aufgaben: Markieren Sie jeweils den richtigen Lösungsbuchstaben.

118) Welchen Sport betreibt die rothaarige Studentin?

A. Handball
B. Schwimmen
C. Zumba
D. Hochsprung
E. Keine Antwort ist richtig.

119) Welches Fach studiert die Radballerin?

A. Wirtschaft
B. Jura
C. Chemie
D. Amerikanistik
E. Keine Antwort ist richtig.

120) Welche Haarfarbe hat die Amerikanistin?

A. Brünett
B. Blond
C. Schwarz
D. Rot
E. Keine Antwort ist richtig.

121) Welches Zimmer bewohnt die Germanistin?

A. Alpha
B. Beta
C. Gamma
D. Delta
E. Keine Antwort ist richtig.

122) Welche Musik mag die „Alpha"-Bewohnerin?

A. Hiphop
B. Ska
C. Klassik
D. Techno
E. Die Sätze widersprechen sich; es gibt keine Lösung.

Lösungen: Logisches Denkvermögen

1) B	31) Norden, Osten	61) A
2) D	32) Stuhl, Schrank	62) D
3) B	33) Berlin, Hamburg	63) A
4) A	34) Tanne, Erle	64) B
5) C	35) Biografie, Roman	65) C
6) B	36) Zahlen, Rasen	66) C
7) D	37) Auge, Lupe	67) B
8) B	38) Europa, Australien	68) D
9) A	39) Gericht, Mahlzeit	69) A
10) A	40) Bank, Stuhl	70) B
11) E	41) C	71) D
12) D	42) D	72) C
13) A	43) B	73) D
14) C	44) E	74) C
15) D	45) D	75) B
16) A	46) E	76) D
17) A	47) D	77) D
18) D	48) D	78) B
19) D	49) D	79) A
20) siehe Erklärung	50) C	80) A
21) C1	51) D	81) C
22) A2	52) D	82) D
23) D2	53) E	83) E
24) D3	54) E	84) A
25) A4	55) E	85) C
26) B2	56) A	86) D
27) D3	57) D	87) B
28) A2	58) E	88) A
29) B3	59) D	89) D
30) B2	60) C	90) C

91) C	102) inaktiv	113) stimmt
92) C	103) A	114) stimmt
93) siehe Erklärung	104) inaktiv	115) stimmt nicht
94) siehe Erklärung	105) B	116) B
95) siehe Erklärung	106) siehe Erklärung	117) A
96) A	107) siehe Erklärung	118) D
97) C	108) siehe Erklärung	119) B
98) A	109) siehe Erklärung	120) D
99) E	110) siehe Erklärung	121) E
100) B	111) stimmt nicht	122) D
101) C	112) stimmt nicht	

Zahlenreihen (Aufgaben 1–10)

Zu 1) B. 18

+1 | +2 | +3 | +4 | +5

Zu 2) D. 256

Die jeweils nächste Zahl ergibt sich aus der Multiplikation ihrer beiden Vorläuferinnen.

Zu 3) B. 9

+1 | +2 | −3 | +4 | +5 | −6

Zu 4) A. 2

÷2 | −2 | ×2 | ÷2 | −2 | ×2

Zu 5) C. 32

x | y | x + 4 | y × 2 | x + 4 + 4 | y × 2 × 2 | x + 4 + 4 + 4 | y × 2 × 2 × 2

Zu 6) B. 57

24 | 24 + 2 + 4 | 30 + 3 | 33 + 3 + 3 | 39 + 3 + 9 | 51 + 5 + 1

Addieren Sie eine Zahl mit ihrer Quersumme, um die folgende Zahl zu erhalten.

Zu 7) D. 56

Addieren Sie die Quadratzahlen in aufsteigender Folge:

+1 | +4 | +9 | +16 | +25

Zu 8) B. 29

Es handelt sich um Primzahlen in aufsteigender Folge. Primzahlen sind nur durch sich selbst und 1 teilbar.

Zu 9) A. 937

−7 | ×6 | −5 | ×4 | −3

Zu 10) A. 1

−1 | +3 | −5 | +7 | −9 | +11 | −13

Zahlenmatrizen (Aufgaben 11–20)

Zu 11) E. 5

In jeder Spalte wird von oben nach unten bei jedem Schritt durch 4 geteilt. In jeder Reihe wird von links nach rechts bei jedem Schritt durch 2 geteilt. Anstelle der 5 müsste links unten eine 4 stehen.

Zu 12) D. 32

Das Fragezeichen wird durch die Zahl 32 sinnvoll ersetzt. Die Zahlen der rechten Spalte sowie der unteren Reihe ergeben sich aus der Multiplikation der zwei anderen Zahlen der jeweiligen Spalte bzw. Reihe.

Zu 13) A. 1

Beide Quadrate sind gleich aufgebaut: Multiplizieren Sie die Summe der zwei oberen Zahlen mit der linken unteren Zahl, und Sie erhalten die rechte untere Zahl.

Linkes Quadrat: $(1 + 2) \times 3 = 9$

Rechtes Quadrat: $(3 + 1) \times 2 = 8$

Zu 14) C. 5

Das Fragezeichen wird durch die Zahl 5 sinnvoll ersetzt. Die Addition der Zahlen einer Spalte, einer Zeile oder einer Diagonalen führt immer zum Ergebnis 33.

Zu 15) D. 6

Das Fragezeichen wird durch die Zahl 6 sinnvoll ersetzt. Die Pyramide ist nach folgendem Prinzip aufgebaut:

Der Wert einer Zelle ergibt sich aus der Multiplikation der Werte der beiden Zellen darunter.

1. Reihe: $432 = 12 \times 36$

2. Reihe: $12 = 2 \times 6$; $36 = 6 \times 6$

3. Reihe: $2 = 1 \times 2$; $6 = 2 \times 3$; $6 = 3 \times 2$

Zu 16) A. 28

Das Fragezeichen wird durch die Zahl 28 sinnvoll ersetzt. Die Reihen werden senkrecht nach folgendem Prinzip gebildet:

Addieren Sie 7 zur jeweils oben stehenden Zahl. Multiplizieren Sie anschließend mit 2 und teilen Sie den erhaltenen Wert schließlich durch 4.

$+7 \mid \times 2 \mid \div 4$

(Rechnung in senkrechter Richtung)

Zu 17) A. 19

Das Fragezeichen wird durch die Zahl 19 sinnvoll ersetzt. Die Reihen werden waagerecht nach folgendem Prinzip gebildet:

Abwechselnd wird 3 addiert und mit 4 multipliziert. In jeder Zeile wechselt der Rechenschritt, mit dem begonnen wird.

+3 | ×4 | +3

×4 | +3 | ×4

+3 | ×4 | +3

×4 | +3 | ×4

Zu 18) D. 500

Das Fragezeichen wird durch die Zahl 500 sinnvoll ersetzt. Die Multiplikation der Zahlen einer Reihe oder Spalte führt immer zum Ergebnis 7.500.

Zu 19) D. 1

Das Fragezeichen wird durch die Zahl 1 sinnvoll ersetzt. Die Addition der Zahlen einer Reihe oder Spalte führt immer zum Ergebnis 3¼.

Zu 20)

1	3	2
3	2	1
∨		
2 ›	1	3

Konzentrieren Sie sich zuerst auf die Größer-Zeichen: Über der 2 kann nur die 3 stehen und rechts neben der 2 nur die 1. Rechts neben der 3 kann wiederum nur die 2 platziert werden, denn die 1 gibt es bereits in der betreffenden Spalte. Die restlichen Felder lassen sich leicht nacheinander füllen, da immer nur eine Möglichkeit übrig bleibt.

Wortanalogien (Aufgaben 21–30)

Zu 21) C1

Richter sprechen Urteile, Ärzte stellen Diagnosen.

Zu 22) A2

„Ging“ ist die Vergangenheitsform von „gehen“, „war“ ist die Vergangenheitsform von „sein“.

Zu 23) D2

Kühe fressen Gras, Katzen fressen Mäuse.

Zu 24) D3

Ein Recht erlaubt einem, etwas tun zu dürfen. Eine Pflicht bedeutet, etwas tun zu müssen.

Zu 25) A4

Die Sonne ist ein Stern, die Erde ein Planet.

Zu 26) B2

Architekten entwerfen Gebäude, Komponisten konzipieren Opern.

Zu 27) D3

Wölfe bilden Rudel, Wellensittiche (in freier Natur) Schwärme.

Zu 28) A2

„Beine“ nennt man die Stützen eines Tisches, „Füße“ die tragenden Teile eines Schranks.

Zu 29) B3

„Kommst" steht in der 2. Person Präsens Indikativ; im Konjunktiv II wird daraus „kämst". Analog dazu steht „wüsste" in der 1. Person Präsens Konjunktiv II – im Indikativ wird daraus „weiß".

Zu 30) B2

Im Inneren einer Pflaume findet sich ein Stein, Birnen enthalten Kerne.

Begriffsgruppen (Aufgaben 31–40)

Zu 31) Norden, Osten

Der Norden und der Osten lassen sich dem Oberbegriff „Himmelsrichtungen" zuordnen.

Zu 32) Stuhl, Schrank

Der Stuhl und der Schrank lassen sich dem Oberbegriff „Möbelstücke" zuordnen.

Zu 33) Berlin, Hamburg

Berlin und Hamburg sind Stadtstaaten.

Zu 34) Tanne, Erle

Die Tanne und die Erle lassen sich dem Oberbegriff „Bäume" zuordnen.

Zu 35) Biografie, Roman

Die Biografie und der Roman sind literarische Gattungen.

Zu 36) Zahlen, Rasen

Nur die Begriffe „Zahlen" und „Rasen" können hier auch als Verben aufgefasst und dem Oberbegriff „Tätigkeiten" zugeordnet werden.

Zu 37) Auge, Lupe

Das Auge und die Lupe lassen sich dem Oberbegriff „Sehen" zuordnen. Theoretisch könnten auch die Sinnesorgane Auge, Ohr, Nase und Zunge eine Gruppe bilden – diese wäre jedoch zu umfangreich.

Zu 38) Europa, Australien

Europa und Australien sind Kontinente. Theoretisch könnten auch die Länder Südafrika, Argentinien und Indien eine Gruppe bilden – diese wäre jedoch zu umfangreich.

Zu 39) Gericht, Mahlzeit

Gericht und Mahlzeit sind Synonyme – sie stehen für eine zubereitete Speise. „Gericht" ist hier also nicht im juristischen Sinne zu verstehen.

Zu 40) Bank, Stuhl

Die Bank und der Stuhl sind Möbel.

Plausible Erklärungen (Aufgaben 41–50)

Zu 41) C. Karla hat Halsschmerzen.

Der Arztbesuch und der Gang zur Apotheke haben die gleiche Ursache wie die Einnahme von Tabletten: nämlich Karlas Halsschmerzen, Antwort C stimmt. Das Auflösen der Tablette im Wasser bezieht sich lediglich darauf, wie sie das Medikament einnimmt.

Zu 42) D. Jürgen dreht am Gashebel.

Die Leistungsstärke von Jürgens Motorrad (Antworten A und B) ist keine Ursache für eine Tempoerhöhung, ebenso wenig wie die Aussage, dass er sich nicht ans Tempolimit hält. Und der Fahrtwind verursacht erst recht keine Beschleunigung des Fahrzeugs – im Gegensatz zum Drehen am Gashebel: Antwort D stimmt.

Zu 43) B. Er muss noch Überstunden machen.

Was könnte ihn davon abhalten, die Geburtstagsfeier eines guten Freundes zu besuchen, auf die er sich schon gefreut und die er im Kalender eingetragen hat? Sicher nicht, dass er schon in der Vorwoche eine Feier verpasst hat – vielleicht aus dem gleichen Grund wie auch jetzt: Er muss noch Überstunden machen, Antwort B stimmt.

Zu 44) E. Luca hat sich angesteckt.

Vorschlag C formuliert den vorgestellten Sachverhalt einfach nur um, und Möglichkeit B beschreibt Symptome einer Krankheit, nicht deren Ursache. Dass Luca schnell krank wird, mag an seiner Kleiderwahl liegen – beides ist jedoch kein unmittelbarer Grund für seinen momentanen Zustand. Richtig ist Antwort E: Luca hat sich angesteckt.

Zu 45) D. Mit dem Bleistift wurde viel gezeichnet.

Giftiges Blei, ein niedriger Preis, robuste Filzstifte – all das macht Bleistifte nicht stumpf. Im Gegensatz zu häufigem Gebrauch: Antwort D stimmt. Der Spitzer im Schulranzen ist nicht die Ursache des Problems, sondern eine mögliche Lösung.

Zu 46) E. Frau Meyers Katze streunt herum.

Dass Frau Meyer eine Katze vermisst, kann nicht daran liegen, dass sie viele Tiere hält und diese regelmäßig füttert. Eine plausible Ursache ist, dass das Tier umherstreunt – möglicherweise im Stadtpark, vielleicht auch beim tierlieben Nachbarn. Die Wohnlage an sich ist jedoch kein Grund für Frau Meyers Sorge.

Zu 47) D. Markus hat im Lotto gewonnen.

Wenn teure Hobbys oder der Besitz eines Autos reich machen würden, wären alle passionierten Glücksspieler oder Autoeigentümer irgendwann Millionäre – dem ist aber nicht so. Und dass sich Markus als reichster Mensch der Stadt ein Haus und eine Yacht leisten kann, ist eine Folge seines Reichtums, nicht dessen Ursache. Die findet sich in Satz D: Markus hat im Lotto gewonnen.

Zu 48) D. Mehmet wird bald 17.

Dass Autos Abgase ausstoßen und teuer sind, mag manche dazu bewegen, darauf zu verzichten. Doch auch ohne eigenes Fahrzeug kann man einen Führerschein haben. Und wer sagt, dass Mehmet die Kosten der Führerscheinausbildung nicht stemmen kann? Plausibel ist nur Antwort D: Mehmet ist mit 16 Jahren noch zu jung für einen Pkw-Führerschein.

Zu 49) D. Mia hat erfolgreich an der Abiturprüfung teilgenommen.

Vorschlag D stimmt: Das Abitur hat, wer die Abiturprüfung besteht. Und das ist nicht bei jedem der Fall, der 13 Jahre lang zur Schule geht. Mias Studienwunsch und ihre Leistungen in Deutsch sprechen für ihre Motivation, garantieren aber keinen erfolgreichen Schulabschluss. Dass sie nun eine Hochschule besuchen darf, ist eine Folge des bestandenen Abiturs, keine Begründung.

Zu 50) C. Jemand ruft an.

Wenn das Telefon klingelt, ruft jemand an – Antwort C stimmt. Über den Anrufer kann nur spekuliert werden: Ist es Mama, Peter, Sarah oder keiner der drei? Diese Vorschläge nennen keine direkte Ursache des Telefonklingelns. Welche Melodie dabei erklingt, ist erst recht unerheblich.

Schlussfolgerungen (Aufgaben 51–60)

Zu 51) D. sind Gegenstände nicht zu verschicken, wenn sie nicht zerbrechlich sind.

Antwort A ist falsch: Zwar liegen alle Gegenstände, die verschickt werden sollen, im roten Fach, aber umgekehrt gilt nicht, dass alle Gegenstände im roten Fach zu verschicken sind. Ebenso ist Antwort B falsch, da zwar alle Gegenstände im roten Fach zerbrechlich sind, aber nicht umgekehrt alle Gegenstände, die zerbrechlich sind, im roten Fach liegen müssen. Antwort C ist falsch, da alle zu verschickenden Gegenstände laut den angegebenen Prämissen zerbrechlich sind. Aus „Alle Gegenstände, die verschickt werden sollen, werden ins rote Fach abgelegt" und „Alle Gegenstände im roten Fach sind zerbrechlich" folgt: Wenn etwas nicht zerbrechlich ist, liegt es mit Sicherheit nicht im roten Fach und ist demzufolge auch nicht zu verschicken. Antwort D stimmt.

Zu 52) D. ist ein Bild ein Gemälde und schön.

Antwort D entspricht den Vorgaben: Jedes Bild ist ein Gemälde und schön. Antwort A ist falsch: Da alle Bilder Gemälde sind, kann es kein Bild geben, das kein Gemälde ist. Antwort B ist falsch, da nicht alle, sondern nur einige Gemälde in den Prämissen als Kunst definiert sind. Antwort C ist falsch. Laut Prämissen sind zwar alle Bilder schön, daraus lässt sich aber nicht umgekehrt folgern, dass alles, was schön ist, auch ein Bild ist.

Zu 53) E. Keine Antwort ist richtig.

Keine Antwort stimmt. Ob bzw. wie leicht sich die Geschlechter unterscheiden lassen, wenn Männer und Frauen gleich aussehen, wird in den Aussagen nicht definiert. Die Antworten A, B und D scheiden daher aus. Vorschlag B mag sinnvoll klingen, kann aber nicht gefolgert werden, weil die angegebene Beziehung nicht ausschließlich ist: „Wenn Männer und Frauen nicht gleich aussehen …" heißt nicht das gleiche wie „Nur wenn Männer und Frauen nicht gleich aussehen …". Es ist also möglich, dass sich die Geschlechter auch dann unterscheiden lassen, wenn sie gleich aussehen, nämlich anhand anderer Merkmale. Antwort C ist falsch, da ausgesagt wird, dass Männer und Frauen gleich aussehen und nicht einfach nur ähnlich. Sollte die Ähnlichkeit zusätzlich gelten, müsste sie definiert sein.

Zu 54) E. Keine Antwort ist richtig.

Da alle kleiner sind als Bernd, dieser aber laut den Prämissen nicht der Größte ist, gibt es keine richtige Lösung, sodass Antwort E zutrifft.

Zu 55) E. Keine Antwort ist richtig.

Was der frühe Vogel ohne seine Beute macht, kann man nicht wissen. „Wenn der frühe Vogel den Wurm fängt, baut er sich ein Nest" bedeutet nicht, dass er andernfalls kein Nest baut – dafür müsste es „Nur wenn der frühe Vogel den Wurm fängt …" heißen. Über das weitere Schicksal des Wurms sagt die Aufgabenstellung überhaupt nichts aus.

Zu 56) A. Bonar

Nach den ersten vier Sätzen kommen zwei Währungen infrage: der Bonar, der härter ist als der Kinar, und der Quin, der härter ist als Kabint und Kinar. Den Ausschlag gibt die letzte Aussage: Wenn der Quin mehr Abstand zum Bonar hat als zum Kinar und gleichzeitig stärker ist als Letzterer, muss er zwischen beiden Währungen liegen. Absteigend nach Härte sortiert: Bonar, Quin, Kabint, Kinar.

Zu 57) D. machen zwei Schwalben einen Sommer.

Die letzten Verknüpfungen lassen sich nacheinander aufschlüsseln: Die Sonne scheint, also regnet es, und folglich ist es kalt. Wenn es kalt ist, machen wiederum zwei Schwalben einen Sommer: Somit stimmt Lösung D, und die gegensätzliche Antwort B liegt falsch. Vorschlag C widerspricht dem ersten Satz der Aufgabenstellung, und auch Möglichkeit A führt in die Irre – es ist ja gerade kalt, wenn zwei Schwalben einen Sommer machen.

Zu 58) E. Keine Antwort ist richtig.

Die Antworten A und B können ausgeschlossen werden, da in den Prämissen nichts darüber ausgesagt wird, ob Klaus Claudia liebt oder nicht. Die Antworten C und D kommen ebenfalls nicht in Betracht, da man nicht weiß, ob Claudia Klaus liebt oder nicht. Ein Trugschluss wäre die Annahme, dass Claudia ihn liebt, weil sie ihm die gemeinsame Wohnung vorschlägt: Dies könnte auch aus anderen, zum Beispiel finanziellen Erwägungen geschehen. Somit stimmt keiner der Lösungsvorschläge.

Zu 59) D. ist Max Zweiter geworden.

Da Peter das Spiel gewonnen hat, lässt sich folgern, dass entweder Klaus oder Max Zweiter geworden ist. Aus der Prämisse „Wenn Klaus Zweiter geworden ist, hat Peter das Spiel nicht gewonnen" und der Feststellung „Peter hat gewonnen" lässt sich folgern, dass Klaus nicht Zweiter geworden ist – sonst hätte Peter ja nicht gewonnen. Da Klaus nicht Zweiter ist und entweder Klaus oder Max Zweiter geworden ist, kann es nur Max sein. Antwort D ist korrekt.

Zu 60) C. Der Geheimtipp

Da die Amateurin gegen jeden ein Spiel gewonnen hat, ist sie die Siegerin. Den zweiten Platz erringt der Geheimtipp, der nur der Amateurin unterlag und alle anderen besiegen konnte.

Sprachsysteme entschlüsseln (Aufgaben 61–65)

Die Aufgabe konfrontiert Sie mit unterschiedlichen Elementen der Kee-Sprache. Sie bekommen es zu tun mit den Verben „sehen" und „fragen", Personalpronomen in der ersten, zweiten und dritten Person (Singular und Plural) und mit den Zeitformen Gegenwart, Vergangenheit und Zukunft. Sie müssen also Folgendes aufschlüsseln: Welches Element des Fua-Wortes drückt als Wortstamm die eigentliche Wortbedeutung aus („sehen" oder „fragen"), welches Element gibt das Personalpronomen in Einzahl oder Mehrzahl wieder und welches Element ist für die Zeitbestimmung zuständig?

Im Abgleich der Beispielsätze 2, 4 und 5, in denen das Verb „fragen" vorkommt, fällt auf: Nur „frui" kommt jedes Mal vor. Im Vergleich der Beispielsätze 1 und 3, in denen es ums „Sehen" geht, sucht man diesen Ausdruck vergebens, stattdessen steht hier „lei". Nun können Sie die Begriffe bereits provisorisch aufschlüsseln:

Ich sehe	=	kee-lei
Du fragtest	=	keo-frui-m
Ihr werdet sehen	=	kao-lei-la
Wir fragen	=	kae-frui
Er fragte	=	keu-frui-m

Auffällig ist: In den Sätzen 2 und 5 wird dem Wortstamm ein „-m" angehängt, in Satz 3 ein „-la", in den Sätzen 1 und 4 fehlt eine solche Endung. Im Vergleich der beiden Ausdrücke, die auf „-m" enden, gibt es nur eine Gemeinsamkeit – beide stehen in der Vergangenheit. Auch die Ausdrücke 1 und 4, die ohne Endung auskommen, stimmen zeitlich überein, denn beide bezeichnen etwas Gegenwärtiges. Die einzige Zukunftsform findet sich in Beispiel 3 mit der Endung „-la". Die Endung signalisiert also die jeweilige Zeitform.

Die Bedeutungen und Zeitformen haben Sie nun geklärt; bleiben noch die Personalpronomen. Infrage kommen dafür nur die ersten Silben („kee", „keo", „kao", „kae", „keu"). Vergleicht man die jeweiligen Anfangssilben der ersten Person Singular („kee") und Plural („kae") sowie der zweiten Person Singular („keo") und Plural („kao"), fällt auf, dass sie sich nur in einem Buchstaben unterscheiden: In der Einzahl steht in der Mitte ein „e", in der Mehrzahl ein „a". So lässt sich auch darauf schließen, wie die im Beispiel nicht vorkommende dritte Person Plural gebildet wird: wie die dritte Person Singular („keu"), nur mit „a" statt „e" – also „kau". So bringen Sie Licht ins Dunkel der Kee-Sprache.

Person		Wortstamm		Zeit	
1. Singular: ich	kee-	sehen:	-lei-	Gegenwart:	keine Endung
2. Singular: du	keo-	fragen:	-frui-	Vergangenheit:	-m
3. Singular: er	keu-			Zukunft:	-la
1. Plural: wir	kae-				
2. Plural: ihr	kao-				
3. Plural: sie	kau-				

Zu 61) A. kaufrui

Bei Gegenwartsformen wie „fragen" erhält der Wortstamm in der Kee-Sprache keine Endung. Möglichkeit B scheidet daher aus. Da die dritte Person Plural („sie") durch die Anfangssilbe „kau" ausgedrückt wird, kann von den verbleibenden Antworten nur A stimmen.

Zu 62) D. kaeleim

Bei Vergangenheitsformen wie „sahen" erhält der Wortstamm in der Kee-Sprache die Endung „-m". Antwort B geht zudem vom falschen Verb aus („frui" = „fragen"). Somit kommen nur noch die Möglichkeiten A und D infrage. Da es sich darüber hinaus bei „wir" um die erste Person Plural handelt, die in der Kee-Sprache durch die Anfangssilbe „kae" ausgedrückt wird, kann schließlich nur D stimmen.

Zu 63) A. keefruila

Die erste Person Singular („ich") erfordert in der Kee-Sprache die Anfangssilbe „kee". Somit kommen nur noch die Möglichkeiten A und B infrage. Antwort B geht jedoch vom falschen Wort aus, nämlich von „sehen" („lei") und nicht von „fragen" („frui"). „Ich werde fragen" ist zudem eine Zukunftsform, die in der Kee-Sprache durch die an den Wortstamm angehängte Endung „-la" gebildet wird. Es kann also nur Antwort A korrekt sein.

Zu 64) B. keoleim

Die zweite Person Singular („du") wird in der Kee-Sprache durch die Anfangssilbe „keo" ausgedrückt. Somit kommen nur noch die Möglichkeiten A und B infrage. „Sahst" ist eine Vergangenheitsform, die durch ein an den Wortstamm angehängtes „-m" gebildet wird. Die Endung „-la" (Antwort A) signalisiert eine Zukunftsform („du wirst sehen"). Es kann also nur Antwort B korrekt sein.

Zu 65) C. kaofrui

Die zweite Person Plural („ihr") wird in der Kee-Sprache durch die Anfangssilbe „kao" ausgedrückt. Somit kommen nur noch die Möglichkeiten C und D infrage. Da „fragt" in der Gegenwart steht, wird an den Wortstamm keine Endung angehängt – es kann also nur Antwort C stimmen. Mit der Endung „-la" wird die Zukunftsform gebildet, Antwort D lautet übersetzt: „Ihr werdet fragen".

Bedingungen (Aufgaben 66–75)

Zu 66) C. Nur Aussage c)

Sie brauchen nur Satz c). Ein gleichschenkliges Dreieck hat zwei gleich lange Seiten und zwei gleich große Winkel. Weil die Winkelsumme im Dreieck 180° beträgt, kann es darin nur einen 96°-Winkel geben. Die restlichen 84° verteilen sich hälftig auf die anderen beiden Winkel.

Zu 67) B. Nur Aussage b)

Satz b) genügt: Wenn der Gorilla die zweitgrößte Bananenmenge verzehrt hat und der Orang-Utan mehr gegessen hat, muss dieser folglich der gesuchte Affe sein.

Zu 68) D. Aussagen a), c) und e)

Den logischen Ausgangspunkt bildet Satz c) mit der Feststellung, dass Ali älter ist als Pia, wenn er genauso alt ist wie Ina. In diesem Fall müsste Lea gemäß Aussage e) jünger sein als Jan, was jedoch laut Satz a) nicht zutrifft. Folglich sind Ali und Ina nicht gleich alt.

Zu 69) A. den Anlagebetrag und den Zinssatz.

Die Laufzeit ist angegeben, sie liegt bei einem Jahr (das entspricht in der kaufmännischen Zinsrechnung 360 Tagen). Zur Berechnung des Zinsbetrags braucht man außerdem das angelegte Kapital und den Zinssatz:

$$\text{Zinsbetrag} = \frac{\text{Anlagebetrag} \times \text{Zinssatz} \times \text{Laufzeit}}{100 \times 360\,\text{d}}$$

Zu 70) B. den Erdumfang.

Die Geschwindigkeit berechnet sich aus Weg durch Zeit. Die Zeit ist mit einem Tag angegeben, der Weg ist in diesem Fall der Erdumfang (ungefähr 40.000 km). Die Rechnung lautet also: V = 40.000 km ÷ 24 h ≈ 1.666,67 km/h.

Zu 71) D. Aussagen c) und d)

Ermitteln Sie zuerst, welcher Tag heute ist. Die Informationen dazu liefert Satz c): Wenn morgen zwei Tage nach Freitag ist, ist morgen Sonntag, also ist heute Samstag. Daran anknüpfen könnte man mit Aussage b) oder d) – beide besagen dasselbe, nämlich dass der Termin von heute aus betrachtet in vier Tagen stattfindet. Als Antwortmöglichkeit ist jedoch nur die Kombination der Sätze c) und d) angegeben.

Zu 72) C. nur die Gesamtlänge des Zauns sowie die Seiten e, b und c.

Das gesuchte Teilstück (c + d) erhalten Sie, indem Sie die übrigen Teilstücke von der Gesamtlänge (G) abziehen:

$c + d = G - a - b - b - c - d - e$

Aus der Skizze geht hervor: Seite a ist genauso lang wie die Summe der zwei Seiten c und der Seite e (a = 2c + e). Sie können die Variable a in der obigen Gleichung also einfach ersetzen:

$c + d = G - (2c + e) - b - b - c - d - e$
$= G - 2c - e - b - b - c - d - e$

Die Unbekannte d entfernen Sie geschickt aus der rechten Gleichungsseite, indem Sie die gesuchte Strecke c + d auf beiden Seiten addieren.

$2 \times (c + d) = G - 2c - e - b - b - e = G - 2c - 2e - 2b$

Den Faktor 2 auf der linken Gleichungsseite können Sie vernachlässigen, denn die Lösung zeigt sich bereits: Sie können die Länge des gesuchten Zaunabschnitts bestimmen, wenn Sie die Größen G, c, e und b kennen.

Zu 73) D. a), b), d), f)

Gemäß Satz d) stehen insgesamt sieben Pferde im Stall. Sechs davon fressen laut Satz f) gleich viel – wie viel genau, beziffert Aussage a). Hochgerechnet fressen diese sechs Pferde pro Woche 5 × 6 × 7 = 210 kg. Rechnet man Abbeys Bedarf aus Aussage b) hinzu, kommt man auf insgesamt 240 kg.

Zu 74) C. b), c), f), g)

Können Vögel fliegen? Den ersten Schritt zur Antwort erlauben die Sätze c) und g): Wenn alle Vögel Katzen und alle Katzen Fliegen sind, dann sind alle Vögel Fliegen. Nun braucht man die Aussagen b) und f): Wenn Fliegen keine Flügel haben und man ohne Flügel nicht fliegen kann, können Vögel nicht fliegen.

Zu 75) B. Mindestens 3 Aussagen

Satz c) bündelt die Informationen der Sätze a) und g). Kombiniert mit den Aussagen d) und f) zeigt sich, dass sich die gesuchte Zahl durch 9 und 12 teilen lässt und kleiner ist als 45. Damit haben Sie alle Informationen, um die gesuchte Zahl 36 zu ermitteln.

Möglich oder unmöglich (Aufgaben 76–85)

Zu 76) D. kondensiert.

Vorschlag D ergibt hier die einzige richtige Behauptung: Beim Kondensieren geht ein Stoff vom gasförmigen in den flüssigen Aggregatzustand über, diesen Prozess kann Holz nicht durchlaufen. Alle weiteren Aussagen sind falsch: Holz kann brennen, zu Papier weiterverarbeitet werden, als Werkstoff dienen und in heißem wie in kaltem Wasser schwimmen.

Zu 77) D. ein gepunktetes Fell hat.

Vorschlag D ergibt hier die einzige falsche Behauptung: Hühner haben kein Fell, sondern Federn. Alles andere ist möglich: Hühner können Körner fressen, Küken haben, größer sein als (kleine) Hunde und in Ställen leben.

Zu 78) B. Kraft aufzuwenden.

Vorschlag B ergibt hier die einzige richtige Behauptung: Wer tanzt, bewegt sich – und dafür muss er Kraft aufwenden.

Zu 79) A. kleiner sein als 1.

Zahlen, die größer sind als 0, nennt man auch „positive Zahlen“. Die Reihe der positiven ganzen Zahlen beginnt bei 1 und reicht ins Unendliche. Das kleinste Produkt zweier solcher Zahlen ist $1 \times 1 = 1$; somit ergibt Vorschlag A hier die einzige richtige Behauptung.

Zu 80) A. noch nie im Weltall war.

Knifflig ist hier die Verkettung mehrerer Verneinungen. Zur Vereinfachung lässt sich der Satzbeginn „Es ist nicht völlig auszuschließen“ mit „Es ist möglich“ übersetzen. Nun können Sie die Sätze überprüfen: Wenn kein Mensch noch nie im Weltall war, war jeder Mensch schon einmal dort – das ist unmöglich, folglich ist Behauptung A falsch. Die weiteren Aussagen stimmen: Dass niemand etwas von einer unbekannten Tierart weiß (Vorschlag B), versteht sich von selbst. Gleiches gilt für die Annahmen, dass jeder Mensch sterblich ist (Antwort E) und vor seiner Geburt im Mutterleib herangewachsen ist (Lösung D). Aussage C bezieht sich auf ein rein fiktives Szenario, kann nicht widerlegt werden und ist zumindest möglich.

Zu 81) C. Kompassnadeln beeinflussen.

Vorschlag C ergibt hier die einzige falsche Behauptung: Mit einem Magneten kann man Kompassnadeln ablenken, die dazu gedacht sind, sich am irdischen Magnetfeld auszurichten. Alle weiteren Aussagen stimmen: Magneten können weder Licht ablenken noch Wärme in Strom oder potentielle in kinetische Energie umwandeln – geschweige denn Brände löschen.

Zu 82) D. dass die Sonne hinter dem Horizont verschwindet.

Vorschlag D ergibt hier die einzige richtige Behauptung: Wenn die Sonne aufgeht, kann sie nicht gleichzeitig untergehen („hinter dem Horizont verschwinden"). Alle weiteren Aussagen sind falsch: Es ist durchaus möglich, bei Sonnenaufgang weiterzuschlafen, Vogelgezwitscher zu hören oder den Mond zu sehen. Und wenn sich Luft nicht durch Sonnenstrahlung erwärmen würde, wäre es tagsüber genauso kühl wie nachts.

Zu 83) E. auf 15 enden.

Vorschlag E ergibt hier die einzige richtige Behauptung: Jede Zahl, die auf 15 endet, kann durch 5 geteilt werden und ist somit keine Primzahl. Alle weiteren Aussagen stimmen nicht: Primzahlen können ungerade sein (3, 5, 7 ...) und auf 7 enden (7, 17, 37 ...). Die größte bislang bekannte Primzahl ist mit über 17 Millionen Stellen deutlich größer als 10.000.000. Außerdem gibt es genau eine gerade Primzahl – nämlich die 2.

Zu 84) A. aus Zellen bestehen.

Vereinfachen Sie zuerst die mehrfachen Verneinungen im Satzbeginn: „kein Tier kann nicht" bedeutet das gleiche wie „jedes Tier kann". Im Klartext lautet die Einleitung also „keinesfalls kann jedes Tier ...". Kombiniert mit den Vorschlägen B bis E ergibt sich jedes Mal eine wahre Behauptung: Kein Tier ist unsterblich, und nur manche Tiere können Eier legen, älter als 100 Jahre werden oder in der Tiefsee leben. Lösungsvorschlag A ergibt die einzige falsche Behauptung, denn alle Lebewesen bestehen aus Zellen.

Zu 85) C. nicht unter Wasser ohne Hilfsmittel atmen kann.

Mit A und B ergeben sich doppelte Verneinungen und richtige Behauptungen: Wenn niemand nicht sterben muss, muss jeder sterben, und das trifft zu. Wenn niemand niemals glücklich ist, ist jeder irgendwann einmal glücklich – das ist zumindest möglich, das Gegenteil lässt sich nicht beweisen. Ähnliches gilt für Variante D: Was „recht haben" genau bedeutet, ist unklar, aber man kann annehmen, dass niemand immer die Wahrheit sagt oder das bessere Argument für sich hat. Vorschlag E gibt die Tatsache wider, dass jeder Mensch zum Leben Sauerstoff braucht. Lösungsmöglichkeit C ergibt hier die einzige unwahre Behauptung: Wenn niemand nicht ohne Hilfsmittel unter Wasser atmen kann, muss es im Umkehrschluss jeder können – was offensichtlich falsch ist.

Problemlösendes Denken (Aufgaben 86–95)

Zu 86) D. Das Wasser wird die Sprossen nicht erreichen.

Hier geht es nicht um Ihre Rechenkünste, sondern um reine Logik: Das Segelschiff schwimmt auf dem Wasser. Wenn der Wasserspiegel steigt, steigt auch das Schiff – und mit ihm die Strickleiter, die daran befestigt ist. Die Zahlenangaben sind vollkommen unwichtig und lenken nur vom Wesentlichen ab.

Zu 87) B. 27 Minuten

Beim ersten Übergang geht der Schnellste mit dem Zweitschnellsten (5 Minuten). Anschließend kehrt der Schnellste zurück (3 Minuten) und überreicht die Taschenlampe an den Drittschnellsten, der sich daraufhin mit dem Langsamsten zur anderen Seite aufmacht (9 Minuten). Dort angekommen, geben sie die Taschenlampe dem Zweitschnellsten, der die Brücke überquert (5 Minuten) und den Schnellsten abholt (5 Minuten). Macht zusammen: 5 Minuten + 3 Minuten + 9 Minuten + 5 Minuten + 5 Minuten = 27 Minuten.

Zu 88) A. 8 Münzen

Sam braucht mindestens acht Münzen: eine 1-Cent-Münze, zwei 2-Cent-Münzen, eine 5-Cent-Münze, eine 10-Cent-Münze, zwei 20-Cent-Münzen und eine 50-Cent-Münze. Damit kann er alle Beträge von 1 Cent bis 100 Cent darstellen.

Zu 89) D. 3

Zu berücksichtigen ist: Auch die Bahn, in der Max sitzt, bewegt sich.

Als die zweite Bahn an Max vorbeifährt, geschieht das 10 Minuten entfernt von der Stelle, wo ihn die erste Bahn passiert hat. Diesen Punkt erreicht die zweite Bahn nach weiteren 10 Minuten. Die entgegenkommenden Bahnen haben also einen Abstand von 20 Minuten – pro Stunde fahren in Seefeld folglich drei Bahnen nach Bergstadt ab.

Zu 90) C. 2

Sie müssen tatsächlich nur zweimal wiegen. Zunächst bilden Sie aus den Kugeln drei Dreiergruppen: Die erste Gruppe legen Sie auf eine Waagschale, die zweite auf die andere und die dritte kommt beiseite. Wenn sich die Waage zu einer Seite neigt, befindet sich die leichtere Kugel auf der anderen Seite; verharrt die Waage im Gleichgewicht, gehört die gesuchte Kugel zur dritten Gruppe. Nun bleiben nur noch drei Kugeln übrig, die Sie im nächsten Schritt auf dieselbe Weise untersuchen.

Zu 91) C. Es ist genauso viel Wasser in der Saftflasche wie Saft in der Wasserflasche.

Wenn beide Flaschen am Ende wieder gleich voll sind, heißt das: Die Wassermenge, die in der Wasserflasche fehlt, wurde ersetzt durch eine gleich große Saftmenge, die wiederum in der Saftflasche durch Wasser ersetzt wurde. Folglich ist genauso viel Wasser in der Saftflasche wie Saft in der Wasserflasche.

Zu 92) C. Ja, wenn er den Sack wählt, auf dem „weiße und grüne Bälle" steht

Um die Ballsäcke richtig zuzuordnen, genügt es, einen einzigen zu öffnen – nämlich den dritten. Zieht Pepe einen grünen Ball, ist klar, dass es sich um den Sack mit den grünen Bällen handelt. Dann wiederum müssen in dem mit „grüne Bälle" beschrifteten Sack nur weiße Bälle sein: Andernfalls wäre der erste Sack richtig beschriftet, was der Aufgabenstellung widerspräche. Der erste Sack muss folglich grüne und weiße Bälle enthalten. Wenn Pepe einen weißen Ball zieht, ändert sich die Zuordnung entsprechend, aber die Logik bleibt gleich.

Zu 93)

Ermittler Schulz muss unterschiedlich viele Barren aus den Kisten nehmen und auf die Waage legen: am einfachsten einen Barren aus Kiste 1, zwei Barren aus Kiste 2, drei Barren aus Kiste 3, vier Barren aus Kiste 4 und fünf Barren aus Kiste 5. Da alle echten Barren zehn Kilogramm wiegen, zeigt die Differenz vom erwarteten zum gemessenen Gewicht an, welche Kiste die Fälschungen enthält. Fehlen im genannten Beispiel zwei Kilogramm, ist klar: Die Fälschungen liegen in der Kiste, aus der zwei Barren entnommen wurden – das heißt in Kiste 2.

Zu 94)

Ja, Max kann 45 Minuten präzise abmessen. Zuerst muss er beide Schnüre anzünden: die eine Schnur an einem Ende, die andere Schnur an beiden Enden. Die Brenndauer der Letztgenannten halbiert sich dadurch auf 30 Minuten. Ist diese Schnur abgebrannt, würde die andere Schnur noch weitere 30 Minuten brennen. Nun zündet Max auch an dieser Schnur das zweite Ende an, sodass sie nur noch 15 Minuten lang brennt. Wenn die zweite Schnur abgebrannt ist, sind exakt 30 + 15 = 45 Minuten vergangen.

Zu 95)

Für diese Aufgabe gibt es keine exakte Lösung. Im Fokus steht etwas anderes: nämlich Ihre Fähigkeit, strukturiert vorzugehen und plausible Annahmen zu treffen. Gliedern Sie die Aufgabenstellung in handliche Teilfragen. Vernünftig ist es zum Beispiel davon auszugehen, dass es so viele Klavierstimmer gibt wie nötig, um alle Klaviere regelmäßig zu stimmen. Weitere Variablen wären dann die Anzahl der Klaviere in Deutschland, die Häufigkeit, in dem die Klaviere gestimmt werden müssen, die Arbeitsgeschwindigkeit eines Klavierstimmers und so weiter. So können Sie die komplexe Aufgabenstellung in mehrere einfachere Zusammenhänge aufschlüsseln:

Anzahl der Klavierstimmer = Anzahl der anfallenden Klavierstimmungen ÷ bewältigte Klavierstimmungen pro Klavierstimmer

Anzahl der anfallenden Klavierstimmungen = Anzahl der Klaviere in Deutschland × Häufigkeit, mit der Klaviere gestimmt werden müssen

Anzahl der Klaviere in Deutschland = Anzahl der Haushalte in Deutschland × Anteil der Haushalte mit Klavier

Die einzelnen Punkte können Sie nun der Reihe nach abarbeiten. Wie viele Haushalte gibt es hierzulande? Bekanntlich hat Deutschland rund 80 Millionen Einwohner. Wenn man annimmt, dass in jedem Haushalt durchschnittlich zwei Personen leben, macht das 80 Millionen ÷ 2 = 40 Millionen Haushalte. Wenn jeder zehnte Haushalt ein Klavier besitzt, gibt es 40 Millionen ÷ 10 = 4 Millionen Klaviere. Wenn jedes Klavier einmal pro Jahr gestimmt wird, ergibt das 4 Millionen Klavierstimmungen pro Jahr. Bei 230 Werktagen erhält man 4 Millionen ÷ 230 Werktage = ca. 17.000 Klavierstimmungen pro Werktag.

Der nächste Schritt wäre: Wie viele Klavierstimmer braucht man, um 17.000 Klavierstimmungen täglich zu bewältigen? Wenn jeder Klavierstimmer täglich acht Stunden arbeitet und (inklusive Anfahrt) zwei Stunden braucht, um ein Klavier zu stimmen, schafft er pro Tag 8 ÷ 2 = 4 Klaviere. Teilt man die 17.000 täglich anfallenden Klavierstimmungen durch acht, kommt man auf gut 2.000 Klavierstimmer in Deutschland.

Wie gesagt, diese Zahl ist kein präzises Ergebnis. Manche Unbekannten wurden in der obigen Rechnung einfach ausgeblendet: Es gibt zum Beispiel nicht nur in Haushalten Klaviere, sondern auch in Orchestern und Musikschulen. Und nicht jede Schätzung kommt der Realität wirklich nahe. Trotzdem zeigt der Lösungsweg, wie man komplexe Zusammenhänge systematisch in den Griff kriegt. Und genau darum geht es hier.

Flussdiagramme (Aufgaben 96–100)

Zu 96) A. Kandidat erhält absolute Mehrheit?

Da das Symbol Raute eine Bedingung anzeigt, kommen nur die Antworten A, C und E in Betracht. Es läuft jedoch noch die erste Wahlphase, und der Bundespräsident kann an dieser Stelle den Bundestag nicht auflösen. Somit kann nur A richtig sein.

Zu 97) C. Bundestag stimmt ab.

Nachdem ein Kandidat vorgeschlagen wurde, wird im Bundestag über ihn abgestimmt. Der Bundespräsident kommt in dieser Phase noch nicht zum Zuge.

Zu 98) A. Kandidat erhält absolute Mehrheit?

Kommt es in der dritten Wahlphase zur Abstimmung, ist auch hier ausschlaggebend, ob ein Kandidat die absolute Mehrheit erreicht. Wenn ja, wird er vom Bundespräsidenten zum neuen Kanzler ernannt. Falls nein, kann der Bundespräsident denjenigen Kandidaten mit der relativen Stimmenmehrheit (d. h. mit den meisten Stimmen) ernennen oder den Bundestag auflösen.

Zu 99) E. Die dritte Wahlphase beginnt.

Hat nach zwei Wochen in der zweiten Wahlphase niemand die absolute Mehrheit erhalten, beginnt die dritte

Wahlphase. Hier stimmen die Bundestagsmitglieder noch einmal über alle vorgeschlagenen Kandidaten ab.

Zu 100) B. In der dritten Wahlphase

Wenn in der dritten Wahlphase kein Kandidat die absolute Mehrheit erreicht hat, kann der Bundespräsident den Kandidaten mit der relativen Stimmenmehrheit zum Kanzler ernennen oder den Bundestag auflösen.

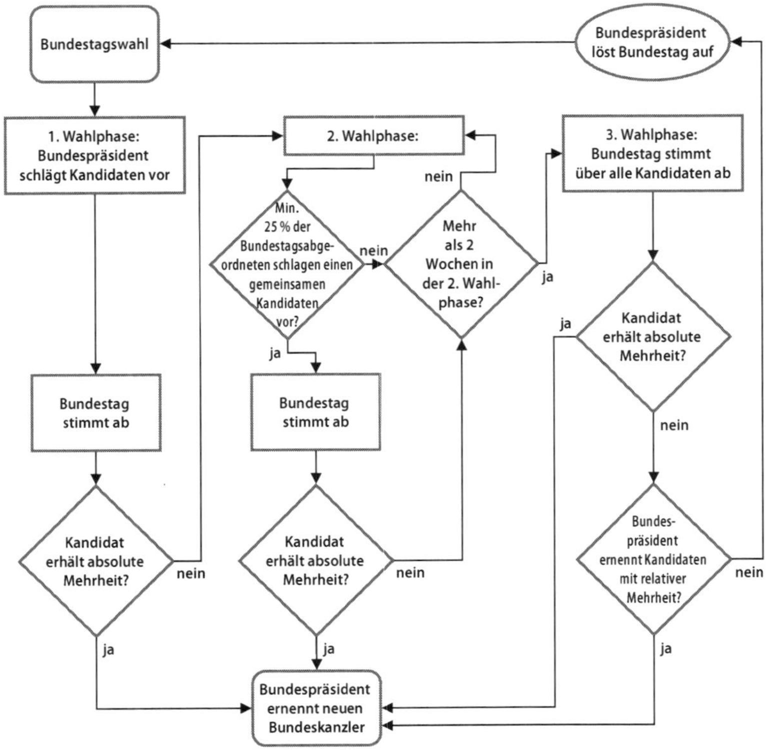

Lösungshinweis

Das Diagramm stellt die Wahl des Bundeskanzlers nach der Bundestagswahl dar. In der ersten Wahlphase stimmen die Mitglieder des Bundestags über den vom Bundespräsidenten vorgeschlagenen Kandidaten – meist den der stärksten Partei bzw. der stärksten voraussichtlichen Koalition – ab. Erhält der Kandidat die absolute Mehrheit (mehr als die Hälfte der Stimmen) nicht, beginnt die zweite Wahlphase. Hier können die Mitglieder des Bundestages eigene Kandidaten zur Wahl aufstellen, sofern diese von mindestens 25 % aller Abgeordneten unterstützt werden. Die zweite Wahlphase ist auf zwei Wochen begrenzt. Hat innerhalb dieser Frist immer noch kein Kandidat die erforderliche absolute Mehrheit der Stimmen hinter sich, entscheidet die dritte Wahlphase. Hier wird noch einmal über alle bislang vorgeschlagenen Kandidaten abgestimmt. Erhält dabei niemand die absolute Mehrheit, entscheidet der Bundespräsident, ob er den Kandidaten mit der relativen Stimmenmehrheit (mit den meisten Stimmen) zum Kanzler ernennt, oder ob er den Bundestag auflöst. In diesem Fall kommt es zur Neuwahl des Bundestags.

Logikgatter (Aufgaben 101–105)

Zu 101) C. beide Eingänge A und B aktiv sind.

Der Ausgang X des NOT-Gatters ist inaktiv, wenn sein Eingang aktiv ist. Dazu müssten hier beide Eingänge des AND-Gatters aktiv sein.

Zu 102) inaktiv

Der Ausgang X des XOR-Gatters wird aktiv, wenn genau ein Eingang aktiv ist. Diese Bedingung ist bereits durch die Aktivität von A am OR-Gatter erfüllt, also muss Eingang C inaktiv sein.

Zu 103) A. nur die Eingänge A und C aktiv sind.

Damit der Ausgang X des AND-Gatters aktiv wird, müssen beide Eingänge daran aktiv sein. Ein aktiver Eingang C ist also zwingend nötig. Der Ausgang des NAND-Gatters wiederum wird dann aktiv, wenn mindestens einer der Eingänge A und B inaktiv bleibt. Folglich kann nur Vorschlag A stimmen.

Zu 104) inaktiv

Die zwei aktiven Eingänge A und B bewirken am XOR-Gatter einen inaktiven Ausgang. Das NOR-Gatter hat somit einen inaktiven und einen aktiven Eingang (C), was bei diesem Gattertyp zu einem inaktiven Ausgang führt.

Zu 105) **B.** Damit Ausgang X aktiv wird, müssen mindestens zwei Eingänge aktiv sein.

Aussage B ist falsch: Es reicht bereits, wenn nur ein Eingang aktiv ist, nämlich A oder B. In diesem Fall wird der obere Eingang des rechten OR-Gatters aktiv, was zu einem aktiven Ausgang X führt.

Schaubilder verstehen (Aufgaben 106–117)

I. Klimadaten

Zu 106) Welche Messkurven verlaufen größtenteils parallel?

Die Verlaufskurven der Tages- und Nachttemperatur gleichen sich stark, nur während der Abkühlungsphase im Herbst sinkt die Tagestemperatur etwas rascher. Sehr ähnlich, aber zeitlich etwas nach vorne verschoben, entwickelt sich die Sonnenscheindauer.

Zu 107) Wann regnet es in Rom am häufigsten? Wie oft regnet es dann?

Im November und Dezember kann man durchschnittlich mit jeweils 10 Regentagen im Monat rechnen – so oft regnet es in Rom sonst nicht.

Zu 108) Welchen Zusammenhang gibt es zwischen der Sonnenscheindauer und der Niederschlags häufigkeit?

Sonnenscheindauer und Niederschlagshäufigkeit scheinen umgekehrt proportional zu sein: Je mehr Regentage es pro Monat gibt, desto kürzer scheint die Sonne durchschnittlich am Tag – und je weniger Regentage es gibt, desto größer ist die Zahl der Sonnenstunden. Der Zusammenhang ist jedoch nicht unmittelbar. Denn während von Januar bis April die Zahl der Sonnenstunden bereits zunimmt, bleibt die Anzahl der Niederschlagstage zunächst relativ stabil auf hohem Niveau.

Zu 109) Welcher Zusammenhang besteht zwischen der Sonnenscheindauer und der Wassertemperatur?

Wenn die Sonnenscheindauer steigt, erwärmt sich auch das Wasser, allerdings mit etwas Verzögerung: Während beispielsweise die durchschnittliche Sonnenscheindauer pro Tag schon ab Februar wieder steigt, erwärmt sich das Wasser erst ab April; es erreicht im August sein Jahreshoch, wenn die Zahl der täglichen Sonnenstunden bereits wieder abnimmt.

Zu 110) Welche Temperaturkurven kreuzen sich, und wie lässt sich der Verlauf dieser Kurven erklären?

Im abgebildeten Diagramm kreuzen sich die Kurve der Wassertemperatur und die Kurve der Tagestemperatur zweimal – im Februar und im Oktober. Zu Jahresbeginn erwärmt sich die Luft schneller als das Wasser und ist bald wärmer als das nasse Element. Im Herbst jedoch kühlt sich die Luft tagsüber auch wieder schneller ab. Die Temperaturschwankungen des Wassers sind also wesentlich träger als die der Luft.

II. Registrierte Arbeitslose und gemeldete Stellen

Zu 111) stimmt nicht

Die Aussage ist falsch. Die Grafik weist für das erste Quartal 2011 zwar einen Anstieg um fast 40 Prozent aus. Doch diese Zahl bezieht sich nicht auf das vorangegangene Quartal (das vierte Quartal 2010) sondern wie angegeben auf das entsprechende Quartal des Vorjahres, also auf das erste Quartal 2010.

Zu 112) stimmt nicht

Das Diagramm gibt keine absoluten Zahlen wieder, sondern prozentuale Veränderungen im Vergleich zum Vorjahresquartal, daher ist diese Aussage falsch. Zwar sank die Zahl der gemeldeten Stellen – bezogen auf das Vorjahresquartal – im zweiten Quartal 2009 am stärksten, doch im Folgenden ging das Stellenangebot noch weiter zurück.

Zu 113) stimmt

Die Aussage ist korrekt. Laut der Grafik nahm die Zahl der gemeldeten Stellen vom vierten Quartal 2007 bis zum vierten Quartal 2009 tatsächlich immer weiter ab.

Zu 114) stimmt

Die Aussage trifft zu. Im Vergleich zum Vorjahresquartal hat sich die Zahl der registrierten Arbeitslosen im dritten Quartal 2012 nicht verändert.

Zu 115) stimmt nicht

Die Entwicklung im Jahr 2008 widerlegt diese Aussage: Obwohl weniger Stellen angeboten wurden als im Vorjahr, nahm auch die Zahl der registrierten Arbeitslosen ab. Es dauerte rund ein Jahr, bis sich die schlechtere Lage auf dem Stellenmarkt auf die Arbeitslosigkeit auswirkte. Der direkte Rückschluss vom Stellenangebot auf die Arbeitslosenzahlen ist also nicht möglich – dennoch dokumentiert das Diagramm über weite Strecken einen Zusammenhang beider Faktoren.

III. Monetarismus

Zu 116) B. 1, 3 und 6

Der Monetarismus behauptet einen festen Zusammenhang von Zinssatz und Geldmenge: Wenn Ersterer steigt, schrumpft Letztere. Ein Wachstum der Geldmenge bei gleichmäßig steigendem Zinssatz (Kurve 2) ließe sich so nicht erklären. Ähnlich schwer nachvollziehbar wäre ein beschleunigter Anstieg der Preise und schließlich ihre Stagnation bei stetig zunehmender Geldmenge (Kurve 4). Außerdem solle die Inflationsrate kontrollierbar sein, indem sie durch die Hebung oder Senkung des Leitzinses verlässlich steigen oder fallen werde. Ein abrupter Abfall der Inflationsrate (Kurve 5) und ein Einpendeln auf dem erreichten Niveau auch bei weiter steigendem Zinssatz passt daher nicht ins Bild.

IV. Hämoglobin und Myoglobin

Zu 117) A.

Wie in der Aufgabenstellung dargelegt, nimmt das Myoglobin vor allem bei niedrigem Partialdruck Sauerstoff auf. Das Hämoglobin hingegen bindet bei niedrigem Druck (z.B. im Muskelgewebe) schlechter und dafür unter hohem Druck (wie z.B. in der Lunge) besser als das Myoglobin. Diesen Sachverhalt gibt nur Schaubild A korrekt wieder: Während das Myoglobin unter stärkerem Partialdruck schon zu einem hohen Prozentanteil gesättigt ist – und daher kaum noch O_2-Moleküle binden kann –, ist das Hämoglobin noch aufnahmefähig.

Kombinationsvermögen (Aufgaben 118–122)

Zu 118) D. Hochsprung

Aus **Satz e)** geht hervor: Die Schwimmerin ist blond, die Radballerin schwarzhaarig und die grünhaarige Studentin ist die „Gamma"-Bewohnerin, die laut **Satz a)** gern Handball spielt. Nun sind nur noch zwei Sportarten übrig. **Satz c)** besagt, dass die Zumba-Tänzerin keine roten Haare hat – die rothaarige Studentin muss folglich die Hochspringerin sein.

Haarfarbe	Sportart	Zimmer	Fach	Musik
Blond	Schwimmen			
Schwarz	Radball			
Grün	Handball	„Gamma"		
Rot	Hochsprung			
Brünett	Zumba			

Zu 119) B. Jura

Neben den bisherigen Erkenntnissen hilft hier **Satz b)** weiter: Die Germanistin ist blond und die Handballerin studiert Wirtschaft. Laut **Satz c)** studiert die Zumba-Tänzerin Chemie und nach **Satz d)** studiert die Hochspringerin nicht Jura – also kommt dafür nur die Radballerin infrage.

Haarfarbe	Sportart	Zimmer	Fach	Musik
Blond	Schwimmen		**Germanistik**	
Schwarz	Radball		**Jura**	
Grün	Handball	„Gamma"	**Wirtschaft**	
Rot	Hochsprung			
Brünett	Zumba		**Chemie**	

Zu 120) D. Rot

Bis hierhin wurden vier der fünf Studienfächer schon zugeordnet. Das letzte fehlende Fach, die Amerikanistik, lässt sich leicht der rothaarigen Studentin zuordnen.

Haarfarbe	Sportart	Zimmer	Fach	Musik
Blond	Schwimmen		Germanistik	
Schwarz	Radball		Jura	
Grün	Handball	„Gamma"	Wirtschaft	
Rot	Hochsprung		**Amerikanistik**	
Brünett	Zumba		Chemie	

Zu 121) E. Keine Antwort ist richtig.

Die Haarfarben, Sportarten und Studienfächer wurden bereits zugeordnet. Bekannt ist auch, dass die Studentin mit den grünen Haaren das „Gamma"-Zimmer belegt. Für die weitere Zimmerbelegung gibt es folgende Informationen: Die Amerikanistin wohnt im „Delta"-Zimmer (**Satz c**)) und die Juristin im „Beta"-Zimmer (**Satz d**)). Für die brünette Studentin, die laut **Satz b)** nicht im „Omega"-Zimmer wohnt, bleibt somit nur das „Alpha"-Zimmer übrig. Die blonde Germanistik-Studentin hat also das „Omega"-Zimmer, das sich jedoch nicht in den Lösungsmöglichkeiten wiederfindet. Also stimmt Vorschlag E: Keine Antwort ist richtig.

Haarfarbe	Sportart	Zimmer	Fach	Musik
Blond	Schwimmen	**„Omega"**	Germanistik	
Schwarz	Radball	**„Beta"**	Jura	
Grün	Handball	„Gamma"	Wirtschaft	
Rot	Hochsprung	**„Delta"**	Amerikanistik	
Brünett	Zumba	**„Alpha"**	Chemie	

Zu 122) D. Techno

Satz d) erklärt die „Beta"-Bewohnerin zur Ska-Hörerin und lässt die „Gamma"-Bewohnerin für Country-Musik schwärmen. Folgt man den **Sätzen a) und b)**, hören weder die Germanistin noch die brünette Studentin klassische Musik, die sich somit nur der „Delta"-Bewohnerin zuordnen lässt. Da die Germanistin auch kein Techno mag, bleibt für sie nur Hiphop übrig, und im „Alpha"-Zimmer der Chemiestudentin läuft Techno.

Haarfarbe	Sportart	Zimmer	Fach	Musik
Blond	Schwimmen	„Omega"	Germanistik	**Hiphop**
Schwarz	Radball	„Beta"	Jura	**Ska**
Grün	Handball	„Gamma"	Wirtschaft	**Country**
Rot	Hochsprung	„Delta"	Amerikanistik	**Klassik**
Brünett	Zumba	„Alpha"	Chemie	**Techno**

Visuelles Denkvermögen

Figurenreihen *Bearbeitungszeit 10 Minuten*

Jede Figurenreihe ist so aufgebaut, dass sich ein logischer Zusammenhang zwischen den einzelnen Abbildungen ergibt. Welche der zur Auswahl gestellten Figuren setzt die Reihe fort?

Hierzu ein Beispiel

Aufgabe

1)

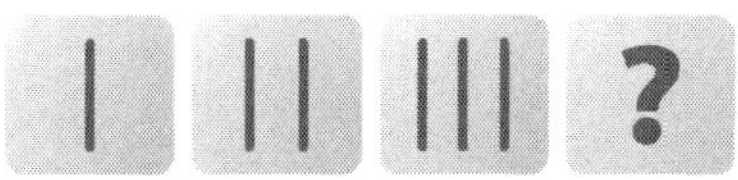

Welche Figur setzt die Reihe logisch fort?

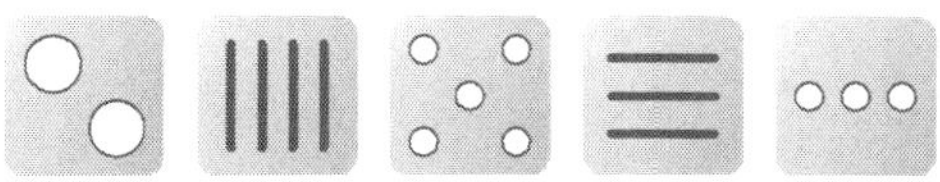

A B C D E

Antwort

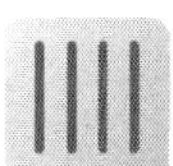

(B)

Die Abbildungen zeigen eine steigende Anzahl senkrechter Striche – Figur B setzt diese Reihe logisch fort.

Bitte bearbeiten Sie nun die Aufgaben: Markieren Sie jeweils den Lösungsbuchstaben des richtigen Antwortvorschlags. Sie haben dafür **10 Minuten** Zeit.

1)

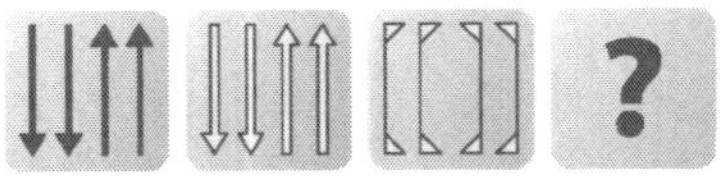

Welche Figur setzt die Reihe logisch fort?

A B C D E

2)

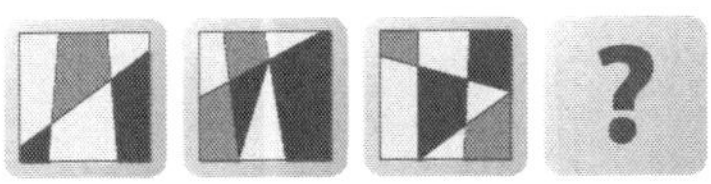

Welche Figur setzt die Reihe logisch fort?

A B C D E

3)

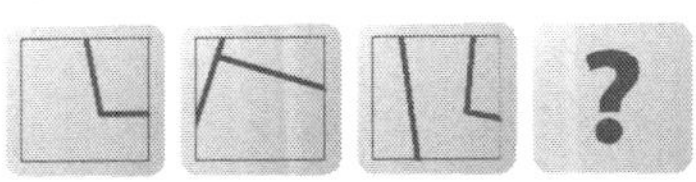

Welche Figur setzt die Reihe logisch fort?

A B C D E

4)

Welche Figur setzt die Reihe logisch fort?

A B C D E

5)

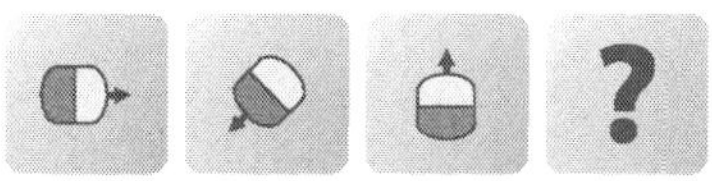

Welche Figur setzt die Reihe logisch fort?

A B C D E

6)

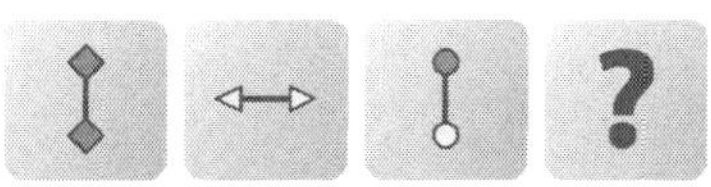

Welche Figur setzt die Reihe logisch fort?

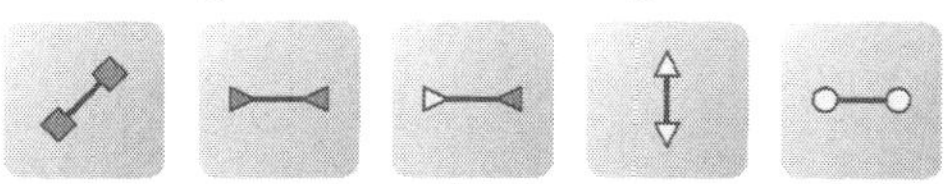

A B C D E

7)

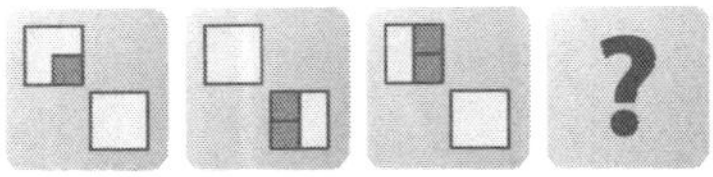

Welche Figur setzt die Reihe logisch fort?

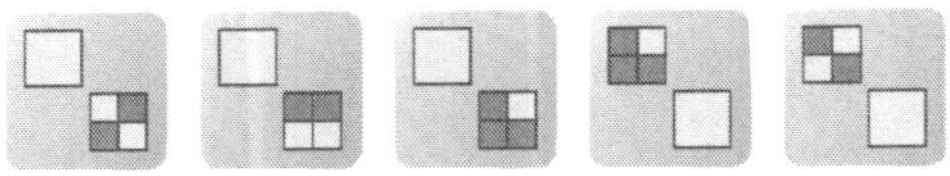

A B C D E

8)

Welche Figur setzt die Reihe logisch fort?

A B C D E

9)

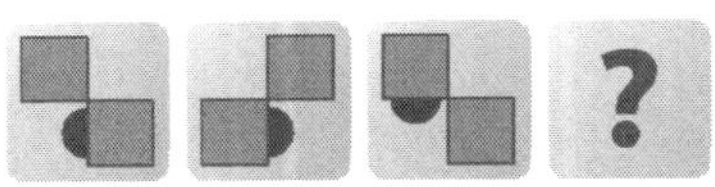

Welche Figur setzt die Reihe logisch fort?

A B C D E

10)

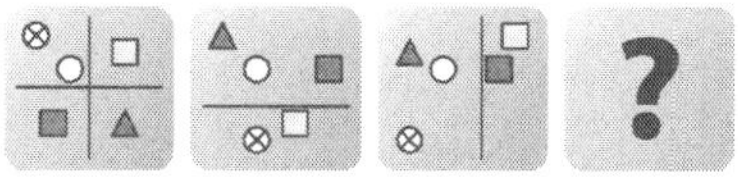

Welche Figur setzt die Reihe logisch fort?

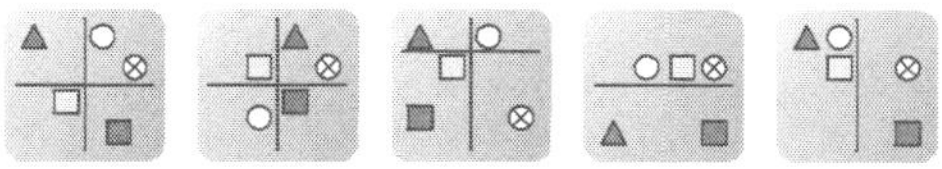

A B C D E

Figurenmatrizen *Bearbeitungszeit 10 Minuten*

Finden Sie heraus, nach welcher Regel die Figurenmatrix aufgebaut ist, und ergänzen Sie die fehlende Figur.

Hierzu ein Beispiel

Aufgabe

1)

Welche Figur ersetzt das Fragezeichen logisch?

A B C D E

Antwort

(A)

Die beiden linken Figuren einer Reihe überlagern sich rechts, wobei sie ihre Farben tauschen.

Bitte bearbeiten Sie nun die Aufgaben: Markieren Sie den Lösungsbuchstaben der fehlenden Figur. Sie haben dafür **10 Minuten** Zeit.

11)

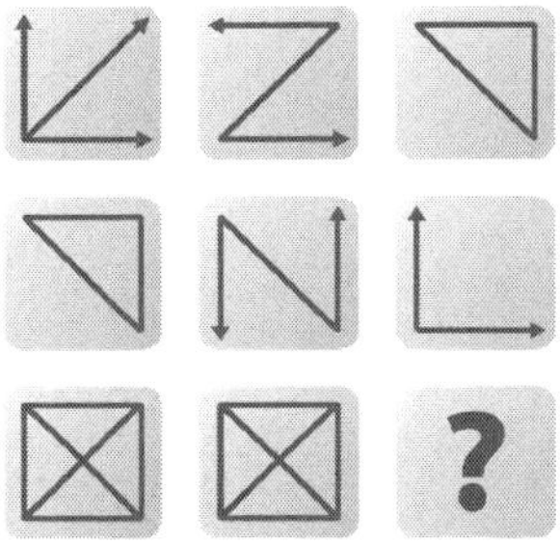

Welche Figur ersetzt das Fragezeichen logisch?

A B C D E

12)

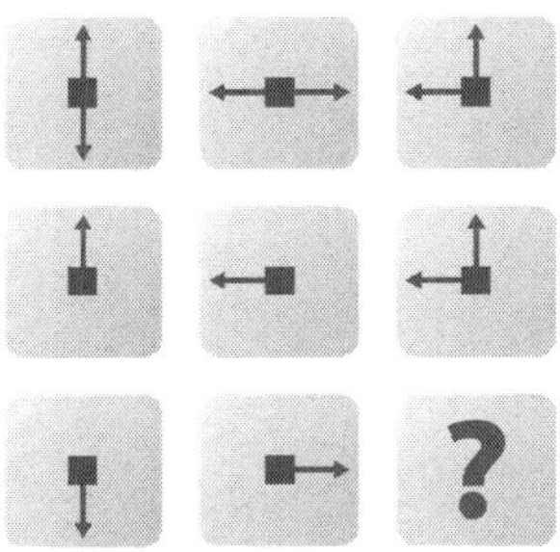

Welche Figur ersetzt das Fragezeichen logisch?

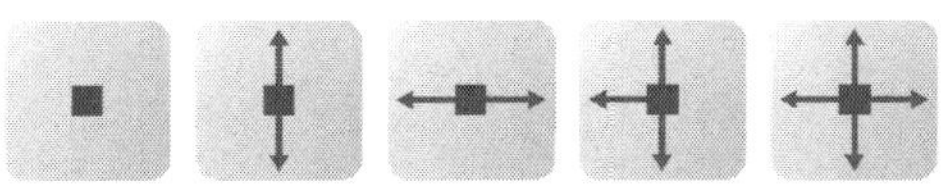

A B C D E

13)

Welche Figur ersetzt das Fragezeichen logisch?

A B C D E

14)

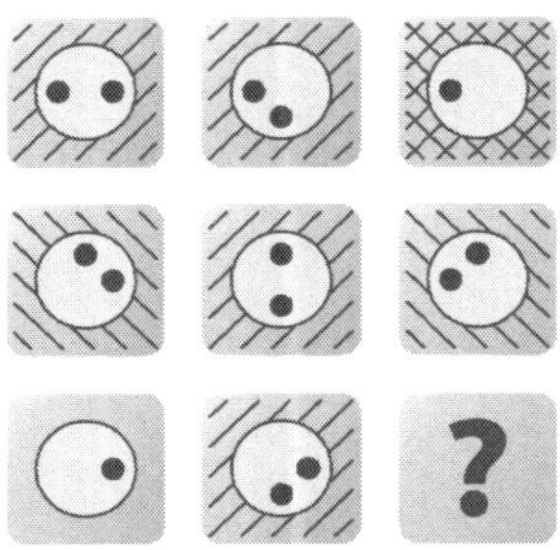

Welche Figur ersetzt das Fragezeichen logisch?

A B C D E

15)

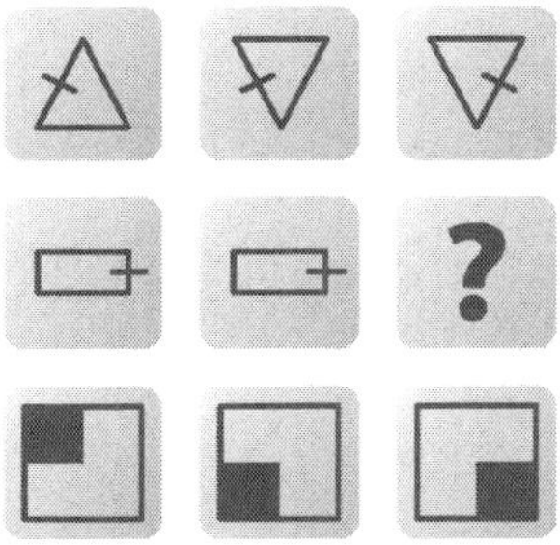

Welche Figur ersetzt das Fragezeichen logisch?

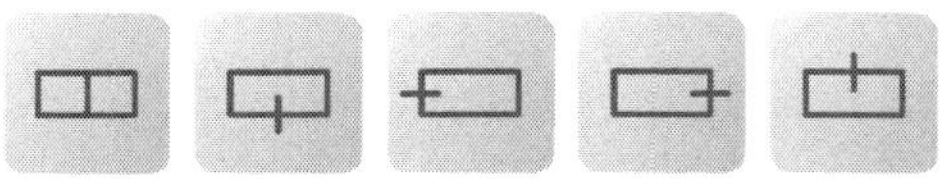

A B C D E

16)

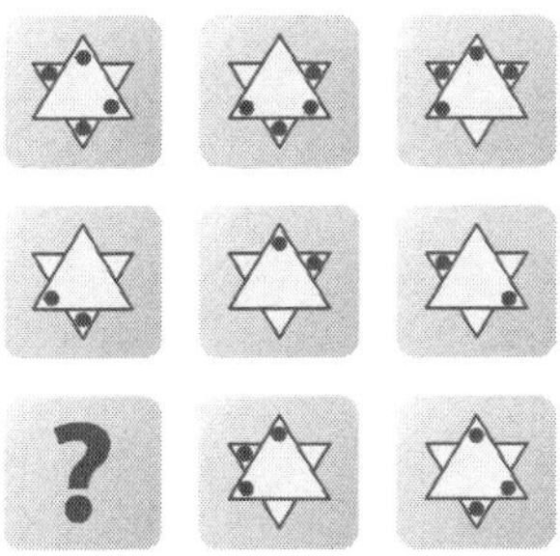

Welche Figur ersetzt das Fragezeichen logisch?

A B C D E

17)

Welche Figur ersetzt das Fragezeichen logisch?

A B C D E

18)

Welche Figur ersetzt das Fragezeichen logisch?

A B C D E

19)

Welche Figur ersetzt das Fragezeichen logisch?

A B C D E

20)

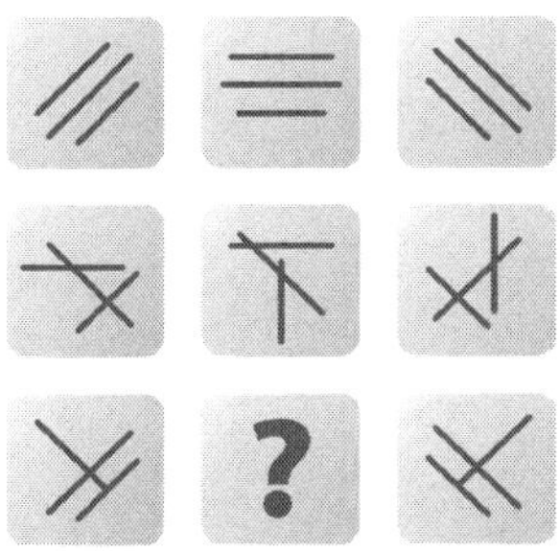

Welche Figur ersetzt das Fragezeichen logisch?

A B C D E

Bildausschnitte erkennen

Bearbeitungszeit 5 Minuten

Welcher Bildausschnitt stammt nicht aus dem vorgegebenen Muster?

Bearbeiten Sie bitte die folgenden Fragen, indem Sie jeweils den Lösungsbuchstaben des abweichenden Bildausschnitts markieren.

Hierzu ein Beispiel

Aufgabe

1)

A B C D E

Antwort

(A) B C D E

Bitte bearbeiten Sie nun die Aufgaben: Markieren Sie jeweils den Lösungsbuchstaben des fehlerhaften Bildausschnitts. Sie haben dafür **5 Minuten** Zeit.

21)

A B C D E

22)

A B C D E

23)

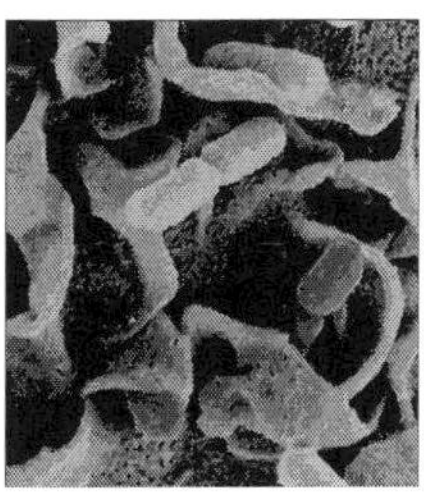

A B C D E

24)

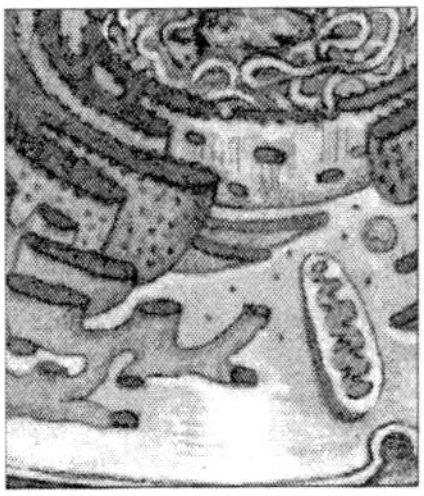

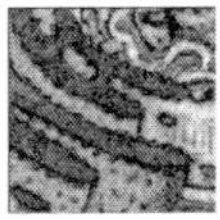

A

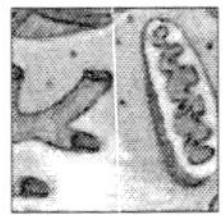

B

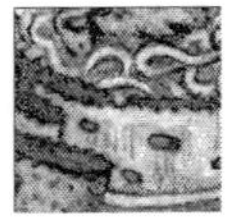

C

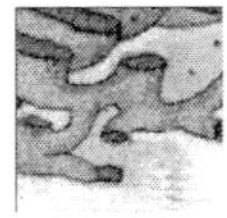

D

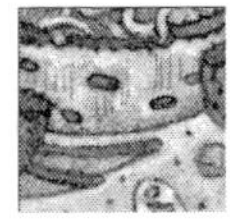

E

25)

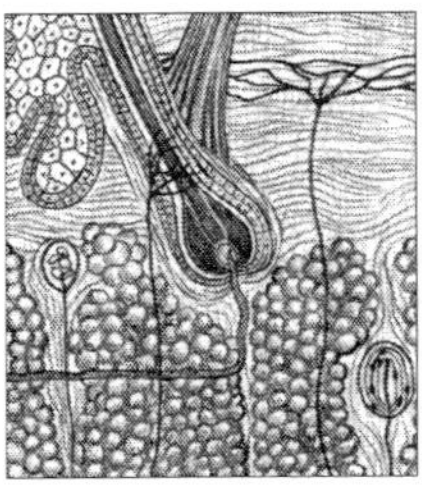

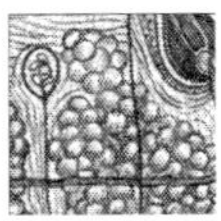

A

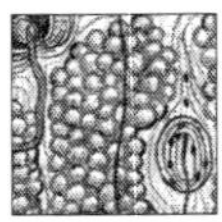

B

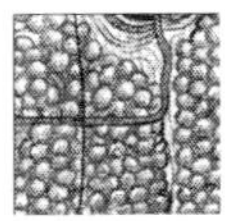

C

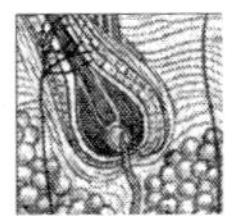

D

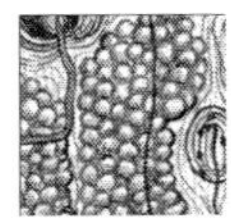

E

Muster zuordnen *Bearbeitungszeit 5 Minuten*

Welcher der Bildausschnitte A bis E vervollständigt die vorgegebene Abbildung?

Bearbeiten Sie bitte die folgenden Fragen, indem Sie jeweils den Lösungsbuchstaben des passenden Bildausschnitts markieren.

Hierzu ein Beispiel

Aufgabe

1)

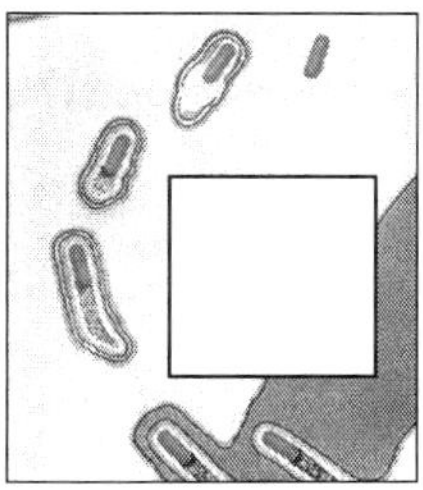

A B C D E

Antwort

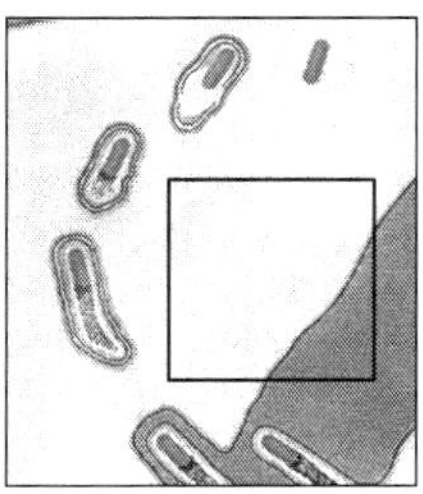

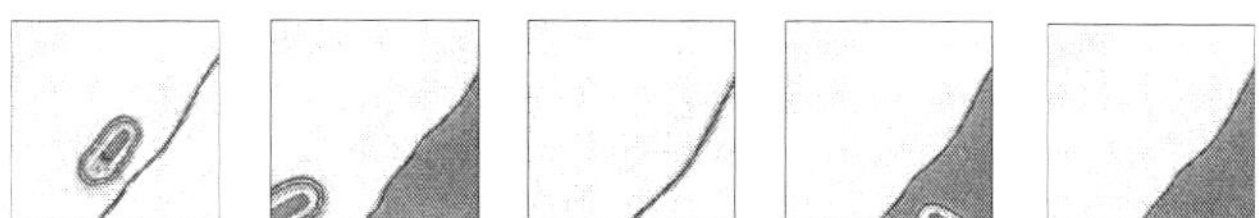

A B C D E

Bitte bearbeiten Sie nun die Aufgaben: Markieren Sie jeweils den Lösungsbuchstaben des passenden Bildausschnitts. Sie haben dafür **5 Minuten** Zeit.

26)

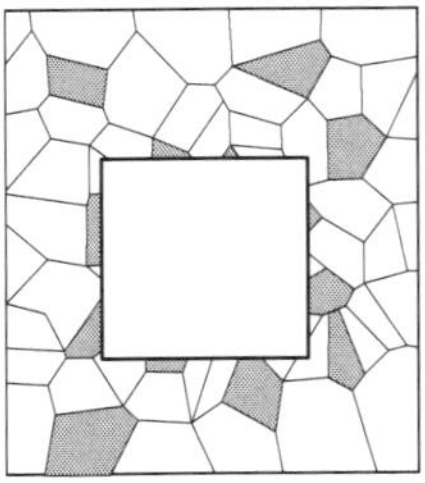

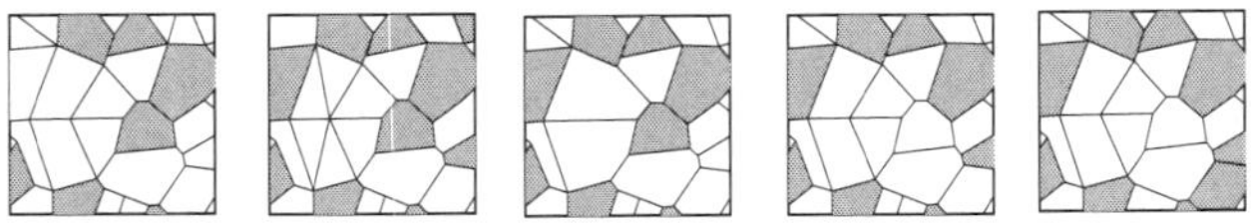

A B C D E

27)

A B C D E

28)

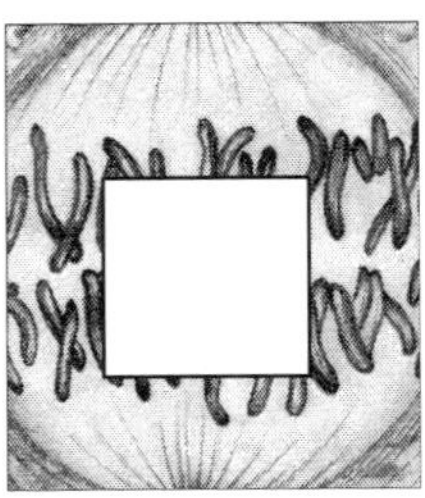

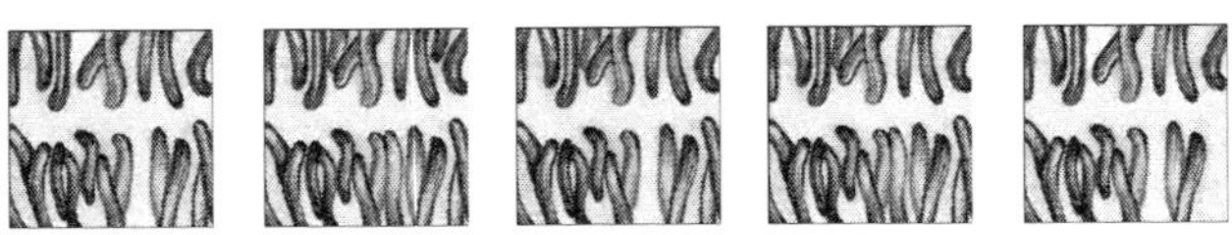

A B C D E

29)

A B C D E

30)

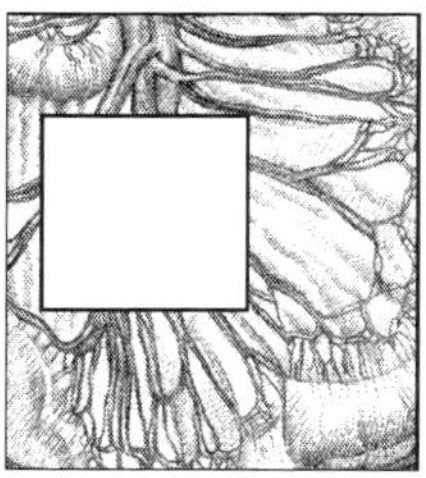

A B C D E

Perspektive wechseln *Bearbeitungszeit 5 Minuten*

Nun müssen Sie die Perspektive wechseln: Wie sieht das vorgestellte Gebilde aus, wenn man es in Pfeilrichtung betrachtet?

Hierzu ein Beispiel

Aufgabe

1) Gegeben ist folgendes Gebilde:

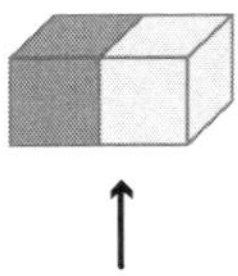

Welche der Abbildungen A bis E entspricht der Sicht in Pfeilrichtung?

A B C D E

Antwort

(A)

Bitte bearbeiten Sie nun die Aufgaben: Markieren Sie jeweils den Lösungsbuchstaben des richtigen Antwortvorschlags.

31) Gegeben ist folgendes Gebilde:

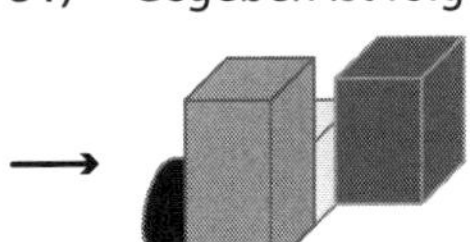

Welche der Abbildungen A bis E entspricht der Sicht in Pfeilrichtung?

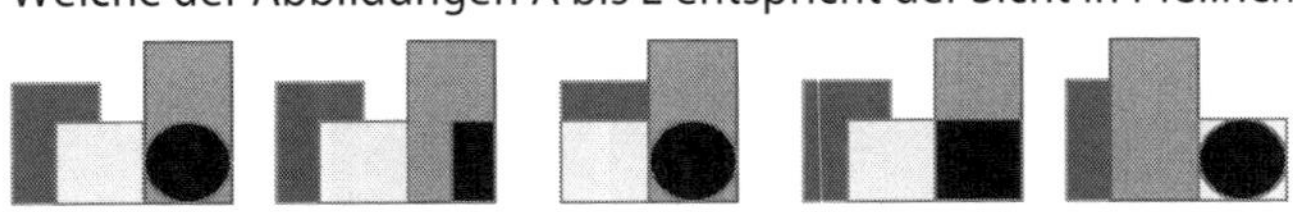

A B C D E

32) Gegeben ist folgendes Gebilde:

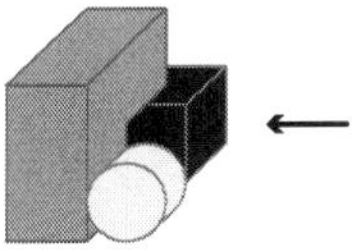

Welche der Abbildungen A bis E entspricht der Sicht in Pfeilrichtung?

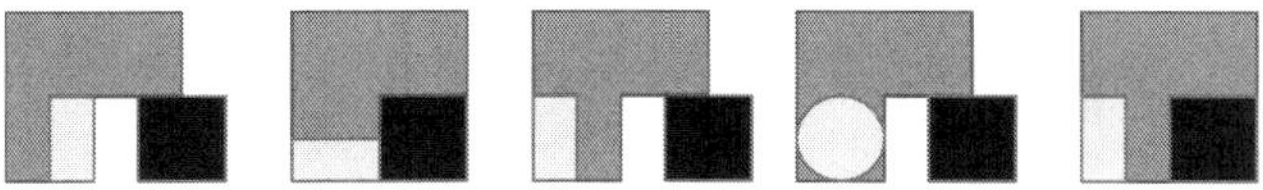

A B C D E

33) Gegeben ist folgendes Gebilde:

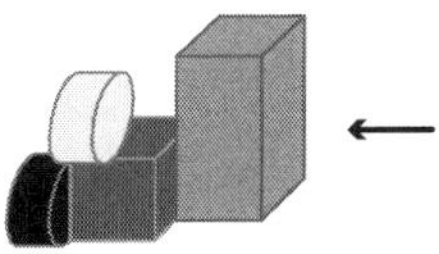

Welche der Abbildungen A bis E entspricht der Sicht in Pfeilrichtung?

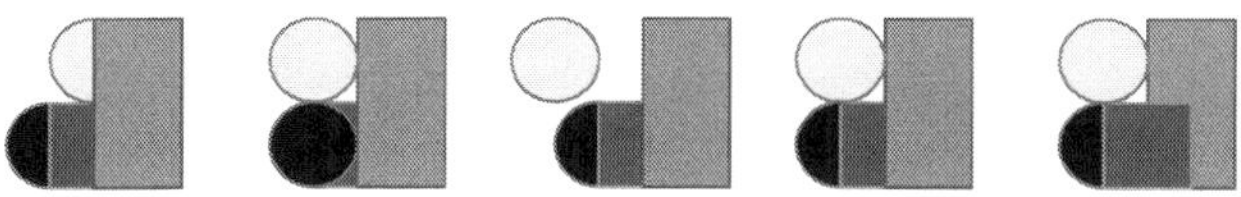

A B C D E

34) Gegeben ist folgendes Gebilde:

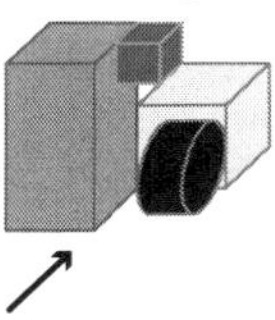

Welche der Abbildungen A bis E entspricht der Sicht in Pfeilrichtung?

A B C D E

35) Gegeben ist folgendes Gebilde:

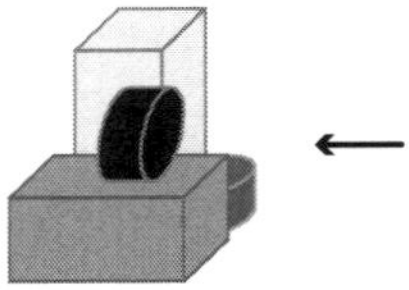

Welche der Abbildungen A bis E entspricht der Sicht in Pfeilrichtung?

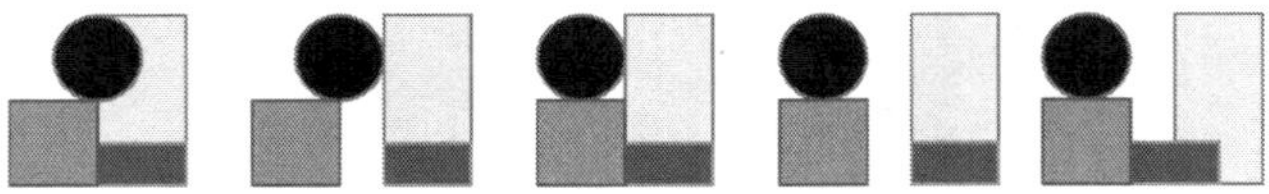

A B C D E

36) Gegeben ist folgendes Gebilde:

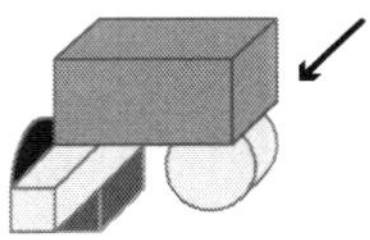

Welche der Abbildungen A bis E entspricht der Sicht in Pfeilrichtung?

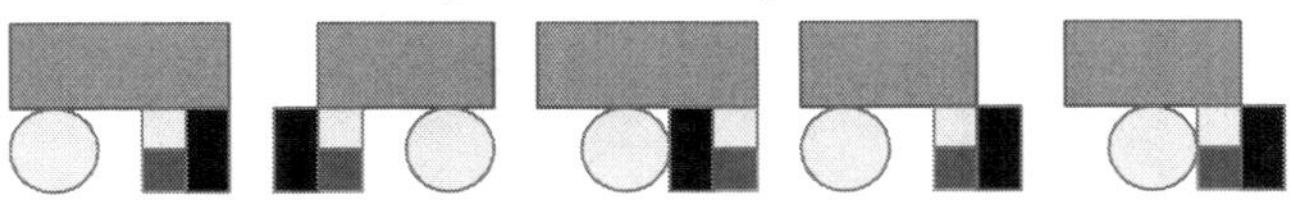

A B C D E

37) Gegeben ist folgendes Gebilde:

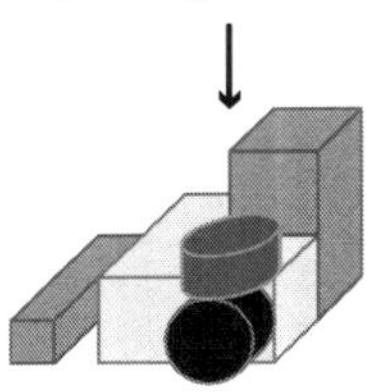

Welche der Abbildungen A bis E entspricht der Sicht in Pfeilrichtung?

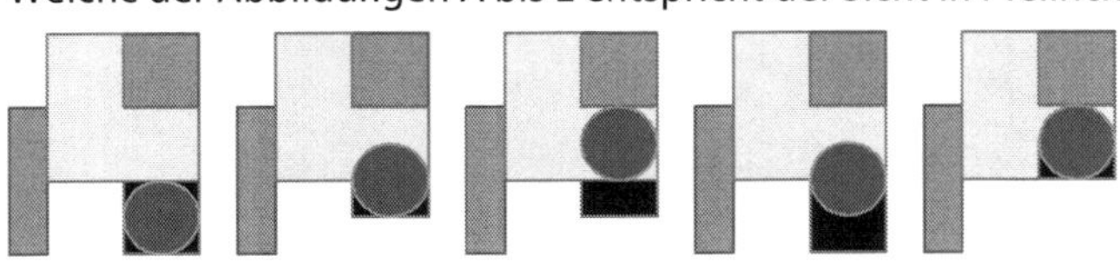

A B C D E

38) Gegeben ist folgendes Gebilde:

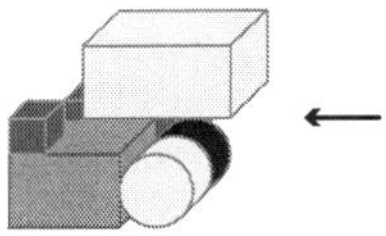

Welche der Abbildungen A bis E entspricht der Sicht in Pfeilrichtung?

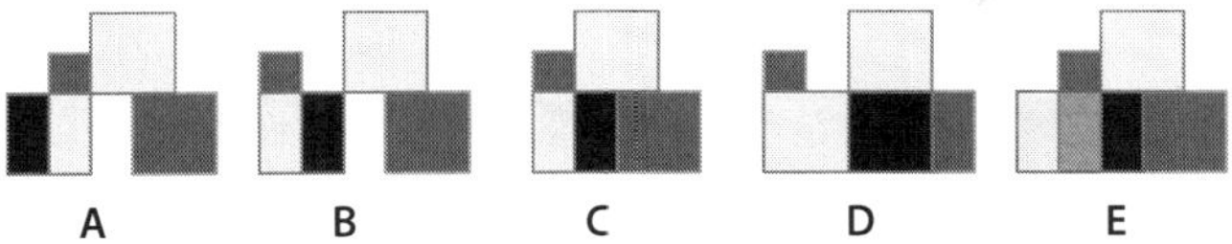

39) Gegeben ist folgendes Gebilde:

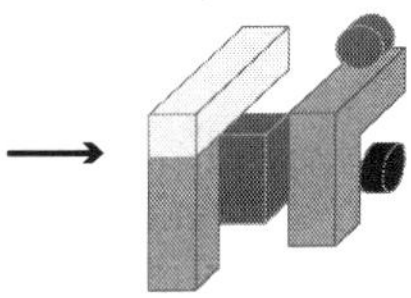

Welche der Abbildungen A bis E entspricht der Sicht in Pfeilrichtung?

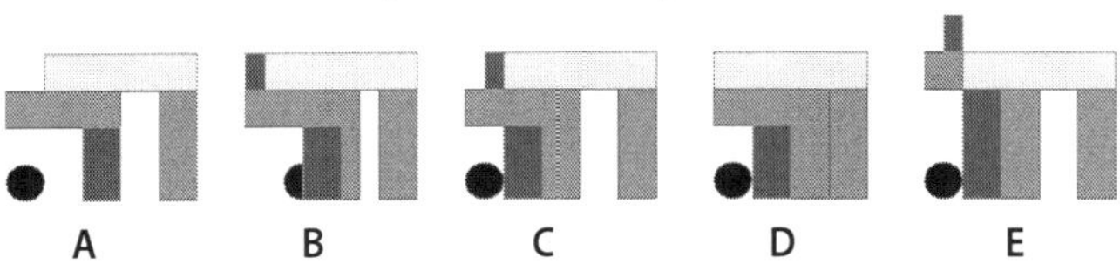

40) Gegeben ist folgendes Gebilde:

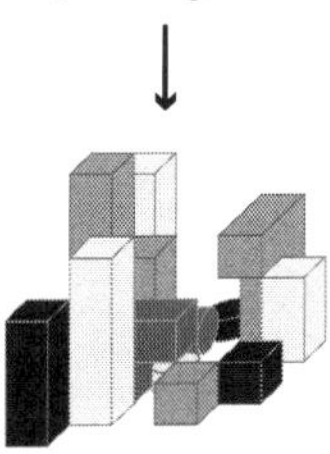

Welche der Abbildungen A bis E entspricht der Sicht in Pfeilrichtung?

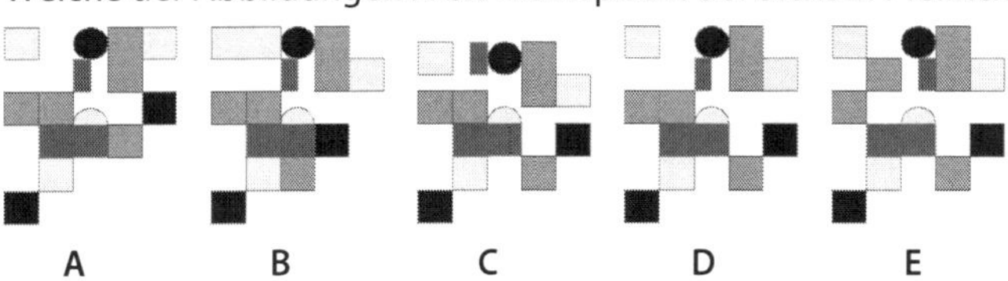

Spielwürfel drehen *Bearbeitungszeit 10 Minuten*

Die gegenüberliegenden Seiten eines Spielwürfels ergeben in der Summe immer die Augenzahl Sieben: Zeigt beispielsweise die Vorderseite eine „6“, muss auf der Rückseite die „1“ stehen. Daher können Sie von drei sichtbaren Würfelflächen auf die Lage aller anderen Flächen schließen.

Bitte führen Sie bei jeder Aufgabe die vorgegebenen Operationen durch und markieren Sie den Antwortbuchstaben der korrekten Lösung.

Hierzu ein Beispiel

Aufgabe

1) Der abgebildete Spielwürfel wird 90 Grad im Uhrzeigersinn gedreht.

Welche Vorderansicht zeigt der Würfel nun?

A B C D E

Antwort

(A)

Gegenprobe: Drehen Sie Lösungswürfel A 90 Grad gegen den Uhrzeigersinn.

Bitte bearbeiten Sie nun die Aufgaben: Markieren Sie jeweils den Lösungsbuchstaben des richtigen Antwortvorschlags. Sie haben dafür **10 Minuten** Zeit.

41) Der abgebildete Spielwürfel wird nach links gekippt und 90 Grad im Uhrzeigersinn gedreht.

Welche Vorderansicht zeigt der Würfel nun?

A B C D E

42) Der abgebildete Spielwürfel wird nach rechts gekippt und 90 Grad gegen den Uhrzeigersinn gedreht.

Welche Vorderansicht zeigt der Würfel nun?

A B C D E

43) Der abgebildete Spielwürfel wird nach links gekippt und 90 Grad gegen den Uhrzeigersinn gedreht.

Welche Vorderansicht zeigt der Würfel nun?

A B C D E

44) Der abgebildete Spielwürfel wird nach hinten gekippt und 90 Grad im Uhrzeigersinn gedreht.

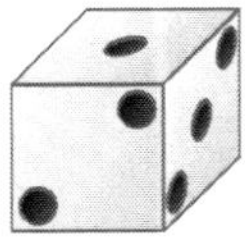

Welche Vorderansicht zeigt der Würfel nun?

A B C D E

45) Der abgebildete Spielwürfel wird nach hinten gekippt und 90 Grad im Uhrzeigersinn gedreht.

Welche Vorderansicht zeigt der Würfel nun?

A B C D E

46) Der abgebildete Spielwürfel wird nach rechts gekippt und 90 Grad im Uhrzeigersinn gedreht.

Welche Vorderansicht zeigt der Würfel nun?

A B C D E

47) Der abgebildete Spielwürfel wird nach links gekippt und 90 Grad im Uhrzeigersinn gedreht.

Welche Vorderansicht zeigt der Würfel nun?

A B C D E

48) Der abgebildete Spielwürfel wird nach links gekippt, danach 90 Grad im Uhrzeigersinn gedreht und nach rechts gekippt.

Welche Vorderansicht zeigt der Würfel nun?

A B C D E

49) Der abgebildete Spielwürfel wird zweimal nach hinten gekippt, danach nach links gekippt und 90 Grad im Uhrzeigersinn gedreht.

Welche Vorderansicht zeigt der Würfel nun?

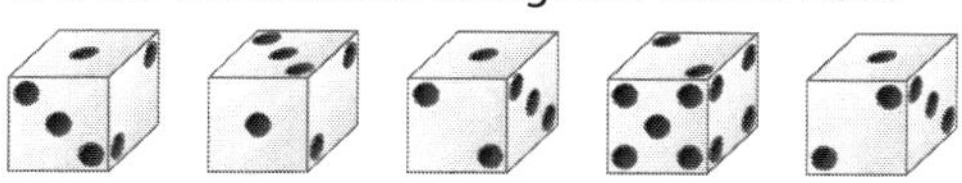

A B C D E

50) Der abgebildete Spielwürfel wird zweimal nach rechts gekippt und 90 Grad im Uhrzeigersinn gedreht.

Welche Vorderansicht zeigt der Würfel nun?

A B C D E

Musterwürfel zuordnen *Bearbeitungszeit 10 Minuten*

Zu jeder Aufgabe erhalten Sie einen Würfel, dessen Seiten unterschiedlich gemustert sind. Entscheiden Sie, welcher der abgebildeten Musterwürfel dem Aufgabenwürfel entspricht – dieser kann beliebig nach links oder rechts, nach vorne oder hinten, im oder gegen den Uhrzeigersinn gedreht bzw. gekippt werden.

Hierzu ein Beispiel

Aufgabe

1) Ihnen wird ein Aufgabenwürfel vorgegeben.

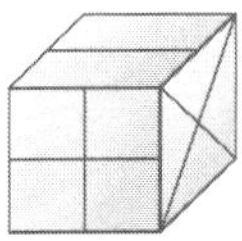

Welcher der Musterwürfel A bis E ist identisch mit dem Aufgabenwürfel?

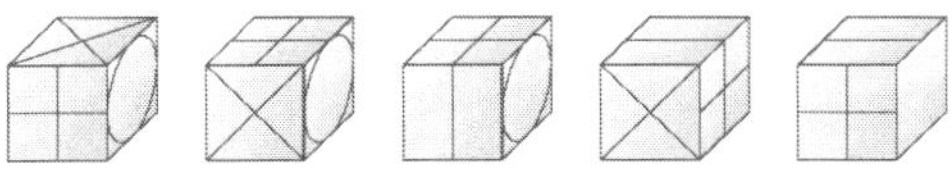

A B C D E

Antwort

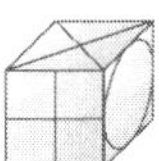

(A)

Kippen Sie den Aufgabenwürfel nach links.

Bitte bearbeiten Sie nun die Aufgaben: Markieren Sie jeweils den Lösungsbuchstaben des richtigen Antwortvorschlags. Sie haben dafür **10 Minuten** Zeit.

51) Ihnen wird ein Aufgabenwürfel vorgegeben.

Welcher der Musterwürfel A bis E ist identisch mit dem Aufgabenwürfel?

A B C D E

52) Ihnen wird ein Aufgabenwürfel vorgegeben.

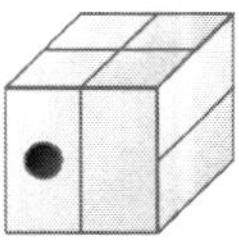

Welcher der Musterwürfel A bis E ist identisch mit dem Aufgabenwürfel?

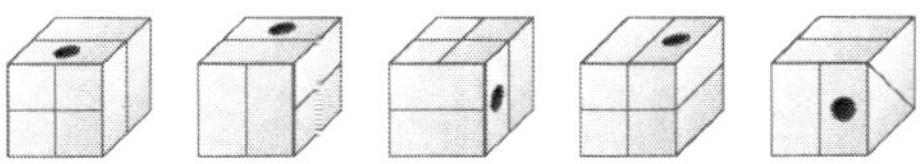

A B C D E

53) Ihnen wird ein Aufgabenwürfel vorgegeben.

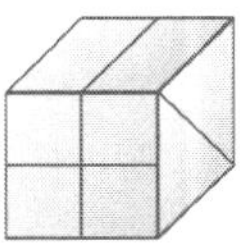

Welcher der Musterwürfel A bis E ist identisch mit dem Aufgabenwürfel?

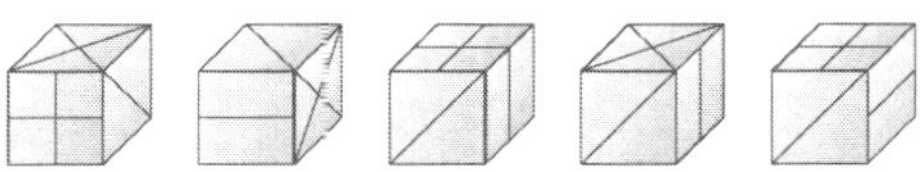

A B C D E

54) Ihnen wird ein Aufgabenwürfel vorgegeben.

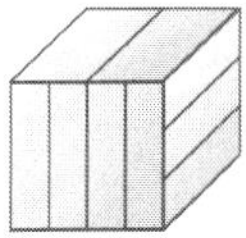

Welcher der Musterwürfel A bis E ist identisch mit dem Aufgabenwürfel?

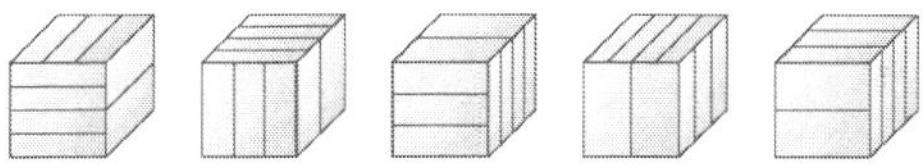

A B C D E

55) Ihnen wird ein Aufgabenwürfel vorgegeben.

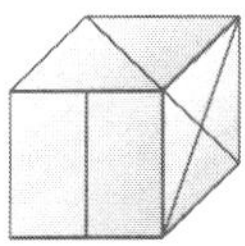

Welcher der Musterwürfel A bis E ist identisch mit dem Aufgabenwürfel?

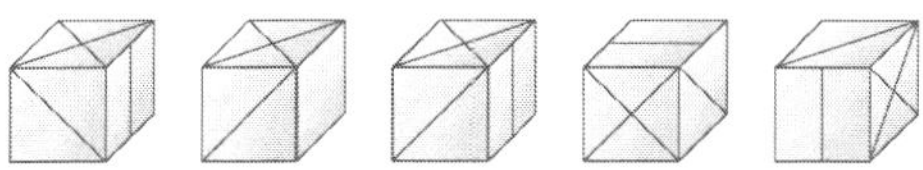

A B C D E

56) Ihnen wird ein Aufgabenwürfel vorgegeben.

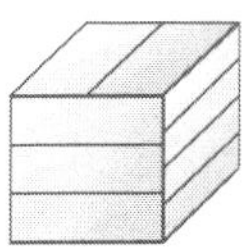

Welcher der Musterwürfel A bis E ist identisch mit dem Aufgabenwürfel?

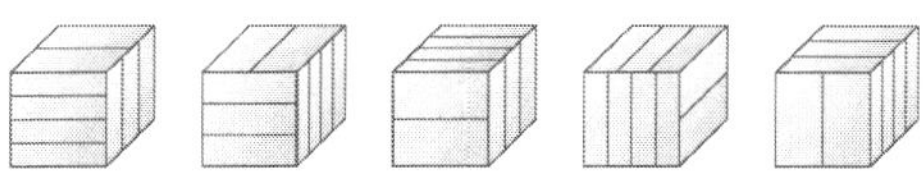

A B C D E

57) Ihnen wird ein Aufgabenwürfel vorgegeben.

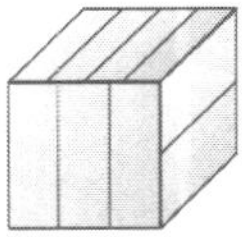

Welcher der Musterwürfel A bis E ist identisch mit dem Aufgabenwürfel?

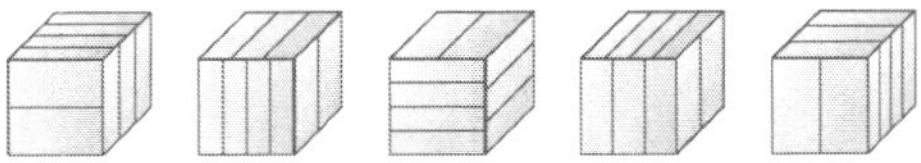

A B C D E

58) Ihnen wird ein Aufgabenwürfel vorgegeben.

Welcher der Musterwürfel A bis E ist identisch mit dem Aufgabenwürfel?

A B C D E

59) Ihnen wird ein Aufgabenwürfel vorgegeben.

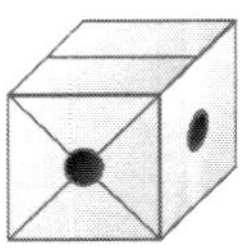

Welcher der Musterwürfel A bis E ist identisch mit dem Aufgabenwürfel?

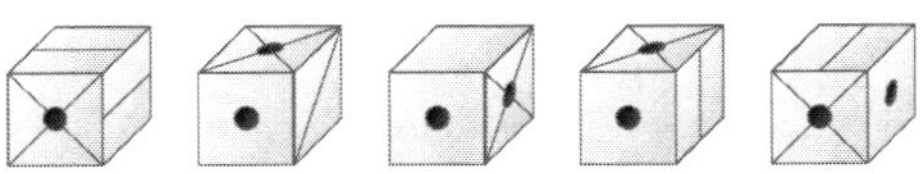

A B C D E

60) Ihnen wird ein Aufgabenwürfel vorgegeben.

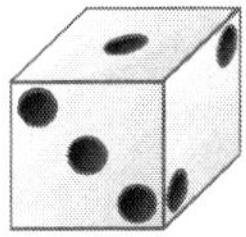

Welcher der Musterwürfel A bis E ist identisch mit dem Aufgabenwürfel?

A B C D E

Faltvorlagen

Bearbeitungszeit 10 Minuten

Sie sehen jeweils eine Faltvorlage. Finden Sie heraus, welcher der fünf Körper A bis E daraus hergestellt werden kann.

Hierzu ein Beispiel

Aufgabe

1) Diese Faltvorlage ist die Außenseite eines Körpers.

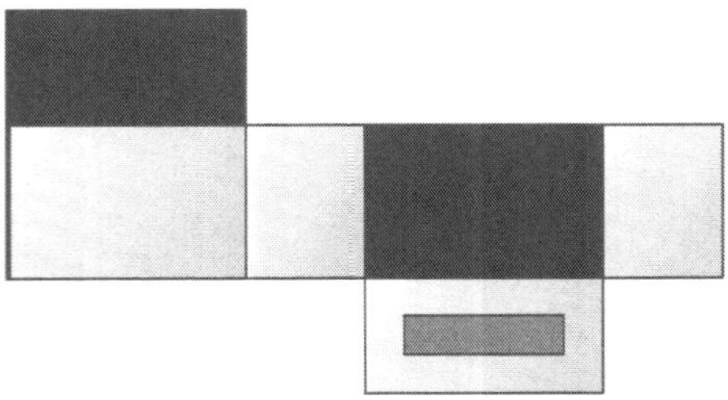

Welcher der Körper A bis E kann aus der Faltvorlage gebildet werden?

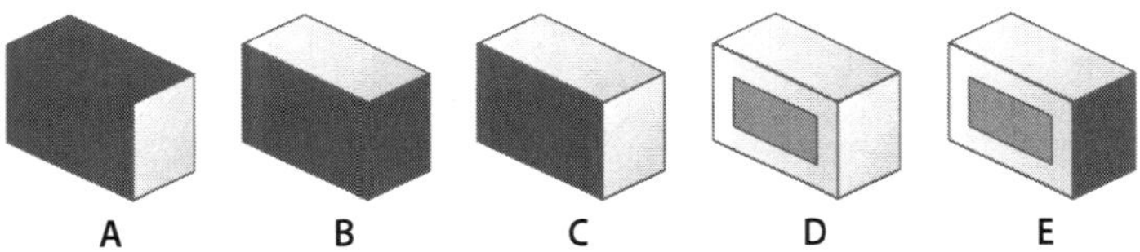

Antwort

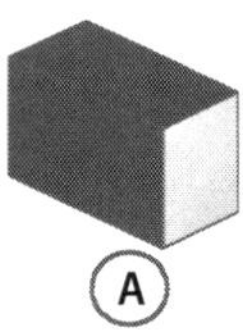

Bitte bearbeiten Sie nun die Aufgaben: Markieren Sie jeweils den Lösungsbuchstaben des richtigen Antwortvorschlags. Sie haben dafür **10 Minuten** Zeit.

61) Diese Faltvorlage ist die Außenseite eines Körpers.

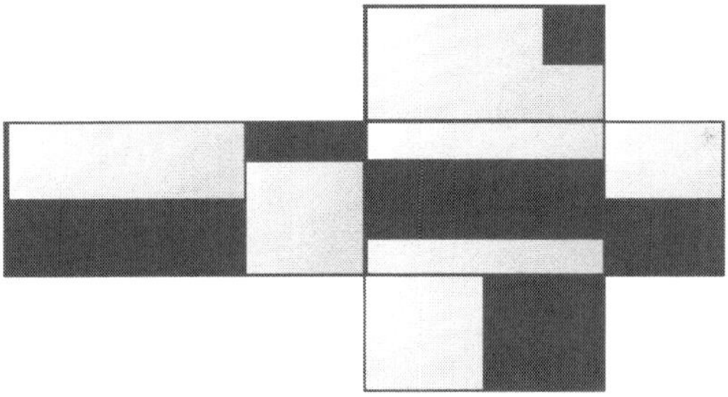

Welcher der Körper A bis E kann aus der Faltvorlage gebildet werden?

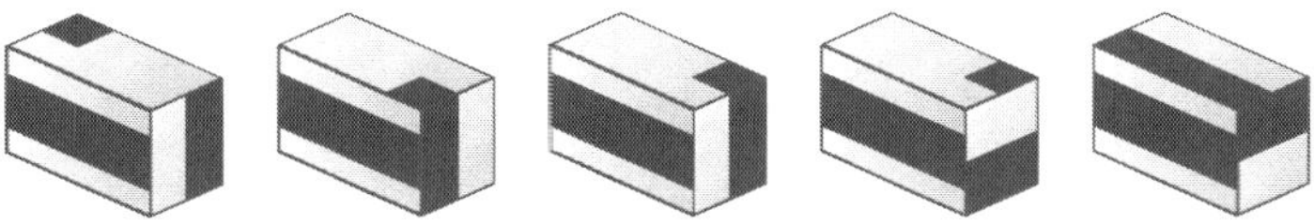

A B C D E

62) Diese Faltvorlage ist die Außenseite eines Körpers.

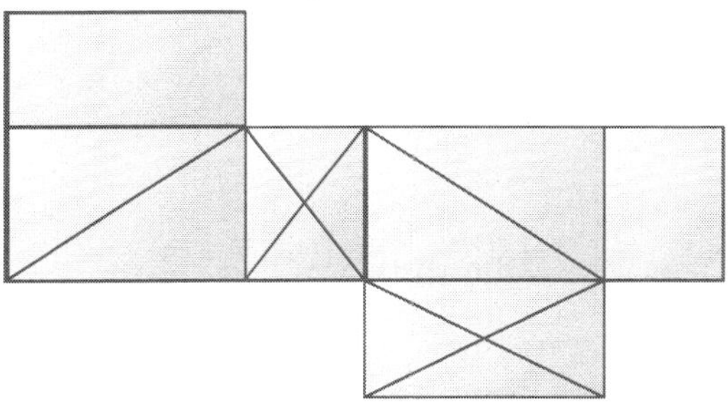

Welcher der Körper A bis E kann aus der Faltvorlage gebildet werden?

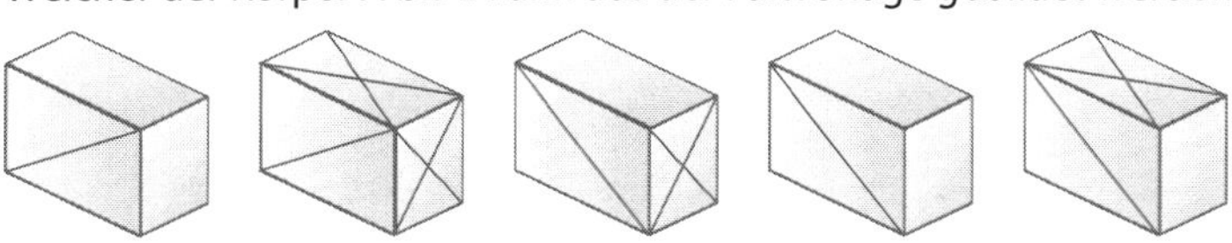

A B C D E

63) Diese Faltvorlage ist die Außenseite eines Körpers.

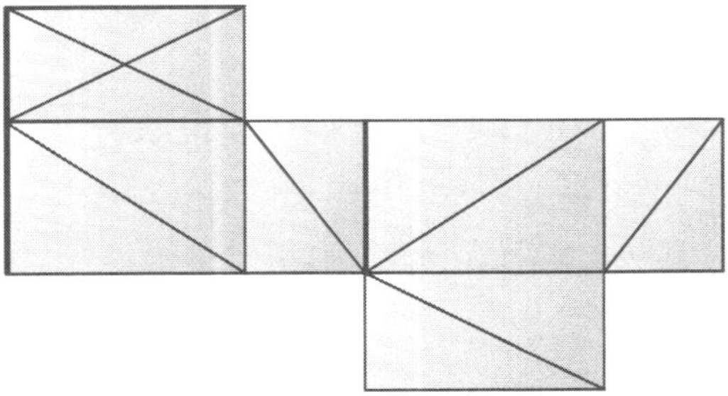

Welcher der Körper A bis E kann aus der Faltvorlage gebildet werden?

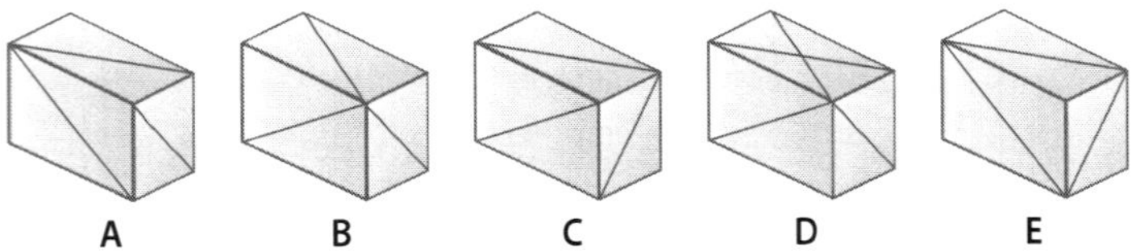

64) Diese Faltvorlage ist die Außenseite eines Körpers.

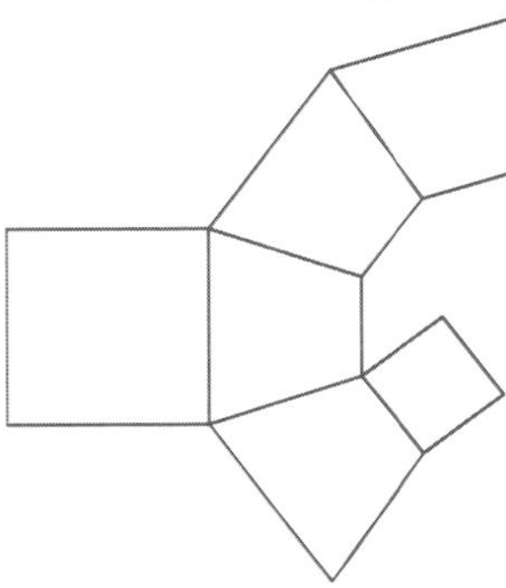

Welcher der Körper A bis E kann aus der Faltvorlage gebildet werden?

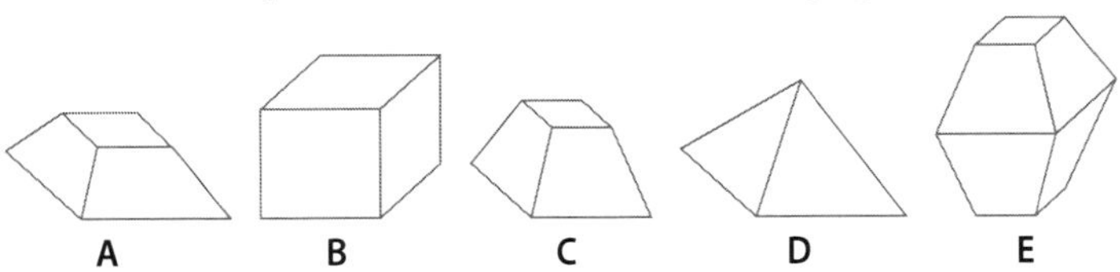

65) Diese Faltvorlage ist die Außenseite eines Körpers.

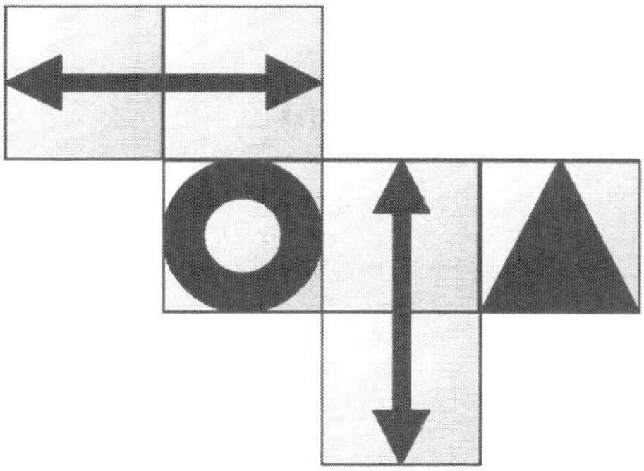

Welcher der Körper A bis E kann aus der Faltvorlage gebildet werden?

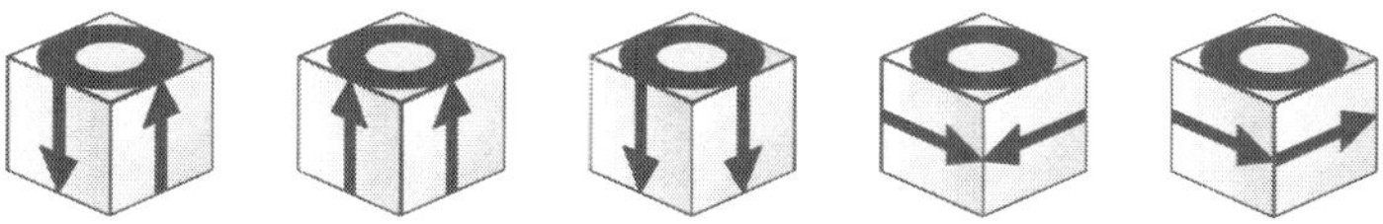

A B C D E

66) Diese Faltvorlage ist die Außenseite eines Körpers.

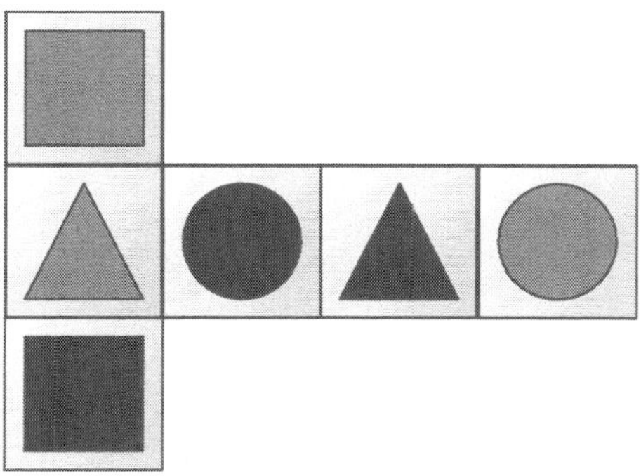

Welcher der Körper A bis E kann aus der Faltvorlage gebildet werden?

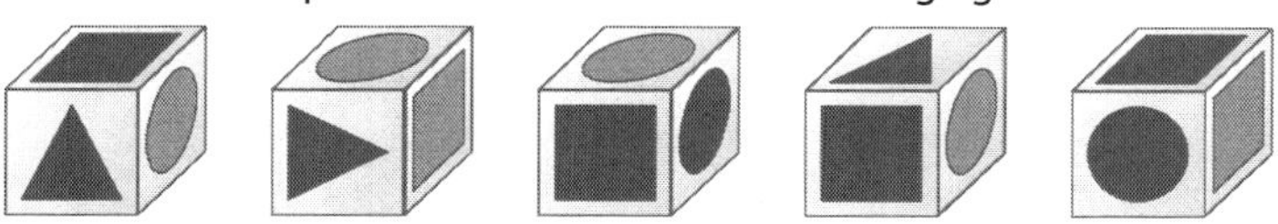

A B C D E

67) Diese Faltvorlage ist die Außenseite eines Körpers.

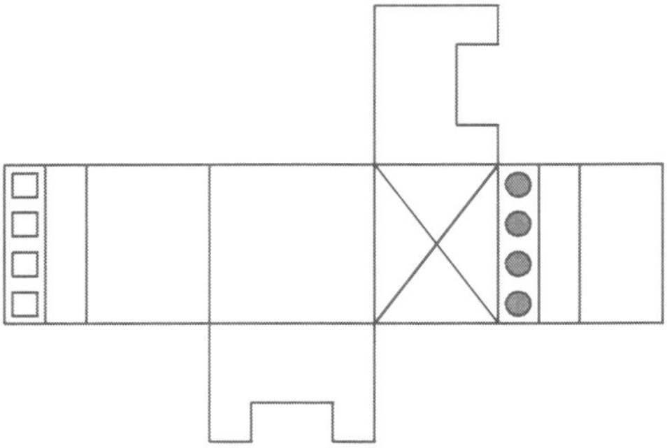

Welcher der Körper A bis E kann aus der Faltvorlage gebildet werden?

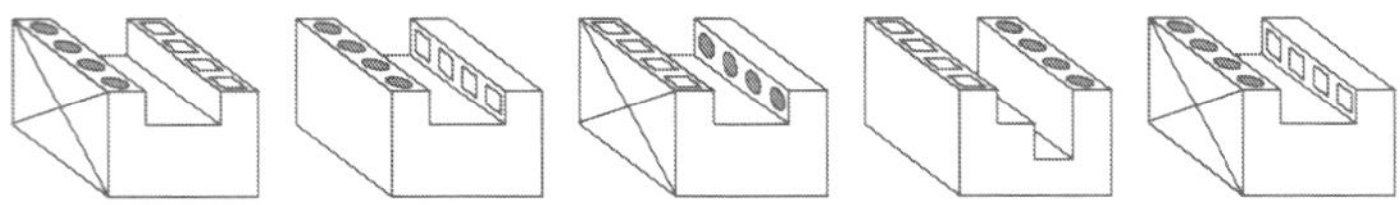

A B C D E

68) Diese Faltvorlage ist die Außenseite eines Körpers.

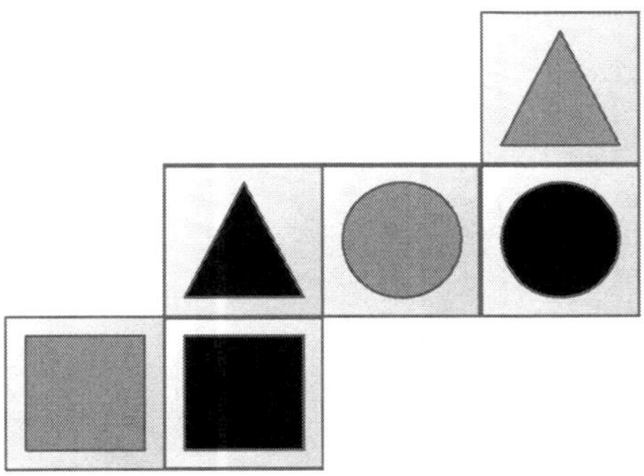

Welcher der Körper A bis E kann aus der Faltvorlage gebildet werden?

A B C D E

69) Diese Faltvorlage ist die Außenseite eines Körpers.

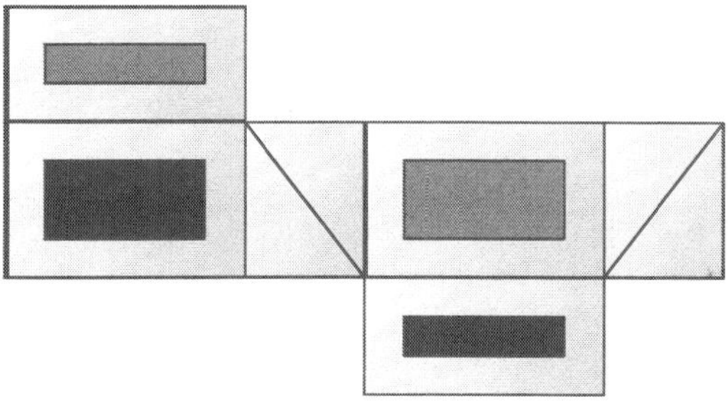

Welcher der Körper A bis E kann aus der Faltvorlage gebildet werden?

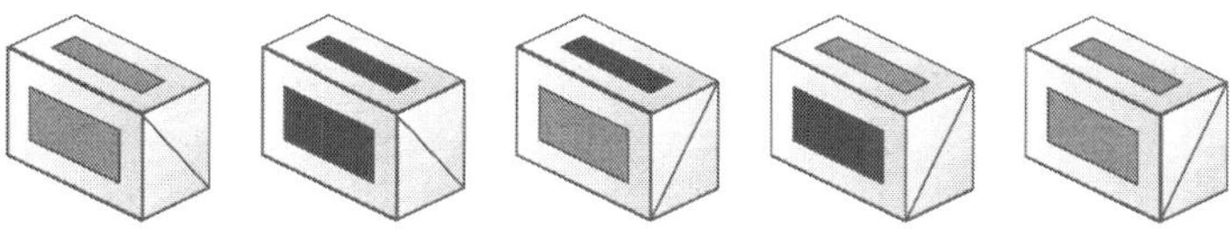

A B C D E

70) Diese Faltvorlage ist die Außenseite eines Körpers.

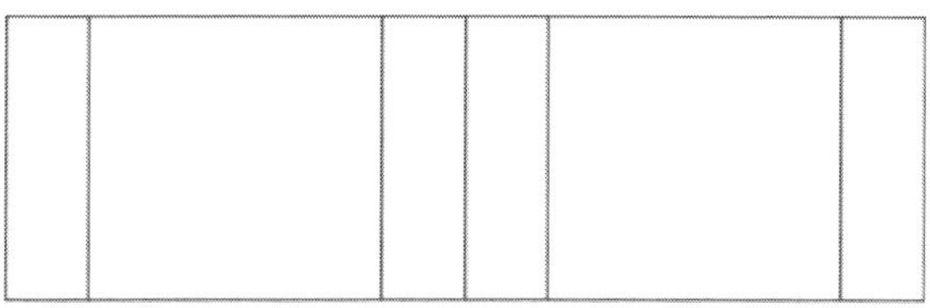

Welcher der Körper A bis E kann aus der Faltvorlage gebildet werden?

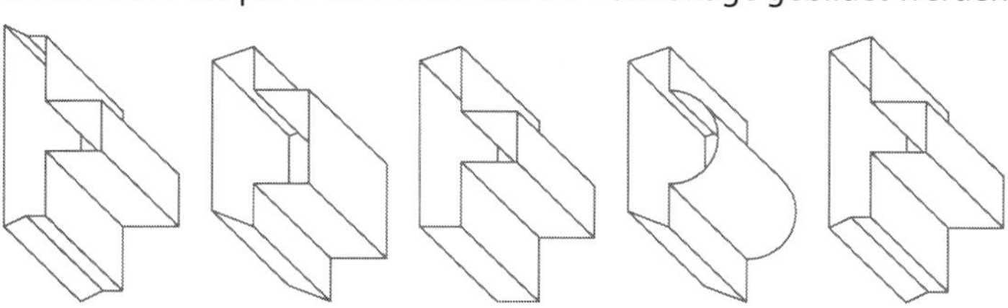

A B C D E

Lösungen: Visuelles Denkvermögen

1) A	25) B	49) C
2) B	26) D	50) B
3) B	27) B	51) D
4) C	28) A	52) B
5) C	29) E	53) C
6) C	30) C	54) B
7) C	31) A	55) D
8) E	32) C	56) C
9) D	33) D	57) E
10) E	34) B	58) B
11) B	35) E	59) C
12) A	36) D	60) B
13) A	37) B	61) D
14) D	38) B	62) D
15) C	39) C	63) B
16) D	40) D	64) C
17) A	41) B	65) D
18) B	42) E	66) D
19) B	43) C	67) E
20) D	44) C	68) D
21) A	45) A	69) E
22) C	46) C	70) D
23) A	47) D	
24) B	48) B	

Figurenreihen (Aufgaben 1–10)

Zu 1) A.

Jede Figur enthält vier gleiche Objekte, die paarweise horizontal oder vertikal spiegelbildlich angeordnet sind.

Zu 2) B.

Die erste Figur verfügt über sechs gegeneinander abgegrenzte Flächen, die zweite über sieben und die dritte über acht – bei der vierten müssen es folglich neun Flächen sein.

Zu 3) B.

Achten Sie auf die Berührungspunkte der inneren Linien mit dem quadratischen Rahmen: Ihre Anzahl wächst mit jedem Schritt um eins.

Zu 4) C.

Jede Figur beinhaltet vier Punkte, wobei immer der jeweils obere bzw. untere Punkt farblich abweicht.

Zu 5) C.

Jede Figur ist im Vergleich zu ihrem Vorgänger um 135 Grad im Uhrzeigersinn gedreht, wobei die Lage der grauen Fläche stets wechselt.

Zu 6) C.

Zwischen zwei jeweils gleichen Elementen spannt sich – abwechselnd waagerecht und senkrecht – eine Linie. Bei der Wiederholung des Waagerecht/Senkrecht-Wechsels ändert sich die Farbe eines Endkörpers.

Zu 7) C.

Das kleine dunkle Quadrat springt zwischen den weißen Quadraten hin und her und ändert darin mit jedem Sprung seine horizontale Ausrichtung. Darüber hinaus wird bei jedem Sprung in das untere mittelgroße Quadrat ein weiteres graues Quadrat hinzugefügt.

Zu 8) E.

Im letzten Schritt werden alle vorangegangenen Formen positionsgetreu aufeinandergelegt.

Zu 9) D.

Die beiden grauen Quadrate drehen sich schrittweise um 90° im Uhrzeigersinn um den Mittelpunkt der Figur. Sie überlagern dabei einen schwarzgrauen Kreis, der mit jedem zweiten Schritt um 90° im Uhrzeigersinn um den Mittelpunkt wandert.

Zu 10) E.

Von Schritt zu Schritt wechseln die dunklen Figuren (Viereck und Dreieck) ins jeweils diagonal gegenüberliegende Feld. Der Kreis mit dem Kreuz behält seine Position bei. Der weiße Kreis wandert im, das weiße Viereck gegen den Uhrzeigersinn durch die einzelnen Felder.

Figurenmatrizen (Aufgaben 11–20)

Zu 11) B.

Gehen Sie von oben nach unten vor: Die beiden oberen Figuren einer Spalte ergeben aufeinandergelegt das jeweils untere Objekt, wobei die Pfeilspitzen entfernt werden müssen.

Zu 12) A.

Gehen Sie von oben nach unten vor: Die beiden oberen Figuren einer Spalte ergeben aufeinandergelegt das jeweils untere Objekt, wobei doppelt vorhandene Pfeile entfernt werden müssen.

Zu 13) A.

Gehen Sie in jeder Spalte von oben nach unten vor. In jedem Feld liegen zwei Objekte übereinander. Das jeweils obenauf liegende Objekt dreht sich von Feld zu Feld um 45° im Uhrzeigersinn, das untere ändert seine Lage nicht. In der rechten Spalte ist das obere Objekt ein Kreis, dem man die Drehungen nicht ansieht.

Zu 14) D.

Gehen Sie von oben nach unten vor: Jedes Feld zeigt ein Objekt vor einem Hintergrund. Von oben nach unten betrachtet, besteht der Hintergrund des untersten Feldes nur aus demjenigen Muster, das in beiden darüber liegenden Feldern ebenfalls vorkommt. In der linken Spalte sind beispielsweise die obersten Felder vollkommen unterschiedlich gemustert, so dass im untersten Feld als gemeinsames Muster nur eine leere Fläche übrigbleibt. Das Objekt ist ein Kreis mit zwei schwarzen Punkten. Von Feld zu Feld wird nun stets ein Punkt in derselben Position wiederholt, wobei der zweite Punkt um 90° im Uhrzeigersinn gedreht wird.

Zu 15) C.

Gehen Sie in den Reihen von links nach rechts vor: Zuerst wird das Objekt vertikal gespiegelt, anschließend horizontal.

Zu 16) D.

Gehen Sie in den Reihen von links nach rechts vor. Die Punkte im inneren Dreieck wandern im Uhrzeigersinn, die im äußeren gegen den Uhrzeigersinn.

Zu 17) A.

Gehen Sie in jeder Reihe von links nach rechts vor: Der längere Zeiger dreht sich von Feld zu Feld um jeweils 45° im Uhrzeigersinn, der kleine Zeiger rotiert bei jedem Schritt um 45° entgegen dem Uhrzeigersinn.

Zu 18) B.

Gehen Sie in den einzelnen Reihen von links nach rechts vor. Wird das links stehende Objekt an einer senkrechten Achse gespiegelt, erhält man das Objekt der jeweils zweiten Spalte. Dreht man dieses wiederum um 90° gegen den Uhrzeigersinn, kommt man auf das Objekt der rechten Spalte.

Zu 19) B.

Gehen Sie spaltenweise vor: Die obere Figur wird unten wiederholt. Die mittlere Figur wird an der Diagonalen von links unten nach rechts oben gespiegelt und dann ebenfalls unten wiedergegeben. Die gesuchte Figur enthält also das rechte obere Element der unteren Figur.

Zu 20) D.

In jeder Spalte drehen sich die Striche von oben nach unten in unterschiedlichen Winkeln: Ein Strich rotiert jeweils um 45° im Uhrzeigersinn, der zweite um 90° und der dritte um 180°.

Bildausschnitte erkennen (Aufgaben 21–25)

Zu 21) A.

Zu 22) C.

Zu 23) A.

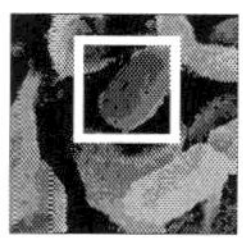

Zu 24) B.

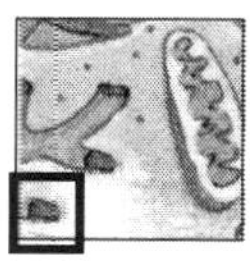

Zu 25) B.

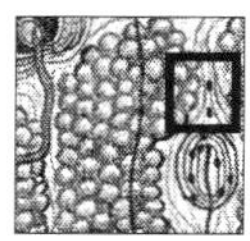

Muster zuordnen (Aufgaben 26–30)

Zu 26) D.

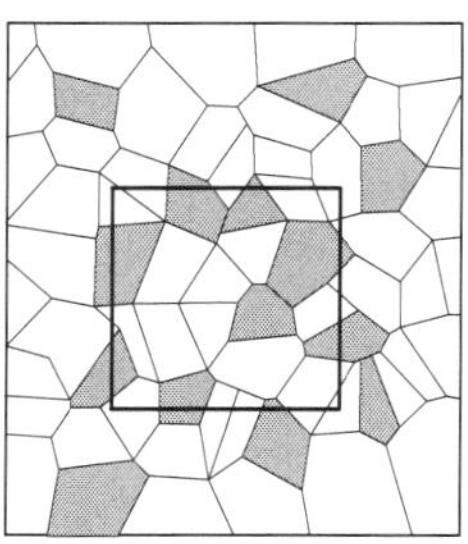

Zu 27) B.

Zu 28) A.

Zu 29) E.

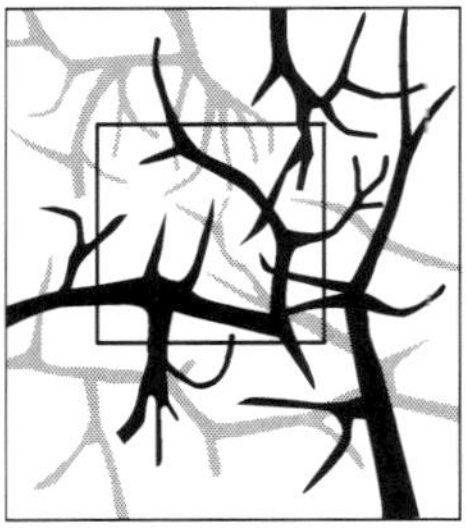

Zu 30) C.

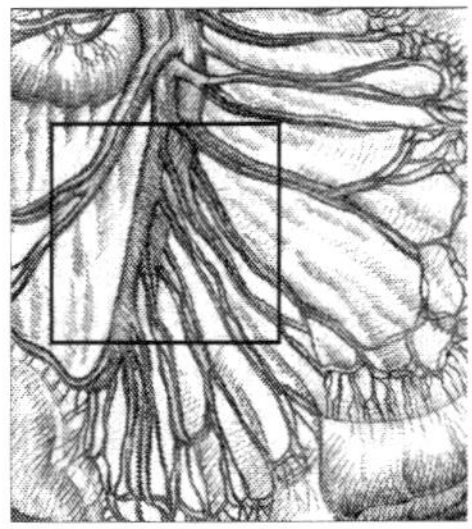

Perspektive wechseln (Aufgaben 31–40)

Zu 31) A.

Zu 32) C.

Zu 33) D.

Zu 34) B.

Zu 35) E.

Zu 36) D.

Zu 37) B.

Zu 38) B.

Zu 39) C.

Zu 40) D.

Spielwürfel drehen (Aufgaben 41–50)

Zu 41) B.

Gegenprobe: Drehen Sie Lösungswürfel B 90 Grad gegen den Uhrzeigersinn und kippen Sie ihn nach rechts.

Zu 42) E.

Gegenprobe: Drehen Sie Lösungswürfel E 90 Grad im Uhrzeigersinn und kippen Sie ihn nach links.

Zu 43) C.

Gegenprobe: Drehen Sie Lösungswürfel C 90 Grad im Uhrzeigersinn und kippen Sie ihn nach rechts.

Zu 44) C.

Gegenprobe: Drehen Sie Lösungswürfel C 90 Grad gegen den Uhrzeigersinn und kippen Sie ihn nach vorne.

Zu 45) A.

Gegenprobe: Drehen Sie Lösungswürfel A 90 Grad gegen den Uhrzeigersinn und kippen Sie ihn nach vorne.

Zu 46) C.

Gegenprobe: Drehen Sie Lösungswürfel C 90 Grad gegen den Uhrzeigersinn und kippen Sie ihn nach links.

Zu 47) D.

Gegenprobe: Drehen Sie Lösungswürfel D 90 Grad gegen den Uhrzeigersinn und kippen Sie ihn nach rechts.

Zu 48) B.

Gegenprobe: Kippen Sie Lösungswürfel B nach links, drehen Sie ihn 90 Grad gegen den Uhrzeigersinn und kippen Sie ihn dann nach rechts.

Zu 49) C.

Gegenprobe: Drehen Sie Lösungswürfel C 90 Grad gegen den Uhrzeigersinn, kippen Sie ihn nach rechts und anschließend zweimal nach vorne.

Zu 50) B.

Gegenprobe: Drehen Sie Lösungswürfel B 90 Grad gegen den Uhrzeigersinn und kippen Sie ihn zweimal nach links.

Musterwürfel zuordnen (Aufgaben 51–60)

Zu 51) D.

Kippen Sie den Aufgabenwürfel nach links und drehen Sie ihn um 90 Grad im Uhrzeigersinn.

Zu 52) B.

Kippen Sie den Aufgabenwürfel nach hinten und drehen Sie ihn um 90 Grad im Uhrzeigersinn.

Zu 53) C.

Drehen Sie den Aufgabenwürfel um 90 Grad im Uhrzeigersinn und kippen Sie ihn nach rechts.

Zu 54) B.

Drehen Sie den Aufgabenwürfel um 90 Grad im Uhrzeigersinn kippen Sie ihn nach rechts.

Zu 55) D.

Kippen Sie den Aufgabenwürfel nach hinten und drehen Sie ihn um 90 Grad im Uhrzeigersinn.

Zu 56) C.

Kippen Sie den Aufgabenwürfel nach links und drehen Sie ihn um 90 Grad gegen den Uhrzeigersinn.

Zu 57) E.

Kippen Sie den Aufgabenwürfel nach hinten und drehen Sie ihn um 90 Grad im Uhrzeigersinn.

Zu 58) B.

Kippen Sie den Aufgabenwürfel zweimal nach links und drehen Sie ihn um 90 Grad im Uhrzeigersinn.

Zu 59) C.

Kippen Sie den Aufgabenwürfel zweimal nach vorne und drehen Sie ihn um 90 Grad im Uhrzeigersinn.

Zu 60) B.

Kippen Sie den Aufgabenwürfel nach hinten und drehen Sie ihn um 90 Grad im Uhrzeigersinn.

Faltvorlagen (Aufgaben 61–70)

Zu 61) D.

Schwarzen Querbalken im Fokus behalten, Quader zusammenfalten und 45 Grad im Uhrzeigersinn drehen.

Zu 62) D.

Falten Sie den Quader zusammen, stellen Sie ihn auf die markierte, schmale Standfläche und drehen Sie ihn mit der breiten, von links nach rechts diagonal absteigend gestreiften Seite nach links.

Zu 63) B.

Falten Sie den Quader zusammen, stellen Sie ihn auf die kreuzförmig gemusterte Standfläche und drehen Sie ihn mit der diagonal von links unten nach rechts oben gestreiften breiten Seite nach links.

Zu 64) C.

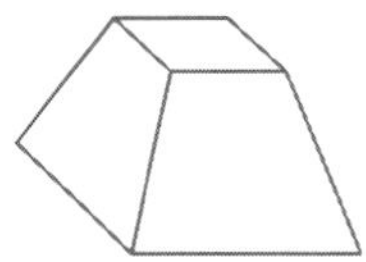

Zu 65) D.

Kreis im Fokus behalten, Würfel zusammenfalten, nach hinten kippen und 45 Grad gegen den Uhrzeigersinn drehen.

Zu 66) D.

Schwarzes Dreieck im Fokus behalten, Würfel zusammenfalten und nach hinten kippen.

Zu 67) E.

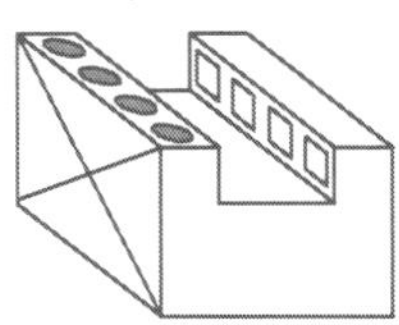

Zu 68) D.

Helles Quadrat im Fokus behalten, Würfel zusammenfalten und nach links kippen.

Zu 69) E.

Falten Sie den Quader zusammen, stellen Sie ihn auf die Standfläche mit dem schwarzen Rechteck und drehen Sie ihn mit der mit einem grauen Rechteck versehenen breiten Seite nach links.

Zu 70) D.

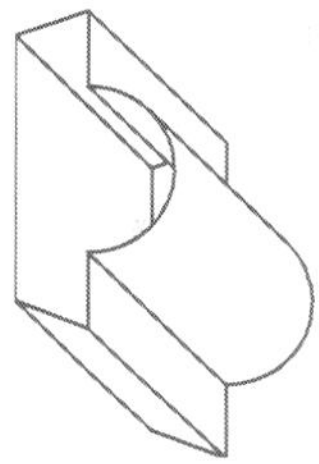

Lösungshinweis

Falls Sie nicht durch das Zusammenfalten des Körpers im Geiste auf die richtige Lösung kommen: Vergleichen Sie die Anordnung der Flächen der Faltvorlage mit den Seiten der vorgeschlagenen Körper. Liegt z. B. eine graue Fläche neben einer weißen, eine Fläche mit einem Kreis neben einer Fläche mit einem Quadrat oder eine quadratische Fläche neben einer schmalen rechteckigen? Bei manchen Aufgaben ist auch die Anzahl der Flächen interessant – hat der Körper genauso viele Seiten wie die Faltvorlage Flächen?

Konzentration und Merkfähigkeit

b/d/p-Strich-Test

Bearbeitungszeit 3 Minuten

Jede Aufgabenzeile enthält die Buchstaben „b“, „d“ und „p“.

Über und unter einem Buchstaben können sich bis zu vier Striche befinden.

Bitte finden Sie in jeder Zeile alle „b“s mit genau zwei Strichen und schreiben Sie die ermittelte Anzahl ans Zeilenende.

Hierzu ein Beispiel

Aufgabe

1) d b d b p b p b d b b d p d d p p d b b p p b p d d p b d b ____

2) b p b b d b b b p p b d p d d d p p b d b b p b d b b d p d b ____

Antwort

1) d b d b p b p b d b b d p d d p p d b b p p b p d d p b d b 6

2) b p b b d b b b p p b d p d d d p p b d b b p b d b b d p d b 2

Bitte beginnen Sie nun mit der Bearbeitung: Schreiben Sie neben jede Zeile die Zahl der gefundenen „b“s mit genau zwei Strichen.

1) d d b d b b d p d b d b d p b d b d b p b p b d b b d p d d ____

2) d p d b p p b b d b d p d b d d b b p b d p d b d b b d b p ____

3) p d d p d b p p b b d p b d d p d b p b p d p d p b d d b b ____

4) b d b p b d d b b p b b d p d b d d p b p b d p p b b d b p ____

5) b b p b d p d b d p p b d p d b d b d p p b b b d b d p d p ____

6) p d b p d d p b b d p d b b p d d p b b b d p d d d p d b b ____

7) d d p p b d b b d p b b d b p d b d p b d b d p d d b p p b ____

8) b d p b b d p d p b d d p d b p p b b d b d p b p b p d d p ____

9) b p p d b b p d p d p d b d b b p d p d b p b b d p b d p d ____

10) d b d p d d p d d b b p b p b d p d d b p b d b b p d d p b ____

11) b b d p d p d b d p d p b b d p d p b d b d p p d b b b p d ____

12) b p b b p b b d d b p b d p b d b d b d p p b b d b d p d b ____

13) p b p b b d p b b d b d p d p d b d p d d p b b d b p b d d ____

14) p p p d b d b d b p b d b p b b d p d d b d b p d p b b d d ____

15) b b d p d d b p p d b d b p d d b b d b p d p d p d p d d p ____

16) d b p d p b b d p d d b b p p d p b d b b p b d p b d d p d ____

17) d b p b d b b d p b d p d p b d p b d b d p d d p p b d b p ____

18) b b d p d b b b d p p d b b d p d b b p p d b d b d p b b d ____

19) p b d b b d b b p b d b d b p p b d p b d b p b p b p d b p ____

20) b b p d p b b d p p b b d p b b b p d p d b d b d p b d b p ____

21) b p d d d p b b p d b d b b d p p b d b d d p b d b b d p d ____

22) b b d d p b b p d d b b p d d p b d b d p d b b d p d p p b ____

23) d d p p b d d b b p b d b d p b d d p b b d p d p d b d d b ____

24) p d p d b p b b p b d d p b d b d p d b b d p d p b d p d d ____

25) d p b p b b p d b b p b d p d p b d p b b d d p b d b d b p ____

26) d b p p d b b d p d p b d p b d b d d p b d b b d d p d d p ____

27) d p b d p b b b d p d p b d b d p d d p b d b b p b d d d b ____

28) p b b d p b p b b b d p d p b p b p d d p b b p d b b d b d ____

29) p d d b p d d p d p b b b d p d p d b p b d p b b d p d d b ____

30) b b d p d d p d d b b d p b b d p b d b d p b b d p p b d b ____

Fakten lernen *Einprägezeit 6 Minuten*

Ihnen liegen 15 stichwortartige Fallbeschreibungen vor.

Sie erhalten jeweils den Nachnamen, das ungefähre Alter, den Beruf, ein weiteres Merkmal (wie z. B. den Familienstand) und die Diagnose der Patienten.

Bitte prägen Sie sich die vorliegenden Informationen gut ein. Sie haben dafür **6 Minuten** Zeit. Hierbei dürfen Sie sich keine Notizen machen.

Fuchs:	ca. 25 Jahre,	Apotheker,	Notaufnahme	–	Fettleber
Wolff:	ca. 25 Jahre,	Drogistin,	geschieden	–	Malaria
Geyer:	ca. 25 Jahre,	Chemiker,	verwirrt	–	Schulterprellung
Becker:	ca. 30 Jahre,	Paketbotin,	alleinstehend	–	Dengue-Fieber
Schmidt:	ca. 30 Jahre,	Fahrradkurier,	apathisch	–	Kreuzbandriss
Müller:	ca. 30 Jahre,	Taxifahrerin,	Intensivstation	–	Nierenstein
Graff:	ca. 45 Jahre,	Steuerberater,	verheiratet	–	Cholera
König:	ca. 45 Jahre,	Finanzbeamtin,	störrisch	–	Milzriss
Keyser:	ca. 45 Jahre,	Buchhalter,	Ambulanz	–	Wadenbeinbruch
Ackermann:	ca. 55 Jahre,	Pfarrer,	manisch	–	Blasenentzündung
Feldtner:	ca. 55 Jahre,	Seelsorgerin,	kinderlos	–	Leistenzerrung
Hofer:	ca. 55 Jahre,	Psychologin,	Chirurgie	–	Lepra
Kleiner:	ca. 70 Jahre,	Designerin,	blind	–	Handgelenk verstaucht
Grossmann:	ca. 70 Jahre,	Maler,	alleinerziehend	–	Ebola
Langer:	ca. 70 Jahre,	Floristin,	Psychiatrie	–	Magenverstimmung

! *Hinweis*

Nachdem Sie sich die Fallbeschreibungen eingeprägt haben, sollten Sie sich 5 Minuten mit etwas anderem beschäftigen, ehe Sie mit der Bearbeitung beginnen.

Fakten lernen

Bearbeitungszeit 7 Minuten

Soeben lagen Ihnen 15 Fallbeschreibungen vor, die Sie sich einprägen sollten.

Bitte bearbeiten Sie nun die Aufgaben: Markieren Sie jeweils den Lösungsbuchstaben des richtigen Antwortvorschlags.

31) Die geschiedene Patientin ist von Beruf ...?

A. Apothekerin.
B. Drogistin.
C. Paketbotin.
D. Steuerberaterin.
E. Seelsorgerin.

32) Die Patientin mit dem Nierenstein ist von Beruf ...?

A. Taxifahrerin.
B. Drogistin.
C. Floristin.
D. Seelsorgerin.
E. Psychologin.

33) Der Pfarrer ist ...?

A. verwirrt.
B. apathisch.
C. störrisch.
D. manisch.
E. blind.

34) Das Alter der Designerin beträgt ...?

A. ca. 25 Jahre.
B. ca. 30 Jahre.
C. ca. 45 Jahre.
D. ca. 55 Jahre.
E. ca. 70 Jahre.

35) Der Fahrradkurier leidet an ...?

A. einer Schulterprellung.
B. Ebola.
C. einem Kreuzbandriss.
D. einem Wadenbeinbruch.
E. einer Blasenentzündung.

36) Herr Graff ...?

A. ist verwirrt.
B. ist ca. 55 Jahre alt.
C. ist auf der Intensivstation.
D. hat eine Magenverstimmung.
E. ist verheiratet.

37) Die Diagnose von Frau König lautet …?

A. Kreuzbandriss.
B. Malaria.
C. Milzriss.
D. Lepra.
E. Fettleber.

38) Der an Ebola erkrankte Patient …?

A. ist alleinerziehend.
B. ist apathisch.
C. heißt Kleiner.
D. ist in der Notaufnahme.
E. ist von Beruf Designer.

39) Die Floristin heißt …?

A. Wolff.
B. Müller.
C. Feldtner.
D. Keyser.
E. Langer.

40) Die Diagnose des verwirrten Patienten lautet …?

A. Magenverstimmung.
B. Blasenentzündung.
C. Schulterprellung.
D. Nierenstein.
E. verstauchtes Handgelenk.

41) Der ca. 55 Jahre alte Patient heißt …?

A. Ackermann.
B. Feldtner.
C. Hofer.
D. Keyser.
E. Grossmann.

42) Herr Grossmann …?

A. ist manisch.
B. ist in der Ambulanz.
C. ist Designer.
D. ist ca. 70 Jahre alt.
E. ist in der Psychiatrie.

43) Die Paketbotin heißt …?

A. Becker.
B. Schmidt.
C. Müller.
D. Ackermann.
E. Kleiner.

44) Die Patientin auf der Intensivstation ist von Beruf …?

A. Designerin.
B. Taxifahrerin.
C. Buchhalterin.
D. Psychologin.
E. Floristin.

45) Der Patient mit dem Kreuzbandriss …?

A. ist in der Ambulanz.
B. ist störrisch.
C. ist geschieden.
D. ist Apotheker.
E. ist apathisch.

46) Die ca. 25 Jahre alte Patientin heißt …?

A. Wolff.
B. Geyer.
C. Müller.
D. Schmidt.
E. Feldtner.

47) Die kinderlose Patientin heißt …?

A. Müller.
B. Feldtner.
C. Hofer.
D. Langer.
E. Geyer.

48) Die Patientin mit der Leistenzerrung …?

A. ist geschieden.
B. ist kinderlos.
C. ist apathisch.
D. ist störrisch.
E. ist blind.

49) Herr Keyser ist von Beruf …?

A. Finanzbeamter.
B. Seelsorger.
C. Buchhalter.
D. Maler.
E. Steuerberater.

50) Die Patientin mit Lepra ist von Beruf …?

A. Paketbotin.
B. Floristin.
C. Drogistin.
D. Psychologin.
E. Malerin.

Figuren lernen *Einprägezeit 4 Minuten*

Wie gut können Sie sich visuelle Details einprägen?

Ihnen liegen 20 Figuren vor. In jeder Figur ist eine Teilfläche schwarz gefärbt – bitte merken Sie sich, welche.

Hierzu ein Beispiel

Aufgabe

1)

Antwort

1)

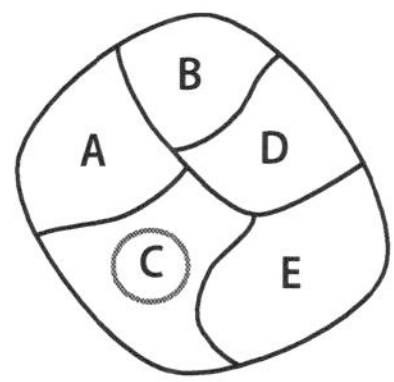

Die schwarzgefärbte Teilfläche im Original entspricht der Teilfläche C in der Lösungsfigur.

Hier nun die Figuren:

Bitte merken Sie sich, welche Teilflächen schwarz gefärbt sind. Sie haben dafür **4 Minuten** Zeit. Hierbei dürfen Sie sich keine Notizen machen.

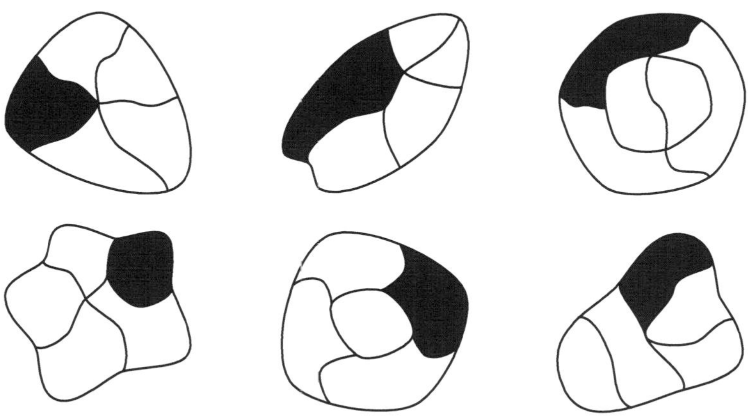

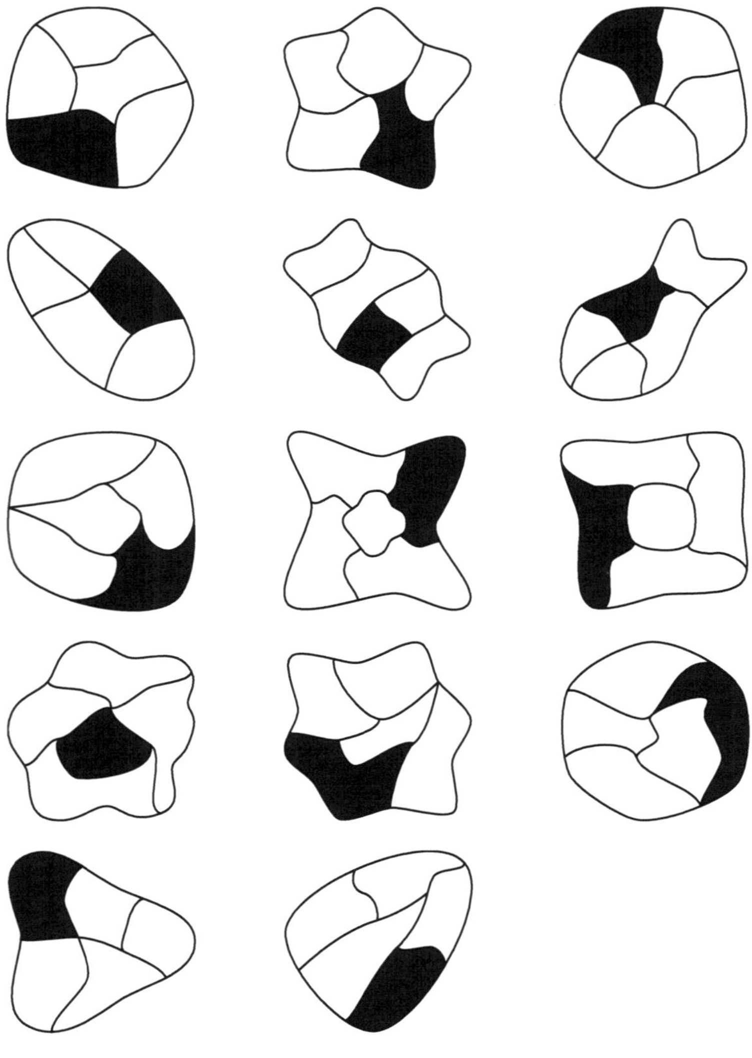

! *Hinweis*

Nachdem Sie sich die Figuren eingeprägt haben, sollten Sie sich 5 Minuten mit etwas anderem beschäftigen, ehe Sie mit der Bearbeitung beginnen.

Bitte decken Sie dafür diese Seite ab.

Figuren lernen

Bearbeitungszeit 5 Minuten

Soeben lagen Ihnen mehrere Flächenformen vor.

Bitte bearbeiten Sie nun die Aufgaben: Markieren Sie jeweils den Lösungsbuchstaben derjenigen Teilfläche, die im Original schwarz gefärbt war.

51)

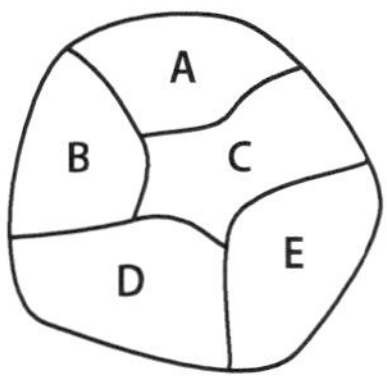

52)

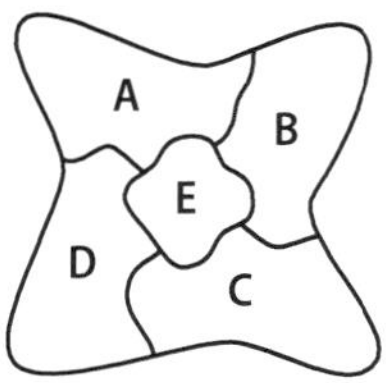

53)

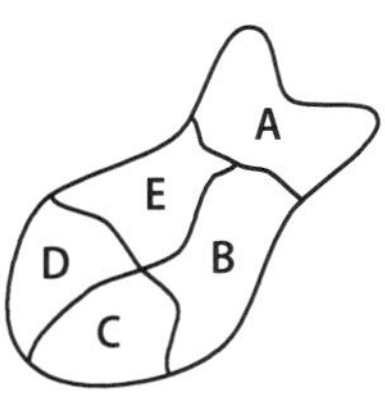

54)

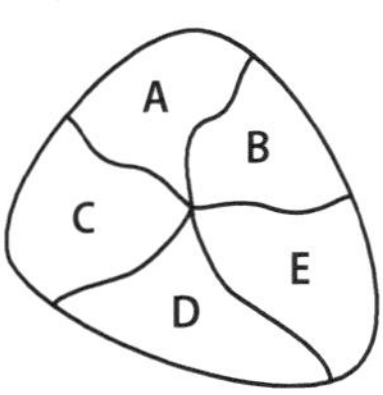

55)

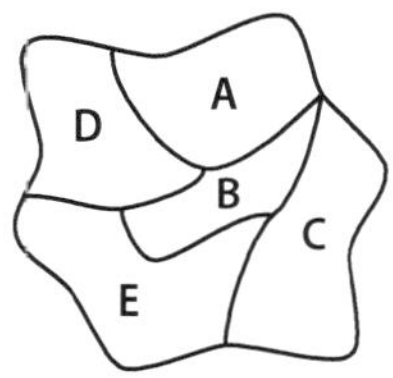

56)

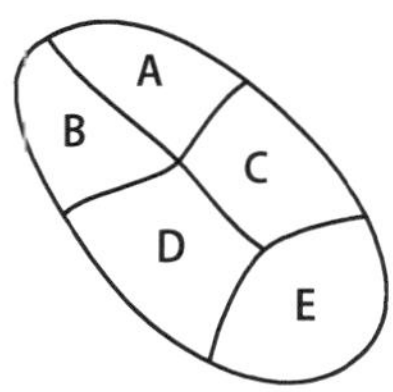

57)

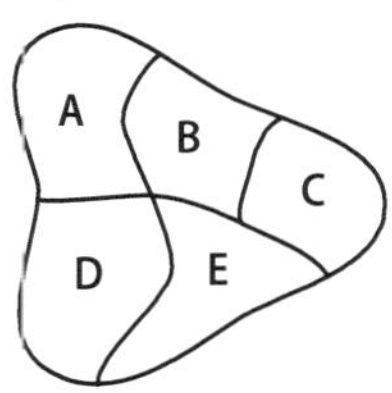

58)

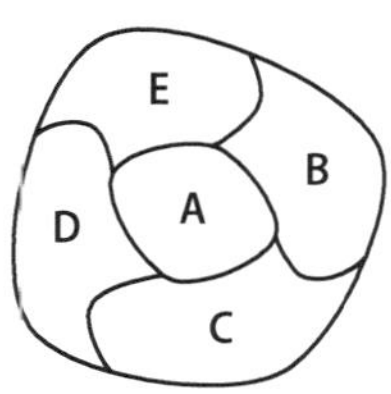

59)

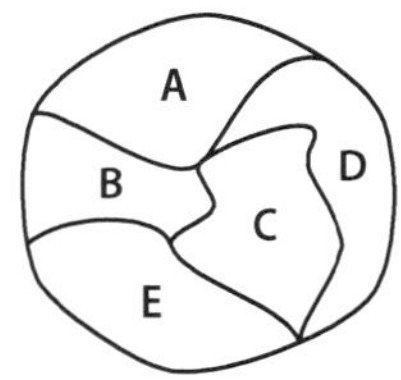

60)

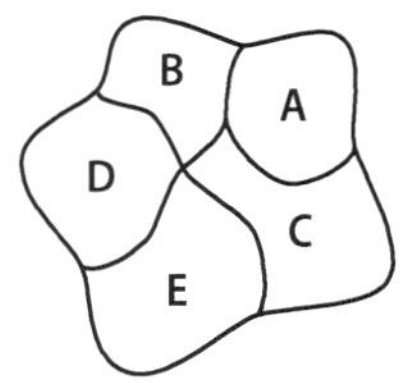

61)

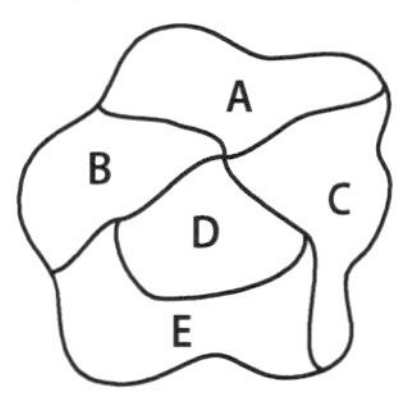

62)

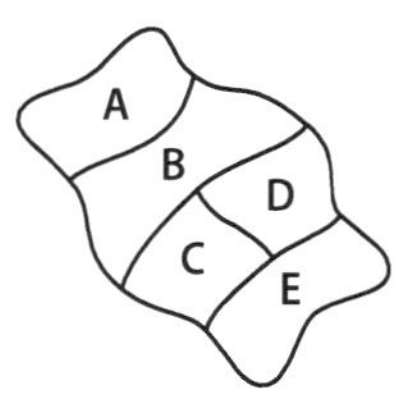

63)

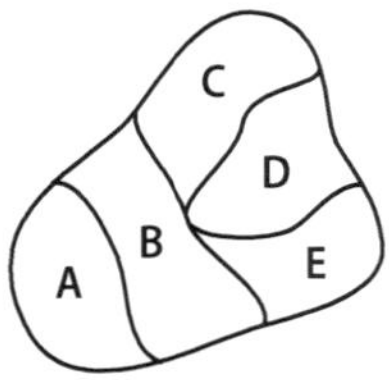

66)

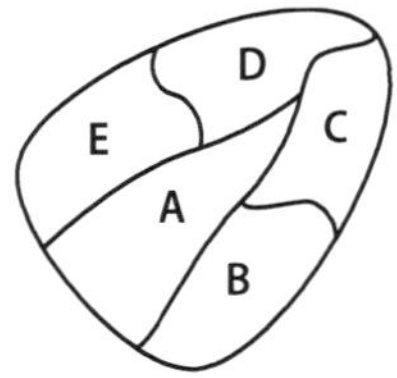

69)

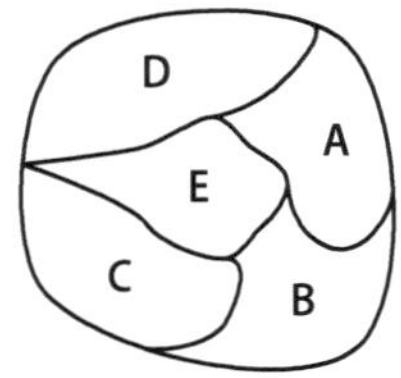

64)

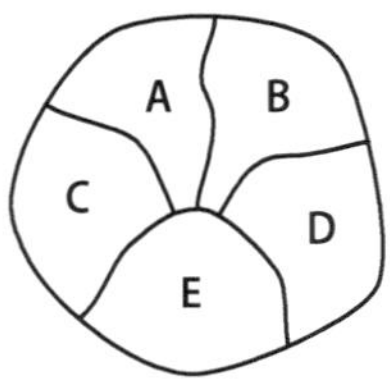

67)

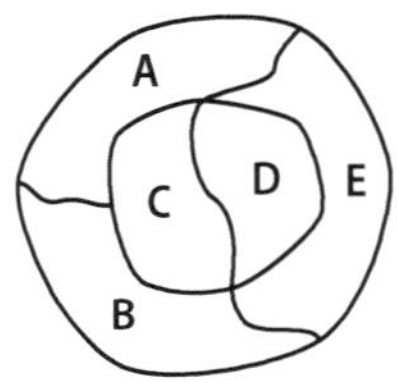

70)

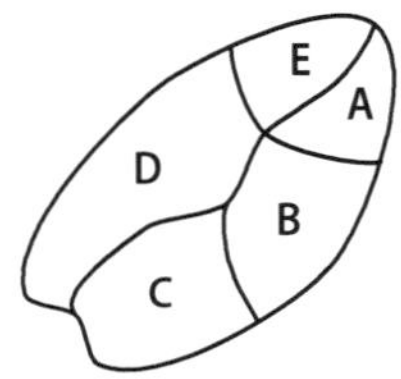

65)

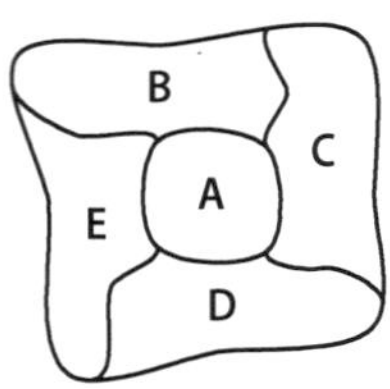

68)

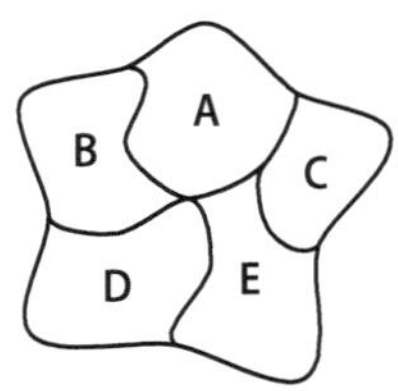

Figuren und Zahlen merken *Einprägezeit 10 Minuten*

Merken Sie sich bitte, welche Zahl zu welcher Figur gehört, um sie anschließend richtig zuordnen zu können.

Zum Einprägen haben Sie **10 Minuten** Zeit. Hierbei dürfen Sie sich keine Notizen machen.

! *Hinweis*

Bei dieser Aufgabe ist keine Unterbrechung notwendig, bitte beginnen Sie direkt mit der Bearbeitung!

Figuren und Zahlen merken *Bearbeitungszeit 5 Minuten*

Nun wird getestet, wie gut Sie sich die Kombinationen aus Zahlen und Figuren eingeprägt haben. Bitte notieren Sie jeweils die richtige Zahl.

71) Welche Zahl gehört zu dieser Figur?

72) Welche Zahl gehört zu dieser Figur?

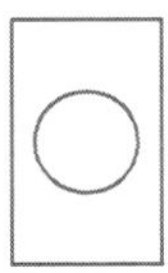

73) Welche Zahl gehört zu dieser Figur?

74) Welche Zahl gehört zu dieser Figur?

75) Welche Zahl gehört zu dieser Figur?

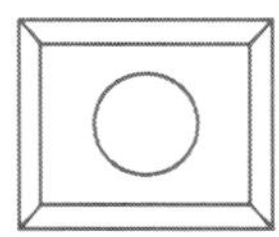

76) Welche Zahl gehört zu dieser Figur?

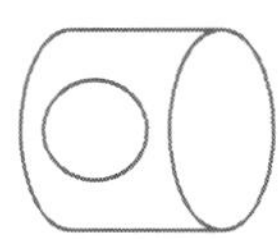

77) Welche Zahl gehört zu dieser Figur?

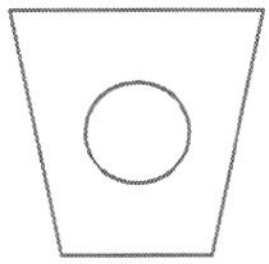

78) Welche Zahl gehört zu dieser Figur?

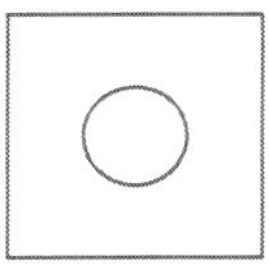

79) Welche Zahl gehört zu dieser Figur?

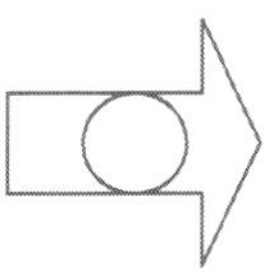

80) Welche Zahl gehört zu dieser Figur?

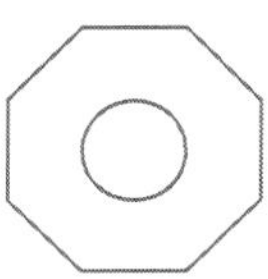

81) Welche Zahl gehört zu dieser Figur?

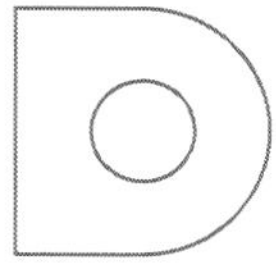

82) Welche Zahl gehört zu dieser Figur?

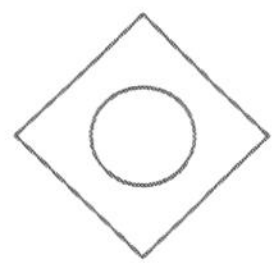

83) Welche Zahl gehört zu dieser Figur?

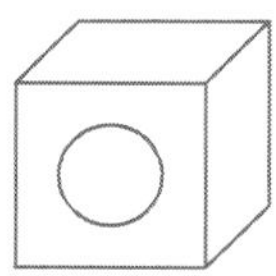

84) Welche Zahl gehört zu dieser Figur?

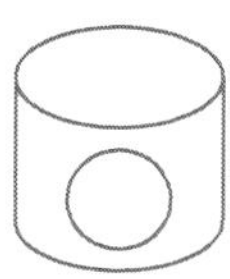

85) Welche Zahl gehört zu dieser Figur?

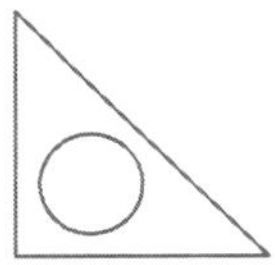

____

86) Welche Zahl gehört zu dieser Figur?

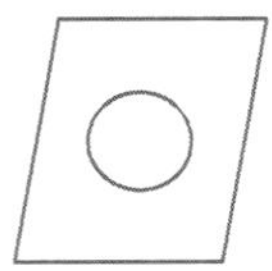

____

87) Welche Zahl gehört zu dieser Figur?

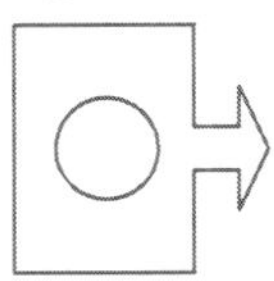

____

88) Welche Zahl gehört zu dieser Figur?

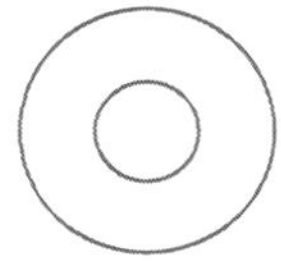

____

89) Welche Zahl gehört zu dieser Figur?

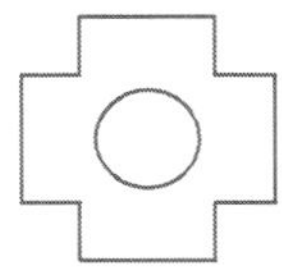

____

90) Welche Zahl gehört zu dieser Figur?

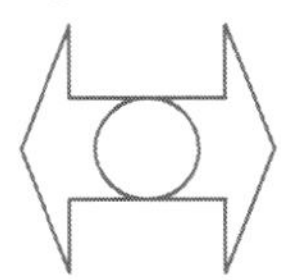

____

Geknickte Linien *Bearbeitungszeit 10 Minuten*

Folgen Sie dem Pfeilverlauf und zählen Sie sämtliche Linksknicke (Block „Linksknicke") bzw. Rechtsknicke (Block „Rechtsknicke"). Die ermittelte Anzahl schreiben Sie ins Feld darunter.

Hierzu ein Beispiel

***Aufgabe** (Block „Linksknicke")*

1)

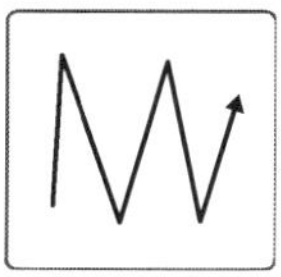

Antwort

1)

2

Bitte beginnen Sie nun mit der Bearbeitung: Zählen Sie alle Linksknicke bzw. Rechtsknicke. Sie haben dafür **10 Minuten** Zeit.

Block Linksknicke

91)

92)

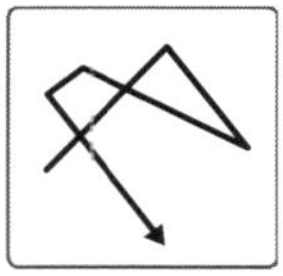

93)

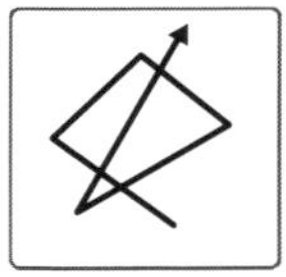

94)

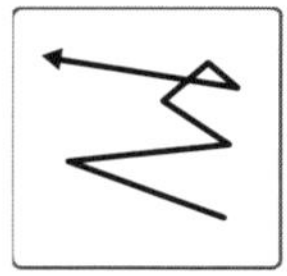

95)

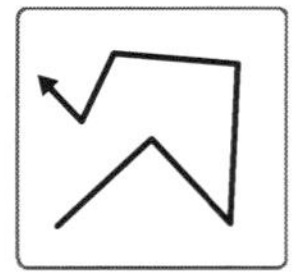

96)

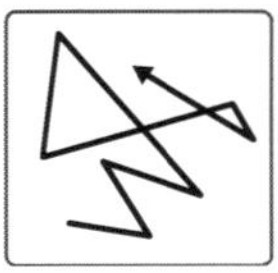

97)

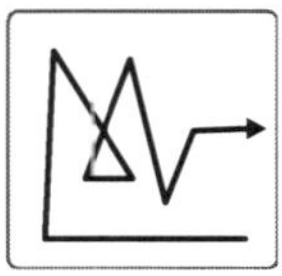

98)

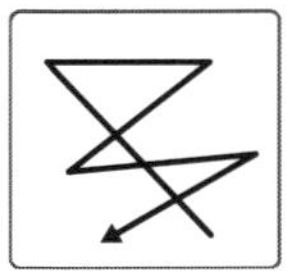

99)

100)

101)

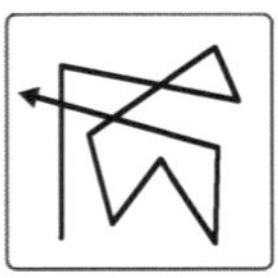

102)

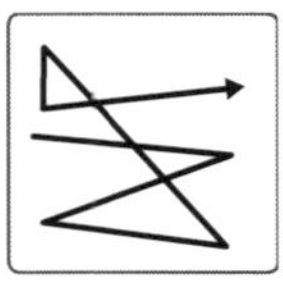

103)

104)

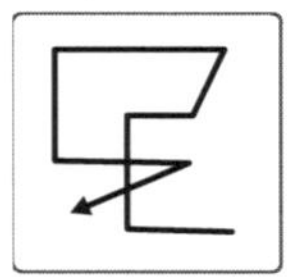

105)

106)

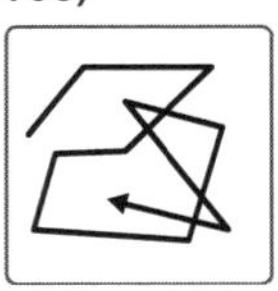

107)

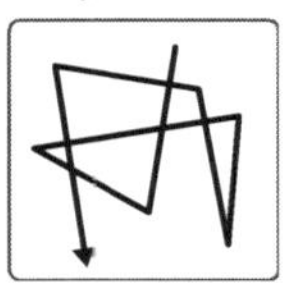

108)

109)

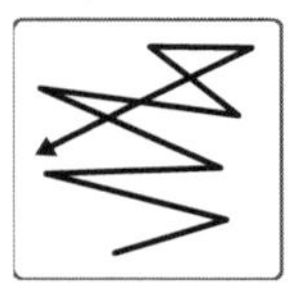

110)

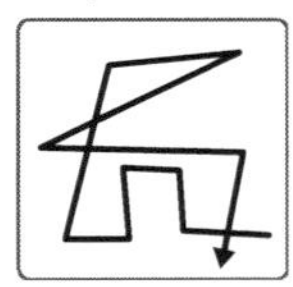

111)

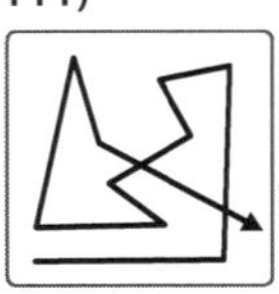

112)

113)

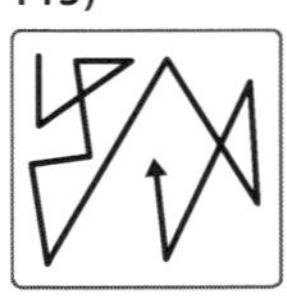

114)

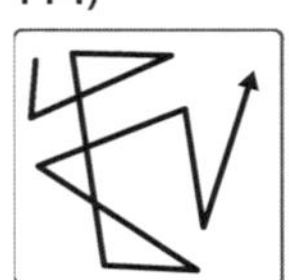

115)

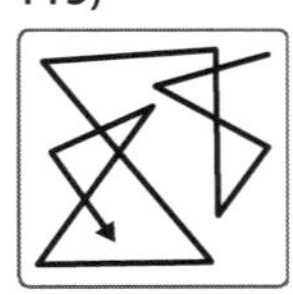

Block Rechtsknicke

116)

117)

118)

119)

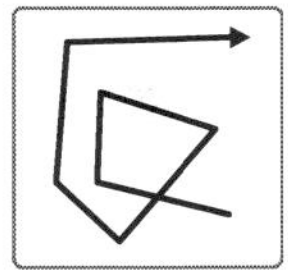

120)

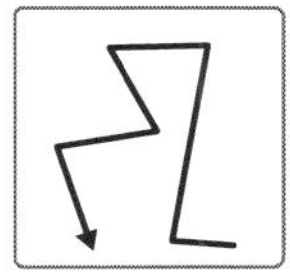

121)

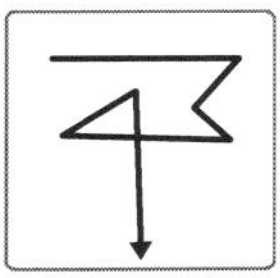

122)

123)

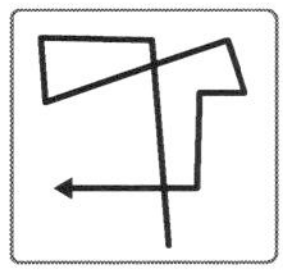

124)

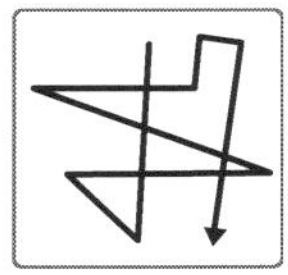

125)

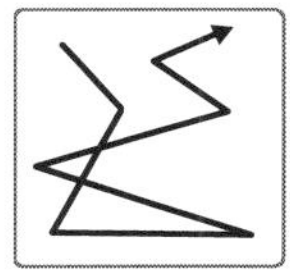

126)

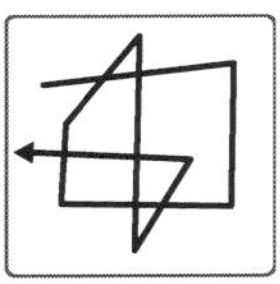

127)

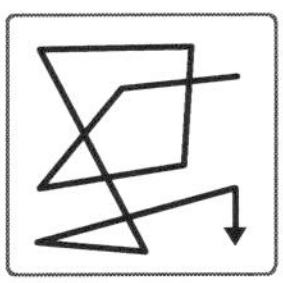

128)

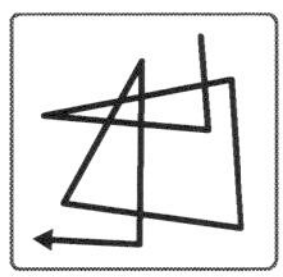

129)

130)

131)

132)

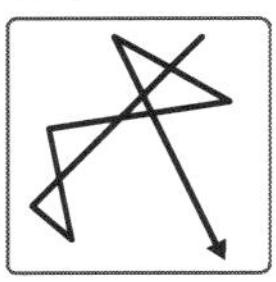

133)

134)

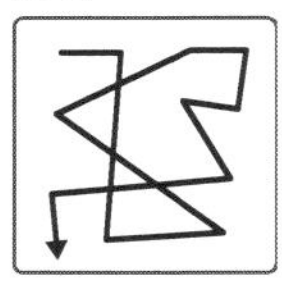

135)

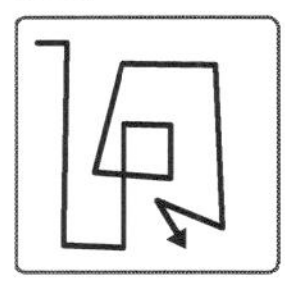

136)

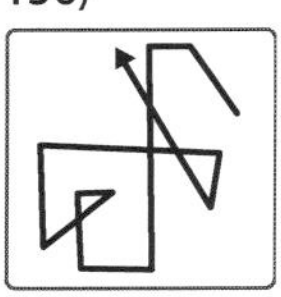

137)

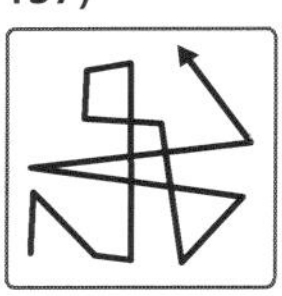

138)

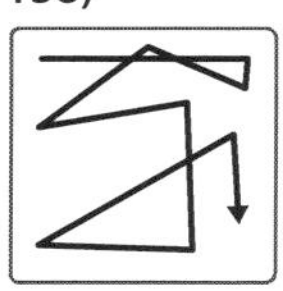

139)

140)

Kommazahlen sortieren *Bearbeitungszeit 3 Minuten*

Sortieren Sie die Kommazahlen von klein nach groß. Kennzeichnen Sie sie dazu mit den Buchstaben „A" (kleinste Zahl), „B" (mittlere Zahl) oder „C" (größte Zahl).

Hierzu ein Beispiel

Aufgabe

1)	0,3	___
	0,6	___
	0,1	___

Antwort

1)	0,3	B
	0,6	C
	0,1	A

Bitte bearbeiten Sie nun die Aufgaben: Sortieren Sie die Kommazahlen, indem Sie ihnen jeweils den richtigen Buchstaben zuweisen.

141)	4,15	___	**144)**	5,23	___	**147)**	7,77	___
	4,124	___		5,3	___		7,7	___
	4,12	___		5,32	___		7,777	___
142)	23,576	___	**145)**	198,5	___	**148)**	−2,113	___
	23,5764	___		189,455	___		−1,311	___
	23,5674	___		198,41	___		−2,1094	___
143)	0,0011	___	**146)**	3,222	___	**149)**	3	___
	0,01	___		3,22	___		−33	___
	0,001	___		3,2022	___		−3	___

150) 0,7 ____
0,79 ____
0,795 ____

151) 85,558 ____
85,585 ____
85,855 ____

152) 6,48 ____
6,4 ____
6,2 ____

153) 4.135,494 ____
4.153,49 ____
4.135,94 ____

154) 47,474 ____
47,747 ____
47,477 ____

155) –27,4 ____
–27,9 ____
–27,34 ____

156) 0,3 ____
0,2 ____
0,1 ____

157) 13,564 ____
13,56 ____
13,654 ____

158) 529,003 ____
529,03 ____
529,0033 ____

159) –3,24 ____
–34,2 ____
–32,4 ____

160) 5.786,1 ____
5.678,1 ____
5.768,1 ____

161) –5.781,1 ____
–5.768,1 ____
–5.678,1 ____

162) 47 ____
46,5 ____
45,6 ____

163) 1.784,1874 ____
1.874,1784 ____
1.784,1784 ____

164) –2,9 ____
2,9 ____
9,2 ____

165) 12,888 ____
12,886 ____
12,898 ____

Muster wiederfinden

Bearbeitungszeit 1½ Minuten

Jede Aufgabenreihe enthält verschieden gemusterte Objekte.

Bitte finden und markieren Sie:

¬ alle Kreise mit vier Punkten

¬ alle Vierecke mit genau drei Punkten

Es spielt keine Rolle, wie die Punkte im Objekt angeordnet sind.

Hierzu ein Beispiel

Aufgabe

1) 

Antwort

1) 

Bitte beginnen Sie nun mit der Bearbeitung: Markieren Sie die gesuchten Objekte.

166) 

167) 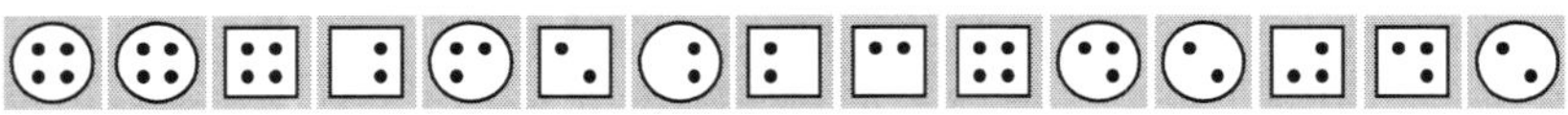

168) 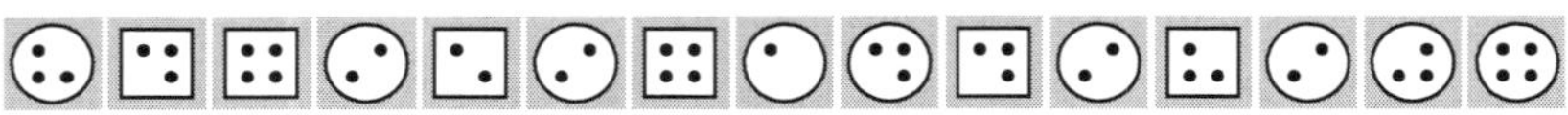

169) 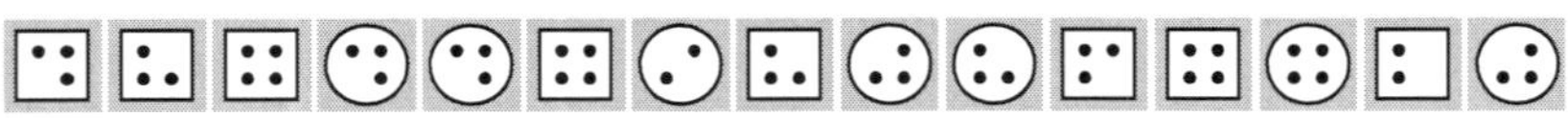

170) 

171) 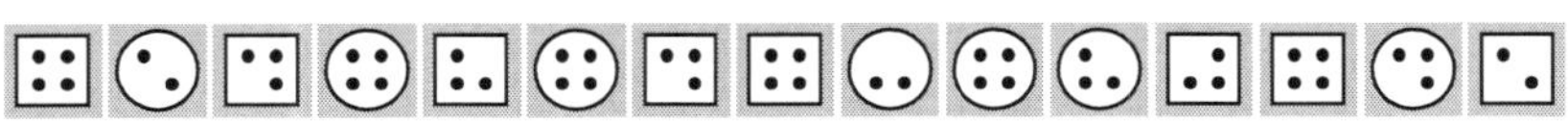

172) 

173) 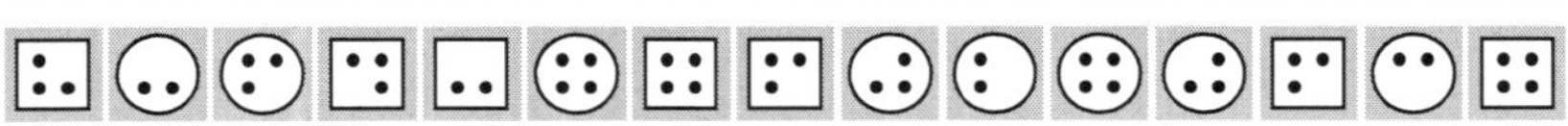

174) 

175) 

176) 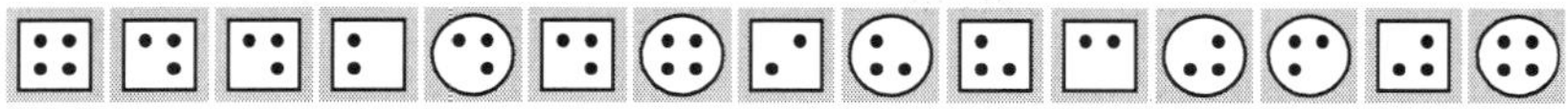

177) 

178) 

179) 

180) 

Textinhalte wiedergeben

Einprägezeit 5 Minuten

Nun liegt Ihnen eine Pressemeldung vor. Bitte merken Sie sich die wesentlichen Informationen.

Zum Einprägen haben Sie **5 Minuten** Zeit. Hierbei dürfen Sie sich keine Notizen machen.

Frankfurt am Main – 29.04.2019

Verkehrsunfall mit Sachschaden, Personenschaden und Unfallflucht Frankfurt am Main, Ferdinand-Happ-Str. 12, Parkplatz Ramba-Supermarkt

Montag, den 29.04.2019, 13:45 Uhr

Heute Morgen gegen 9:15 Uhr befuhr ein 78-jähriger Kleinwagenfahrer den Parkplatz des Ramba-Supermarkts im Frankfurter Ostend. Dort schrammte er die vordere Stoßstange und den linken Kotflügel einer geparkten blauen Limousine, wodurch ein Sachschaden in Höhe von 4.600 Euro entstand. Ohne sich darum zu kümmern, verließ der Fahrer den Unfallort. Dabei kollidierte er mit einem 34-jährigen Fahrradfahrer, der infolgedessen stürzte und schwere Verletzungen erlitt. Der Radfahrer zog sich eine schwere Gehirnerschütterung, zwei Rippenbrüche und eine große Platzwunde am Hinterkopf zu, er musste mit dem Rettungsdienst in das Klinikum der Johannes-Gutenberg-Universität in Mainz gebracht werden. Der Kleinwagenfahrer beging auch diesmal Unfallflucht. Dank der Aufmerksamkeit von drei Zeugen, allesamt Schüler einer nahegelegenen Realschule, konnte er jedoch inzwischen ermittelt werden. Den Aussagen der Zeugen zufolge erhöhte der Kleinwagenfahrer sein Tempo nach dem Zusammenprall mit der Limousine deutlich. Beim Verlassen des Parkplatzes rammte er den Radfahrer, sodass dieser zu Boden fiel und mit dem Kopf auf den Asphalt stieß. Die sofort eingeleiteten polizeilichen Untersuchungen haben ergeben, dass es sich bei dem Unfallverursacher um einen Rentner aus Wiesbaden handelt.

Der Pressebericht ist frei erfunden.

! *Hinweis*

Nachdem Sie sich die Pressemeldung eingeprägt haben, sollten Sie sich 5 Minuten mit etwas anderem beschäftigen, bevor Sie die dazugehörigen Fragen aus dem Gedächtnis beantworten!

Tipps zur Bearbeitung

- Versuchen Sie besser nicht, den vorliegenden Text komplett auswendig zu lernen: Gehen Sie vom Wichtigen zum Unwichtigen und prägen Sie sich erst dann weitere Details ein, wenn Ihnen das Handlungsgerüst klar ist (wer hat wann was warum und wie gemacht?).
- Konzentrieren Sie sich besonders auf Schlüsselbegriffe sowie Orts- oder Zeitangaben.

Textinhalte wiedergeben *Bearbeitungszeit 10 Minuten*

Soeben lag Ihnen eine Pressemeldung vor, die Sie sich einprägen sollten.

Beantworten Sie nun bitte die folgenden Aufgaben, indem Sie jeweils die richtige Antwort ankreuzen.

181) Am Montag, dem 29.04.2019, verursachte ein Kleinwagenfahrer einen Unfall.

☐ stimmt ☐ stimmt nicht

182) Der Unfall ereignete sich auf dem Parkplatz des Lambo-Supermarkts in Frankfurt am Main.

☐ stimmt ☐ stimmt nicht

183) Bei dem beschädigten Pkw handelt es sich um eine schwarze Limousine.

☐ stimmt ☐ stimmt nicht

184) Bei dem Unfall wurden der linke Kotflügel und der linke Außenspiegel der Limousine beschädigt.

☐ stimmt ☐ stimmt nicht

185) Laut den Zeugenaussagen hat der Kleinwagenfahrer nach der Kollision mit der Limousine kurz angehalten, bevor er langsam weiterfuhr.

☐ stimmt ☐ stimmt nicht

186) Es gab zwei Unfallzeugen, nämlich zwei Schüler einer nahegelegenen Realschule.

☐ stimmt ☐ stimmt nicht

187) Bei dem Täter handelt es sich um einen 78-jährigen Rentner aus Frankfurt.

☐ stimmt ☐ stimmt nicht

188) Auf der Flucht verletzte der Rentner einen 34-jährigen Radfahrer schwer.

☐ stimmt ☐ stimmt nicht

189) Der Radfahrer wurde schwer verletzt in das Klinikum der Mainzer Johann-Wolfgang-Goethe-Universität gebracht.

☐ stimmt ☐ stimmt nicht

190) Der Radfahrer zog sich eine schwere Gehirnerschütterung, zwei Rippenbrüche und eine große Platzwunde an der Stirn zu.

☐ stimmt ☐ stimmt nicht

Wegeplan *Bearbeitungszeit 7 Minuten*

Sie sind ein gefeierter Popstar und gerade auf Promotiontour, um Ihr neues Album vorzustellen.

Soeben sind Sie am Flughafen (Start/Ziel) gelandet. Nun stehen Interviews bei verschiedenen Radiosendern (A bis F) an. Einige Sender haben mit Ihnen ein Telefoninterview ausgemacht (Telefon-Symbol) – Ihr Smartphone ist jedoch leider heute Morgen zu Bruch gegangen. Sie können aber die Telefonanlagen dieser Sender nutzen, um vereinbarte Telefonate mit anderen Sendern zu erledigen. Bei den übrigen Studios müssen Sie persönlich erscheinen.
Jedes Interview dauert 5 Minuten, die Fahrtzeiten zwischen den Radiostationen sind im vorliegenden Plan vermerkt. Wie schnell können Sie alle Interviews erledigen und frühestens wieder am Flughafen sein?

191) Wie viele Minuten brauchen Sie für die schnellste Route?

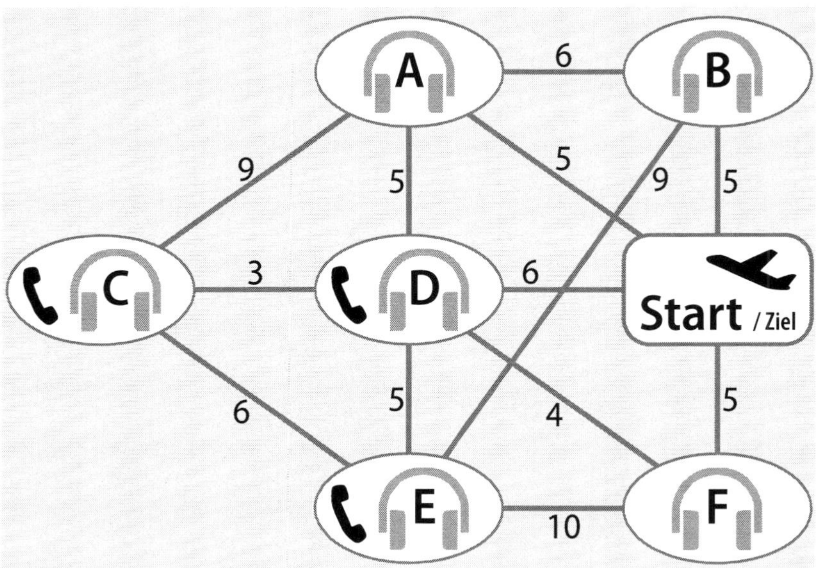

Zeitmanagement

Bearbeitungszeit 10 Minuten

Dieser Abschnitt prüft Ihr Organisationstalent unter Zeitdruck.

Tim will innerhalb von 5 Tagen seine Hausaufgaben für 15 Schulfächer machen. Für jedes Fach plant er eine bestimmte Bearbeitungszeit ein (siehe Tabelle). Zur Bearbeitung stehen Tim an jedem Tag feste Zeiträume zur Verfügung, die er im Kalender notiert hat.

Vorbereitungszeiten (in Minuten)

Mathematik	16	Informatik	95	Wirtschaft	17	Musik	19
Physik	6	Deutsch	55	Erdkunde	21	Kunst	18
Chemie	12	Englisch	25	Politik	7	Religion	15
Biologie	65	Spanisch	5	Geschichte	4		

Nur wenn Tim die Fächer geschickt verteilt und alle Zeitfenster restlos ausfüllt, kann er die kompletten Hausaufgaben abarbeiten. Wie muss er vorgehen? Bitte bilden Sie aus den 15 Fächern 5 Arbeitseinheiten und schreiben Sie diese in die Kalenderfelder.

192)

Montag Lernen: 11:10–12:00 (50 Min.)	

193)

Dienstag Lernen: 16:40–19:00 (140 Min.)	

194)

Mittwoch Lernen: 8:15–10:00 (105 Min.)	

195)

Donnerstag Lernen: 13:45–14:25 (40 Min.)	

196)

Freitag Lernen: 6:30–7:15 (45 Min.)	

Lösungen: Konzentration und Merkfähigkeit

1) 4	31) B	61) D
2) 1	32) A	62) C
3) 5	33) D	63) C
4) 3	34) E	64) A
5) 3	35) C	65) E
6) 4	36) E	66) B
7) 4	37) C	67) A
8) 2	38) A	68) E
9) 3	39) E	69) B
10) 2	40) C	70) D
11) 1	41) A	71) 16
12) 3	42) D	72) 24
13) 2	43) A	73) 18
14) 3	44) B	74) 36
15) 3	45) E	75) 32
16) 3	46) A	76) 91
17) 2	47) B	77) 43
18) 3	48) B	78) 12
19) 6	49) C	79) 7
20) 5	50) D	80) 3
21) 1	51) D	81) 22
22) 2	52) B	82) 4
23) 1	53) E	83) 48
24) 2	54) C	84) 19
25) 2	55) E	85) 8
26) 3	56) C	86) 33
27) 3	57) A	87) 68
28) 3	58) B	88) 6
29) 2	59) D	89) 64
30) 4	60) A	90) 77

<table>
<tr><td>91) 2</td><td>123) 3</td><td>155) B | A | C</td></tr>
<tr><td>92) 2</td><td>124) 5</td><td>156) C | B | A</td></tr>
<tr><td>93) 0</td><td>125) 3</td><td>157) B | A | C</td></tr>
<tr><td>94) 1</td><td>126) 5</td><td>158) A | C | B</td></tr>
<tr><td>95) 3</td><td>127) 3</td><td>159) C | A | B</td></tr>
<tr><td>96) 4</td><td>128) 7</td><td>160) C | A | B</td></tr>
<tr><td>97) 1</td><td>129) 4</td><td>161) A | B | C</td></tr>
<tr><td>98) 1</td><td>130) 4</td><td>162) C | B | A</td></tr>
<tr><td>99) 2</td><td>131) 6</td><td>163) B | C | A</td></tr>
<tr><td>100) 6</td><td>132) 1</td><td>164) A | B | C</td></tr>
<tr><td>101) 6</td><td>133) 6</td><td>165) B | A | C</td></tr>
<tr><td>102) 4</td><td>134) 6</td><td>166)</td></tr>
<tr><td>103) 3</td><td>135) 8</td><td>167)</td></tr>
<tr><td>104) 4</td><td>136) 8</td><td>168)</td></tr>
<tr><td>105) 3</td><td>137) 3</td><td>169)</td></tr>
<tr><td>106) 5</td><td>138) 6</td><td>170)</td></tr>
<tr><td>107) 2</td><td>139) 4</td><td>171)</td></tr>
<tr><td>108) 3</td><td>140) 5</td><td>172)</td></tr>
<tr><td>109) 3</td><td>141) C | B | A</td><td>173) siehe Erklärung</td></tr>
<tr><td>110) 3</td><td>142) B | C | A</td><td>174)</td></tr>
<tr><td>111) 5</td><td>143) B | C | A</td><td>175)</td></tr>
<tr><td>112) 7</td><td>144) A | B | C</td><td>176)</td></tr>
<tr><td>113) 7</td><td>145) C | A | B</td><td>177)</td></tr>
<tr><td>114) 6</td><td>146) C | B | A</td><td>178)</td></tr>
<tr><td>115) 5</td><td>147) B | A | C</td><td>179)</td></tr>
<tr><td>116) 1</td><td>148) A | C | B</td><td>180)</td></tr>
<tr><td>117) 2</td><td>149) C | A | B</td><td>181) stimmt</td></tr>
<tr><td>118) 1</td><td>150) A | B | C</td><td>182) stimmt nicht</td></tr>
<tr><td>119) 6</td><td>151) A | B | C</td><td>183) stimmt nicht</td></tr>
<tr><td>120) 2</td><td>152) C | B | A</td><td>184) stimmt nicht</td></tr>
<tr><td>121) 4</td><td>153) A | C | B</td><td>185) stimmt nicht</td></tr>
<tr><td>122) 1</td><td>154) A | C | B</td><td>186) stimmt nicht</td></tr>
</table>

187) stimmt nicht	191) 55 Minuten	195) siehe Erklärung
188) stimmt	192) siehe Erklärung	196) siehe Erklärung
189) stimmt nicht	193) siehe Erklärung	
190) stimmt nicht	194) siehe Erklärung	

b/d/p-Strich-Test (Aufgaben 1–30)

Zu 1)	d d **b** d b b d p d b d **b** d p b d b d **b** p b p b d **b** b d p d d	4
Zu 2)	d p d b p p b **b** d b d p d b d d b b p b d p d b d b b d b p	1
Zu 3)	p d d p d b p p b b d p **b** d d p d **b** p **b** p d p d p **b** d d **b** b	5
Zu 4)	b d b p **b** d d **b** b p b **b** d p d b d d p b p b d p p b b d b p	3
Zu 5)	b **b** p **b** d p d b d p p b d p d b d b d p p b b **b** d b d p d p	3
Zu 6)	p d **b** p d d p b b d p d b **b** p d d p b **b** b d p d d d p d **b** b	4
Zu 7)	d d p p **b** d b **b** d p b b d **b** p d b d p b d **b** d p d d b p p b	4
Zu 8)	**b** d p b b d p d p **b** d d p d b p p b b d b d p b p b p d d p	2
Zu 9)	**b** p p d b b p d p d p d b d b b p d p d **b** p b **b** d p b d p d	3
Zu 10)	d b d p d d p d d b b p b p **b** d p d d b p b d b **b** p d d p b	2
Zu 11)	b b d p d p d b d p d p b b d p d p b d b d p p d **b** b b p d	1
Zu 12)	b p b b p **b** b d d b p b d p b d b d **b** d p p b **b** d b d p d b	3
Zu 13)	p b p **b** b d p b b d b d p d p d b d p d d p **b** b d b p b d d	2
Zu 14)	p p p d b d **b** d b p b d b p **b** **b** d p d d b d b p d p b b d d	3

Zu 15)	b b d p d d b p p d **b** d b p d d **b** b d **b** p d p d p d p d d p	3
Zu 16)	d b p d p **b** b d p d d b b p p d p b d b **b** p b d p **b** d d p d	3
Zu 17)	d b p b d b b d p **b** d p d p b d p **b** d b d p d d p p b d b p	2
Zu 18)	b b d p d b **b** **b** d p p d b b d p d **b** b p p d b d b d p b b d	3
Zu 19)	p b d b b d b b p **b** d b d **b** p p **b** d p **b** d **b** p b p b p d **b** p	6
Zu 20)	**b** b p d p b b d p p **b** b d p **b** b **b** p d p d b d b d p b d **b** p	5
Zu 21)	b p d d d p b b p d b d b b d p p **b** d b d d p b d b b d p d	1
Zu 22)	**b** b d d p b b p d d b b p d d p **b** d b d p d b b d p d p p b	2
Zu 23)	d d p p b d d b b p b d b d p **b** d d p b b d p d p d b d d b	1
Zu 24)	p d p d b p **b** **b** p b d d p b d b d p d b b d p d p b d p d d	2
Zu 25)	d p **b** p b b p d b b p b d p d p b d p b b d d p b d b d **b** p	2
Zu 26)	d **b** p p d b b d p d p b d p b d **b** d d p b d **b** b d d p d d p	3
Zu 27)	d p b d p **b** b b d p d p **b** d b d p d d p b d b b p **b** d d d b	3
Zu 28)	p **b** b d p b p **b** b b d p d p b p b p d d p **b** b p d b b d b d	3
Zu 29)	p d d b p d d p d p b b **b** d p d p d b p b d p b **b** d p d d b	2
Zu 30)	b b d p d d p d d b **b** d p b b d p b d **b** d p **b** b d p p b d **b**	4

Fakten lernen (Aufgaben 31–50)

Zu 31) B. Drogistin.

Frau Wolff, die geschiedene Patientin, ist von Beruf Drogistin.

Zu 32) A. Taxifahrerin.

Frau Müller, die Patientin mit dem Nierenstein, ist von Beruf Taxifahrerin.

Zu 33) D. manisch.

Herr Ackermann, der Pfarrer, ist manisch.

Zu 34) E. ca. 70 Jahre.

Frau Kleiner, die Designerin, ist ungefähr 70 Jahre alt.

Zu 35) C. einem Kreuzbandriss.

Herr Schmidt, der Fahrradkurier, leidet an einem Kreuzbandriss.

Zu 36) E. ist verheiratet.

Herr Graff ist verheiratet.

Zu 37) C. Milzriss.

Die Diagnose von Frau König lautet Milzriss.

Zu 38) A. ist alleinerziehend.

Herr Grossmann, der an Ebola erkrankte Patient, ist alleinerziehend.

Zu 39) E. Langer.

Die Floristin ist Frau Langer.

Zu 40) C. Schulterprellung.

Herr Geyer, der verwirrte Patient, leidet an einer Schulterprellung.

Zu 41) A. Ackermann.

Der ungefähr 55 Jahre alte Patient ist Herr Ackermann.

Zu 42) D. ist ca. 70 Jahre alt.

Herr Grossmann ist ungefähr 70 Jahre alt.

Zu 43) A. Becker.

Die Paketbotin ist Frau Becker.

Zu 44) B. Taxifahrerin.

Frau Müller, die Patientin auf der Intensivstation, ist von Beruf Taxifahrerin.

Zu 45) E. ist apathisch.

Herr Schmidt, der Patient mit dem Kreuzbandriss, ist apathisch.

Zu 46) A. Wolff.

Die ungefähr 25 Jahre alte Patientin ist Frau Wolff.

Zu 47) B. Feldtner.

Die kinderlose Patientin ist Frau Feldtner.

Zu 48) B. ist kinderlos.

Frau Feldtner, die Patientin mit der Leistenzerrung, ist kinderlos.

Zu 49) C. Buchhalter.

Herr Keyser ist von Beruf Buchhalter.

Zu 50) D. Psychologin.

Frau Hofer, die Patientin mit Lepra, ist von Beruf Psychologin.

Figuren lernen (Aufgaben 51–70)

Zu 51) D.
Zu 52) B.
Zu 53) E.
Zu 54) C.
Zu 55) E.
Zu 56) C.
Zu 57) A.
Zu 58) B.
Zu 59) D.
Zu 60) A.
Zu 61) D.
Zu 62) C.
Zu 63) C.
Zu 64) A.
Zu 65) E.
Zu 66) B.
Zu 67) A.
Zu 68) E.
Zu 69) B.
Zu 70) D.

Figuren und Zahlen einprägen (Aufgaben 71–90)

Zu 71) 16
Zu 72) 24
Zu 73) 18
Zu 74) 36
Zu 75) 32
Zu 76) 91
Zu 77) 43
Zu 78) 12
Zu 79) 7
Zu 80) 3
Zu 81) 22
Zu 82) 4
Zu 83) 48
Zu 84) 19
Zu 85) 8
Zu 86) 33
Zu 87) 68
Zu 88) 6
Zu 89) 64
Zu 90) 77

Geknickte Linien (Aufgaben 91–140)

Block Linksknicke

Zu 91)

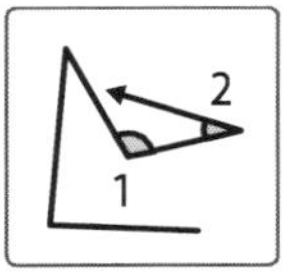

2

Zu 92)

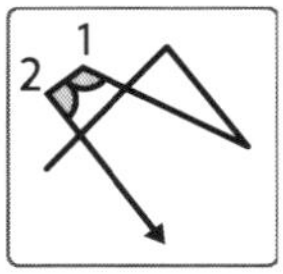

2

Zu 93)

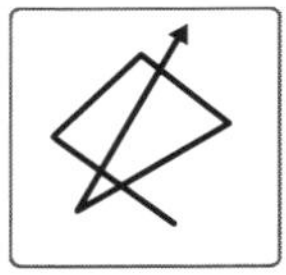

0

Zu 94)

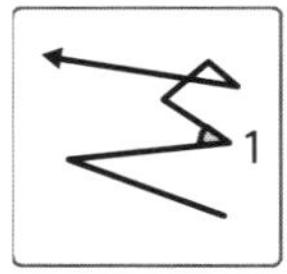

1

Zu 95)

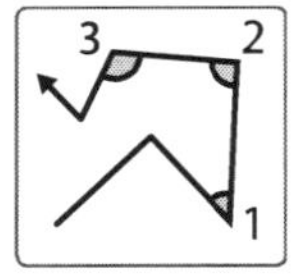

3

Zu 96)

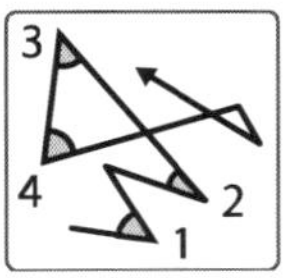

4

Zu 97)

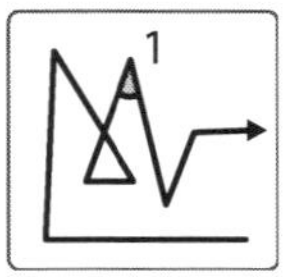

1

Zu 98)

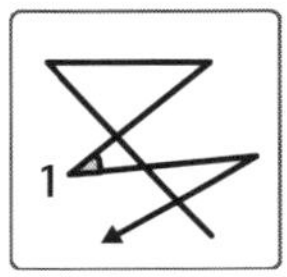

1

Zu 99)

2

Zu 100)

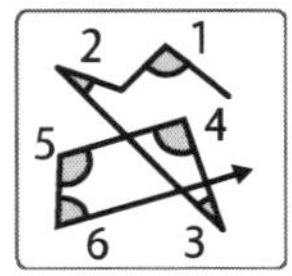

6

Zu 101)

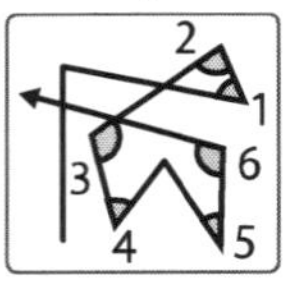

6

Zu 102)

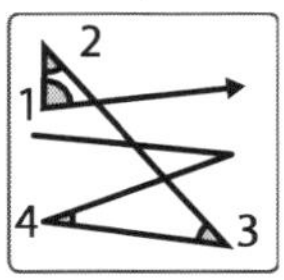

4

Zu 103)

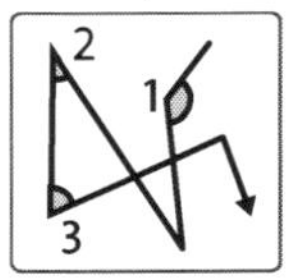

3

Zu 104)

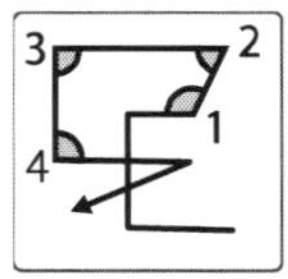

4

Zu 105)

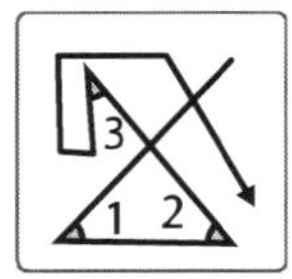

3

Zu 106)

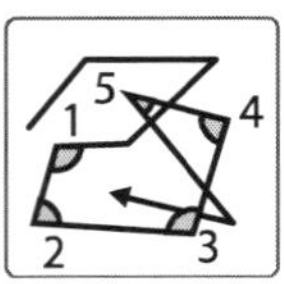

5

Zu 107)

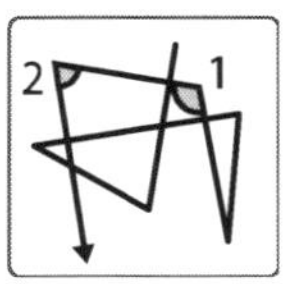

2

Zu 108)

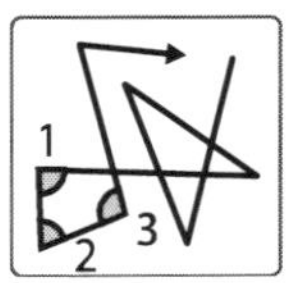

3

Zu 109)

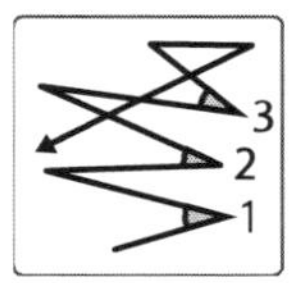

3

Zu 110)

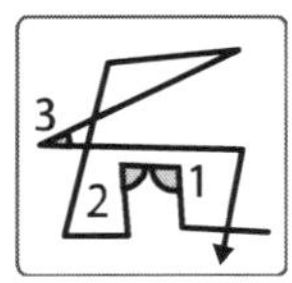

3

Zu 111)

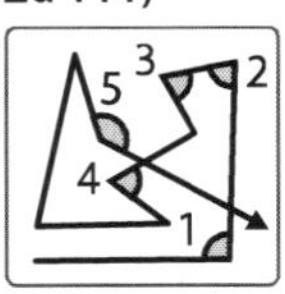

5

Zu 112)

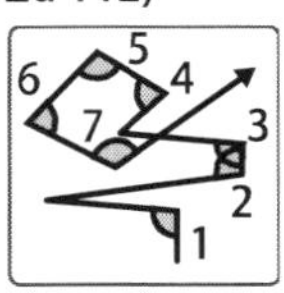

7

Zu 113)

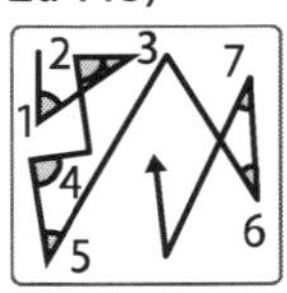

7

Zu 114)

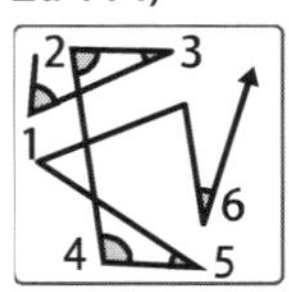

6

Zu 115)

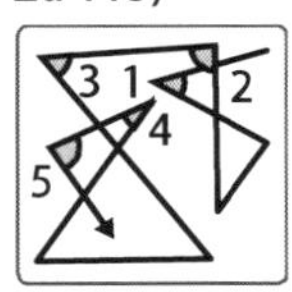

5

Block Rechtsknicke

Zu 116)

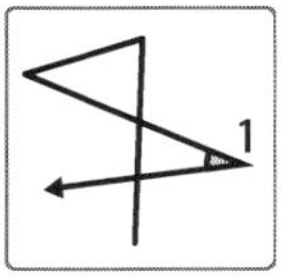

1

Zu 117)

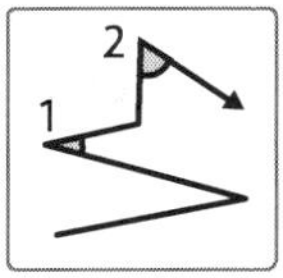

2

Zu 118)

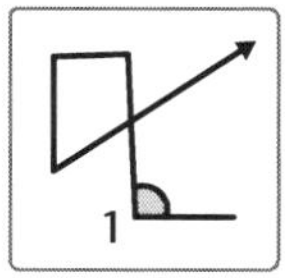

1

Zu 119)

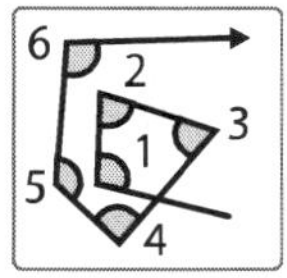

6

Zu 120)

2

Zu 121)

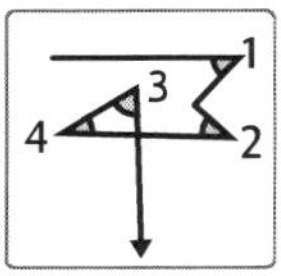

4

Zu 122)

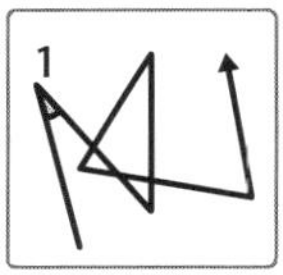

1

Zu 123)

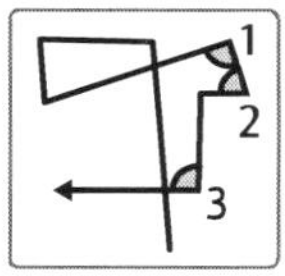

3

Zu 124)

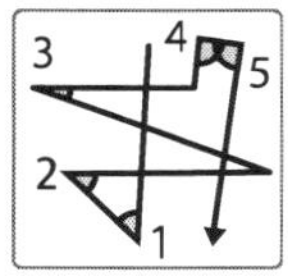

5

Zu 125)

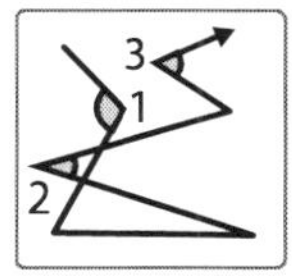

3

Zu 126)

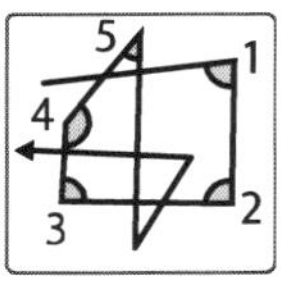

5

Zu 127)

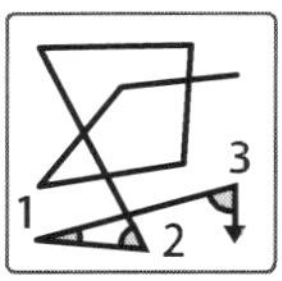

3

Zu 128)

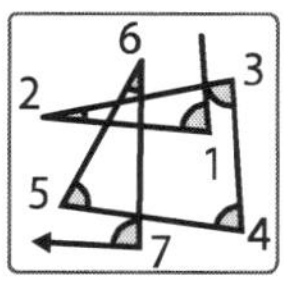

7

Zu 129)

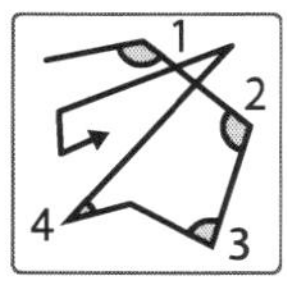

4

Zu 130)

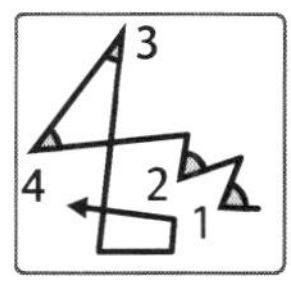

4

Zu 131)

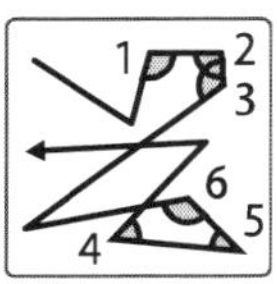

6

Zu 132)

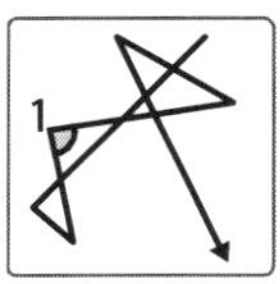

1

Zu 133)

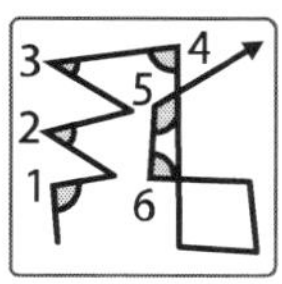

6

Zu 134)

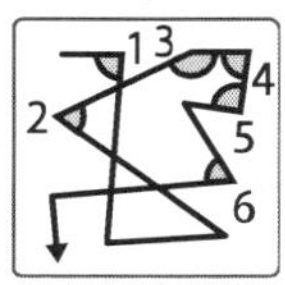

6

Zu 135)

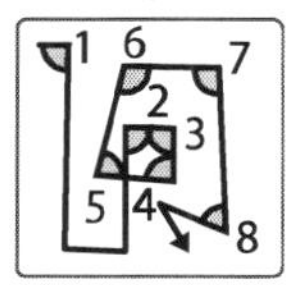

8

Zu 136)

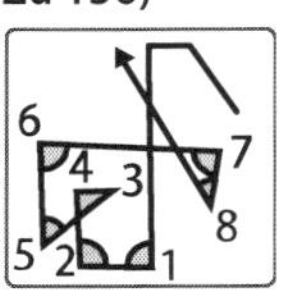

8

Zu 137)

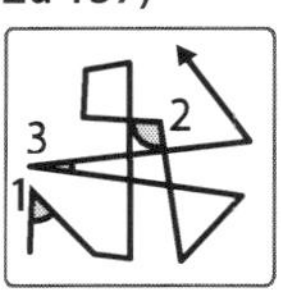

3

Zu 138)

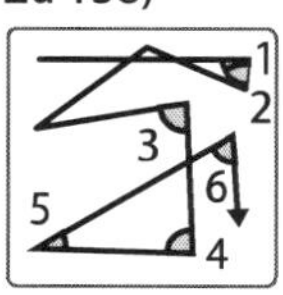

6

Zu 139)

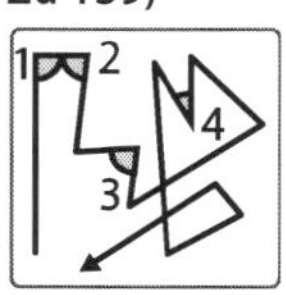

4

Zu 140)

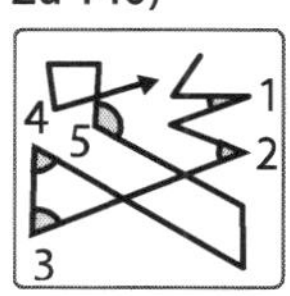

5

Kommazahlen sortieren (Aufgaben 141–165)

Zu 141)	4,15	C
	4,124	B
	4,12	A
Zu 142)	23,576	B
	23,5764	C
	23,5674	A
Zu 143)	0,0011	B
	0,01	C
	0,001	A
Zu 144)	5,23	A
	5,3	B
	5,32	C
Zu 145)	198,5	C
	189,455	A
	198,41	B
Zu 146)	3,222	C
	3,22	B
	3,2022	A
Zu 147)	7,77	B
	7,7	A
	7,777	C
Zu 148)	–2,113	A
	–1,311	C
	–2,1094	B
Zu 149)	3	C
	–33	A
	–3	B
Zu 150)	0,7	A
	0,79	B
	0,795	C
Zu 151)	85,558	A
	85,585	B
	85,855	C
Zu 152)	6,48	C
	6,4	B
	6,2	A
Zu 153)	4.135,494	A
	4.153,49	C
	4.135,94	B
Zu 154)	47,474	A
	47,747	C
	47,477	B
Zu 155)	–27,4	B
	–27,9	A
	–27,34	C
Zu 156)	0,3	C
	0,2	B
	0,1	A
Zu 157)	13,564	B
	13,56	A
	13,654	C
Zu 158)	529,003	A
	529,03	C
	529,0033	B
Zu 159)	–3,24	C
	–34,2	A
	–32,4	B
Zu 160)	5.786,1	C
	5.678,1	A
	5.768,1	B
Zu 161)	–5.781,1	A
	–5.768,1	B
	–5.678,1	C
Zu 162)	47	C
	46,5	B
	45,6	A
Zu 163)	1.784,1874	B
	1.874,1784	C
	1.784,1784	A
Zu 164)	–2,9	A
	2,9	B
	9,2	C
Zu 165)	12,888	B
	12,886	A
	12,898	C

Muster wiederfinden (Aufgaben 166–180)

Zu 166)
Zu 167)
Zu 168)
Zu 169)
Zu 170)
Zu 171)
Zu 172)
Zu 173)
Zu 174)
Zu 175)
Zu 176)
Zu 177)
Zu 178)
Zu 179)
Zu 180)

Textinhalte wiedergeben (Aufgaben 181–190)

Zu 181) stimmt

Diese Angaben stimmen: Der in der Pressemeldung bezeichnete Unfall wurde von einem Kleinwagenfahrer verursacht und geschah am Morgen des 30.04.2019 (einem Montag).

Zu 182) stimmt nicht

Der Supermarkt, auf dessen Parkplatz sich der Vorfall abspielte, heißt „Ramba" und nicht „Lambo".

Zu 183) stimmt nicht

Die beschädigte Limousine war nicht schwarz, sondern blau.

Zu 184) stimmt nicht

Beschädigt wurden die vordere Stoßstange und der linke Kotflügel der Limousine.

Zu 185) stimmt nicht

Die Zeugen haben ausgesagt, dass der Unfallfahrer nach dem Zusammenstoß mit der parkenden Limousine nicht angehalten, sondern im Gegenteil stark beschleunigt hat.

Zu 186) stimmt nicht

Dass es sich bei den Zeugen um Schüler einer nahegelegenen Realschule handelt, stimmt. Sie waren allerdings nicht zu zweit, sondern zu dritt.

Zu 187) stimmt nicht

Der Unfallfahrer ist tatsächlich ein 78-jähriger Rentner; er stammt jedoch aus Wiesbaden.

Zu 188) stimmt

Bei seiner rasanten Flucht vom Parkplatz rammte der Kleinwagenfahrer einen 34-jährigen Fahrradfahrer, der daraufhin stürzte und sich schwer verletzte.

Zu 189) stimmt nicht

Namenspatron der Mainzer Universität – und ihres Klinikums – ist nicht Johann Wolfgang von Goethe, sondern Johannes Gutenberg.

Zu 190) stimmt nicht

Die Platzwunde befindet sich am Hinterkopf des Radfahrers – alle anderen Angaben stimmen.

Wegeplan (Aufgabe 191)

Zu 191) Auf dem schnellsten Weg brauchen Sie 55 Minuten.

Berechnen Sie zuerst die reine Gesprächszeit: Wenn jedes Interview fünf Minuten dauert, brauchen Sie für alle sechs Gespräche 30 Minuten.

Nun kümmern Sie sich um die Routenplanung. Welche Stationen müssen Sie dabei berücksichtigen? An den Sendern A, B und F führt kein Weg vorbei, aber von den Sendern C, D und E brauchen Sie nur einen anzufahren – schließlich können Sie die Telefonanlage eines Senders zur Abwicklung aller Telefonate nutzen. Ein Vergleich zeigt, dass Station D am günstigsten angebunden ist. Jetzt ist Ihr Auftrag schon wesentlich überschaubarer: Suchen Sie die schnellste Verbindung zwischen dem Flughafen und den Stationen A, B, D und F.

Mit etwas Herumprobieren erhält man folgende Streckenführung: Sie fahren vom Flughafen zum Sender B (5 Minuten), dann zum Sender A (6 Minuten) und anschließend zum Sender D (5 Minuten). Dort erledigen Sie Ihre Telefoninterviews mit den Sendern C und E. Zum Schluss fahren Sie zu Station F (4 Minuten) und zurück zum Flughafen (5 Minuten). Natürlich können Sie die Stationen auch in umgekehrter Reihenfolge abfahren – an der Fahrtzeit von insgesamt 25 Minuten ändert sich dadurch nichts.

Zum Schluss addieren sie die Gesprächszeit und die Fahrtzeit: 30 Minuten + 25 Minuten = 55 Minuten.

	Start		B		A		D		F		Ziel	
Fahrtzeit		5		6		5		4		5		25
Redezeit	–		5		5		3 × 5		5		–	30

Zeitmanagement (Aufgaben 192–196)

Zu 192)

Montag Lernen: 11:10–12:00 (50 Min.)	Englisch (25 Min.) Kunst (18 Min.) Politik (7 Min.)

Zu 193)

Dienstag Lernen: 16:40–19:00 (140 Min.)	Biologie (65 Min.) Deutsch (55 Min.) Religion (15 Min.) Spanisch (5 Min.)

Zu 194)

Mittwoch Lernen: 8:15–10:00 (105 Min.)	Informatik (95 Min.) Geschichte (4 Min.) Physik (6 Min.)

Zu 195)

Donnerstag Lernen: 13:45–14:25 (40 Min.)	Erdkunde (21 Min.) Musik (19 Min.)

Zu 196)

Freitag Lernen: 6:30–7:15 (45 Min.)	Chemie (12 Min.) Mathematik (16 Min.) Wirtschaft (17 Min.)

Hier gibt es nur eine Lösung. Am geschicktesten widmen Sie sich zunächst den zeitaufwändigsten Fächern Informatik, Biologie und Deutsch, die nur dienstags oder mittwochs unterkommen können. Mit Informatik am Dienstag bliebe für die beiden anderen Fächer jedoch weder dienstags noch mittwochs Zeit – also verplanen Sie Informatik mittwochs und Biologie und Deutsch dienstags. Da sich laut Aufgabenstellung nur dann alle Fächer behandeln lassen, wenn die Zeitfenster vollständig ausgereizt werden, ist der Dienstag mit Spanisch und Religion aufzufüllen und der Mittwoch mit Geschichte und Physik: Anders lassen sich die restlichen 20 bzw. 10 Minuten nicht darstellen.

Nun sind nur noch acht Fächer aufzuteilen. Beginnen Sie wiederum bei der längsten Bearbeitungsdauer: Nach den 25 Minuten Bearbeitungszeit für Englisch würden donnerstags 15 Minuten und freitags 20 Minuten übrig bleiben – beide Zeitspannen lassen sich mit den verbleibenden Fächern nicht abdecken. Demnach muss Englisch am Montag behandelt werden, ergänzt durch Politik und Kunst. Der 40-Minuten-Block am Donnerstag kann nun nur noch durch die Kombination der Fächer Erdkunde und Musik optimal ausgenutzt werden. Die letzten unverplanten Fächer Chemie, Wirtschaft und Mathematik bilden schließlich die Einheit am Freitag.

Der Persönlichkeitstest

Mancherorts gibt es spezielle psychologische Testverfahren, um zu testen, wie gut man für bestimmte Studiengänge geeignet ist. Die Ergebnisse sollen eine Art individuellen charakterlichen Fingerabdruck liefern, der Aufschluss gibt über Fähigkeiten, Neigungen und Talente.

Die Vorbereitung

Manche raten, völlig unvorbereitet in den Test zu gehen und sich ganz auf die eigene Spontaneität zu verlassen. Doch erst die bewusste Auseinandersetzung mit dem Testverfahren ermöglicht differenzierte Antworten, und gerade an die ausgefallenen Fragetechniken sollte man sich erst einmal gewöhnen. Zudem setzt ein überzeugender Auftritt voraus, souverän mit den eigenen Stärken und Schwächen umgehen zu können.

Worauf kommt es im Persönlichkeitstest an?

Machen Sie sich vorher klar, worin die **relevanten Schlüsselqualifikationen** bestehen: Warum sind gerade Sie für diesen Studiengang geeignet?

Schärfen Sie Ihre Sinne für die **Untertöne einer Frage**: Nicht immer ist auf den ersten Blick klar, welche Eigenschaften gerade im Fokus stehen.

Betonen Sie Ihr Profil mit Bedacht: Wer stets den Mittelweg wählt, verrät zu wenig von sich, zu viele „extreme" Antworten wirken übertrieben und unreflektiert.

Manche Fragen wiederholen sich an verschiedenen Stellen in abgewandelter Formulierung: Auf diese Weise möchte man herausfinden, ob ein Kandidat ehrlich antwortet oder das Testverfahren mit strategischem Kalkül zu manipulieren versucht. Wenn Sie eine Frage nicht richtig einschätzen können, antworten Sie am besten gemäßigt.

Die Testsimulation *Bearbeitungszeit 40 Minuten*

Auf den nächsten Seiten können Sie sich mit einem typischen psychologischen Testverfahren vertraut machen. Dabei bewerten Sie anhand einer Punkteskala, wie sehr Sie sich mit verschiedenen Aussagen identifizieren können.

Die Skala reicht von:

☹ = stimme überhaupt nicht zu (hier Punktwert „1") bis

☺ = stimme voll und ganz zu (hier Punktwert „5")

Kreuzen Sie an, an welcher Stelle der Skala Sie sich am ehesten wiederfinden. Tragen Sie die entsprechende Punktzahl rechts unter „Ihr Wert" ein.

Hierzu ein Beispiel

Aufgabe

1) Ich gehe gern auf fremde Menschen zu.

☹	1	2	3	4	5	☺	Ihr Wert: ____

Wenn Sie völlig zustimmen:

Ihr Wert: 5

Achtung

Es gibt Aufgaben mit umgekehrter Punkteskala, bei denen „stimme überhaupt nicht zu" ☹ mit 5 Punkten und „stimme voll und ganz zu" ☺ mit einem Punkt bewertet wird.

Wir empfehlen, die Aufgaben der Reihe nach zu bearbeiten – Sie können jedoch auch anders vorgehen, wenn Sie möchten. Zählen Sie zum Schluss die Punkte jeder Aufgabengruppe zusammen und lesen Sie in der Auswertung nach, was das Ergebnis über Sie offenbaren soll. Nehmen Sie dies bitte nur bedingt ernst. Nicht vergessen: Solche Tests bieten keine hundertprozentige Treffsicherheit, ihre Aussagekraft ist beschränkt.

Kontaktfähigkeit

1) Ich sitze im Zug mit einem Unbekannten. Da ich neugierig bin, fange ich ein Gespräch an, um mehr über ihn zu erfahren.

☹	1	2	3	4	5	☺	Ihr Wert: ____

2) Manchmal sagen Leute, dass ich arrogant und unnahbar wirke.

☹	5	4	3	2	1	☺	Ihr Wert: ____

3) Ich treffe mich lieber mit Freunden, anstatt nur Mails und Chat-Nachrichten zu schreiben.

☹	1	2	3	4	5	☺	Ihr Wert: ____

4) Mein bester Freund unterstellt mir, dass ich seine Freunde meide und nicht akzeptiere.

☹	5	4	3	2	1	☺	Ihr Wert: ____

5) Ich habe ein großes Netzwerk an Bekannten und bin daher immer über alles informiert.

☹	1	2	3	4	5	☺	Ihr Wert: ____

6) Wenn viele unbekannte Leute um mich sind, fühle ich mich schnell unwohl.

☹	5	4	3	2	1	☺	Ihr Wert: ____

7) Ich verbringe meine Abende gern gemütlich vor dem Fernseher oder dem PC.

☹	5	4	3	2	1	☺	Ihr Wert: ____

8) Auf Partys lerne ich innerhalb kurzer Zeit viele neue Leute kennen, da ich auf andere Menschen zugehe.

☹	1	2	3	4	5	☺	Ihr Wert: ____

9) In einer großen Runde halte ich mich eher zurück.

☹	5	4	3	2	1	☺	Ihr Wert: ____

10) Ich fühle mich nie einsam.

☹	1	2	3	4	5	☺	Ihr Wert: ____

Gesamtwert Kontaktfähigkeit: ____

Teamfähigkeit

11) Teamarbeit ist nur dann sinnvoll, wenn man mit guten Leuten zusammenarbeitet.

☹	5	4	3	2	1	☺	Ihr Wert: ____

12) Die Kooperation mit anderen Menschen motiviert mich.

☹	1	2	3	4	5	☺	Ihr Wert: ____

13) Ich arbeite gern alleine, so habe ich die beste Kontrolle über das Ergebnis.

☹	5	4	3	2	1	☺	Ihr Wert: ____

14) Teamarbeit setzt voraus, Kompromisse eingehen zu können.

☹	1	2	3	4	5	☺	Ihr Wert: ____

15) Viele meiner Freunde und Bekannten fragen mich um Unterstützung. Ich helfe oft und gern.

☹	1	2	3	4	5	☺	Ihr Wert: ____

16) Meistens sind meine Vorschläge die besten, da ich gut organisiert bin.

☹	5	4	3	2	1	☺	Ihr Wert: ____

17) Ich ärgere mich nicht, wenn sich andere mit ihren Vorschlägen durchsetzen.

☹	1	2	3	4	5	☺	Ihr Wert: ____

18) In Gruppendiskussionen bringe ich mich besonders stark ein und stehe meist im Mittelpunkt.

☹	5	4	3	2	1	☺	Ihr Wert: ____

19) Die Zusammenarbeit mit anderen ist meist anstrengend.

☹	5	4	3	2	1	☺	Ihr Wert: ____

20) Ich habe keine Angst davor, dass andere mich nicht mögen.

☹	1	2	3	4	5	☺	Ihr Wert: ____

Gesamtwert Teamfähigkeit: ____

Konfliktfähigkeit

21) Wenn ein Team gut funktioniert, gibt es keine Konflikte.

☹	5	4	3	2	1	☺	Ihr Wert: ____

22) Wenn jemand mich kritisiert, dann kritisiere ich ihn auch.

☹	5	4	3	2	1	☺	Ihr Wert: ____

23) Ich gerate selten in Konfliktsituationen.

☹	5	4	3	2	1	☺	Ihr Wert: ____

24) Wenn Bekannte sich in Angelegenheiten einmischen, die sie nichts angehen, ziehe ich mich zurück und meide den Kontakt mit ihnen.

☹	5	4	3	2	1	☺	Ihr Wert: ______

25) Probleme löst man nie dadurch, dass man sie unter den Teppich kehrt.

☹	1	2	3	4	5	☺	Ihr Wert: ______

26) Wenn ich kritisiert werde, überlege ich zuerst, ob das stimmt.

☹	1	2	3	4	5	☺	Ihr Wert: ______

27) Mein Nachbar ist gereizt und schreit mich lautstark an. Ich gehe ruhig in meine Wohnung und denke mir meinen Teil.

☹	5	4	3	2	1	☺	Ihr Wert: ______

28) Wenn mir zu Hause etwas nicht passt, dann mache ich keinen Hehl daraus.

☹	1	2	3	4	5	☺	Ihr Wert: ______

29) „Der Klügere gibt nach" – diesen Spruch habe ich noch nie verstanden.

☹	1	2	3	4	5	☺	Ihr Wert: ______

30) Meinungsverschiedenheiten können produktiv sein.

☹	1	2	3	4	5	☺	Ihr Wert: ______

Gesamtwert Konfliktfähigkeit: ______

Durchsetzungsfähigkeit

31) Wenn ich mir ein Ziel in den Kopf gesetzt habe, versuche ich es mit allen Mitteln zu erreichen.

☹	1	2	3	4	5	☺	Ihr Wert:

32) Wenn mir das Essen im Restaurant nicht schmeckt, reklamiere ich das sofort und frage nach Alternativen.

☹	1	2	3	4	5	☺	Ihr Wert:

33) Von gelegentlichen Misserfolgen lasse ich mich nicht entmutigen.

☹	1	2	3	4	5	☺	Ihr Wert:

34) Ich habe mir schon oft Ziele gesetzt und sie nicht erreicht.

☹	5	4	3	2	1	☺	Ihr Wert:

35) Ich entschuldige mich häufig für Sachen, die gar nicht mein Fehler sind.

☹	5	4	3	2	1	☺	Ihr Wert:

36) Mir egal, wie viele Gegenmeinungen es gibt – ich werde die Kritiker überzeugen.

☹	1	2	3	4	5	☺	Ihr Wert:

37) Wenn man mit höhergestellten Personen spricht, sollte man Meinungsverschiedenheiten lieber unter den Teppich kehren.

☹	5	4	3	2	1	☺	Ihr Wert:

38) Viele behaupten, ich sei ein sturer Dickkopf. Mir macht das nichts aus.

☹	1	2	3	4	5	☺	Ihr Wert:

39) Durch Kompromisse kommt man eher ans Ziel als mit der „Kopf durch die Wand"-Methode.

☹	5	4	3	2	1	☺	Ihr Wert: ____

40) Eine gute, harmonische Arbeitsatmosphäre ist sehr wichtig.

☹	5	4	3	2	1	☺	Ihr Wert: ____

Gesamtwert Durchsetzungsfähigkeit: ____

Gewissenhaftigkeit

41) Es kommt oft vor, dass ich eine Sache nicht zu Ende bringe, weil ständig etwas dazwischenkommt.

☹	5	4	3	2	1	☺	Ihr Wert: ____

42) Dinge zu planen und zu organisieren ist die Voraussetzung dafür, dass alles richtig funktioniert.

☹	1	2	3	4	5	☺	Ihr Wert: ____

43) Ich halte meine Termine immer ein, egal was passiert.

☹	1	2	3	4	5	☺	Ihr Wert: ____

44) Wenn ich an einem Problem festhänge, nehme ich eine andere Aufgabe in Angriff.

☹	5	4	3	2	1	☺	Ihr Wert: ____

45) Ich versuche immer, Aufgaben perfekt zu lösen – selbst wenn es etwas länger dauert.

☹	1	2	3	4	5	☺	Ihr Wert: ____

46) Ich denke auch in der Freizeit oft an die Arbeit, kann nur schwer abschalten.

☹	1	2	3	4	5	☺	Ihr Wert: ____

47) In kreativem Durcheinander kann ich gut arbeiten.

☹	5	4	3	2	1	☺	Ihr Wert: ____

48) Meine Freunde schätzen an mir, dass ich so zuverlässig bin.

☹	1	2	3	4	5	☺	Ihr Wert: ____

49) Es kommt öfter vor, dass ich Sachen verlege und dann vergesse, wo sie sind.

☹	5	4	3	2	1	☺	Ihr Wert: ____

50) Es macht mir gar nichts aus, von einem Plan abzuweichen.

☹	5	4	3	2	1	☺	Ihr Wert: ____

Gesamtwert Gewissenhaftigkeit: ____

Belastbarkeit

51) Wenn auf der Arbeit viel los ist, schlafe ich immer schlecht ein.

☹	5	4	3	2	1	☺	Ihr Wert: ____

52) Ich treibe regelmäßig Sport.

☹	1	2	3	4	5	☺	Ihr Wert: ____

53) Prüfungssituationen sind mir unangenehm, auch wenn ich das nötige Wissen habe.

☹	5	4	3	2	1	☺	Ihr Wert: ____

54) Wenn es sein musste, habe ich für Klassenarbeiten auch bis spät in die Nacht gelernt.

☹	1	2	3	4	5	☺	Ihr Wert: ____

55) Der Mensch ist nur dann glücklich, wenn er genügend Freizeit hat.

☹	5	4	3	2	1	☺	Ihr Wert: ____

56) Es dauert, so lange es dauert: Für wichtige Dinge muss man seinen persönlichen Kalender entsprechend anpassen.

☹	1	2	3	4	5	☺	Ihr Wert: ____

57) Ich arbeite Aufgaben konzentriert nacheinander ab. Wenn etwas dazwischenkommt, schiebe ich das erst mal auf die lange Bank.

☹	5	4	3	2	1	☺	Ihr Wert: ____

58) Von der Gereiztheit anderer lasse ich mich schnell anstecken.

☹	5	4	3	2	1	☺	Ihr Wert: ____

59) Um meine Zukunft mache ich mir keine Sorgen.

☹	1	2	3	4	5	☺	Ihr Wert: ____

60) Körperliche Anstrengungen stecke ich problemlos weg.

☹	1	2	3	4	5	☺	Ihr Wert: ____

Gesamtwert Belastbarkeit: ____

Flexibilität

61) Ich mag es, wenn Arbeitsabläufe sich wiederholen.

☹	5	4	3	2	1	☺	Ihr Wert: ____

62) Mein Büro wird zu klein. Ich rücke meinen Schreibtisch einfach von der Wand in die Mitte des Raums, um dadurch Platz zu gewinnen.

☹	1	2	3	4	5	☺	Ihr Wert: ____

63) Beständigkeit ist wichtiger als immer mit dem Trend zu gehen.

☹	5	4	3	2	1	☺	Ihr Wert: ____

64) Ich überlege häufig, wie ich eine Aufgabe mit neuen Methoden und Techniken besser bewältigen kann.

☹	1	2	3	4	5	☺	Ihr Wert: ____

65) Auf Veränderungen muss man so schnell wie möglich reagieren.

☹	1	2	3	4	5	☺	Ihr Wert: ____

66) Besser eine Sache gut machen statt viele Dinge so lala erledigen.

☹	5	4	3	2	1	☺	Ihr Wert: ____

67) Wenn alles so läuft wie immer, wird mir schnell langweilig.

☹	1	2	3	4	5	☺	Ihr Wert: ____

68) Wer viele unterschiedliche Felder beackert, weiß nicht, was er will.

☹	5	4	3	2	1	☺	Ihr Wert: ____

69) Um böse Überraschungen zu vermeiden, plane ich gern alles bis ins Detail.

☹	5	4	3	2	1	☺	Ihr Wert: ____

70) Mehrere Wege führen zum Ziel. Man muss sich nicht auf einen festlegen.

☹	1	2	3	4	5	☺	Ihr Wert: ____

Gesamtwert Flexibilität: ____

Motivation

71) Bei der Wahl meines Arbeitsplatzes achte ich vor allem auf Sicherheit und eine gute Bezahlung.

☹	5	4	3	2	1	☺	Ihr Wert: ____

72) Ich arbeite nicht gern an Projekten, deren Früchte ich erst im Nachhinein ernte.

☹	5	4	3	2	1	☺	Ihr Wert: ____

73) Durch Fleiß und Einsatzbereitschaft habe ich schon oft andere hinter mir gelassen, die es eigentlich leichter hatten als ich.

☹	1	2	3	4	5	☺	Ihr Wert: ____

74) Ich denke nicht gern über Dinge nach, für die keine Notwendigkeit besteht.

☹	5	4	3	2	1	☺	Ihr Wert: ____

75) In meinem Freundeskreis bin meist ich es, der Treffen organisiert und Partys veranstaltet.

☹	1	2	3	4	5	☺	Ihr Wert: ____

76) Es kommt auf jeden Einzelnen an, wenn eine Gesellschaft funktionieren soll.

☹	1	2	3	4	5	☺	Ihr Wert: ____

77) Ich warte lieber ab, wie sich etwas entwickelt, bevor ich überhastet eingreife.

☹	5	4	3	2	1	☺	Ihr Wert: ______

78) Andere Menschen von etwas zu überzeugen, liegt mir nicht so.

☹	5	4	3	2	1	☺	Ihr Wert: ______

79) Ich übernehme gern Verantwortung, auch bei schwierigen Entscheidungen.

☹	1	2	3	4	5	☺	Ihr Wert: ______

80) Ich bin bekannt dafür, dass ich immer den ersten Schritt mache.

☹	1	2	3	4	5	☺	Ihr Wert: ______

Gesamtwert Motivation: ______

Einfühlungsvermögen

81) Wenn es Freunden schlecht geht, merke ich das sofort, auch wenn sie es nicht sagen.

☹	1	2	3	4	5	☺	Ihr Wert: ______

82) In schwierigen Situationen tappe ich nie in Fettnäpfchen.

☹	1	2	3	4	5	☺	Ihr Wert: ______

83) Man muss nicht das Privatleben seiner Kollegen kennen, um mit ihnen arbeiten zu können.

☹	5	4	3	2	1	☺	Ihr Wert: ______

84) Professionalität heißt, auf Emotionen keine Rücksicht zu nehmen.

☹	5	4	3	2	1	☺	Ihr Wert: ______

85) Ich nehme die Dinge, wie sie kommen. Wieso sollte ich lange darüber nachdenken, wer warum wie entschieden hat?

☹	5	4	3	2	1	☺	Ihr Wert: ____

86) Ich ärgere mich oft über Leute, die mich einfach nicht verstehen.

☹	5	4	3	2	1	☺	Ihr Wert: ____

87) Die Sorgen und Probleme anderer gehen mir oft ziemlich nahe.

☹	1	2	3	4	5	☺	Ihr Wert: ____

88) Bevor man sich ein Urteil bildet, sollte man sich immer fragen, was man selbst in so einer Lage getan hätte.

☹	1	2	3	4	5	☺	Ihr Wert: ____

89) Wenn jemand etwas Peinliches sagt, gelingt es mir oft, die Situation zu retten.

☹	1	2	3	4	5	☺	Ihr Wert: ____

90) Häufig weiß ich nicht, welche Erwartungen andere an mich haben.

☹	5	4	3	2	1	☺	Ihr Wert: ____

Gesamtwert Einfühlungsvermögen: ____

Die Auswertung

Im psychologischen Test gibt es keine eindeutig richtigen oder falschen Antworten: Schließlich geht es hier darum, wie Sie Ihre Persönlichkeit, Ihren Charakter einschätzen. Im Folgenden finden Sie einige Anhaltspunkte, wie Ihre Ergebnisse interpretiert werden könnten.

Kontaktfähigkeit

mehr als 40 Punkte: Sie sind extrem kontaktfreudig und gewinnen die Sympathien schnell für sich. Passen Sie aber auf, nicht zu offen und leutselig zu erscheinen: Viele Situationen erfordern auch Seriosität und Verantwortungsbewusstsein.

25–40 Punkte: Sie können von sich aus auf andere Menschen zugehen und finden zu ihnen in der Regel einen guten Draht. Dabei sind Sie angenehm unaufdringlich. Bleiben Sie am Ball und lassen Sie sich nicht ins Abseits drängen, so sammeln Sie jede Menge Pluspunkte.

weniger als 25 Punkte: Auch wenn es Überwindung kosten kann, Kontakte zu knüpfen: Mit zu viel Zurückhaltung findet man in neuen Umgebungen nur langsam Anschluss. Das macht es schwer, sich produktiv einzubringen und anderen gegenüber souverän aufzutreten.

Teamfähigkeit

mehr als 40 Punkte: Sie sind das Musterbeispiel eines Mannschaftsspielers. In der Kooperation blühen Sie auf, nehmen die eigenen Interessen auch gern mal zurück. Solange Ihre Selbstständigkeit nicht darunter leidet, sind Sie auf einem guten Weg.

25–40 Punkte: Eigensinn und Teamgeist halten sich bei Ihnen die Waage. Damit sind Sie überall grundsätzlich gern gesehen. Es gelingt Ihnen, Teil eines Kollektivs zu sein und die Gruppendynamik zu stärken, ohne dadurch an Profil zu verlieren.

weniger als 25 Punkte: Sie spielen lieber Golf als Fußball, richtig? Denken Sie daran: Häufig sind Sie Teil eines großen Orchesters, das nur dann gut klingt, wenn alle harmonieren. Nehmen Sie Ihr Umfeld ernst, hören Sie ihren Mitmenschen zu und bringen Sie sich ein – davon profitieren am Ende alle.

Konfliktfähigkeit

mehr als 40 Punkte: Sie weichen keinem Konflikt aus und sprechen schonungslos an, was Ihnen nicht gefällt. Gut so – solange Sie das vernünftig, selbstkritisch und zielgerichtet tun. Sonst können Sie eventuell als streitsüchtiger Zeitgenosse gelten, der aus jeder Mücke einen Elefanten macht.

25–40 Punkte: Probleme sind dazu da, um gelöst zu werden – das könnte Ihr Motto sein. Obwohl Ihnen Harmonie wichtig ist, reden Sie auch mal Tacheles und tragen so dazu bei, strittige Angelegenheiten konstruktiv und sachlich zu lösen.

weniger als 25 Punkte: Meinungsverschiedenheiten gehen Sie gern aus dem Weg, Ärger schlucken Sie am liebsten herunter. Wenn hinter der heilen Fassade in Wahrheit tiefe Gräben klaffen, hilft das weder der Gesundheit noch Ihrem Leistungsvermögen. Sehen Sie Konflikte als Chance, Sachfragen zu klären und Ihren Standpunkt weiterzuentwickeln.

Durchsetzungsfähigkeit

mehr als 40 Punkte: Wo ein Wille ist, da ist für Sie auch ein Weg. Sie haben ein stabiles Rückgrat und bleiben sich auch dann treu, wenn es Widerstände gibt. Den schmalen Grat zur Rücksichtslosigkeit sollten Sie dabei nicht überschreiten.

25–40 Punkte: Wenn es nötig ist, sprechen Sie auch mal ein Machtwort. Doch Sie wissen ebenfalls, dass man mit Absprachen und Kompromissen manchmal mehr erreicht. Damit kommen Sie im Allgemeinen gut an, ohne sich die Butter vom Brot nehmen zu lassen.

weniger als 25 Punkte: Kooperation und Teambewusstsein müssen niemanden in die Selbstaufgabe treiben. Stellen Sie Ihr Ego nicht hinten an und treten Sie entschlossener für das ein, was Sie für richtig halten. Das fördert die Zufriedenheit und ist manchmal schlicht alternativlos.

Gewissenhaftigkeit

mehr als 40 Punkte: Auf Sie kann man sich wirklich verlassen. Wer mit Ihnen etwas abspricht, muss keine Bedenken haben, und Sie wissen genau, wo wichtige Informationen zu finden sind. Was aber, wenn plötzliche Veränderungen flexible Reaktionen erfordern?

25–40 Punkte: Sie halten sich an Absprachen und schätzen Verlässlichkeit, ohne gleich ein Erbsenzähler zu sein. Sie haben es gern, wenn alles seinen gewohnten Gang geht, kommen aber nicht ins Straucheln, wenn etwas Unvorhergesehenes geschieht.

weniger als 25 Punkte: Termine, Ordnung, Disziplin – all das steht bei Ihnen eher im Hintergrund. Sie brauchen die Abwechslung und lassen es gern locker angehen. Allerdings ist Zuverlässigkeit häufig unentbehrlich und setzt nur eines voraus: sich an Vereinbartes zu halten.

Belastbarkeit

mehr als 40 Punkte: Auch unter hohem Druck arbeiten Sie nüchtern und solide. Dass Sie so schnell nichts umhaut, wissen Ihre Nächsten sehr zu schätzen. In einer stürmischen Brandung sind Sie ein fester Fels – aber kennen hoffentlich auch Ihre eigenen Grenzen.

25–40 Punkte: Sie glauben an Ihre Fähigkeiten und erreichen auch unter ungünstigen Bedingungen gute Ergebnisse. Manchen Herausforderungen stellen Sie sich mit Bedenken, weil Sie wissen, was auf Sie zukommt. Mit einem realistischen Blick auf Ihr Leistungsvermögen trauen Sie sich jedoch zu Recht einiges zu.

weniger als 25 Punkte: Dass Sie eine Situation auch unter großer Anspannung im Griff haben, davon hängt unter Umständen viel ab. Andere verlassen sich auf Sie und Ihre Fähigkeit, den Überblick zu behalten und nicht unbedacht zu reagieren.

Flexibilität

mehr als 40 Punkte: Ihnen macht es nichts aus, sich von alten Gewohnheiten zu verabschieden oder mit ungewöhnlichen Anliegen klarzukommen. Aber Hand aufs Herz: Können Sie auch stereotype Aufgaben zuverlässig abarbeiten?

25–40 Punkte: Sie verbinden Disziplin und Ordnungssinn mit der Fähigkeit, sich rasch auf neue Gegebenheiten einzustellen. Das macht Sie zu einem gefragten Ansprechpartner, der sich in schwierigen Situationen meist zu helfen weiß.

weniger als 25 Punkte: Was Sie gewohnt sind, daran halten Sie fest. Sie sind eher der gewissenhafte Typ, der sein Schaffen gern vollständig überblickt und von A bis Z durchorganisiert. Doch es gibt nicht für alles eine perfekte Vorbereitung, hin und wieder ist einfach eine gute Portion Pragmatismus gefragt.

Motivation

mehr als 40 Punkte: Sie sind bereit, die Initiative zu übernehmen, handeln entschlossen und schrecken vor Verantwortung nicht zurück. Sie treffen Entscheidungen aus Überzeugung, und das merkt man Ihnen an. Behalten Sie in Ihrer Aktivität stets ein klares Ziel vor Augen.

25–40 Punkte: Wenn es etwas zu tun gibt, erledigen Sie es schnell und zuverlässig. Schwerer fällt es Ihnen, aus eigenem Antrieb aktiv zu werden. Trauen Sie sich mehr zu, dann stehen Ihre Erfolgschancen noch besser.

weniger als 25 Punkte: Wer ohne klare Ansagen schwer auf Trab kommt, sorgt für Verunsicherung: Werden die Aufgaben und Ziele nicht als sinnvoll angesehen, stimmt die Atmosphäre nicht? Überzeugen Sie Ihre Kritiker durch Leistung.

Einfühlungsvermögen

mehr als 40 Punkte: Sie wissen genau, was in anderen gerade vorgeht. In Gesellschaft treffen Sie stets den richtigen Ton, und wer Hilfe sucht, kann sich bei Ihnen glücklich schätzen. Manchmal fällt es Ihnen allerdings etwas schwer, sich durchzusetzen.

25–40 Punkte: Die Welt mit den Augen eines anderen zu sehen, ist für Sie nicht immer leicht. Trotzdem können Sie nachvollziehen, dass Menschen stimmungsabhängig sind, und nehmen Rücksicht auf individuelle Befindlichkeiten.

weniger als 25 Punkte: Besonders sensibel sind Sie anscheinend nicht – positiv ausgedrückt: Sie sind psychisch ungemein robust. Doch vergessen Sie nicht: Der Ton macht die Musik. Respektieren Sie die persönlichen Stimmungslagen Ihres Umfelds, das erleichtert nicht zuletzt auch Ihnen selbst das Leben.

Anhang

Tabelle: Maße und Einheiten

Einheit	Einheitenzeichen	Umrechnung
	Länge	
Kilometer	km	1 km = 1.000 m
Meter	m	1 m = 10 dm = 100 cm
Dezimeter	dm	1 dm = 10 cm = 100 mm
Zentimeter	cm	1 cm = 10 mm
Millimeter	mm	1 mm = 1.000 µm
Mikrometer	µm	
	Fläche	
Quadratkilometer	km^2	1 km^2 = 100 ha
Hektar	ha	1 ha = 100 a
Ar	a	1 a = 100 m^2
Quadratmeter	m^2	1 m^2 = 100 dm^2
Quadratdezimeter	dm^2	1 dm^2 = 100 cm^2
Quadratzentimeter	cm^2	1 cm^2 = 100 mm^2
Quadratmillimeter	mm^2	
	Volumen	
Kubikkilometer	km^3	1 km^3 = 1.000.000.000 m^3
Kubikmeter	m^3	1 m^3 = 1.000 dm^3
Kubikdezimeter	dm^3	1 dm^3 = 1.000 cm^3
Kubikzentimeter	cm^3	1 cm^3 = 1.000 mm^3
Kubikmillimeter	mm^3	

Hektoliter	hl	1 hl = 100 l
Liter	l	1 l = 10 dl
Deziliter	dl	1 dl = 10 cl
Zentiliter	cl	1 cl = 10 ml
Milliliter	ml	1 ml = 1.000 µl
Mikroliter	µl	
	Masse	
Tonne	t	1 t = 20 ztr = 1.000 kg
Zentner	ztr	1 ztr = 50 kg
Kilogramm	kg	1 kg = 1.000 g
Pfund	pf	1 pf = 500 g
Gramm	g	1 g = 1.000 mg
Milligramm	mg	1 mg = 1.000 µg
Mikrogramm	µg	
	Zeit	
Jahr	a	1 a = 365 d
Woche	w	1 w = 7 d
Tag	d	1 d = 24 h
Stunde	h	1 h = 60 min
Minute	min	1 min = 60 s
Sekunde	s	1 s = 1.000 ms
Millisekunden	ms	
	Geschwindigkeit	
Kilometer pro Stunde	km/h	1 km/h = 0,2778 m/s
Meter pro Sekunde	m/s	1 m/s = 3,6 km/h

Kraft		
Newton	N	$1\ N = 1\ kg \times m / s^2$
Druck		
Bar	bar	1 bar = 100.000 Pa
Pascal	Pa	1 Pa = 0,00001 bar
Temperatur		
Grad Celsius	°C	$T_{Celsius} = T_{Kelvin} - 273{,}15$
Kelvin	K	$T_{Kelvin} = T_{Celsius} + 273{,}15$

Ausbildungspark Verlag

Bettinastraße 69 • 63067 Offenbach am Main
Tel. (069) 40 56 49 73 • Fax (069) 43 05 86 02
E-Mail: kontakt@ausbildungspark.com
Internet: www.ausbildungspark.com